suhrkamp taschenbuch
wissenschaft 2383

Kapital ist das bestimmende Merkmal moderner Volkswirtschaften, doch die meisten Menschen haben keine Ahnung, woher es tatsächlich kommt. Was verwandelt bloßen Reichtum in ein Vermögen, das automatisch mehr Reichtum schafft? Katharina Pistor zeigt in ihrem bahnbrechenden Buch, wie Kapital hinter verschlossenen Türen in Anwaltskanzleien geschaffen wird und warum dies einer der wichtigsten Gründe für die wachsende Ungleichheit in unseren Gesellschaften ist. Techniken, die vor Jahrhunderten Landbesitz in Kapital transformierten, dienen heute zur Codierung von Aktien, Anleihen, Ideen und Zukunftserwartungen. Ein großes, beunruhigendes Porträt der globalen Natur dieses Codes sowie der Menschen, die ihn gestalten, und der Regierungen, die ihn durchsetzen.

Katharina Pistor, geboren 1963, ist Edwin B. Parker Professorin of Comparative Law und Direktorin des Center on Global Legal Transformation an der Law School der Columbia University in New York. Für ihre Forschungen wurde sie vielfach ausgezeichnet, u. a. mit dem Max-Planck-Forschungspreis 2012. *Der Code des Kapitals. Wie das Recht Reichtum und Ungleichheit schafft* wurde von der Financial Times und von Business Insider zu einem der besten Bücher 2019 gekürt.

Katharina Pistor

Der Code des Kapitals

Wie das Recht Reichtum und Ungleichheit schafft

Aus dem Amerikanischen von Frank Lachmann

Suhrkamp

Titel der Originalausgabe:
The Code of Capital. How the Law Creates Wealth and Inequality,
Princeton und Oxford: Princeton University Press 2019.

2. Auflage 2025

Erste Auflage 2023
suhrkamp taschenbuch wissenschaft 2383

Umschlag nach Entwürfen
von Willy Fleckhaus und Rolf Staudt
Druck und Bindung: C. H. Beck, Nördlingen
Printed in Germany
ISBN 978-3-518-29983-8

Suhrkamp Verlag AG
Torstraße 44, 10119 Berlin
info@suhrkamp.de
www.suhrkamp.de

Inhalt

Vorwort

Die Idee zu diesem Buch begleitet mich schon seit längerer Zeit. Zum ersten Mal kam sie auf, als das globale Finanzsystem im Herbst 2007 anfing, auf den Abgrund zuzusteuern. Die Geschwindigkeit der sich entfaltenden Krise ließ für ein tieferes Nachdenken nicht viel Zeit, doch sobald das Auge des Sturms vorbeigezogen war, habe ich, neben vielen anderen, versucht herauszufinden, was die enorme Expansion des Finanzsektors in den letzten Jahrzehnten erklären könnte und was zu seinem rapiden Niedergang geführt hat. Gemeinsam mit Kolleginnen und Kollegen aus verschiedenen Disziplinen war ich darum bemüht, die institutionelle Struktur verschiedener Segmente der Finanzmärkte eine nach der anderen aufzudecken. Am aufschlussreichsten an unseren Befunden war für mich, wie vertraut die grundlegenden Bausteine des Finanzsystems wirkten, trotz der fantastischen Vermögen, die es in der jüngeren Vergangenheit hervorgebracht hat, und ungeachtet seiner beispiellosen Komplexität. Überall, wo wir etwas tiefer gebohrt haben, stießen wir auf die Kerninstitutionen des Privatrechts: das Vertrags-, Eigentums-, Kreditsicherungs-, Trust-*, Gesellschafts- und Insolvenzrecht. Sie hatten die Expansion der Wertpapiermärkte befeuert, waren aber, wie sich herausstellte, auch entscheidende Determinanten für ihren Niedergang. Als die tatsäch-

* [Beim »Trust« handelt es sich hier wohlgemerkt um die Rechtsinstitution des »common law trust« und nicht um die auch im deutschen Recht bekannte Treuhandgesellschaft; Anm. d. Übers.]

lichen Erträge dieser Anlagen hinter die erwarteten Renditen zurückzufallen begannen, setzten die Anleger ihre rechtlichen Ansprüche durch: Sie nahmen Sicherheitsnachschüsse, Kreditlinien, Rückkaufvereinbarungen und Ausnahmeregelungen in Anspruch und trugen damit zu einer Verschärfung der Krise bei. Einige kamen noch rechtzeitig heraus, doch viele andere fanden sich mit Papieren wieder, die ihnen niemand abkaufen würde, abgesehen von den Zentralbanken bestimmter Länder.

Nachdem ich die Kernmodule unseres komplexen Finanzsystems identifiziert hatte, begann ich, ihre Ursprünge in der Zeit zurückzuverfolgen. Ich untersuchte die Entwicklung der Eigentumsrechte, der einfachen Schuldtitel, der verschiedenen Arten von Bürgschaften und Pfändern, die zur Besicherung von Schuldverschreibungen verwendet wurden, die Entwicklung des *use* (von dem später noch die Rede sein wird) und des Trusts, der Gesellschaftsform und der Geschichte der Insolvenz, jener entscheidenden Nahtstelle, an der im Wirtschaftsleben Entscheidungen über Leben und Tod fallen. Je mehr ich las, desto stärker war ich davon überzeugt, dass das, was mit einer Untersuchung des globalen Finanzsektors begonnen hatte, mich zum Quell des Reichtums geführt hatte: der Herstellung des Kapitals.

Dieses Buch ist das Ergebnis dieser Reise. Das Kapital ist, wie ich in diesem Buch behaupten werde, rechtlich codiert. Gewöhnliche Güter sind einfach genau das, was sie sind – ein Grundstück, ein Versprechen, in der Zukunft bezahlt zu werden, die gebündelten Ressourcen von Freunden und Familie für die Gründung eines neuen Unternehmens oder individuelle Fähigkeiten und Knowhow. Doch jedes dieser Güter kann in Kapital verwandelt werden, indem es in jene Rechtsmodule gekleidet wird, die auch zur Codierung von forderungsbesicherten Wertpapieren (*Asset-Backed Securities*)* und deren Deriva-

* [Dabei handelt es sich, kurz gesagt, um in Gestalt von Wertpapieren ge-

ten verwendet wurden, die im Zentrum des Aufstiegs der Finanzbranche in den letzten Jahrzehnten standen. Diese rechtlichen Module, nämlich Vertrags-, Eigentums-, Kreditsicherungs-, Trust-, Gesellschafts- und Insolvenzrecht, können dazu verwendet werden, den Inhabern bestimmter Güter einen komparativen Vorteil gegenüber anderen zu verschaffen. Jahrhundertelang haben Rechtsanwälte an diesen rechtlichen Modulen gefeilt, sie an verschiedene Güter angepasst und damit den Wohlstand ihrer Mandanten gemehrt. Und die Staaten haben die Codierung des Kapitals dadurch unterstützt, dass sie ihre juristischen Zwangsmittel für die Durchsetzung der gesetzlichen Rechte, die dem Kapital eingeräumt wurden, zur Verfügung gestellt haben.

Dieses Buch erzählt die Geschichte der rechtlichen Codierung des Kapitals aus der Perspektive des Guts [*asset*]: Grund und Boden, Unternehmen, private Schulden und Wissen, ja sogar der genetische Code der Natur. Ich zeichne hier nicht sämtliche Nebenpfade in der Entwicklungsgeschichte des Rechts nach, all jene Drehungen und Wendungen, die notwendig waren, um zu gewährleisten, dass die alten Codierungstechniken den neuen Gütern genügten. Für Juristen sind solche Einzelheiten überaus befriedigend, bringen für Außenstehende jedoch ein Maß an Detailliertheit und Komplexität mit ins Spiel, das für das Verständnis der Grundidee, wie das Recht gleichermaßen Vermögen wie Ungleichheit schafft, nicht nötig ist. Darüber hinaus gibt es einen reichhaltigen Literaturbestand, der die Entwicklung ausgewählter rechtlicher Institutionen nach-

bündelte Forderungen, zum Beispiel aus Immobilienkrediten. Der Handel mit solchen Forderungen bzw. Wertpapieren war, als im Jahr 2007 viele Kreditnehmer in den USA ihren Verbindlichkeiten nicht mehr nachkommen konnten, eine maßgebliche Ursache für die Entstehung der US-Immobilienkrise und der anschließenden globalen Finanzkrise; Anm. d. Übers.]

zeichnet, zum Beispiel die des Trusts, der Gesellschaftsform oder des Kreditsicherungsrechts. Diejenigen Leserinnen und Leser, die sich damit näher beschäftigen wollen, finden in der in den Anmerkungen dieses Buches zitierten Literatur einige entsprechende Hinweise. Die Rechtshistorikerinnen und die Fachleute aus den jeweiligen Rechtsgebieten bitte ich um Nachsicht für die Vereinfachungen, zu denen ich mich gezwungen sah, um gewährleisten zu können, dass das vorliegende Buch auch für Nichtjuristen zugänglich sein würde. Das sind die Leserinnen und Leser, die ich beim Schreiben des Buches im Sinn hatte, solche also, die vielleicht noch nie ein Buch über Recht aufgeschlagen haben, aus Angst, dass es zu trocken und zu kompliziert oder einfach nicht von Belang sein könnte. Ich habe mich bemüht, die rechtlichen Institutionen nicht nur verständlich, sondern auch interessant und relevant für die gegenwärtigen Debatten über Ungleichheit, Demokratie und Governance zu machen. Das Recht ist ein mächtiges Werkzeug für die Ordnung des Sozialen und hat, wenn es klug eingesetzt wird, das Potenzial, einem großen Spektrum gesellschaftlicher Ziele zu dienen; dennoch wurde es – aus Gründen und mit Folgen, die ich zu erklären versuchen werde – fest in den Dienst des Kapitals gestellt.

Viele Menschen haben mich auf meinem Weg der Niederschrift dieses Buches begleitet. Meine Kolleginnen und Kollegen von der Columbia Law School haben mich ermutigt, ein Buch und nicht nur einen Artikel zu schreiben, als ich meine Ideen vor vier Jahren erstmals auf einem Workshop der Fakultät präsentierte. Meine Schülerinnen und Schüler an der Columbia Law School sind immer die Ersten, an denen ich meine neuen Ideen ausprobiere. Sie sind klug und direkt in ihren Ideen und Kritiken, und ich habe im Laufe der Jahre eine Unmenge von ihnen gelernt, als ich sie in den Komplexitäten des Gesellschaftsrechts, der Wertpapiere und ihrer Regulierung, aber auch in der Rolle des Rechts für die Entwicklung außerhalb der kapitalistischen Ökonomien des Westens unterrichtet habe. Ich habe außerdem enorm von Gesprächen mit ehemaligen Studierenden und Alumni profitiert, die erfolgreiche Praktikerinnen und Praktiker geworden sind. Einige haben mich sogar in meinen Lehrveranstaltungen besucht und mich und meine Studierenden an ihrem Wissen teilhaben lassen, über das nur intime Kenner der juristischen Praxis verfügen.

Dieses Buch hat zudem sehr von den Forschungsvorhaben und Workshops profitiert, die unter der Schirmherrschaft des Center on Global Legal Transformation stattgefunden haben, dessen Leitung ich an der Columbia Law School innehabe. Ich danke den Sponsoren, vor allem dem Institute for New Economic Thinking (INET) und der Max-Planck-Gesellschaft im Verbund mit der Alexander-von-Humboldt-Stiftung, auf das Herzlichste.

Ein Buch zu schreiben kann ein ziemlich einsames Unterfangen sein. Glücklicherweise hatte ich viele Gelegenheiten dazu, frühe Ideen zu diskutieren und an wechselnden Zuhörerschaften ausprobieren zu können. Dazu zählten das Buffett Institute an der Northwestern University, die Chinesische Universität Hongkong, die ETH Zürich, die Goethe-Universität in Frankfurt am Main, die Humboldt-Universität zu Berlin, das Interdisciplinary Center Herzliya in Tel Aviv, die KU Leuven (wo ich die Ehre hatte, im Jahr 2016 die Dieter Heremans Fund Lectures in Law and Economics zu halten), die London School of Economics, die Oxford University, die Fakultät der Rechtswissenschaften an der Universität Tel Aviv sowie die Teilnehmer der jährlichen Zusammentreffen der Global Conference on Economic Geography, des Global Corporate Governance Institute und von WINIR, dem World Interdisciplinary Network for Institutional Research. Die Kommentare und Rückmeldungen, die ich dort von Kollegen und Studierenden erhielt, halfen mir dabei, meine Argumente zu präzisieren, und haben mich vor vielen Fehlern und Irrwegen bewahrt.

Ich hatte außerdem das Glück, viele enge Kolleginnen und Freunde zu haben, die mich auf meinem Weg bestärkt haben. Mein verstorbener Kollege Robert Ferguson hat mir das Gefühl vermittelt, auf der richtigen Spur zu sein; ich wünschte, ich hätte ihm das Endergebnis noch präsentieren können. Carol Gluck hat meinen Vorschlag für das Buchprojekt geprüft und mich dazu gedrängt, meinen Blick auf die Gegenwart gerichtet zu halten und nicht der wahrhaft verlockenden Versuchung nachzugeben, mich in der Vergangenheit zu verlieren. Bruce Carruthers, Jean Cohen, Hanoch Dagan, Tsilly Dagan, Horst Eidenmüller, Tom Ginsburg (und seine Studierenden), Maeve Glass, Martin Hellwig, Jorge Kamine, Cathy Kaplan, Dana Neacsu, Delphine Nougayrède, Casey Quinn, Annelise Riles, Bill Simon, Wolfgang Streeck, Massimiliano Vatiero und Alice Wang haben einzelne Kapitel oder frühere Fassungen des ganzen Manuskripts gelesen und kommentiert. Das Endprodukt ist aufgrund ihrer konstruktiven Kritiken umso besser geworden, und ich bin ihnen allen sehr dankbar für die Zeit und die Aufmerksamkeit, die sie ihm gewidmet haben.

Ich möchte zudem zwei anonymen Gutachtern ganz herzlich danken, die ihre eigenen Ansichten und Ratschläge dazu geäußert haben, wie die Argumente meines Buches am besten zu stärken wären und wie dafür Sorge getragen werden könnte, dass es seinem Anspruch genügt, ein breiteres Publikum zu erreichen. Natürlich bin ich allein für sämtliche verbliebenen Fehler verantwortlich.

Herzlichen Dank an meinen Lektor Joe Jackson, der mir all die Freiheiten gewährt hat, die ich wollte, der aber auch stets bereitstand, wenn ich Ratschläge dazu benötigt habe, wie ich die Struktur oder die Erzählweise des Buches verbessern könnte. Ich war mit Kate Garber als Fakultätsassistentin an meiner

Seite gesegnet, die mir dabei half, mein Englisch zu verbessern, und die mich immer darauf hingewiesen hat, an welcher Stelle mein Schreibstil zu verschachtelt war, um selbst noch für einen so scharfen Verstand wie den ihren nachvollziehbar zu sein. Einen Dank auch an die Bibliothekare an der Columbia Law School, die unermüdlich nach den Materialien geforscht haben, die ich benötigte, und an Karen Verde, die dem finalen Manuskript mit großer Sorgfalt seinen letzten Schliff verpasst hat. Ein besonderer Dank gilt Frank Lachmann, der das Buch in die deutsche Sprache übertragen hat und sich nicht nur als Meister beider Sprachen, sondern auch als sorgfältiger Lektor erwiesen hat.

Ich widme dieses Buch meinem Mann Carsten Bönnemann. Er hat meinen Enthusiasmus für dieses Projekt von Anfang an geteilt, war über den gesamten Verlauf des Schreibprozesses hinweg meine Versuchsperson und hat sich nie darüber beklagt, dass sich das Buch in unsere gemeinsame Zeit einschlich, obwohl es das in vielen Situationen getan hat, wenn wir zusammen waren und meine Gedanken abdrifteten, wenn wieder eine Gelegenheit, Studierende zu unterrichten oder vor einem ausländischen Publikum über die Kernargumente des Buches zu sprechen, mich von ihm wegführte oder als uns das Manuskript in seiner letzten Entstehungsphase sogar bis in unsere Sommerferien begleitete. Er war mein kritischster Leser, stellte die bohrendsten Fragen und drängte mich dazu, meine Argumente zu ihrem logischen Schluss zu bringen, auch auf die Gefahr hin, potenzielle Verbündete oder Freunde vor den Kopf zu stoßen. Am wichtigsten aber war, dass er mich immer wieder daran erinnerte, dass es auch noch ein Leben jenseits eines Buches gibt. *Danke.**

Die deutsche Übersetzung möchte ich dem Andenken mei-

* Im Original deutsch.

nes Vaters, Hans-Henning Pistor, widmen, dem ich so viel verdanke und der wenige Wochen vor seinem überraschenden Tod die deutschen Druckfahnen noch Korrektur gelesen hat.

Kapitel I
Ein Imperium des Rechts

Sie sieht aus wie der Umriss eines Elefantenkopfes, jene Linie, die das Wachstum und die Menge des Vermögens darstellt, das weltweit zwischen 1980 und 2017 auf verschiedene Einkommensgruppen entfallen ist; passenderweise wird sie daher als »Elefanten-Kurve« bezeichnet.[1] Die breite Stirn repräsentiert 50 Prozent der Weltbevölkerung, die in den letzten 35 Jahren nur mickrige zwölf Prozent des globalen Einkommenszuwachses für sich verbuchen konnten. Von der Stirn führt eine Linie zum Rüssel hinab und von dort aus steil nach oben zu seiner erhobenen Spitze. Am Rüssel sitzt »das Eine Prozent«; dieses hält 27 Prozent des neuen Vermögens, mehr als doppelt so viel wie die an der Stirn des Elefanten zusammengefassten Menschen. Die Senke zwischen Stirn und Rüssel ist der Ort, an dem sich in den fortgeschrittenen westlichen Marktökonomien die Familien mit niedrigem Einkommen bündeln, die »zusammengedrückten unteren 90 Prozent« dieser Volkswirtschaften.[2]

Dazu hätte es eigentlich nicht kommen sollen. Die 1980er Jahre sahen eine rapide Zunahme wirtschaftlicher und gesetzlicher Reformen in den Industrie- ebenso wie in den Schwellenländern, die bei der Allokation wirtschaftlicher Ressourcen den Märkten Vorrang vor dem Staat einräumten – ein Prozess, der durch das Verschwinden des Eisernen Vorhangs und den Zusammenbruch des Sozialismus noch verstärkt wurde.[3] Die Idee war, Verhältnisse zu schaffen, in denen alle prosperieren würden. Die durch klare Eigentumsrechte und eine zuverlässige Durchsetzung von Verträgen geschützte Eigeninitiative würde, so lautete die These, sicherstellen, dass knappe Ressourcen dem effizientesten Eigentümer zugewiesen werden, was wiederum den Kuchen – zum Vorteil aller – vergrößern würde. Die Ausgangsbedingungen würden also vielleicht nicht gerade nivelliert werden, aber die vorherrschende Meinung war doch die, dass von der Befreiung der Individuen von den Fesseln der staatlichen Bevormundung letztendlich alle profitieren würden.

Dreißig Jahre später feiern wir nicht den Wohlstand für alle, sondern diskutieren darüber, ob wir bereits ein Maß an Ungleichheit erreicht haben, das zuletzt vor der Französischen Revolution erreicht wurde, und zwar in Ländern, die sich Demokratien nennen, mit ihrem Bekenntnis zur Selbstregierung auf Basis einer Herrschaft der Mehrheit und nicht der Eliten. Es ist schwer, diese Ansprüche mit einem Grad der Ungleichheit in Einklang zu bringen, der an den des Ancien Régime erinnert.

Natürlich herrschte kein Mangel an Erklärungen. Marxisten verweisen auf die Ausbeutung der Arbeit durch die Kapitalisten.[4] Globalisierungsskeptiker behaupten, dass eine exzessive Globalisierung den Staaten die Macht genommen hat, einen Teil der Profite, die die Kapitalisten einstreichen, durch Sozialprogramme oder progressive Besteuerung umzuverteilen.[5] Und schließlich besagt eine neue Deutung, dass das Kapital in entwickelteren Volkswirtschaften schneller wächst als der Rest der Wirtschaft; wer immer also in der Vergangenheit Vermögen angehäuft hat, wird es im Vergleich zu anderen weiter vermehren.[6] Dies sind zwar zumindest teilweise plausible Erklärungen, die allerdings nicht auf die grundlegendere Frage nach der Genese des Kapitals eingehen:[7] Wie wird Vermögen überhaupt erzeugt? Und, damit zusammenhängend, warum übersteht das Kapital häufig Konjunkturzyklen und Konjunkturschocks, die so viele andere in Panik versetzen und ihnen die Gewinne entreißen, die sie zuvor erzielt hatten?

Die Antwort auf diese Fragen liegt, so werde ich behaupten, im Rechtscode des Kapitals begründet. Grundsätzlich besteht das Kapital aus zwei Komponenten: einem Gut und dem Rechtscode. Ich verwende den Ausdruck »Gut« hier in einem weiten Sinne für jedes Objekt, jede Forderung, Fähigkeit oder Idee, unabhängig von seiner oder ihrer Form. In ihrer reinen Gestalt sind diese einfachen Güter einfach genau das, was sie sind: ein Stück Boden, ein Gebäude, ein Versprechen darauf, eine Zahlung zu einem späteren Zeitpunkt zu erhalten, eine Idee für ein neues Medikament oder ein neuer Softwarecode. Mit der richtigen rechtlichen Codierung kann jedes dieser Güter in Kapital verwandelt und dadurch seine Tendenz, Vermögen für seine(n) Besitzer zu schaffen, verstärkt werden.

Die Liste der im Recht codierten Güter hat sich im Laufe der Zeit verändert und wird dies wahrscheinlich auch weiterhin tun. In der Vergangenheit wurden Grund und Boden, Unternehmen, Schulden und Fachkenntnisse alle als Kapital codiert, und wie diese Auflistung zeigt, haben sich diese Güter mit der Zeit gewandelt. Grund und Boden produzieren Lebensmittel und Unterkunft auch dann, wenn es keine rechtliche Codierung gibt, aber Finanzinstrumente und geistige Eigentumsrechte gibt es nur im Recht und digitale Güter im Binärcode, für die *der Code selbst* das Kapital ist. Und doch sind die rechtlichen Mittel, die für die Codierung jedes einzelnen dieser Güter angewendet wurden, im Laufe der Zeit bemerkenswert konstant geblieben. Die wichtigsten sind das Vertragsrecht, die Eigentumsrechte sowie das Kreditsicherungs-, Trust-, Gesellschafts- und Insolvenzrecht. Dies sind die *Module*, aus denen das Kapital codiert wird. Sie legen Gütern wichtige Eigenschaften bei und privilegieren damit ihre Besitzer: *Priorität* [*priority*], welche konkurrierende Ansprüche auf dieselben Güter in eine Rangfolge bringt, *Beständigkeit* [*durability*], die prioritäre Ansprüche zeitlich ausdehnt, *Universalität* [*universality*], die sie räumlich ausdehnt, und *Konvertierbarkeit* [*convertibility*], die als ein Versicherungsmechanismus fungiert, der es Vermögensinhabern ermöglicht, ihre privaten Kreditansprüche bei Bedarf in Staatsgeld umzuwandeln und damit ihren Nominalwert zu schützen, da nur ein gesetzliches Zahlungsmittel ein echter Wertspeicher sein kann, wie in Kapitel 4 näher erläutert wird.[8]

Sobald ein Gut rechtlich codiert ist, ist es dazu geeignet, Vermögen für seine Besitzer zu erzeugen. Die rechtliche Codierung des Kapitals ist ein raffinierter Prozess, ohne den die Welt niemals das Vermögensniveau erreicht hätte, das heute herrscht; der Vorgang dieser Kapitalerzeugung selbst fand jedoch weitgehend im Verborgenen statt. Ich hoffe, im Laufe dieses Buches verdeutlichen zu können, wie das Recht dazu beiträgt, sowohl Reichtum als auch Ungleichheit zu schaffen. Die ersten Ursachen der Ungleichheit aufzudecken ist nicht nur deshalb von entscheidender Bedeutung, weil ihr Anstieg das soziale Gefüge unserer demokratischen Systeme bedroht, sondern auch, weil herkömmliche Formen der Umverteilung durch Steuern ihren Biss weitgehend verloren haben. Tatsächlich ist die Abschirmung von Gütern und Vermögenswerten vor der Steuer eine der unter ihren Besitzern gefragtesten Codierungsstrategien. Und Rechtsanwälten, den Herren des Codes, werden außergewöhnlich hohe Honorare dafür gezahlt, dass sie solche Werte mithilfe der Gesetze derselben Staaten aus dem Zugriffsbereich der Gläubiger herausschaffen, einschließlich der Steuerbehörden.[9]

Wie, von wem und zu wessen Vorteil Güter ausgewählt werden, um rechtlich als Kapital codiert zu werden, sind Fragen, die den Kern des Kapitals und der politischen Ökonomie des Kapitalismus betreffen. Trotzdem gibt es, wenn überhaupt, nur wenige Antworten auf diese Fragen in der Literatur. Der Grund dafür ist, dass die meisten Beobachter das Recht als einen Nebenschauplatz betrachten, obwohl es in Wirklichkeit genau das Tuch ist, aus dem das Kapital geschneidert ist. Dieses Buch wird zeigen, wie und durch wen ganz normale Güter in Kapital verwandelt werden, und wird den Prozess beleuchten, durch den Anwälte nahezu jedes Gut in Kapital umwandeln können. Die Wohlhabenden führen oft besondere Fähigkeiten, die harte Arbeit und die persönlichen Opfer, die sie selbst oder ihre Eltern oder Vorfahren erbracht haben, als Rechtfertigung für das Vermögen an, das sie heute besitzen. Gewiss mögen diese Faktoren zur Entstehung ihrer Reichtümer beigetragen haben. Doch ohne rechtliche Codierung hätten die meisten davon nur kurze Zeit überdauert. Über lange Zeiträume hinweg Reichtum anzuhäufen erfordert eine zusätzliche Absicherung, die nur ein von den Zwangsbefugnissen des Staates gestützter Code bieten kann.

Es wird oft als Zufall betrachtet, dass der ökonomische Erfolg, der die modernen Volkswirtschaften von früheren Zeiten mit viel geringeren Wachstumsraten und einer viel höheren Volatilität des Reichtums trennt, eng mit dem Aufstieg der Nationalstaaten verknüpft ist, die sich auf das Recht als das primäre Mittel zur Herstellung sozialer Ordnung stützen.[10] Viele Kommentatoren führen das Aufkommen privater Eigentumsrechte, verstanden als wesentliche Begrenzungen der Macht des Staates, als die entscheidende Erklärung für den Aufstieg des Westens an.[11] Dennoch ist es möglicherweise zutreffender, diesen Aufstieg auf die Bereitschaft des Staates zurückzuführen, die private Codierung von Gütern im Recht zu unterstützen, und zwar nicht nur in Form von Eigentumsrechten im engeren Sinne, sondern auch von anderen rechtlichen Privilegien, die einem Gut Priorität, Beständigkeit, Konvertierbarkeit und Universalität verleihen. Tatsächlich wird die Tatsache, dass das Kapital mit der Macht des Staates verbunden und von ihr abhängig ist, in den Debatten über Marktwirtschaften häufig außer Acht gelassen. Verträge und Eigentumsrechte schützen zwar freie Märkte, doch der Kapitalismus braucht noch mehr – nämlich die rechtliche Privilegierung mancher Güter, die ihren Inhabern einen komparativen Vorteil gegenüber anderen bei der Anhäufung von Vermögen verschafft.[12]

Die Offenlegung der rechtlichen Struktur des Kapitals trägt zudem zur Lösung des Rätsels bei, das Thomas Piketty in seinem bahnbrechenden Buch *Das Kapital im 21. Jahrhundert* präsentiert hat.[13] Wie er dort zeigt, liegt die durchschnittliche Kapitalrendite in den entwickelten Volkswirtschaften über der durchschnittlichen gesamtwirtschaftlichen Wachstumsrate ($r > g$). Piketty hat dieses Rätsel nicht aufgeklärt, sondern sich damit begnügt, sein bemerkenswert regelmäßiges empirisches Auftreten zu dokumentieren. Doch seine eigenen Daten liefern wichtige Hinweise für seine Lösung. In einem Kapitel namens »Die Metamorphosen des Kapitals«[14] zeigt Piketty, dass ländlicher Grundbesitz bis ins frühe 20. Jahrhundert hinein die wichtigste Quelle des Reichtums war. Inzwischen sind Aktien, Anleihen und andere finanzielle Vermögenswerte sowie städtischer Immobilienbesitz an seine Stelle getreten.

Die in diesem Buch vorgelegte Analyse wird zeigen, dass die Metamorphose des Kapitals Hand in Hand damit geht, dass die Module des Rechtscodes immer neuen Gütern übergestülpt werden, dass einige Güter aber auch von Zeit zu Zeit von den entscheidenden rechtlichen Modulen entkleidet werden: Ländlicher Grundbesitz, jahrhundertelang die wichtigste Quelle für privates Vermögen, hat lange von der größeren Beständigkeit profitiert, die er im Vergleich zu anderen Gütern besaß, büßte diese herausragende Stellung in Großbritannien und anderswo aber im späten 19. Jahrhundert ein. Zu diesem Zeitpunkt waren Kapitalgesellschaften nicht nur für die Organisation der Industrie, sondern auch als Nährböden des Reichtums zu weithin gebräuchlichen rechtlichen Modulen geworden. Zudem wurde diese Gesellschaftsform neben dem Trustrecht auch zu einem der wichtigsten rechtlichen Instrumente für die Emission von Wertpapieren, von Aktien bis zu Derivaten. Und nicht zuletzt haben sich die geistigen Eigentumsrechte in den letzten Jahrzehnten stark vermehrt und machen heute den Löwenanteil an der Marktbewertung vieler Unternehmen aus.

Eine Decodierung respektive Entschlüsselung des Kapitals und die Aufdeckung des Rechtscodes, der ihm unabhängig von seinem äußeren Erscheinungsbild zugrunde liegt, macht deutlich, dass nicht alle Güter gleich sind; diejenigen mit einer überlegenen rechtlichen Codierung sind tendenziell »gleicher« als andere. Der Kernpunkt dieses Arguments wurde bereits vom inzwischen verstorbenen Rechtshistoriker Bernard Rudden ins Feld geführt. Im folgenden Zitat hat er die entscheidende Rolle des Rechts bei der Ausgestaltung von Gütern, die ihren Inhabern Macht und Vermögen bringen, auf den Punkt gebracht:

> Die traditionellen Begriffe des Eigentumsrechts im Common Law wurden für und durch die herrschenden Klassen geschaffen, und zwar zu einer Zeit, als der Großteil ihres Kapitals aus Landbesitz bestand. Heutzutage steckt das große Vermögen in Aktien, Unternehmensanteilen, Anleihen und dergleichen und ist nicht nur beweglich, sondern auch mobil und überquert auf der Suche nach einem steuerlichen Utopia per Tastendruck die Weltmeere. [...] Rechtstheoretisch und rechtstechnisch gesehen hat sich jedoch eine tiefgreifende, wenn auch wenig diskutierte Evolution ereignet, durch die die zu Beginn für den Besitz an Grund und Boden ersonnenen Begriffe von ihrem ursprünglichen Gegenstand abgelöst wurden, nur um als ein Mittel zum Umgang mit abstrakten Werten zu überdauern und sich erfolgreich zu etablieren. Das feudale Kalkül besteht auch weiterhin fort, aber sein Habitat ist das Finanzvermögen und nicht der Landbesitz.[15]

In diesem Buch werde ich zeigen, dass das »feudale Kalkül« tatsächlich quicklebendig ist, und das auch in demokratisch regierten Gesellschaften, die stolz darauf sind, dass sie Rechtsgleichheit für jedermann garantieren – nur dass einige eben einen besseren Gebrauch vom Recht machen können als andere. Das Recht operiert mittels der Module des Rechtscodes des Kapitals, die in den Händen geschickter Anwälte ein gewöhnliches Gut in Kapital verwandeln können. Nicht das Gut selbst, sondern seine rechtliche Codierung schützt seinen Besitzer vor den Stürmen der üblichen Konjunkturverläufe, verleiht ihm Dauerhaftigkeit und schafft so die Voraussetzungen für eine nachhaltige Ungleichheit. Reichtümer können gewonnen oder verloren werden durch die Modifikation der rechtlichen Codierung eines Guts, die Entkleidung eines Gutes von einigen dieser Module oder ihre Übertragung auf ein anderes Gut. Wir werden sehen, wie sich dies auf den Aufstieg und Niedergang des Grundvermögens, die Anpassung rechtlicher Codierungstechniken an das Unternehmen, die Umwandlung von Darlehen in handelbare Wertpapiere, die an den Pforten der Zentralbanken in Bargeld umgewandelt werden können, und schließlich auf den Aufstieg von Fachwissen als Kapital auswirkt. Für jedes dieser Güter bestimmt die rechtliche Codierung letztendlich seine Fähigkeit, seinen Inhabern Vermögen und Reichtum zu verschaffen, und gibt ihnen zudem einen mächtigen Mechanismus zur Abwehr von Herausforderern an die Hand: »Aber es ist legal.«

Die leitende Hand des Rechts

Der Rechtscode des Kapitals mag zwar für den flüchtigen Beobachter unsichtbar sein, doch das heißt nicht, dass er nicht real wäre. Manche finden es einfacher, an die von Adam Smith verewigte »unsichtbare Hand«[16] des Marktes zu glauben, statt ihre Zeit mit der Entschlüsselung des rechtlichen Aufbaus des Kapitals zu verbringen. Und dennoch haben Veränderungen in der Rechtsstruktur die Bedingungen für das Wirken von Smith' unsichtbarer Hand grundlegend verändert. Smith vertrat bekanntlich die Auffassung, dass die Verfolgung des individuellen Eigeninteresses unweigerlich der Gesellschaft zugutekommen wird. Oft außer Acht gelassen wird jedoch der Mechanismus, der die unsichtbare Hand antreibt. »[J]eder einzelne [trachtet] danach«, so Smith, »sein Kapital möglichst in seiner Nähe zu beschäftigen und infolgedessen es soweit wie möglich zur Förderung heimischer Erwerbstätigkeit zu verwenden – immer vorausgesetzt, daß er dabei den üblichen oder nicht viel weniger als den üblichen Gewinn aus Vermögen erzielen kann.«[17] Warum? Weil er »Charakter und Umstände der Personen, denen er vertraut, besser kennenlernen [kann], und wenn er betrogen werden sollte, *so weiß er besser Bescheid über die Gesetze des Landes, in dem er sein Recht suchen muß*«.[18] Während die landläufige Meinung das Wirken der unsichtbaren Hand dem Markt zuschreibt, kann sie aber genauso gut als eine Bezugnahme auf die Beschaffenheit der Spielregeln dort verstanden werden, wo Geschäfte getätigt werden. Die unsichtbare Hand wird tätig, wenn die Institutionen schwach sind; sie wird überflüssig, sobald solche vorhanden sind, die es den ökonomischen Akteuren erlauben, überall ihre Rechte und Interessen durchzusetzen.

Die heutigen Unternehmer müssen nicht mehr in ihrer Heimat »ihr Recht suchen«, und das Schicksal ihres Vermögens ist auch nicht mehr an die Gemeinschaften gebunden, die sie zurücklassen. Vielmehr können sie sich unter vielen Rechtsordnungen diejenige aussuchen, die sie bevorzugen, und deren Vorzüge genießen, auch ohne sich selbst, ihr Geschäft, ihre Waren oder Vermögenswerte physisch in den Staat zu verbringen, dessen Recht sie für die Codierung benutzen. Sie können Kapital nach eigenem Ermessen im in- oder ausländischen Recht codieren, indem sie sich für das Vertragsrecht eines anderen Landes entscheiden oder ihr Geschäft in einer Rechtsordnung gründen, die ihnen die größten Vorteile in Sachen Steuersätze, regulatorische Erleichterungen oder Aktionärsvorteile bietet. Die Entscheidung gegen den einen und für einen anderen Rechtsrahmen hinterlässt eine Spur nur auf dem Papier oder im Digitalen, kompromittiert aber die Macht des Codes nicht, solange es mindestens einen Staat gibt, der gewillt ist, hinter ihm zu stehen.

Dies liegt daran, dass seit Smith' Niederschrift vor mehr als zweihundert Jahren ein Imperium des Rechts entstanden ist, das zwar in erster Linie aus nationalem Recht besteht, aber nur lose an bestimmte Staaten oder deren Bürger geknüpft ist. Staaten haben rechtliche Zugangsbeschränkungen aktiv abgebaut und ihr Recht willigen Abnehmern feilgeboten, wodurch sie es den Vermögensbesitzern einfacher gemacht haben, sich das von ihnen favorisierte Recht auszusuchen. Die meisten Staaten erkennen ausländisches Recht nicht nur mit Blick auf Verträge, sondern auch in Bezug auf (finanzielle) Kreditsicherheiten, Unternehmen und die von ihnen ausgegebenen Wertpapiere an; sie nutzen ihre Zwangsmittel, um es durchzusetzen, und sie erlauben es inländischen Parteien, sich für ein ausländisches Recht zu entscheiden, ohne dadurch den Schutz durch die örtlichen Gerichte zu verlieren. Die phänomenale weltweite Expansion des Handels und des Finanzsektors wäre ohne gesetzliche Regelungen, die es den Vermögensinhabern erlauben, ihre lokalen Regelwerke mitzunehmen, oder wenn sie es vorziehen, sich für das ausländische Recht zu entscheiden, unmöglich gewesen. Die Herauslösung der Kapitalmodule aus den Rechtssystemen, die sie hervorgebracht haben, hat zwar die Schaffung von Vermögen durch die Kapitalbesitzer gefördert, jene, die entlang des Elefantenrüssels angesiedelt sind, aber auch zu einer stark verzerrten Verteilung des Vermögens für andere ohne Zugang zu ausgeklügelten Codierungsstrategien beigetragen.

Die zentrale Stellung und die Macht des Rechts bei der Codierung des Kapitals zu begreifen hat wichtige Konsequenzen für das Verständnis der politischen Ökonomie des Kapitalismus. Denn sie lenkt die Aufmerksamkeit von der Klassenidentität und dem Klassenkampf auf die Frage, wer Zugang zum und Kontrolle über den Rechtscode und seine Herren hat: die landbesitzende Elite, die Fernhändler und die Handelsbanken, die Anteilseigner von Unternehmen, die Produktionsanlagen besitzen oder einfach Vermögensbesitz hinter einem Schleier aus zwischengeschalteten Unternehmen verborgen halten, die Banken, die Darlehen gewähren und Kreditkarten und Studienkredite vergeben, und die Finanzintermediäre, die keine Banken sind und komplexe Finanzprodukte ausgeben, einschließlich forderungsbesicherter Wertpapiere und Derivate. Die Kunstfertigkeit ihrer Anwälte, der Herren des Codes, erklärt dessen Anpassungsfähigkeit an die sich ständig verändernde Bandbreite von Gütern, und die vermögensbildenden Vorzüge des Kapitals helfen zu erklären, warum die Staaten nur allzu bereit dazu waren, innovative rechtliche Codierungsstrategien in Schutz zu nehmen und durchzusetzen.

Mit den besten Anwälten in ihren Diensten können Vermögensbesitzer ihre Eigeninteressen mit nur wenigen Einschränkungen verfolgen. Sie beanspruchen Vertragsfreiheit, lassen aber die Tatsache außer Acht, dass ihre Freiheiten letztendlich von *einem Staat* garantiert werden, wenn auch nicht unbedingt von ihrem Heimatstaat. Nicht jeder Staat ist jedoch für die Codierung von Kapital gleichermaßen günstig. Zwei Rechtsordnungen dominieren die Welt des globalen Kapitals: das englische Common Law und das Recht des Staates New York.[19] Es sollte nicht überraschen, dass diese Rechtsordnungen auch die führenden globalen Finanzzentren – London und New York City – sowie alle der hundert wichtigsten weltweit aktiven Anwaltskanzleien beherbergen. Dies ist der Ort, an dem heute das meiste Kapital codiert wird, besonders Finanzkapital, also jenes immaterielle Kapital, das nur im Recht existiert.

Der historische Präzedenzfall für eine globale Herrschaft durch eine oder mehrere Mächte ist das Imperium [*empire*].[20] Das Imperium des Rechts hat weniger Bedarf an Truppen, sondern stützt sich vielmehr auf die normative Autorität des Rechts, und sein mächtigster Schlachtruf lautet »Aber es ist legal«. Die Staaten, die die Bürger als »We, the people«* bilden, bieten ihre Rechtssysteme bereitwillig ausländischen Vermögensbesitzern an und überlassen ihnen ihre Gerichte, um ausländisches Recht so durchzusetzen, als wäre es das einheimische, auch wenn dieses Tun sie Steuereinnahmen kostet oder ihnen die Fähigkeit nimmt, die politischen Präferenzen ihrer eigenen Bürger zu verwirklichen.[21] Für die globalen Kapitalisten ist dies die beste aller Welten, denn sie können sich die Rechtsordnungen aussuchen, die für sie am günstigsten sind, ohne viel in die Politik investieren zu müssen, um das Recht in ihrem Sinne zu beeinflussen.

Wie die meisten Imperien der Vergangenheit, so ist auch das Imperium des Rechts ein Flickenteppich; es besteht nicht aus einem einzigen globalen Recht, sondern aus ausgewählten nationalen Rechten, die durch Regeln miteinander verknüpft werden, darunter Kollisionsregeln, die die Anerkennung und Durch-

* [Die ersten Worte der amerikanischen Unabhängigkeitserklärung; Anm. d. Übers.]

setzung dieser nationalen Gesetze an anderen Orten gewährleisten, sowie ausgewählte Elemente des Völkervertragsrechts.[22] Der dezentrierte Charakter des Rechts, mit dem das globale Kapital codiert wird, hat viele Vorteile. Denn er bedeutet, dass der globale Handel und das globale Finanzwesen ohne einen Weltstaat oder ein globales Recht blühen und gedeihen können, und er erlaubt es denjenigen, die Bescheid wissen, sich die Regularien auszusuchen, die am besten zu ihren Interessen oder denen ihrer Kunden passen. Auf diese Weise durchtrennt das Imperium des Rechts die Nabelschnur zwischen dem Eigeninteresse des Einzelnen und den Belangen der Gesellschaft. Die rechtliche Entschlüsselung des Kapitals offenbart Smith' unsichtbare Hand als einen Ersatz für einen verlässlichen Rechtscode – sichtbar, wenn auch oft verborgen, und mit einer gefestigten rechtlichen Infrastruktur versehen, deren Anwendungsbereich die ganze Welt ist –, der seinen Zweck nicht mehr erfüllt. Ein effektiver Rechtsschutz fast überall macht das Gedeihen privater Eigeninteressen möglich, ohne dass die Notwendigkeit besteht, in die Heimat zurückzukehren, um dort von den lokalen Institutionen zu profitieren. Ein in einem ortsbeweglichen Recht codiertes Kapital ist frei wie ein Vagabund; Gewinne können überall erzielt und eingestrichen und die Verluste überall da zurückgelassen werden, wo sie anfallen.

Das Rätsel des Kapitals

»Kapital« ist ein Ausdruck, den wir ständig verwenden, aber seine Bedeutung ist nach wie vor unklar.[23] Fragen Sie irgendeine Person auf der Straße, und sie wird wahrscheinlich Kapital mit Geld gleichsetzen. Aber wie Marx im einleitenden Kapitel zum *Kapital* dargelegt hat, sind Geld und Kapital nicht dasselbe.[24]

Seiner Ansicht nach wird Kapital vielmehr in einem Prozess geschaffen, der den Tausch von Waren gegen Geld und die Abschöpfung des Mehrwerts aus der Arbeit umfasst.

Tatsächlich war der Ausdruck »Kapital« schon lange vor der Verewigung dieses Begriffs durch Marx im Gebrauch. Der Sozialhistoriker Fernand Braudel führt ihn auf das 13. Jahrhundert zurück, wo er zur austauschbaren Bezeichnung von Geldvorräten, Waren oder gegen Zinsen verliehenes Geld benutzt wurde,[25] zumindest dort, wo dies erlaubt war.[26] Auch heute noch gibt es Definitionen im Überfluss, wie Geoffrey Hodgson in einem sorgfältigen Überblick über die vorhandene Literatur gezeigt hat.[27] Für die einen ist Kapital ein greifbares Objekt oder »materieller Stoff«,[28] und bis heute beharren viele Ökonomen und Bilanzbuchhalter darauf, dass Kapital etwas Greifbares sein muss; wenn man es nicht anfassen kann, ist es kein Kapital.[29] Für andere ist es einer der beiden Produktionsfaktoren oder eben einfach eine betriebswirtschaftliche Variable.[30] Und für Marxisten steht das Kapital im Zentrum des Spannungsverhältnisses zwischen den Arbeitern und ihren Ausbeutern, die die Produktionsmittel besitzen, was ihnen die Macht gibt, Mehrwert aus den Arbeitern zu ziehen. Auch die Historiographie des Kapitalismus sorgt hier nicht sonderlich für Klarheit. Einige Historiker begrenzen das »Zeitalter des Kapitals« auf die Periode der Schwerindustrialisierung, wohingegen andere den Begriff zeitlich früher verortet haben, nämlich in den Perioden des Agrar- oder des Frühkapitalismus.[31] Und unser eigenes, postindustrielles Zeitalter wurde alternativ auch schon als das des Finanz- oder globalen Kapitalismus bezeichnet.

Was die Begriffe von Kapital und Kapitalismus so verwirrend macht, ist, dass sich die äußere Erscheinungsform des Kapitals im Laufe der Zeit drastisch verändert hat, genauso wie die sozialen Beziehungen, die ihm zugrunde liegen. Vor diesem Hintergrund könnte man sogar fragen, ob es sinnvoll ist, historische Epochen, die sich so grundlegend voneinander unterscheiden, unter einer einzigen Rubrik des »Kapitalismus« zusammenzufassen. In diesem Buch werde ich den Standpunkt vertreten, dass wir dies sehr wohl tun können, ja sogar sollten, dass wir aber, um dies zu rechtfertigen, tiefer schürfen und die Entstehung des Kapitals selbst verstehen müssen.

Zunächst ist es wichtig festzuhalten, dass Kapital kein Ding ist; es kann weder an einem bestimmten Zeitraum noch an einem politischen Regime oder an nur einer Reihe antagonistischer sozialer Beziehungen wie denen zwischen Proletariat und Bourgeoisie festgemacht werden.[32] Diese Erscheinungsformen von Kapital und Kapitalismus haben sich zwar dramatisch gewandelt, doch der Quellcode des Kapitals ist über die gesamte Zeit hinweg nahezu unverändert geblieben. Viele der rechtlichen Institutionen, die wir heute noch zur Codierung von Kapital verwenden, wurden, wie Rudden in dem weiter oben in diesem Kapitel angeführten Zitat bemerkt, erstmals in der Zeit des Feudalismus erfunden.

Marx stellte bereits fest, dass gewöhnliche Objekte eine bestimmte Transformation durchlaufen müssen, bevor sie im Austausch gegen Geld gehandelt werden können, um einen Prozess in Gang zu setzen, in dem Profite erzielt werden. Er charakterisierte diesen Prozess als Kommodifizierung, als einen notwendigen, aber, wie wir sehen werden, nicht hinreichenden Schritt für die Codierung von Kapital, und er erkannte auch die Möglichkeit zur Kommodifizierung der Arbeit. Karl Polanyi wich von Marx ab, was die Klassifizierung von Boden, Arbeit oder Geld als Waren angeht. Nur Gegenstände, die »für den Markt produzier[t]«[33] werden, können als Waren gelten, wie er behauptete, und keines dieser Güter fällt unter diese Kategorie. Polanyi hatte nun zwar recht damit, dass die Kommodifizierung etwas Menschengemachtes ist, befand sich aber über das Wesen dieser von Menschenhand vollbrachten Transformation im Irrtum: Nicht ein physischer Produktionsprozess, sondern die rechtliche Codierung ist das Entscheidende. Für die Kommodifizierung allein sind zwei der Attribute des Codes ausreichend: Priorität und Universalität. Um jedoch den größtmöglichen Rechtsschutz zu erreichen, müssen dieser Mischung auch noch Beständigkeit oder Konvertierbarkeit hinzugefügt werden. Der Kapitalismus ist, wie sich herausstellt, mehr als nur der Tausch von Waren in einer Marktwirtschaft; er ist eine Marktwirtschaft, in der einige Güter auf legale Steroide gesetzt werden.[34]

Anders als Polanyi und viele heutige Ökonomen glauben, können sogar Menschen als Kapital codiert werden. Dies steht im Widerspruch zu neoklassischen Ansätzen, die die Produktionsfunktion als die Summe von Kapital (*K*) und Arbeit (*L*), also der beiden Produktionsfaktoren, beschreibt, die zusammengenommen Güter (oder *Q*) produzieren.[35] Diese Gleichung behandelt sowohl *K* als auch *L* als Größen, deren Preis durch ihre relative Knappheit bestimmt wird. Sie ignoriert die Macht des Rechtscodes. In Wirklichkeit kann *L* nämlich durch ein wenig *Legal Engineering* leicht in *K* umgewandelt werden. So manche Freiberuflerin hat zum Beispiel festgestellt, dass sie ihre Arbeit *kapitalisieren* kann, indem sie ein Unternehmen gründet, diesem ihre Dienste als Sachleistungen zukommen lässt und sich als Gesellschafterin des Unternehmens Dividenden anstelle eines Gehalts auszahlt – wobei sie von einem niedrigeren Steuersatz profitiert.[36] Der einzige Input in dieses Unternehmen ist menschlicher Natur, wurde aber mithilfe einiger rechtlicher Codierung in Kapital verwandelt. Kapital als nichtmenschlich zu definieren steht außerdem im Widerspruch zu der Zunahme von Eigentumsrechten an Ideen und Fachwissen, wie etwa Patenten, Urheberrechten und Warenzeichen, die für gewöhnlich unter der Bezeichnung »geistige Eigentumsrechte« zusammengefasst werden. Was sind sie, wenn nicht die rechtliche Codierung menschlicher Erfindungsgabe?

Ein weiterer Grund dafür, warum Menschen oft aus der Definition von Kapital ausgeschlossen werden, ist der, dass sie sich nicht selbst als Sicherheiten anbieten und auf diese Weise ihre eigene Arbeit monetarisieren können.[37] Doch wie ich gerade gezeigt habe, können sie ihre Arbeit einem Unternehmen als Kapital zukommen lassen. Das Recht ist formbar, und es ist einfach, menschliche Arbeit in eine Sacheinlage umzubilden. Darüber hinaus wurden Sklaven, als die Sklaverei legal *war*, nicht nur als Eigentum, sondern auch als Sicherheiten für Darlehen benutzt – in den Vereinigten Staaten oft von Investoren aus den nördlichen, sklavenfreien Staaten, die damit dazu beitrugen, ein unmenschliches System aufrechtzuerhalten, auch wenn sie es öffentlich verurteilten.[38] Als Folge davon verloren, als die Sklaverei letztendlich abgeschafft wurde und die ehemals versklavten Männer, Frauen und Kinder freigelassen wurden, ihre früheren Besitzer ein für sie wertvolles Wirtschaftsgut.[39] Natürlich verblasst ihr wirtschaftlicher Verlust gegenüber dem Schicksal, das ihre früheren Sklaven durch ihre Hände erfahren haben, welches damals durch die unmenschliche Anerkennung und Durchsetzung von Eigentumsrechten an Menschen abgesegnet war.[40] Der Punkt ist, dass die Geschichte der Sklaverei die Macht (nicht die Moral!) des Rechtscodes bei der Herstellung und Zerstörung von Kapital, aber auch der Menschenwürde veranschaulicht.

Um die Vielseitigkeit des Kapitals in Gänze zu würdigen, müssen wir über einfache Klassifikationen hinausgehen und verstehen, wie das Kapital jene Eigenschaften erhält, die es von anderen Besitztümern unterscheidet. Ökonomen in der »alten« institutionalistischen Tradition sind der Antwort zwar nahegekommen, doch ihre Beiträge sind weitgehend vergessen.[41] Thorstein Veblen schlug zum Beispiel vor, dass Kapital die »Einkommen generierende Fähigkeit« eines Gutes sei.[42] Und in seinem bahnbrechenden Buch *Legal Foundations of Capitalism* definierte John Commons Kapital als »den Barwert des erwarteten nutzbringenden Verhaltens anderer Personen«.[43] Seiner Auffassung nach steht das Recht bei der Steigerung der Zuverlässigkeit des erwarteten Verhaltens anderer im Mittelpunkt. Wie er gezeigt hat, dehnten die US-amerikanischen Gerichte Ende des 19. Jahrhunderts den Begriff der Eigentumsrechte vom Recht dazu, ein Objekt unter Ausschluss anderer zu nutzen, auf den Schutz künftiger Renditeerwartungen durch die Vermögensinhaber aus. Sobald dieser Schritt getan war, konnten diese Erwartungen nämlich nicht nur besteuert, sondern auch gehandelt und reinvestiert werden, und diejenigen, die gegen diese Interessen verstießen, einschließlich des Staates, konnten auf Entschädigungen für entgangene Gewinne verklagt werden.[44]

Diese Argumentationslinie zu ihrer logischen Schlussfolgerung bringend, definiert Jonathan Levy Kapital als »legales Eigentum, [dem] in Erwartung eines wahrscheinlichen künftigen geldlichen Einkommens ein pekuniärer Wert beigemessen wird«.[45] Kapital ist, kurz gesagt, eine *rechtliche* Qualität, die hilft, Vermögen zu schaffen und zu schützen. Dieses Buch wird Aufschluss darüber geben, wie genau die wesentlichen rechtlichen Attribute Besitztümern übergestülpt werden, sowie über die Arbeit, die die wichtigsten Rechtsinstitutionen, die Module des Codes, jahrhundertelang bei der Schaffung neuer Kapitalwerte geleistet haben.

Sobald wir erkennen, dass das Kapital seine vermögensbildende Fähigkeit seiner rechtlichen Codierung verdankt, können wir auch sehen, dass im Prinzip jedes Gut in Kapital verwandelt werden kann. In diesem Sinne gibt es am »neuen Kapitalismus« nichts Neues.[46] Das sich verändernde Gesicht des Kapitalismus, einschließlich seiner jüngsten Hinwendung zur »Finanzialisierung«, lässt sich damit erklären, dass alte Codierungstechniken von realen Gütern, wie etwa dem Landbesitz, zu dem übergegangen sind, was die Ökonomen gerne als rechtliche Fiktionen bezeichnen: Vermögenswerte, die durch Unternehmens- oder Trust-Schleier geschützt sind, und immaterielle Vermögenswerte, die im Recht geschaffen werden.[47]

Die rechtlichen Attribute des Kapitals

Im Recht wird der Ausdruck »Code« beziehungsweise »Kodex« typischerweise für dicke Bücher verwendet, die Gesetzesnormen zusammentragen. Prominente Beispiele sind die großen Kodifizierungen des 19. Jahrhunderts, so etwa die Gesetzeswerke des französischen und des deutschen Zivil- und Handelsrechts.[48] Ich verwende diesen Ausdruck, um zu zeigen, wie bestimmte Rechtsinstitutionen auf eine höchst modularisierte Weise miteinander kombiniert und rekombiniert wurden, um Kapital zu codieren. Rückblickend waren die wichtigsten, aber keineswegs einzigen Module, die zu diesem Zweck verwendet wurden, das Vertrags-, Eigentums-, Kreditsicherungs-, Trust- und Gesellschafts- sowie das Insolvenzrecht. Wie diese Module funktionieren, wird in den folgenden Kapiteln näher erläutert. Für den Moment genügt es zu verstehen, dass sie einem Gut entscheidende Attribute verleihen, nämlich Priorität, Beständigkeit, Konvertierbarkeit und Universalität, und es damit in die Lage versetzen, Vermögen zu schaffen.

Prioritätsrechte funktionieren wie ein Ass in einem Kartenspiel – sie stechen schwächere Rechtspositionen. Prioritätsrechte zu haben ist für einen Gläubiger von entscheidender Bedeutung, wenn sein Schuldner den wirtschaftlichen Ruin erleidet und alle seine Gläubiger auf einmal über seinen Besitz herfallen. Dies ist der Moment, in dem Eigentümer ihr Eigentum einfordern können und gesicherte Gläubiger in der Lage sind, die von ihnen besicherten Werte herauszuziehen und zu verkaufen, um ihre Verluste wettzumachen, während die ungesicherten Gläubiger sich mit dem begnügen müssen, was übrig bleibt. Prioritätsrechte verschaffen einem Eigentümer seinen Rechtsanspruch auf den jeweiligen Gegenstand und ermöglichen es ihm, einen Vermögenswert, der ihm gehört, aus der Konkursmasse herauszunehmen, die sich im Besitz eines bankrotten Schuldners befindet, unabhängig davon, wie laut andere Gläubiger dagegen auch protestieren mögen. Das Pfandrecht funktioniert in ähnlicher Weise. Der Inhaber einer Grundschuld, eines Pfandrechts oder einer anderen Kreditsicherung hat möglicherweise nicht das volle Anrecht auf den Vermögenswert, aber ein stärkeres Recht als Gläubiger ohne diesen Schutz, also die *ungesicherten* Gläubiger.[49] Die Insolvenz kann daher als der Lackmustest für die Rechtsansprüche bezeichnet werden, die lange vor ihrem Eintreten entstanden sind.

Hernando de Soto, ein lebenslanger Fürsprecher von Eigentumsrechten für die Armen, hat behauptet, dass diese Rechte »totes Land« in »lebendiges Kapital« verwandeln können, da Eigentümer ihr Land oder andere Vermögenswerte verpfänden können, um Investitionskapital zu erhalten.[50] Und dennoch ist dies nur die halbe Wahrheit des Kapitals. Ohne zusätzliche Rechtsgarantien laufen Schuldner Gefahr, ihre Vermögenswerte an die Gläubiger zu verlieren, wenn sie mit ihren Zahlungen in Verzug geraten, und zwar auch dann, wenn dies ohne ihr eigenes Verschulden geschieht. Die Geschichtsbücher sind voll von Fällen, in denen Schuldner in Zeiten schwerer wirtschaftlicher Einbrüche nicht nur ihr Tafelsilber, sondern auch noch ihr letztes Hemd an Gläubiger verloren haben. Vermögensinhaber, die ihre Güter in bleibendes Vermögen verwandeln wollen, lechzen deshalb nicht nur nach Priorität, sondern auch nach Beständigkeit.

Beständigkeit verschafft Prioritätsansprüchen eine zeitliche

Ausdehnung. Die rechtliche Codierung kann die Lebensdauer von Besitz und Besitzständen verlängern, selbst angesichts konkurrierender Anspruchsteller, indem sie ihn beziehungsweise sie vor zu vielen Gläubigern abschirmt. Zu Zeiten, als es nicht erlaubt war, das gesamte Land eines Schuldners zu pfänden, auch wenn es hypothekarisch belastet war, konnte der Besitz an Grund und Boden als zuverlässige Vermögensquelle dienen, die von Generation zu Generation weitergegeben werden konnte. Nicht jedes Unternehmen, sondern solche, die als juristische Personen aufgestellt sind, können eine unbegrenzte Lebensdauer haben; sofern sie nicht durch Liquidation getötet werden, können sie für alle Zeiten tätig sein und Vermögen für eine sich wandelnde Liste von Eigentümern oder Aktionären entstehen lassen. Die Gläubiger der Kapitalgesellschaft selbst können Ansprüche auf ihr Vermögen erheben, wenn sie mit einem Darlehen in Verzug gerät; doch wie wir sehen werden, können ihre eigenen Aktionäre keinen Zugriff auf dieses Vermögen erlangen, ebenso wenig wie die persönlichen Gläubiger der Aktionäre.[51] Aufgrund dieser Fähigkeit, ihr Vermögen vor allen außer ihren direkten Gläubigern abzuschirmen, sogar vor ihren eigenen Aktionären, ist die Kapitalgesellschaft zu einer der langlebigsten Institutionen des Kapitalismus geworden.

Das dritte Attribut ist Universalität. Dieses gewährleistet nicht nur, dass Priorität und Beständigkeit für die Parteien gelten, die sich darauf geeinigt haben, sie als verbindlich anzusehen, sondern auch, dass diese Attribute gegenüber jedermann aufrechterhalten werden, oder *erga omnes*, wie es in der lateinischen Rechtssprache heißt. Die Universalität macht das Wesen des Kapitals und sein Verhältnis zur Macht des Staates auf entscheidende Weise deutlich. Eine einfache Abmachung zwischen zwei Parteien kann ihre Wirksamkeit nur zwischen den beiden Vertragsparteien entfalten, aber andere nicht binden. Damit sich Prioritäts- und Beständigkeitsrechte so auf die ganze Welt erstrecken können, dass andere sie respektieren, braucht es einen starken Dritten.

Konvertierbarkeit ist das letzte Attribut des Codes des Kapitals; sie gibt den Vermögensinhabern eine explizite oder implizite Garantie auf die Umwandlung dieser Werte in Staatsgeld, wenn sie keine privaten Abnehmer mehr finden können. Die Konvertierbarkeit setzt das Recht auf eine freie Übertragbarkeit von Ansprüchen voraus. In der Vergangenheit mussten selbst einfache Schuldverschreibungen von den ursprünglichen Vertragsparteien erfüllt werden. Doch die Konvertierbarkeit fügt dem einfachen Recht auf Übertragung (oder Abtretung) rechtlicher Verpflichtungen eine weitere Dimension hinzu: Sie gewährt den Vermögensinhabern Zugang zu Staatsgeld, dem einzigen Vermögenswert, der seinen Nominalwert (aber, wie es die Geschichte der Inflation zeigt, nicht unbedingt seinen Realwert) stets bewahren kann.[52] Der Grund dafür ist, dass das von einem Staat als gesetzliches Zahlungsmittel ausgegebene Geld durch seine Zwangsbefugnisse abgesichert ist, darunter die, anderen, das heißt seinen Bürgern, einseitig Verbindlichkeiten auferlegen zu können. Das ist es, was staatliches Geld zu einem zuverlässigen Wertspeicher macht und seinen einzigartigen Status unter den Versuchen erklärt, Geld zu schaffen, darunter die private, rechtlich codierte Schuld oder, wie in jüngster Zeit, Kryptowährungen, die den rechtlichen durch den digitalen Code ersetzen.[53] Bei Wertpapieren ist ihre Konvertierbarkeit wichtiger als ihre Beständigkeit, ja sogar ein effektiver Ersatz für sie. Sie ermöglicht es ihren Inhabern, vergangene Gewinne zu einem Zeitpunkt einzufahren, an dem andere Marktteilnehmer sie nicht mehr valutieren.

Staat, Macht und Kapital

Der Code des Kapitals ist ein Rechtscode; er verdankt seine Macht dem Recht, das von einem Staat garantiert und durchgesetzt wird. Wir können Verträge mit anderen aushandeln und sie als verbindlich ansehen, unabhängig davon, ob sie auch vor einem ordentlichen Gericht durchsetzbar wären oder nicht. Wir können sogar einen Vermittler benennen, um sämtliche Streitigkeiten beizulegen, die die vollständige Umsetzung einer Verpflichtung gefährden könnten, die wir in der Vergangenheit eingegangen sind. Würde die Welt nur aus solchen simplen Abmachungen bestehen, dann wäre das Recht trivial, ja sogar überflüssig,[54] und eine solche Welt wäre für Anwälte ziemlich langweilig.

Interessanter (und realistischer) werden die Dinge erst angesichts konkurrierender Ansprüche auf denselben Vermögenswert. Menschen kaufen oder leasen Autos, mieten eine Wohnung oder belasten ein Haus, beziehen Gehälter, kaufen Anleihen oder Aktien und zahlen Geld auf ein Bankkonto ein. Unternehmer kaufen ihren Materialeinsatz, stellen Mitarbeiter ein, mieten Betriebsstätten an, tätigen Investitionen, schließen Verträge über Strom und Wasser ab, schulden Steuern, nehmen Geld aus dem Verkauf von Waren ein und zahlen Darlehen an ihre Gläubiger zurück. Solange jede Verbindlichkeit bedient und jede Rechnung bei Fälligkeit bezahlt wird, bleiben viele rechtliche Angelegenheiten unsichtbar. Sie treten allerdings dann mit Macht an die Oberfläche, wenn die Person oder Entität, die im Zentrum dieses Netzes von Forderungen steht, in Verzug gerät; wenn sich die Verbindlichkeiten summieren, die Vermögenswerte dahinschwinden und deutlich wird, dass nicht alle Anspruchsberechtigten das bekommen werden, was sie sich anfangs haben vertraglich zusichern lassen. Wenn die Insolvenz droht, ist das Pochen auf die Einhaltung von Verträgen keine

Antwort mehr; vielmehr ist es dann an der Zeit zu entscheiden, wer in welcher Reihenfolge wie viel bekommt.

Ohne eine solche Entscheidung wird sich der erste Gläubiger, der vor Ort eintrifft, wahrscheinlich alles unter den Nagel reißen – eine Praxis, die vor der Erfindung des Insolvenzrechts üblich war. Dessen Absicht war es, einen Ansturm auf die Vermögensgegenstände des Schuldners zu vermeiden, ein Marktversagen, das in den meisten Fällen jede Chance auf eine Sanierung oder die effiziente Umschichtung des Vermögens des Schuldners zerstört.[55] Die meisten Insolvenzgesetze schreiben heute eine einfache Rangfolge vor. Eigentümer können ihre Vermögenswerte abziehen, gesicherte Gläubiger die Sicherheiten aus dem Pool entnehmen und zu ihrer Befriedigung verkaufen und die ungesicherten Gläubiger erhalten Anteile an dem, was dann noch übrig ist.

Im besten Fall würden Gläubiger mit im Vergleich zu anderen, schwächeren Rechten freiwillig zurücktreten. Gläubiger, denen Verluste drohen, könnten dazu allerdings eher weniger bereit sein. Die Durchsetzung von Prioritätsrechten umfasst mehr als nur die Suche nach einer Lösung für ein Koordinationsspiel; es muss jemanden geben, der für diese Rechte eintritt und sie, falls nötig, auch ausübt. Tatsächlich bauen moderne Volkswirtschaften auf einem komplexen Netzwerk von Rechtsansprüchen mit unterschiedlicher Bedeutung auf, die durch die Zwangsmacht des Staates abgesichert werden.[56]

Wenn sich der Handel primär innerhalb enger Gemeinschaften abspielt, so ist eine formelle Rechtsdurchsetzung möglicherweise nicht erforderlich. Jeder in dieser Gemeinschaft wird wissen, wer die besseren Rechte hat; schließlich hat man es immer schon so gemacht. Solange sich die meisten Mitglieder der Gruppe weiterhin an die eingespielten Normen halten, wird es wenig Bedarf an komplexen Rechtssystemen, Gerichten und Durchsetzungsmacht geben. Geht der Handel jedoch über die

Grenzen eingespielter Sphären des Warentauschs hinaus, in denen die geltenden Normen und etablierte Hierarchien allen bekannt sind, dann wird eine andere Form der sozialen Ordnung notwendig, die fähig ist, stärkere Ansprüche selbst Fremden gegenüber aufrechtzuerhalten.[57] Staaten und staatliches Recht sind Beispiele für solche Institutionen und waren für den Aufstieg des Kapitalismus von entscheidender Bedeutung.

Natürlich mag es dem Recht nicht immer gelingen, sich Respekt zu verschaffen, und manchmal kann es den Staaten auch an den erforderlichen Mitteln für seine glaubhafte Durchsetzung fehlen. In vielen Gesellschaften wird das Recht nicht als legitim angesehen, und die (freiwillige) Rechtsbefolgung ist eher schwach ausgeprägt. Viele Länder, denen ihr formelles Rechtssystem in der Zeit der Kolonialisierung und des Imperialismus von außen auferlegt wurde, haben tendenziell schwächere Rechtsinstitutionen als solche Länder, die ihre formellen Rechtsinstitutionen intern entwickelt haben.[58] Unter solchen Bedingungen werden die Module des Codes keine bleibenden Vermögenseffekte erzeugen. Stattdessen wird das Privatvermögen durch physische Gewalt geschützt, auf ausländischen Bankkonten gesammelt oder in ausländischem Recht codiert, wobei ausländische Gerichte zu seiner Absicherung bereitstehen.[59]

Das Recht ist eine mächtige Technologie zur Herstellung sozialer Ordnung; jahrhundertelang wurde es dazu benutzt, über enge Gemeinschaften hinausgehende soziale Beziehungen zu erweitern und Fremden zu versichern, dass sie es riskieren können, miteinander Geschäfte in Milliardenhöhe zu tätigen, ohne sich jemals von Angesicht zu Angesicht gegenübertreten zu müssen. Das liegt daran, dass ein Recht, das von der Androhung seiner zwangsweisen Vollstreckung gestützt wird, die Wahrscheinlichkeit erhöht, dass die gegenseitigen Verpflichtungen, die private Parteien miteinander eingehen, und die Privilegien, die sie erhalten haben, ohne Rücksicht auf bestehende soziale

Bindungen oder konkurrierende Normen anerkannt und durchgesetzt werden und dass diese rechtlichen Ansprüche sogar von Fremden respektiert werden. Was genau verschafft dem Recht diese Autorität? Diese Frage hat Gesellschafts- und Rechtstheoretikerinnen und -theoretiker seit Generationen umgetrieben.[60] Eine Antwort auf sie lautet, dass das Recht durch die Zwangsbefugnisse eines Staates abgesichert wird; ein weiterer Grund ist die Fähigkeit des Rechts, kollektive Erwartungen zu bündeln, die abweichendes Verhalten minimieren und eine dezentrale, private Rechtsdurchsetzung fördern.

Max Weber hat die Macht des Rechts unter Verweis auf das Monopol des Staates auf die Zwangsmittel erläutert.[61] Mit ihren Gerichten, Gerichtsvollziehern und Polizeikräften setzen Staaten nicht nur ihre eigenen Anweisungen durch, sondern auch private Eigentumsrechte und die bindenden Verpflichtungen, die private Parteien miteinander eingehen. Das bedeutet nicht, dass die staatliche Macht allgegenwärtig ist. Solange die Androhung einer zwangsweisen Durchsetzung des Rechts hinreichend glaubwürdig ist, kann eine freiwillige Rechtsbefolgung erreicht werden, ohne diese Drohung in jedem einzelnen Fall aussprechen zu müssen.[62] Andere haben argumentiert, dass sich Rechtssysteme auch ohne staatliche Zwangsgewalt entwickeln können.[63] Menschen haben sich schon lange vor der Entstehung der modernen Nationalstaaten selbst regiert. Alles, was es für eine effektive Selbstregierung braucht, ist eine zentrale Autorität, die in der Lage ist, eine verbindliche Auslegung von Regeln und Prinzipien zu verkünden. Ist sie vorhanden, kann die Durchsetzung den privaten Parteien überlassen werden, denn diese haben ein starkes Eigeninteresse daran, anderen dabei zu helfen, ihre Ansprüche im Einklang mit bekannten und respektierten Normen durchzusetzen, da sie wissen, dass sie in Zukunft möglicherweise eine ähnliche Unterstützung benötigen werden. Privaten Parteien stehen zwar vielleicht keine Sheriffs oder Gefängnisse zu ihrer Verfügung, aber sie können Mitglieder beschämen, sie meiden und aus der Gruppe ausschließen.

Dieses Koordinationsspiel dürfte jedoch am besten in einem Umfeld funktionieren, in dem alle Marktteilnehmer über vergleichbare Vermögenswerte und Interessen verfügen. In kapitalistischen Systemen sind jedoch nicht alle Vermögenswerte gleich; manche Vermögensinhaber haben bessere Rechte als andere. Wenn die Rangfolge konkurrierender Ansprüche umstritten ist, dann ist es unwahrscheinlich, dass es funktioniert, wenn man sich gegen ein vages Versprechen, sich irgendwann in der Zukunft zu revanchieren, für den Schutz der eigenen heutigen Ansprüche auf andere verlässt. Je vielfältiger die Vermögenswerte und je ungleicher ihre Verteilung, desto größer ist das Erfordernis für eine zwangsbewehrte Rechtsdurchsetzung und damit für Staaten und ihre Zwangsbefugnisse. Hierin liegt der tiefere Grund dafür, warum Staaten und Kapital untrennbar miteinander verbunden sind.

Die Tatsache, dass das Kapital global geworden ist, widerlegt nicht die These, dass staatliche Macht für den Kapitalismus von zentraler Bedeutung ist. Denn die weltweite Mobilität des Kapitals ist eine Funktion einer rechtlich unterstützenden Infrastruktur, die letztlich von Staaten getragen wird. Viele Staaten haben sich im Rahmen ihres eigenen nationalen Rechts oder internationaler Verträge dazu verpflichtet, die nach ausländischem Recht geschaffenen Prioritätsrechte anzuerkennen. Sie setzen regelmäßig ausländisches Recht vor ihren eigenen Gerichten durch und geben ihre Zwangsbefugnisse für die Umsetzung von Urteilen ausländischer Gerichte oder Schiedsgerichte her. Diese rechtliche Infrastruktur ist das Rückgrat des globalen Kapitalismus und erklärt, warum sich die heutigen Händler nicht mehr nach Hause begeben müssen, um ihre Ausbeute zu schützen.

Die Geschichte vom Kapital und seinem Rechtscode ist kompliziert, da die verwendeten Rechtsmodule komplex und im undurchschaubaren Gesetzesrecht oder im Fallrecht verborgen liegen und sich die Handlung häufig hinter den verschlossenen Türen großer Rechtsanwaltskanzleien entwickelt, wobei sie nur selten einmal vor einem Gericht oder Parlament explizit gemacht wird. Der Rechtscode verleiht Attribute, die die Aussichten einiger Güter und ihrer jeweiligen Besitzer auf das Anhäufen von Reichtum, relativ zu anderen, enorm verbessert – ein exorbitantes Privileg.[64] Güter auszuwählen und ihnen die rechtlichen Attribute Priorität, Beständigkeit, Universalität und Konvertierbarkeit überzustülpen ist gleichbedeutend damit, an den Hebeln für die Verteilung des Reichtums in der Gesellschaft zu sitzen.

Diese Darstellung widerspricht der Standardthese, dass kapitalistische Volkswirtschaften durch freie Märkte definiert sind, die knappe Ressourcen effizient zuteilen, und dass die Preise den inneren Wert von Gütern abbilden.[65] Viele Rechtswissenschaftlerinnen und -wissenschaftler haben bereits auf den Umstand verwiesen, dass das Funktionieren des Marktes von Rechtsinstitutionen abhängt, die die Preisfindung erleichtern.[66] Ich gehe sogar noch einen Schritt weiter und behaupte, dass die rechtliche Codierung den Wert von Vermögensgegenständen und damit die Erschaffung von Vermögen und seine Verteilung erklärt. Dies sollte mit Blick auf Wertpapiere und Rechte an geistigem Eigentum, die außerhalb des Rechts nicht existieren, nur allzu offensichtlich sein, gilt jedoch auch für einfachere Vermögenswerte, die als Prototypen für die rechtliche Codierung fungiert haben, wie Grundbesitz oder in Unternehmen gebündelte Vermögensbestände.

Staaten und staatliches Recht sind für die Codierung von

Kapital von zentraler Bedeutung. Die Staaten haben nicht nur bestehende Rechte und Privilegien abgebaut, um Platz für die Macht der Kräfte des Marktes zu schaffen, worauf Polanyi hingewiesen hat.[67] Kapital und Kapitalismus gäbe es nicht ohne die Zwangsbefugnisse der Staaten.[68] Die Staaten kontrollieren den Prozess der rechtlichen Codierung häufig nicht; tatsächlich müssen sie es auch gar nicht. An vorderster Front, wo in den Büros der Anwaltskanzleien Tag für Tag neue Kapitalrechte geprägt werden, spielen die Staaten nur eine untergeordnete Rolle. Aber die Staaten stellen den Rechtsanwälten die juristischen Werkzeuge zur Verfügung, und sie halten ihren Rechtsdurchsetzungsapparat bereit, um das Kapital durchzusetzen, das die Rechtsanwälte fabriziert haben. Nicht alle Codierungsstrategien werden unangefochten bleiben; einige werden sogar zu einem späteren Zeitpunkt für nichtig erklärt werden. Allerdings werden viele von ihnen überhaupt nie genauer unter die Lupe genommen, während andere ihre Anfechtung überstehen werden, und die wenigen, die letztendlich für nichtig erklärt werden, haben bis dahin schon Vermögen für ihre Inhaber produziert.

Die Fähigkeit, die Module des Codes einer sich ständig wandelnden Liste von Gütern aufzupfropfen, macht die Rechtsanwälte zu den eigentlichen Herren des Codes des Kapitals. Im Prinzip hat jeder Zugang zu Rechtsanwälten und ihren Codierungsfähigkeiten, aber der Markt für Rechtsdienstleistungen sorgt dafür, dass nur die am besten zahlenden Mandanten die Fähigsten unter ihnen beauftragen können. Wie genau die Auswahl von Vermögenswerten für die rechtliche Codierung zustande kommt, wird selten im Einzelnen untersucht. Die gängigen Vorstellungen vom Recht als etwas Stabilem, fast Unantastbarem schirmen die Arbeit vor dem Blick der Öffentlichkeit ab, die immer mehr in privaten Anwaltskanzleien und immer weniger in Parlamenten und sogar Gerichtssälen geleistet wird.

Die Bereitschaft der Staaten, privat codiertes Kapital anzuerkennen und durchzusetzen, ja es durch die Anerkennung innovativer Codierungsstrategien und die Erweiterung von Vermögensklassen, die rechtlich als Kapital codiert werden können, noch zu fördern, mag rätselhaft erscheinen. So mancher Staat ist auf das Versprechen hereingefallen, dass die Vergrößerung der rechtlichen Möglichkeiten für einige, darunter Ausnahmen von allgemeinen Gesetzen und andere rechtliche Privilegien, den Kuchen vergrößern und mehr Wohlstand für alle erzeugen wird. Oft erkennen diese Staaten erst später, dass das, was an die Allgemeinheit durchsickert, ziemlich wenig ist. Noch wichtiger ist, dass der meiste Nutzen des Kapitals nicht nach unten durchsickert; er sickert vielmehr nach oben durch, nämlich zu den Kapitalinhabern, die ihre Gewinne in ihre Heimatländer rückführen oder sie hinter die rechtlichen Abwehrschilde stellen, die ihnen andere Rechtsordnungen bereitstellen, um ihr Vermögen vor der Steuer und anderen Gläubigern zu schützen.[69]

Eine andere Erklärung lautet, dass Staaten selbst mehr zu gewinnen als zu verlieren haben, wenn sie Kapital dadurch privilegieren, dass sie die privaten Codierungsbemühungen unterstützen, die es erzeugen. Die Staaten profitieren vom wirtschaftlichen Wachstum, weil es ihre Steuereinnahmen erhöht und es ihnen ermöglicht, Kredite aufzunehmen. Vor allem das Schicksal der Regierungen in den Demokratien ist immer enger mit ihren Fähigkeiten verknüpft, Wachstum zu erzeugen. Wachstumsraten und der Anstieg der Aktienmärkte, nicht aber die Verteilung von Reichtum oder Indizes der menschlichen Entwicklung sind zu den Standardmaßstäben für die Beurteilung von Erfolg oder Misserfolg gewählter Regierungen geworden – was an sich schon ein Indikator für den gewaltigen kognitiven Einfluss ist, den das Kapital über die Politik hat. Dennoch ist, wie viele Staaten erkannt haben, die Macht des Steuerschwerts durch ausgeklügelte rechtliche Codierungsstrategien abgestumpft worden, die Vermögenswerte vor ihrem Zugriff verstecken können. Noch allgemeiner gesagt, stärkt die Förderung der Interessen des Kapitals vor allem den privaten und nicht unbedingt den nationalen Wohlstand und damit die Ungleichheit.[70] Um zu verstehen, warum dies so ist, müssen wir die rechtlichen Strukturen des Kapitals entschlüsseln.

Zusammenfassung und Ausblick

In diesem einleitenden Kapitel habe ich die wichtigsten Themen dieses Buches umrissen: Das Kapital wird im Recht codiert, genauer in den Institutionen des Privatrechts, darunter dem Eigentums-, Kreditsicherungs-, Trust-, Gesellschafts-, Konkurs- und Vertragsrecht. Dieses sind die rechtlichen Module, die den ausgewählten Gütern entscheidende rechtliche Attribute verleihen, die ihnen bei der Schaffung neuen und dem Schutz alten Vermögens einen gegenüber anderen komparativen Vorteil verschaffen. Sobald sie richtig codiert sind, genießen Kapitalgüter Priorität und Beständigkeit, sind in Bargeld oder gesetzliche Zahlungsmittel konvertierbar, und, was entscheidend ist, diese Attribute werden *gegen die Welt* durchgesetzt, wodurch sie Universalität erlangen. Dies funktioniert, weil Staaten den Rechtscode des Kapitals stützen und, falls nötig, zwangsweise durchsetzen, unabhängig davon, ob sie direkt an der Wahl der Codierungsstrategie für das betreffende Gut beteiligt waren oder nicht.

Die Erkenntnis, dass Kapital hergestellt wird und nicht einfach das Ergebnis überlegener Fähigkeiten ist, lenkt die Aufmerksamkeit auf die Prozesse, durch die verschiedene Güter zu Kandidaten für eine rechtliche Codierung werden, und auf die Staaten, die die relevanten Rechtsmodule unterstützen und ihre Zwangsbefugnisse für ihre Durchsetzung bereitstellen. Wie ich zeigen werde, ist dieser Prozess gleichermaßen dezentralisiert und zunehmend global, was nur in einem scheinbaren Widerspruch zueinander steht. Private Anwälte verrichten die meiste Arbeit im Namen ihrer Mandanten, und die Staaten stellen ihrerseits ihre eigenen Rechtssysteme als ein Menü zur Verfügung, von dem die privaten Parteien auswählen können. Im Ergebnis haben viele politische Gemeinwesen die Fähigkeit verloren, die Schaffung und Verteilung von Wohlstand zu kontrollieren.

In den folgenden Kapiteln werde ich diese These dadurch veranschaulichen, dass ich aufzeige, wie verschiedene Klassen von Gütern als Kapital codiert wurden, angefangen vom Boden (Kapitel 2) über Unternehmen (Kapitel 3) und Schulden (Kapitel 4) bis hin zu Wissen (Kapitel 5). Diese Untersuchung schafft die Voraussetzungen dafür, die rechtliche Ordnung offenzulegen, die den globalen Kapitalismus in Abwesenheit eines Weltstaats oder eines globalen Rechtssystems aufrechterhält (Kapitel 6), und den Aufstieg der globalen Juristenzunft, der Herren des Codes, zu erforschen (Kapitel 7). Das Recht war zwar in den letzten Jahrhunderten die führende Codierungstechnik, ist heute aber nicht mehr der einzige Kandidat für über Zeit und Raum hinweg erhobene Forderungen; der digitale Code ist mittlerweile zu einem wichtigen Konkurrenten geworden. Wie ich jedoch in Kapitel 8 behaupten werde, wird seine größte Macht wahrscheinlich nicht daher rühren, dass er eine Alternative zum Rechtscode darstellt, sondern daher, dass er den Rechtscode als ein Schutzschild zur Sicherung privater Gewinne verwendet.

Die Fragen nach dem Zugang zu und der Verteilung rechtlicher Codierungsmacht werden zwar über das ganze Buch hinweg aufgeworfen, aber besonders im letzten Kapitel mit dem Titel »Kapital regiert durch Recht« ausführlicher behandelt. Dort werde ich die Auffassung vertreten, dass die Codierung von Kapital typischerweise auf eine viel dezentralere Weise erfolgt, als es sich Marxistinnen und Marxisten ausmalen. Besitzer von Gütern müssen den Staat nicht unmittelbar unter ihre Kontrolle bekommen, geschweige denn Klassenkämpfe oder Revolutionen für sich entscheiden; alles, was sie brauchen, sind die richtigen Anwälte an ihrer Seite, die ihre Güter rechtlich codieren. Diese höchst fragmentierte Art und Weise, darüber zu entscheiden, wie der Wohlstand in der Gesellschaft verteilt wird, wirft grundlegende politische und normative Fragen auf. Schließlich ist das Recht das vorherrschende Mittel, mit dem sich Demokratien selbst regieren; aber das von ihnen bereitgestellte Recht wird von privaten Parteien, nämlich den Inhabern von Kapitalgütern und ihren Anwälten, genutzt, um ihre Eigeninteressen zu verfolgen. Als der Code des Kapitals ortsbeweglich geworden ist, hat er den Raum besetzt, der einst von der unsichtbaren Hand eingenommen wurde. Die schleichende Erosion der Legitimität von Staaten und ihren Rechtsordnungen im Angesicht wachsender Ungleichheit ist eine direkte Folge dieser strukturellen Verzerrung, die im Rechtscode des Kapitals verankert ist. Die zunehmende Bedrohung der Legitimität des Rechts könnte sich als die bisher größte Gefahr für das Kapital erweisen.

Kapitel 2
Die Codierung von Grund und Boden

Im Jahr 2007 haben die Maya von Belize vor dem Obersten Gerichtshof des Landes einen Sieg errungen, als die Richter ihre kollektive Landnutzungspraxis als ein von der Verfassung geschütztes Eigentumsrecht anerkannten.[1] Dieser Fall gewährt einen Einblick in die Herstellung von Eigentumsrechten und hebt die entscheidende Rolle hervor, die Gerichte häufig bei der Rechtfertigung von Praktiken als Rechte spielen – wenn auch erst nach Jahrhunderten der Ablehnung und jahrzehntelangen juristischen Auseinandersetzungen. Der rechtliche Kampf der Maya gegen ihre eigene Regierung zeigt auch, dass die Frage, welche Ansprüche des Schutzes durch Eigentumsrechte würdig sind, der staatlichen Macht nicht vorausliegt, sondern von ihr durchdrungen ist.[2] Wie sich zeigen wird, mussten die Maya die bittere, aber nicht unübliche Lektion lernen, dass ihr juristischer Sieg ohne die Bereitschaft des Staates, ihre Ansprüche zu unterstützen, bestenfalls ein Teilsieg und im schlimmsten Fall zahnlos gewesen wäre. Und schließlich zeigt der Fall, dass Staaten nicht neutral sind, wenn es darum geht, wessen Rechtsansprüchen auf ein Gut der Vorrang eingeräumt werden soll; das Versprechen auf zukünftige Gewinne findet leichter ihre Gunst als Forderungen nach Selbstverwaltung oder der Bewahrung der Umwelt.

Der Boden hat über weite Strecken der Menschheitsgeschichte hinweg eine über die Maßen bedeutende Rolle gespielt, als Quelle des Lebensunterhalts und für unsere kulturelle Identität ebenso wie für das soziale, wirtschaftliche und politische Leben.

Noch heute leben Milliarden von Menschen buchstäblich vom Land, ernten seine Früchte, weiden Tiere und nutzen das Wasser, das es speichert, und seine unterirdischen Ressourcen.[3] Ländlicher Grund und Boden war selbst in den sich entwickelnden Industrieländern bis ins frühe 20. Jahrhundert hinein die wichtigste Quelle des Wohlstands.[4] Seither haben immaterielle Vermögenswerte, darunter Wertpapiere und geistige Eigentumsrechte, ihn bei der Wohlstandserzeugung zwar überflügelt, aber diese Vermögenswerte nutzen die gleichen rechtlichen Module, die zuerst bei der Codierung von Grund und Boden als Kapital erprobt worden sind.

Dieses Kapitel legt die Entwicklung der grundlegenden Techniken zur Kapitalcodierung dar, die zuerst für den Boden verwendet und später auf andere Vermögenswerte übertragen wurden. Indem sie Land als Privateigentum codierten, konnten die Menschen seinen monetären Wert auf Kosten anderer einstreichen. Die Grundbesitzer fanden jedoch bald heraus, dass diese Prioritätsrechte sie möglicherweise nicht vor ihren eigenen Gläubigern schützen würden; sie mussten der Priorität noch Beständigkeit hinzufügen, um Grund und Boden als ihren Familienbesitz zu schützen, und sie fanden Anwälte, die für sie einen Trust oder eine Körperschaft gründeten, denen Vermögenswerte übertragen werden konnten, die dadurch vor unterschiedlichen Gläubigergruppen geschützt waren. Aber die Geschichte der Maya und ihres Ringens darum, ihre Ansprüche auf das Land rechtlich zu codieren, birgt auch das Versprechen darauf, dass die juristische Codierung auch für andere Zwecke als die private Vermögensmaximierung verwendet werden kann; wie es die Argumentation des Obersten Gerichtshofs von Belize nahelegt, können Eigentumsrechte viele Formen und Gestalten annehmen und genauso gut zum Schutz kollektiver Nutzungsrechte und nachhaltiger Bewirtschaftungsmethoden verwendet werden.

Von der Nutzung zum Rechtsanspruch

Die Oberfläche der Erde ist eine ergiebige Ressource für Menschen wie auch für andere Lebewesen. Sie ist Teil der Natur und hat, anders als Finanzgüter, juristische Personen oder geistiges Eigentum, schon existiert, bevor sich der Mensch die Erde untertan gemacht hat.[5] Die menschliche Eroberung hat im Laufe der Jahrtausende unterschiedliche Formen angenommen, wobei der Boden einer Inbesitznahme, Kultivierung, Aushöhlung, Bebauung und nicht zuletzt einer rechtlichen Codierung unterzogen wurde. Wenn miteinander konkurrierende Gruppen um den Zugang zum selben Grund und Boden kämpften, war dies oft ein Kampf um das Land selbst. Die rechtliche Beilegung von Streitigkeiten stellt eine alternative und vielleicht friedlichere Art und Weise dar, um Prioritätsrechte zu klären, obwohl die Resultate ebenso brutal sein können wie eine physische Eroberung; tatsächlich sind Rechtsstreitigkeiten um Land oft Hand in Hand mit den Kämpfen vor Ort gegangen.

Der Streit zwischen den Maya und der Regierung von Belize hat die indigenen Völker mit ihrer langen Geschichte der Besiedlung desjenigen Landes, das heute Teil des Staates Belize ist, gegen die Regierung aufgebracht. Im Mittelpunkt der Auseinandersetzung stand die Tatsache, dass die Regierung Konzessionen an Holz- und Minenunternehmen vergeben hatte, ohne die Maya zu konsultieren oder ihnen irgendeine Entschädigung für die ihnen dadurch entstandenen Verluste anzubieten. Die Maya und ihre gesetzlichen Vertreter – eine Rechtsberatung [*law clinic*] einer US-amerikanischen juristischen Fakultät[6] – behaupteten, dass sie ein übergeordnetes Anrecht auf das Land hätten und dass die Regierung durch ihre Vergabe von Konzessionen an Investoren zur Ausbeutung der natürlichen Ressourcen des Landes ihre Eigentumsrechte verletzt habe. Die Maya hatten jedoch kein formales Eigentum an dem betreffenden Grund und Boden. Die Frage, die das Gericht zu entscheiden hatte, lautete daher, ob eine informelle Inbesitznahme und über Jahrhunderte hinweg etablierte kollektive Nutzungspraktiken als Eigentumsrecht im Sinne der Verfassung des Landes gelten konnten.

Die Verfassung von Belize sieht vor, dass jede Person ein Recht auf »Schutz vor willkürlicher Entziehung von Eigentum« hat,[7] und ferner, dass »kein Eigentum irgendeiner Art zwangsweise enteignet werden darf, außer durch oder nach einem Gesetz«, das die Prinzipien für eine angemessene Entschädigung festlegt und den Rechtsweg gewährt, und außerdem, dass diese Enteignung nur für öffentliche Zwecke zulässig ist.[8] Diese Ausdrucksweise erinnert an den 14. Zusatz der US-Verfassung, in dem es heißt, dass niemand »des Lebens, der Freiheit oder des Eigentums ohne vorheriges ordentliches Gerichtsverfahren nach Recht und Gesetz beraubt werden [darf]«.[9] Keine der beiden Verfassungen definiert jedoch, was Eigentum *ist*, und damit stehen sie keineswegs allein. In den meisten Staaten setzten die Verfassungen Eigentumsrechte voraus, definieren sie aber nicht, und nur selten kommt es vor, dass man in ihnen zumindest einen Hinweis darauf findet, wer innerhalb der verfassungsmäßigen Ordnung die Befugnis hat, neue Eigentumsrechte zu definieren oder bestehende zu verändern.[10]

Die Maya führten ins Feld, dass ihre jahrhundertealten Nutzungspraktiken ihnen Prioritätsrechte an ihrem Land einräumten, von denen sie nach Belieben Gebrauch machen dürften, und legten Beweise dafür vor, dass schon ihre Vorfahren nach ähnlichen Regeln gelebt hatten, die den Zugang von Mitgliedern ihrer Gemeinschaft zum Land und seinen natürlichen Ressourcen regelten. Diese grundlegende Selbstverwaltungsstruktur blieb, trotz dramatischer Veränderungen wie etwa ihrer Umsiedlung und Dezimierung unter der Kolonialherrschaft, jahrhundertelang intakt. Jene Nutzungspraktiken sahen zwar vielleicht nicht wie private Eigentumsrechte aus, mit denen in kapitalistischen Systemen typischerweise einfache Güter in Kapital umgewandelt werden, doch nirgendwo in der Verfassung von Belize steht, dass Eigentumsrechte eine bestimmte Form annehmen müssten, dass also nur solche Rechte, die bewusst dafür geschaffen wurden, um in Zukunft Renditen zu erzielen, statt beispielsweise die Lebensgrundlage eines Volkes und die Bewahrung seiner Umwelt sicherzustellen, ein entscheidendes Merkmal von Eigentum wären.

Das Gericht hat seine Untersuchung in drei Teile untergliedert. Erstens hat es die Art der Beziehungen genauer unter die Lupe genommen, die die Maya zum Land hatten, zweitens hat es die Frage gestellt, ob diese Beziehungen tatsächlich die koloniale Eroberung durch die Spanier und später durch die Briten überdauert haben, und drittens wandte es sich abschließend der Frage zu, ob das beanspruchte Recht tatsächlich ein Eigentumsrecht nach der Unabhängigkeitsverfassung des Landes darstellte. Weil die Maya Eigentumsrechte geltend machten, mussten sie ihre Ansprüche auch belegen. Anthropologen wurden eingeflogen, um über die Praktiken der Maya heute und in der Vergangenheit Auskunft zu geben, und Historiker nahmen die Unterschiede zwischen Gebietshoheit und privaten Eigentumsrechten auseinander. Die Tatsache, dass die Maya das Land nach Maßgabe »ungeschriebener gewohnheitsrechtlicher Regeln und Werte« genutzt haben, »die einen Bestandteil der sozialen, kulturellen und politischen Organisation unserer Gemeinschaften bilden«, war nicht wirklich kontrovers;[11] die eigentliche Frage lautete, ob die Regierung von Belize Vorrechte geltend machen konnte und daher die juristische Befugnis hatte, Konzessionen an Bergbaugesellschaften auf dem Land der Maya zu vergeben, ohne ihre Zustimmung einzuholen und ohne sie zu entschädigen.

Die Regierung von Belize argumentierte, dass, welche Ansprüche die Maya in ferner Vergangenheit auch immer gehabt haben mögen, die britische Kolonialherrschaft diesen auf jeden Fall ein Ende gesetzt habe. Die koloniale Eroberung habe nicht nur ihre Gebietshoheit, sondern auch ihre Eigentumsrechte annulliert. Als Rechtsnachfolger der britischen Krone hielte daher nun der Staat Belize das exklusive Recht an allen nicht formell als Eigentum registrierten Ländereien, was ihm die Befugnis gebe, nach Belieben Konzessionen an die Forst- und Bergbauindustrie zu vergeben.[12] Dies war für die Regierung eines Landes, das seine Unabhängigkeit erst im Jahr 1981 erlangt hatte, zwar ein ziemlich starker Anspruch, der aber dennoch eine gewisse rechtliche Schlagkraft besaß, da nach dem Völkerrecht, das Großbritannien und andere westliche Mächte über Jahrhunderte hinweg geschmiedet haben, die Gebietshoheit im Falle einer Übertragung politischer Macht tatsächlich in andere Hände übergeht.[13] Dennoch erwies sich diese Argumentation nicht als siegreich, denn das Gericht nahm eine Unterscheidung zwischen territorialer Souveränität und Privateigentum vor.[14] Es gab keine Aufzeichnungen, die zeigten, dass die britische Krone bereits bestehende individuelle oder kollektive Landrechte ausdrücklich außer Kraft gesetzt hätte. Eine vollständige Neuordnung der bereits bestehenden Eigentumsrechte auf den in Besitz genommenen Gebieten hätte, so das Gericht, eines dezidierten Aktes bedurft, und ein solcher war hier nicht erkennbar. Die Tatsache, dass die Krone einigen (britischen) Bergbauunternehmen auf diesen Gebieten ohne große Rücksicht auf bereits bestehende Rechte Konzessionen erteilt hatte, und selbst der Umstand, dass, falls diese Unternehmen in Konkurs gingen, die Kontrolle über das betreffende Land wieder an sie zurückfiel, wurde als unzureichender Beleg für die Absicht angesehen, die Eigentumsrechte vor Ort zu verändern.

Das war also der Hintergrund, vor dem die Beurteilung der rechtlichen Qualität der Ansprüche erfolgte, die die Maya auf ihr Land erhoben. Das Gericht brachte seine Position in der Weise zum Ausdruck, dass es einen Fall vor dem Privy Council [dem britischen Kronrat; Anm. d. Übers.] von 1921 über einen Landstreit in Nigeria, einer weiteren ehemaligen britischen Kolonie, heranzog. Der Privy Council hat seine Ursprünge im alten King's Council; sein Judicial Committee dient als das oberste Appellationsgericht für die Mitgliedsländer des britischen Commonwealth, die seine Zuständigkeit auch nach ihrer Unabhängigkeit noch anerkannten. Belize tat dies bis zum Jahr 2010, als es die Befugnis zur juristischen Oberaufsicht an den Caribbean Court of Justice übertrug.

Im Urteil des Privy Council aus dem Jahr 1921 heißt es:

> Es gibt eine manchmal unbewusste Tendenz, jenen Anspruch begrifflich auf eine Weise zu fassen, die nur für Systeme geeignet ist, die unter englischem Recht erwachsen sind. Doch diese Tendenz muss unter Kontrolle gehalten werden. [...] [Eine] Gemeinschaft kann den Verfügungsanspruch auf den kollektiven Genuss eines Nießbrauchs haben und Gewohnheiten pflegen, nach denen ihren einzelnen Angehörigen der Fruchtgenuss gestattet wird, und sie kann sogar ein Recht darauf haben, dass die Angehörigen dieser Gemeinschaft ihren individuellen Genuss durch Abtretung unter Lebenden oder durch Erbfolge übertragen dürfen. Um festzustellen, wie weit diese letztere Rechtsentstehung vorangeschritten ist, muss die Geschichte der jeweiligen Gemeinschaft und die Anwendung [des Rechts] in jedem einzelnen Fall untersucht werden. Apriorisch festgelegte abstrakte Prinzipien sind dabei nur wenig hilfreich und sind häufig irreführend.[15]

Eigentumsrechte gibt es also in vielen verschiedenen Formen, und es obliegt den Gerichten, ihre spezifischen Inhalte und ihre Bedeutung durch die Beobachtung tatsächlicher Praktiken statt am Maßstab ihrer eigenen vorgefassten Meinungen zu bestimmen. In diesem Sinne beschrieb auch der Oberste Gerichtshof von Belize die rechtliche Natur der Landnutzungspraktiken auf der Grundlage von Sachverständigenberichten. Die Landpraktiken der Maya waren »von nießbräuchlicher Art« und umfassten das Recht, »das Land zu besiedeln, es zu bebauen, darauf zu jagen und zu fischen und sich seine Früchte und Ressourcen zum eigenen Gebrauch und Nutzen anzueignen«.[16] Diese Rechte wurden nicht individuell, sondern kollektiv gehalten.

Doch war dies gleichbedeutend mit einem Eigentumsrecht im Sinne der Verfassung des Landes? Bei seiner Suche nach einer Antwort auf diese Frage bezog sich das Gericht auf deren Präambel, in der es heißt, dass der Staat die »Identität, Würde und die gesellschaftlichen und kulturellen Werte« aller Völker von Belize schützen soll. Zusätzlich führte das Gericht noch weitere Verfassungsgrundsätze wie etwa den Schutz vor Diskriminierung an und berief sich abschließend auf das privatrechtliche Eigentumsrecht von Belize. Zum Eigentum gehört diesen Vorschriften zufolge »jedes Besitzrecht und jeder rechtliche Anspruch auf bewegliches und unbewegliches Vermögen«.[17] Die Nutzungsrechte der Maya passen zwar, wie das Gericht argumentierte, zu einem »rechtlichen Anspruch auf unbewegliches Vermögen«, doch diese Definition ist so unscharf, dass man sich fragt, was eigentlich *kein* Eigentumsrecht darstellt.

Die Argumentation des Gerichts wird an dieser Stelle deshalb so genau nachgezeichnet, um damit den Prozess der rechtlichen Anerkennung des Eigentums an Sachen zu verdeutlichen – der typischerweise nicht gesetzlich verordnet von oben nach unten verläuft, nicht einmal vom Verfassungsrecht her. Vielmehr werden sie von Fall zu Fall ausgehandelt, indem die tatsächliche Praxis mit juristischen Konzepten in Übereinstimmung gebracht wird. Der Prozess der Grundlegung von Rechten ist viel unabgeschlossener, als es uns die gewöhnlichen Behauptungen über die Vorzüge »eindeutiger Eigentumsrechte« glauben machen wollen, und in der Regel sind auch mehrere Rechtsquellen daran beteiligt.[18] Einige Argumente können dabei überzeugender sein als andere, und in vielen Fällen kann es mehr als eine richtige Antwort geben. Rechtswissenschaftlerinnen und -wissenschaftler in der Tradition von Rechtsrealismus und *Critical legal studies* haben dies schon vor langer Zeit erkannt.[19] Ob dies nun aber bedeutet, dass das Recht nur eine Tarnung für die Ausübung bloßer Macht ist, ist eine Frage, die bis heute diskutiert wird. Man muss allerdings keiner so radikalen Auffassung anhängen, um zu sehen, dass die Gestaltung von Eigentumsrechten im Recht ein komplexer Prozess ist, der von Werturteilen und Macht durchtränkt ist.

Im Falle der Maya beugte sich das Oberste Gericht von Belize den Forderungen nach Gerechtigkeit für die indigenen Völker, die durch eine im Jahr 1989 verabschiedete internationale Konvention endlich Unterstützung seitens der UNO erhalten hatten.[20] Mit Empathie für ihre Bedrängnis konsultierte es die Rechtsprechung des Privy Council, der Interamerikanischen Kommission für Menschenrechte (IAKMR) sowie anderer Gerichte in Australien, Neuseeland und Kanada, die zeitgleich mit ähnlichen Rechtsfragen befasst waren. Mit Ausnahme der Entscheidungen des Privy Council waren diese Urteile für das Gericht in Belize nicht bindend, und es stellte klar, dass es sie nur in einer beratenden Funktion heranzog. Dennoch besteht wenig Zweifel daran, dass sie seine Auslegung des Rechts und der Verfassung des Landes beeinflusst haben.

Nach ausgiebigen Anhörungen entschied das Gericht zugunsten der Maya, doch die Regierung von Belize ignorierte die Entscheidung ihres eigenen Obersten Gerichts einfach und setzte die Förderung des Bergbaus auf deren Land fort. Die Maya gewannen zwar eine Schlacht, konnten den Krieg gegen ihre eigene Regierung jedoch nicht gewinnen, von deren rechtlichem Schutz ihre eigenen Prioritätsrechte abhingen.

Die Maya begehrten zwar Schutz für ihre Anrechte auf das Land, doch die Vorstellung eines individualisierten Privateigentums war ihnen fremd. Ihre Ansprüche auf ihr Land folgten einer anderen Logik, nämlich der der kollektiven Nutzung, also der Kontrolle des Zugangs zum Land und der Bewahrung dieses Grund und Bodens und seiner Ressourcen als der Grundlage ihrer Lebensweise. Ihre Absicht bestand sicherlich nicht darin, ihr Land in Kapital zu verwandeln und seinen monetären Wert herauszuziehen. Es ist eines der Paradoxa der Geschichte, dass sie Schutz bei den Eigentumsrechten suchten, ebenjenen rechtlichen Modulen, derer sich die Landlords in England ein halbes Jahrtausend zuvor bedient hatten, allerdings nicht zum Zwecke der Bewahrung, sondern zur Zerstörung eines vergleichbaren Bündels kollektiver Rechte, nämlich der Commons.

Die Einhegung [*enclosures*] der Commons begann im frühen 16. Jahrhundert, wobei die Enclosure Acts, die das Parlament erst zwischen 1720 und 1840 verabschiedete, den Abschluss der Enclosure-Bewegung markierten.[21] Schätzungen deuten darauf hin, dass der Großteil des urbaren Bodens in England bereits um 1600 eingehegt war, so dass nur noch rund 24 Prozent des Landes im Gemeinschaftsbesitz verblieben, das meiste davon Brachland.[22] Um die Einhegung von Land zu verstehen, müssen wir daher über die großen Enclosure Acts hinausgehen und eine genauere Betrachtung der rechtlichen und physischen Einhegungskämpfe vornehmen, die ihnen vorausgingen.

Im Feudalismus war Grund und Boden nicht frei veräußerlich, sondern wurde im Tausch gegen militärische und andere Dienste sowie für politische Loyalität vergeben. Die Übertragung von Land verlieh bestimmte Nutzungsrechte (aber kein volles Eigentumsrecht), darunter das Anrecht auf die Früchte des Bodens und auf die rechtliche Zuständigkeit für die Bauern, die es bestellten. Weder Landlords noch Pächter, geschweige denn die Bauern selbst konnten das Land nach Gutdünken übertragen. Die Weitergabe nach dem Tod stand unter dem Vorbehalt verbindlicher Primogenitur-Regeln, wobei dem erstgeborenen Sohn der Vorrang eingeräumt wurde. Ebenso wenig konnte Land von Gläubigern in Beschlag genommen werden, auch nicht von gesicherten. Diese konnten zwar die Früchte des Bodens beanspruchen, aber nach dem *writ of elegit*, einem Gesetz aus dem Jahre 1285, höchstens auf die Hälfte des Landes Anspruch erheben, und auch das nur so lange, bis seine Früchte die Schulden aus der Vergangenheit getilgt hatten.[23]

Diese Einschränkungen bestanden nicht etwa deshalb, weil keine Alternativen bekannt gewesen wären. Frühe englische Verträge, die vor der normannischen Eroberung abgeschlossen wurden, folgten der römischen Rechtstradition, die Grund und Boden genauso wie andere Gegenstände des Eigentumsrechts behandelte.[24] Im römischen Recht wurde das Recht an einem Eigentum als ein absolutes Recht betrachtet, das die Erlaubnis zur Nutzung, zum Besitz und zur Veräußerung eines Gutes umfasste. Nach der normannischen Eroberung ignorierte die Rechtspraxis in England diese Verträge jedoch zunehmend. Zwei Jahrhunderte lang, von 1290 bis 1490, fielen die Begriffe »Eigentum« und »Eigentümerschaft« aus dem Vokabular von Gerichtsverfahren heraus, die sich um Grund und Boden drehten, auch wenn diese Ausdrücke weiterhin für »Hab und Gut« [*»chattel«*], das heißt Güter und Tiere, verwendet wurden. Rechte auf Land waren weder einheitlich noch absolut; es gab nur »größere« oder »höhere« Rechte, und nur der König konnte ein *absolutes* Recht auf das Land beanspruchen. Doch bereits Ende des 17. Jahrhunderts hatte sich eine bemerkenswerte Veränderung vollzogen. »Eine grundlegende Entscheidung begann sich abzuzeichnen: *Wer auch immer* das ›allgemeine‹ oder ›absolute‹ Eigentum an einer Sache hatte, konnte diesen Anspruch gegen jeden auf der Welt geltend machen, und wer immer das ›besondere‹ Eigentum (etwa ein besonderes Nutzungsrecht oder eine Kreditsicherheit) hielt, konnte es gegen jeden außer den ›allgemeinen‹ oder ›absoluten‹ Eigentümer geltend machen.«[25]

Diese juristische Transformation des Rechts an Grund und Boden ging mit der Einhegungs- oder Enclosure-Bewegung einher, bei der die Landlords absolute Rechte über das Land geltend machten, das sie früher mit den Commoners [Nichtadeligen] geteilt hatten – den Bauern, die das Land bestellten oder ihr Vieh darauf weideten.[26] In der Verfolgung ihrer Exklusivrechte errichteten die Landlords Hecken und Zäune und beantragten bei den örtlichen Gerichten die Einräumung von Eigentumsrechten auf Grundlage der ersten Nutzung. Die Commoners reagierten darauf mit dem Abriss ebenjener Hecken und Zäune, pflügten das Land um, das die Landlords für die Schafbeweidung vorgesehen hatten, und riefen ebenfalls die Gerichte an.

Beide Seiten sahen sich mit einer erheblichen Rechtsunsicherheit konfrontiert. Es gab keine Eigentumstitel oder Grundbücher – England führte erst im Jahr 1881 ein freiwilliges Grundbuch ein und machte es erst 1925 verpflichtend.[27] Die ganze Schlacht drehte sich daher darum, wessen Anspruch auf das Land die Gerichte als vorrangig anerkennen würden und aus welchen Gründen. Beide Seiten stützten sich dabei auf Gewohnheit und Rechtstradition. Die langfristige Besiedlung und die fortgesetzte Nutzung eines Landstücks konnten ein Gericht dazu bewegen, ein vorrangiges Recht anzuerkennen; umgekehrt konnte das Versäumnis der Commoners, sich zu lange gegen veränderte Nutzungsmuster nicht zur Wehr gesetzt zu haben, auch als Nachgeben gegenüber den übergeordneten Rechten anderer interpretiert werden. Juristische Kämpfe waren daher keine Alternative zu den Versuchen der Landlords, das, was sie für sich beanspruchten, mit Hecken und Zäunen zu umgeben, und auch deren Zerstörung durch die Commoners waren es nicht; die physischen und juristischen Kämpfe um das Land gingen Hand in Hand.

Die Gerichte stellten sich nicht immer auf die Seite der Landlords, die die Enclosure-Bewegung anführten. Einige Fälle lagen jahrzehntelang vor Gericht und überspannten ganze Generationen, da die Entscheidungen zwischen Landlords und Commoners hin- und herschwankten.[28] Auf lange Sicht jedoch setzten sich die Landlords vor Gericht durch, was ihnen letztlich auch vor Ort die Oberhand gab. Den Commoners ihrerseits waren juristische Strategien ebenfalls nicht fremd, weshalb sie sich häufig von Anwälten vertreten ließen. Am Ende hatten sie jedoch unter mehreren Nachteilen zu leiden. Die Landlords bezeichneten die Commoners als Aufrührer, die neuen Landnutzungspraktiken im Wege standen, die nicht nur größere Renditen für sie selbst, sondern, wie sie es mit einer auch heute noch vertrauten Wendung ausdrückten, Wohlstand für alle versprachen.

Einige dieser Fälle wurden von den Gerichten des Common Law gehört; die meisten Streitigkeiten wurden jedoch vor die Star Chamber gebracht, einen im späten 14. Jahrhundert aus dem Privy Council hervorgegangenen Gericht, das später in die Kanzleigerichte überging. Diese Gerichte waren von der Rigidität des Common Law unbelastet und urteilten stattdessen »nach Billigkeit« [*in equity*], das heißt nach allgemeinen Gerechtigkeitsgrundsätzen, und wurden seit der Regentschaft von Elisabeth I. (1558-1603) zunehmend als Korrektiv zu den nach dem Fallrecht urteilenden Gerichten eingesetzt. Anders als die Common-Law-Gerichte mit ihren Geschworenenprozessen folgten die Kanzleigerichte einem schriftlichen Verfahren. Weder Kläger noch Angeklagter erschienen vor Gericht, sondern wurden in London von einem Justizbeamten oder in der Provinz von einem Bevollmächtigten verhört. Dies mag zwar die mangelnde Lese- und Schreibfähigkeit vieler Commoners kompensiert haben, machte sie allerdings auch vom Wohlwollen jener Beamten und Bevollmächtigten abhängig, die sie in den Gerichtsakten porträtierten.

Und schließlich kann es gut sein, dass die Landlords die besseren Anwälte an ihrer Seite gehabt haben. In England waren Rechtsanwälte, die private Klienten betreuten, zwar schon seit dem 13. Jahrhundert bekannt, doch ein echter Anwaltsberuf entstand erst im späten 16. Jahrhundert. Die statistischen Daten sind unvollständig und stehen nur für einige Institutionen zur Verfügung, aber sie deuten auf eine generelle Entwicklungsrichtung hin: Zwischen den 1590er und den 1630er Jahren stieg beispielsweise die Zahl der Anwälte, die in die Inns of Court [die vier englischen Anwaltskammern bzw. deren Sitz in London; Anm. d. Übers.] aufgenommen wurden, um 40 Prozent, und zwischen 1578 und 1633 stieg die Zahl der am Court of Common Pleas zugelassenen Anwälte von 342 auf 1383, also um das Vierfache. Ebenso wichtig ist, dass viele Anwälte aus denselben gesellschaftlichen Schichten wie ihre künftigen Klienten stammten und zwangsläufig eine gemeinsame Weltsicht mit ihnen teilten.[29]

Die erfolgreiche Einhegung des Landes schuf die Voraussetzungen für einen aufblühenden Bodenmarkt – eine radikale Veränderung in Gesellschaften, die bisher auf stabilen Beziehungen zum Land basiert hatten, das für den Lebensunterhalt sorgte und zudem die Grundlage politischer und wirtschaftlicher Macht bildete. Die Landverkäufe stiegen seit dem späten 16. Jahrhundert stetig an und lagen 1610 um 250 Prozent höher als 50 Jahre zuvor.[30] Dies kann zum Teil darauf zurückgeführt werden, dass die Krone Land aus dem Besitz von Klöstern, Kirchen und Bischöfen beschlagnahmte und auf den Markt warf, nachdem sie mit dem Papst gebrochen hatte, doch auch die legale Einhegung von Land und seine zunehmende Nutzung für kommerzielle Zwecke spielten eine entscheidende Rolle.

Die juristischen und dogmatischen Kämpfe um private Eigentumsrechte am Boden hielten über den Großteil des 17. Jahrhunderts hinweg an. Die meisten Verträge über Eigentumsrechte besagten weiterhin, dass der König der Einzige sei, der über absolute Rechte verfüge, doch manche Verträge begannen damit, die Grundlagen dafür zu schaffen, dass Privatpersonen für sich selbst ähnliche Befugnisse in Anspruch nehmen konnten.[31] Anfang des 19. Jahrhunderts kam eine Zusammenfassung der fallrechtlichen Rechtsprechung zu dem Schluss, dass »ein absoluter Eigentümer die absolute Macht hat, über seine Ländereien zu verfügen, wie es ihm beliebt, und dabei nur den geltenden Gesetzen untersteht«.[32]

Diese neue Rechtsauffassung hat seither die Welt erobert. Zuerst wurde sie in die Kolonien getragen und wurde später zur Blaupause für die wirtschaftspolitische Beratung von Weltbank und anderen Agenturen.[33] Wohin immer englische Siedler gingen, gab es zwar bereits »erste« Völker mit eigenen, lange währenden Beziehungen zum Land, doch nirgendwo stießen sie auf die Rechtsvorstellung eines privaten Eigentumsrechts an Land. Die Krone beanspruchte zwar territoriale Souveränität in den »Siedlerkolonien« Nordamerikas, Australiens und Neuseelands, doch diese veränderte nicht notwendigerweise bereits bestehende Nutzungsrechte der Einwohner an Grund und Boden. Die Rechtsunsicherheit führte jedoch dazu, dass die Siedler viel Spielraum für die Verfolgung aggressiver Landankaufs- und Besiedlungsstrategien hatten, in der Erwartung, dass ihre Ansprüche letztendlich als vollumfängliche Rechtstitel anerkannt würden.[34]

Die Krone versuchte, die möglichen Kosten eines Krieges mit den aus der Besiedlung entstehenden Vorteilen auszugleichen. Zu diesem Zweck schloss sie oft Verträge mit den indigenen Völkern ab, um das Territorium abzugrenzen, das ihrer Selbstverwaltung überlassen blieb. Aus Furcht vor Anarchie und

Unordnung aufgrund von Streitigkeiten zwischen Siedlern und indigenen Völkern, die britische Soldaten in langanhaltende Konflikte hineinziehen könnte, verbot sie den Siedlern zeitweilig, sich über diese vereinbarten Grenzen hinauszuwagen. Allerdings mangelte es ihr entweder an Macht oder Ressourcen, um diese Grenzziehungen effektiv durchzusetzen, oder sie nahm die Taktiken der Siedler zur Landnahme einfach hin. Siedler und Landjäger (Einzelpersonen ebenso wie Unternehmen) hatten ihrerseits starke Anreize, Grund und Boden unter ihre Kontrolle zu bringen, entweder durch seine willkürliche Besetzung [*squatting*] oder durch Landgeschäfte mit den Einheimischen.[35] Dennoch war die Art des Rechts, das sie durch solche Geschäften erwarben, oft heftig umstritten: Die Siedler beanspruchten absolute Eigentumsrechte, während die indigenen Völker behaupteten, dass sie sich nur von einer Art »Nutzungsrecht« getrennt haben.

Wie bei den Kämpfen um die Landeinfriedung in England im 16. Jahrhundert landeten viele Streitigkeiten zwischen europäischen Siedlern und Ureinwohnern vor Gericht. In Neuseeland wurden beispielsweise Sondergerichte zur Beilegung von Landstreitigkeiten eingerichtet, die in der Regel unter dem Vorsitz eines englischen Richters standen, wobei drei Häuptlinge, die die indigenen Völker vertraten, ebenfalls mit auf der Richterbank saßen. Die Aufzeichnungen über diese Ereignisse sind spärlich, und es ist unwahrscheinlich, dass alle Streitfälle von den Siedlern gewonnen wurden. Dennoch fiel die Gesamtbilanz zu ihren Gunsten aus, nicht zuletzt deshalb, weil sie sich auf zwei juristische Argumente stützten: das der Entdeckung und das der Aufwertung. Die Argumentation lautete dabei wie folgt: Die Ersten Nationen, das heißt die Ureinwohner, hatten keinen Begriff von individuellem Eigentum. Sie konnten den europäischen Siedlern gegenüber zwar eine frühere Nutzung geltend machen, aber man konnte unmöglich sagen, dass sie das Land in irgendeinem rechtlichen Sinne »besaßen«. Im Gegensatz dazu *entdeckten* die Europäer das Land und *werteten es auf.*[36] Durch das Umschwenken vom Senioritätsprinzip, auf das sich die Landlords in ihren Rechtsstreitigkeiten mit den Commoners in der Heimat regelmäßig berufen hatten, auf die Prinzipien von Entdeckung und Aufwertung ging die Vermutung eines legal bestehenden Eigentumstitels von den Ersten Nationen auf die Siedler über.

Die elaborierteste Fassung der »Entdeckungsdoktrin« findet sich in einem Urteil des Obersten Gerichtshofs der USA, das 1823 im Fall *Johnson v. M'Intosh* gesprochen wurde. Richter Marshall schrieb damals, dass

> [...] sich die Vereinigten Staaten [...] ausdrücklich jenem vorzüglichen und allgemeinen Grundsatz verschrieben haben, nach dem ihre zivilisierten Bewohner dieses Land jetzt in ihrem Besitz halten. Sie halten und beanspruchen für sich selbst den Titel, durch den es erworben wurde. Sie beanspruchen, ebenso wie es alle anderen auch getan haben, dass die Entdeckung das exklusive Recht verliehen hat, den indianischen Besitztitel entweder durch Erwerbung oder durch Eroberung zu tilgen, und dass die Entdeckung auch ein Recht auf ein solches Maß an Souveränität verleiht, wie es die Verhältnisse des Volkes ihm auszuüben erlauben.[37]

Durch dieses Gerichtsurteil waren Amerikas Erste Nationen zu Besetzern des Landes geworden, dessen erste und bis vor nicht allzu langer Zeit einzige Bewohner sie waren. Bald darauf erließ der Kongress den Indian Removal Act von 1830.[38] Die amerikanischen Indianer wurden in Reservate gezwungen und ihr Land wurde in Parzellen untergliedert, die in Zonen eingeteilt und als individualisierte Eigentumsrechte registriert wurden, die zur Erzielung finanzieller Gewinne nutzbar waren; das Land der Indianer wurde in Kapital verwandelt. *M'Intosh* wurde später zwar wieder aufgehoben, doch zu diesem Zeitpunkt war das Schicksal der Indianervölker in den Vereinigten Staaten bereits besiegelt. Eine der größten »Eroberungen durch das Gesetz« war durch die Veränderung der Gründe für die Anerkennung eines übergeordneten Rechts erreicht worden: Entdeckung und Aufwertung löschten Ansprüche aus, die aus dem Zuerstkommen erwachsen waren, und wurden zu den schlagenden Argumenten für alle Siedler, die die ganze Zeit über darauf gesetzt hatten, dass ihnen eine aggressive Inbesitznahme letztlich einen Eigentumstitel verschaffen würde; ähnliche Praktiken führten später zur »zweiten Enclosure-Bewegung«, dieses Mal allerdings nicht von Land, sondern von Wissen.[39]

Der Schutz des Erbeuteten

Rechte zu haben verleiht Individuen und Gruppen Macht, und das »Recht, Rechte zu haben«, ist untrennbar mit der Zugehörigkeit zu einer Rechtsordnung verbunden, die von einem Staat garantiert wird.[40] Aus dem gleichen Grund sind Rechte an Bedingungen geknüpft, an Verpflichtungen und Verbindlichkeiten. Dieses Quidproquo bildet auch den Kern der These, dass Privateigentum effizient ist: Nur ein privater Eigentümer kalkuliert die Kosten für die Nutzung seiner Güter voll mit ein und macht daher den effizientesten Gebrauch davon.[41] Schließlich wird er es sein, der die Verluste einer Übernutzung zu tragen hätte. Natürlich ziehen es Eigentümer vor, die Vorteile des Eigentums zu genießen, ohne dessen Kosten zu tragen, und sie haben Anwälte angeheuert, die ihnen dabei helfen sollten, beides in einem Zuge zu erreichen.

Nachdem sie sich den formalen Rechtstitel auf das Land gesichert hatten, genossen die englischen Landlords exklusive Nutzungsrechte, die durch eine Gesetzgebung noch weiter gestärkt wurden, die die Wilderei, das Durchbrechen von Hecken und das Fällen von Bäumen zu Verbrechen erklärte, die mit dem Tod zu bestrafen waren – und zwar ohne geistlichen Beistand.[42] Die Landlords waren nun frei, den Boden für private Gewinne zu nutzen, indem sie dort Schafe weideten und die Wolle für den Profit an die Textilproduktion verkauften oder indem sie Feldfrüchte anbauten, die den Stadtbewohnern verkauft werden konnten. Um ihre neuen Unternehmungen zu finanzieren und manchmal auch nur um ihren Konsum zu steigern, verpfändeten sie ihr Land an Kreditgeber. Dies verschaffte ihnen zwar finanzielle Mittel, brachte allerdings auch ihre neuen Eigentumsrechte in Gefahr.

So wie andere Arten von Kreditsicherheiten auch verleiht eine Hypothek einem Gläubiger zusätzlichen Schutz für den Fall, dass der Schuldner seinen Kredit nicht bedienen kann. In diesem Fall kann sich der Gläubiger durch Rückgriff auf den verpfändeten Vermögensgegenstand Befriedigung verschaffen. William Shakespeare setzte dem Wesen der Sicherheit im *Kaufmann von Venedig* ein grimmiges Denkmal. In dem Stück bittet Antonio den Kaufmann Shylock um einen Überbrückungskredit; sein eigenes Kapital ist in einem Schiff gebunden, das sich gerade Venedig nähert, und er will einem Freund aushelfen, der sofort Bargeld braucht, um die wohlhabende Erbin Portia zu umwerben, damit sie ihn heiratet. Sobald das Schiff anlegt, werde er das Geld zurückgeben. Da er sich sicher ist, dass seine finanzielle Unpässlichkeit nur vorübergehend ist, akzeptiert Antonio die Bedingung, die Shylock stellt: Sollte er den Kredit nicht innerhalb von 30 Tagen zurückzahlen, hat dieser das Recht, ein Pfund Fleisch aus Antonios Körper herauszuschneiden.

Doch Antonios Schiff verschwindet auf See, und sein Liquiditätsproblem wird zu einem Insolvenzproblem. Er hat keine andere Wahl, als den Kredit nicht zu bedienen, und Shylock besteht darauf, seine Kreditsicherheit durchzusetzen – eine Rache für Antonios häufige antisemitische Tiraden gegen ihn. Der Doge weigert sich einzugreifen, denn Vertrag ist Vertrag. Das ist die Stelle, an der Portia, verkleidet als *Doktor der Rechte*, auf der Bildfläche erscheint und die Techniken der Rechtsauslegung benutzt, um Antonios Leben zu schützen.[43] »Der Schein hier gibt dir nicht ein Tröpfchen Blut. Die Worte sind ausdrücklich: ein Pfund Fleisch!« und nicht mehr.[44] Shylock hat, wie sie vorbringt, zwar das Recht, seinen »Schein« geltend zu machen, doch

> [...] vergießest du, indem du's abschneidst,
> Nur einen Tropfen Christenblut, so fällt
> Dein Hab und Gut nach dem Gesetz Venedigs
> Dem Staat Venedigs heim.[45]

Die englischen Grundbesitzer, die ihr Land hypothekarisch belastet hatten, sahen zwar nicht dem Tod ins Auge, wenn ihre Gläubiger hinter ihnen her waren, aber sie fürchteten um ihren neu angehäuften Reichtum, den sie an die nächste Generation weitergeben wollten. Willige Helfer fanden sie in den Landanwälten, die eine alte Rechtsinstitution, den Fideikommiss [*entail*], nutzten, um zu verhindern, dass der Familienbesitz »verkauft, verpfändet oder nach Belieben zerstreut wird«.[46] Nach außen hin änderte sich zwar nichts, aber die Rechte an ihrem Grundbesitz, also dem Land und dem Familiensitz, wurden neu codiert. Der Hausherr wurde vom Eigentümer zu einem auf Lebenszeit Nutzungsberechtigten [*life tenant*] eines Familienbesitzes, der an seinen erstgeborenen Sohn weitergereicht wurde. Dieser Nutzungsberechtigte hielt den Besitz im Namen und im Auftrag künftiger Generationen und konnte daher das Recht auf eine Pfändung des gesamten Besitzes unter keinen Umständen an einen Gläubiger abtreten. Nach dem alten, in einer sehr andersgearteten politischen und wirtschaftlichen Ordnung erlassenen *writ of elegit* von 1285 konnten Gläubiger höchstens die Hälfte des Landes pfänden. Das Fideikommiss verwandelte Grund und Boden von einer freiverkäuflichen Ware in einen Verwahrort für das Familienvermögen. Nicht die modernen Grundsätze des Eigentumsrechts, sondern die Kombination von individuellen Prioritätsrechten und mittelalterlichen Rechtsprivilegien sorgte für die Beständigkeit dieser Rechte und verwandelte Grund und Boden damit in Privatvermögen oder eben Kapital.

Die Attraktivität dieser juristischen List lässt sich an den Statistiken erkennen, die zeigen, dass Mitte des 19. Jahrhunderts die Hälfte bis zwei Drittel des gesamten Bodens in England in Form des Familienfideikommiss vererbt wurden und er als solcher einer strikten innerfamiliären Nutzungsregelung unterlag.[47] 1866 erklärte das Wochenmagazin *The Economist* in einem Artikel dieses ganze System für »völlig absurd« für ein Land, das sich inmitten eines rasanten Industrialisierungsprozesses befand.[48] Und doch zeigt sich bei genauerem Hinsehen, dass die massive Anhäufung von Reichtum im Zeitalter der Industrialisierung und darüber hinaus solchen rechtlichen Schutzmaßnahmen wie dem Familienfideikommiss, der die Kapitalinhaber vor ihren Gläubigern schützt, viel zu verdanken hat. Das *use* (vgl. weiter unten), der Trust und später die Gesellschaftsform wurden für ähnliche Zwecke eingesetzt.

Und doch sind auch die besten Codierungsstrategien nicht immer absolut wasserdicht. Das hochkomplexe und undurchsichtige System der Eigentumsverhältnisse an Grund und Boden, in dessen Zentrum zwar individuelle Eigentumsrechte standen, die aber sorgfältig vor den Rechten der Gläubiger abgeschirmt waren, die diese Eigentumsrechte zur Begleichung ihrer Forderungen hätten pfänden können, geriet zunehmend unter Druck.

In einer Zeit, in der sich neue Technologien verbreiteten und der Abbau von Kohle und anderen natürlichen Ressourcen den Prozess der Industrialisierung vorantrieb, hinderten die rechtlichen Zwänge, die mit der gesicherten Vererbung des Bodens an nachfolgende Generationen verbunden waren, die auf Lebenszeit Nutzungsberechtigten daran, dringend benötigte Investitionen zu tätigen. Denn dies hätte den Familienbesitz verändert und damit gegen ihre gesetzliche Verpflichtung verstoßen, den Grundbesitz für die nächste Generation intakt zu halten.

Eine Zeit lang konnten die Grundbesitzer noch Gläubiger finden, die bereit waren, ihnen Geld zu leihen oder ihnen mit Blick auf ihre Schulden noch einmal einen Zahlungsaufschub zu gewähren. Um diesen Gläubigern einen besseren Rechtsschutz zu bieten, rieten Anwälte den auf Lebenszeit Nutzungsberechtigten dazu, eine teilweise Befreiung vom »Fideikommiss« auszuhandeln, der den Familienbesitz vor ihren Ansprüchen schützte; manchmal jedoch sonderte der Nutzungsberechtigte mithilfe seiner Anwälte Vermögenswerte aus diesem Besitz heraus und überführte sie zugunsten bestimmter Gläubiger in einen Trust – eine Vermögensumkehrung, vollzogen jedoch mit identischer Codierungstechnik.[49] Die Banken fanden ihre eigene Lösung. Sie verlangten von den auf Lebenszeit Nutzungsberechtigten die Übergabe der Besitzurkunde für das betreffende Eigentum zur Absicherung ihrer Kredite, wodurch es unmöglich wurde, das Land auch noch anderen Gläubigern als Sicherheit anzubieten; so entstand eine Art Bankenhypothek.[50]

Doch als die Freihandelspolitik in der Mitte des Jahrhunderts an Boden gewann und die Getreidegesetze [*Corn Laws*], die die Landwirtschaft durch Zölle vor ausländischer Konkurrenz geschützt hatten, 1846 aufgehoben wurden, war es nur eine Frage der Zeit, bis die ökonomische Logik eines sorgfältig konzipierten, aber immer weniger wettbewerbsfähigen Systems ihren Lauf nahm und es wie ein Kartenhaus zusammenfiel: Die

Gläubiger weigerten sich, die Kredite der Grundbesitzer ein weiteres Mal zu verlängern, überschuldete Grundbesitzer gerieten in Zahlungsverzug, das Kreditsystem kam zum Erliegen und die landwirtschaftliche Produktion brach zusammen.

Die Depression, die die Landwirtschaft in den 1870er Jahren im Griff hatte, führte schließlich zu juristischen Reformen, die bereits seit den 1830er Jahren in Vorbereitung waren und bemerkenswerterweise schon 150 Jahre zuvor in den nordamerikanischen Kolonien Englands eingeführt worden waren.[51] Doch ohne gleichzeitig stattfindende politische Veränderungen wäre das Vorhaben einer Reform des englischen Liegenschaftsrechts mit hoher Wahrscheinlichkeit erneut gescheitert. So verloren die Grundbesitzer im Jahr 1880 zum ersten Mal die Kontrolle über das Parlament. Ein Jahr später wurden der Conveyance Act und der Settled Land Act verabschiedet, die den auf Lebenszeit Nutzungsberechtigten zum rechtmäßigen Eigentümer des Besitzes erklärten und den Gläubigern die Durchsetzung ihrer Forderungen unter Rückgriff auf den gesamten Familienbesitz erlaubten. Lediglich das Familienanwesen behielt einen Sonderstatus: Sein Verkauf bedurfte der Zustimmung der Familienmitglieder, doch wenn diese verweigert wurde, konnte immer noch ein Gericht den Verkauf gestatten.[52]

Die Gerichte, die lange Zeit auf der Seite der Grundbesitzer standen und die Codierungsstrategien schützten, die ihre Anwälte entwickelt hatten, um das Familienvermögen zusammenzuhalten, wandten sich nun gegen sie.[53] In einem berühmten Fall, der einige Jahre nach der Verabschiedung der Reformgesetze verhandelt wurde, wandte sich der tief verschuldete Erbe des Savernake Forest, eines der ältesten Besitze in England, gegen seine Onkel, die ihn daran zu hindern suchten, das heutige Tottenham House an Lord Iveagh, den Kopf des Guinness-Brauerei-Imperiums, zu verkaufen.[54] Der Fall schaffte es bis vor das House of Lords, das den Verkauf des Herrenhauses genehmigte. Die Reformgesetzgebung sollte, so die Lords, »den Niedergang der Landwirtschaft verhindern«. Das Gericht hatte daher die Pflicht, in seinem Urteil nicht nur die Interessen der beteiligten Streitparteien, also des »verschwenderischen Peers« und seiner Onkel, zu berücksichtigen, sondern auch »die Interessen des Grundbesitzes selbst, darunter das von diesem Ausdruck mitgemeinte Wohl jener Personen, von deren Tätigkeit seine Zinsen und Erträge herrühren« – also der Bauern und der sonstigen Arbeitskräfte, deren Lebensunterhalt ebenfalls von der Produktivität des Landes abhängig war. Das Privateigentum diente in den Augen der Lords also auch einem öffentlichen Interesse, was den Gerichten die Befugnis verlieh, private Rechte – in diesem Fall das Vetorecht der Onkel beim Verkauf des Herrenhauses – zu beschneiden, wenn ihre Ausübung diesem Interesse entgegenzulaufen drohte.

Die Reform des englischen Liegenschaftsrechts ging Hand in Hand mit dem Niedergang des ländlichen Grund und Bodens als wichtigster Quelle privaten Reichtums – vor allem in Großbritannien und zunehmend auch anderswo. Sie markierte einen dramatischen Wandel in der rechtlichen Codierung von Land. Vor den Reformen von 1881 genossen die Grundbesitzer nicht nur Prioritätsrechte, sondern konnten auch komplexe Codierungsstrategien zur Anwendung bringen, um sicherzustellen, dass der Familienbesitz intakt blieb, ganz gleich, wie viele Schulden der lebenslange Nutzungseigentümer angehäuft hatte. Die Reformgesetzgebung entzog dem Land faktisch eines der entscheidenden Attribute des Kapitals, nämlich die Beständigkeit. Von einem Tag auf den anderen wurde dasselbe Land, das jahrhundertelang als primäre Reichtumsquelle gedient hatte, in ein normales Gut verwandelt, eine einfache Ware, die nicht nur frei gehandelt werden, sondern auch leicht unter dem Hammer landen konnte. Tatsächlich rief die Reformgesetzgebung in England eine Neuaufteilung des Bodens in einem Ausmaß hervor, das seit der Enclosure-Bewegung nicht mehr gesehen worden war: Mehr als 20 Prozent des Landes wechselten in den zwei Jahrzehnten im Anschluss an die Reformen den Besitzer.[55]

Die Codierung von Land in den Kolonien

In den nordamerikanischen Kolonien Großbritanniens war 150 Jahre zuvor bereits das Pendant des Settled Land Act und des Conveyance Act von 1881 eingeführt worden. Der »Act for the More Easy Recovery of Debts in His Majesty's Plantations and Colonies in America« (Debt Recovery Act) [zu Deutsch in etwa: »Gesetz zur leichteren Schuldeneintreibung in den königlichen Plantagen und Kolonien in Amerika«; Anm. d. Übers.] von 1732 gab den Gläubigern das Recht, sämtliches Land, einschließlich Familienbesitztümern, zu pfänden und der Zwangsversteigerung zuzuführen.[56] Die unmittelbare Folge des Gesetzes war die Zerschlagung großer landwirtschaftlicher Besitztümer, besonders in den Südstaaten. Zudem löste es die ersten großen Sklavenversteigerungen aus, als die Gläubiger die Zwangsvollstreckung aller »Vermögenswerte« in die Wege leiteten, mit denen sie die von ihnen vergebenen Kredite abgesichert hatten.[57]

Die Tatsache, dass England diese Reformen in Nordamerika schon 1732 in Kraft setzte, aber bis 1881 damit gewartet hatte, Ähnliches auch im eigenen Land einzuführen, demonstriert die Ideologie, vielleicht aber noch mehr die politische Ökonomie, die in der Codierung und Entschlüsselung von Kapital am Werk ist. Dem englischen Gesetzgeber fehlte es nicht an Wissen über Alternativen zu jenem komplexen Regime der Übertragung von Grundbesitz, das Rechtsanwälte für wohlhabende Familien zusammengebastelt hatten, sondern an dem politischen

Willen, diese anzuwenden.[58] In den Kolonien war das Kalkül ein anderes. Dort hatte die englische Legislative wenig Bedenken, die Kräftebalance auf Kosten der Eigentümer zugunsten der Gläubiger kippen zu lassen; es braucht kaum erwähnt zu werden, dass die betreffenden Gläubiger in den meisten Fällen Engländer waren.

Der Besitztümer aufsprengende Effekt des Debt Recovery Act in den Vereinigten Staaten hatte das Potenzial, die Voraussetzungen für eine gleichmäßigere Verteilung des Wohlstands zu schaffen, eine, die dem republikanischen Geist der nordamerikanischen Kolonien, die sich bald als Vereinigte Staaten von Amerika konstituierten, eher entsprochen hätte. Doch die Vermögensinhaber in der neuen Welt erlernten bald die Kunst, ihr Privatvermögen mithilfe des Rechts zu codieren, wie es auch schon ihre Vorfahren in der Alten Welt getan hatten, fanden Anwälte, die dies gegen die Zahlung von Honoraren übernahmen, und stießen zudem auf eine Legislative mit einem offenen Ohr für ihre Anliegen. Tatsächlich übernahm das amerikanische Recht in den Jahrzehnten *nach* der Unabhängigkeit viele Elemente jener rechtlichen Codierungstechniken, die der englischen wohlhabenden Elite schon so gut gedient hatten. Zeitweise wiesen diese juristischen Transplantate sogar Merkmale des englischen Rechts auf, die im Heimatland des Common Law bereits wieder abgeschafft worden waren. In den Worten des Rechtshistorikers Joshua Getzler griff das amerikanische Recht »den Dynastizismus, die postmortale Vermögenskontrolle [*dead-hand control*], die ewige Rente [*perpetuities*], die Unpfändbarkeit [*judgment-proofing*] von Vermögensgegenständen und [die] Erschaffung abstruser Zwecktrusts [*purpose trusts*], allesamt Verfahren, die im englischen Recht eingeschränkt oder verboten sind«, bereitwillig auf.[59] Die empirischen Daten zeigen, dass die USA bis weit ins 20. Jahrhundert hinein viel egalitärer waren als Europa.[60] Die Saat für den Weg zum Reichtum war für diejenigen allerdings schon lange ausgebracht worden, die nicht nur das Glück hatten, Güter zu besitzen, sondern auch Zugang zu Anwälten, die diese als Kapital codieren konnten.

Die weniger Begünstigten waren zwar immer noch manchmal in der Lage, den politischen Prozess zu mobilisieren, um ihre Habe vor der drohenden Verarmung angesichts eines massiven wirtschaftlichen Abschwungs zu schützen, aber selbst hier spielte die Machtpolitik eine entscheidende Rolle. Viele bundesstaatliche Gesetzgeber in den USA führten im Laufe des 19. Jahrhunderts Schuldenschnitte durch, um eine rechtliche Situation herzustellen, die die Gläubiger auf Kosten der Schuldner schützte, welche angesichts der Volatilität der Rohstoffmärkte Gefahr liefen, unverschuldet alles zu verlieren.[61] In den Augen einiger Ökonomen waren diese Schuldenmoratorien effizient, weil sie Verträge an eine komplexe Welt anpassten, die von Ereignissen in der Zukunft bedrängt wurde (und weiterhin bedrängt wird), die keine der involvierten Parteien hätte vorhersehen können; indem er hier eingriff und vorübergehende Erleichterungen gewährte oder den Verkauf von Vermögenswerten einer staatlichen Kontrolle unterwarf, half der Gesetzgeber dabei, diese Verträge zu »vervollständigen«, indem er sie, in den Worten der Ökonomen, »zustandsabhängig« machte.[62] Die meisten dieser Schuldenmoratorien wurden jedoch später von den Gerichten wegen Verletzung einer Verfassungsbestimmung, die es den Staaten verbietet, sich in private Verträge einzumischen, wieder aufgehoben.[63]

Der vielsagendste Teil der Geschichte der Schuldenmoratorien in der US-amerikanischen Wirtschaftsgeschichte ist jedoch die politische Ökonomie, die hinter der Entscheidung stand, sie überhaupt zu verhängen. Die Staaten, die sich ihrer am ehesten bedienten, waren die neuen Staaten am westlichen Rand des Landes; am wenigsten Gebrauch davon machten die »alten« Südstaaten. Dort hatten die Landeliten genug Reichtum angehäuft, um selbst schwere wirtschaftliche Stürme zu überstehen; tatsächlich profitierten sie häufig von der Möglichkeit, Land zu sehr geringen Kosten von den Bauern aufzukaufen, die nicht mehr in der Lage waren, ihre Schuldenlast bei ihren Gläubigern – die nicht selten die Landeliten selbst waren – zu tragen.

Die Bauern in den britischen Kolonien, die sich aufgrund einer höchst volatilen Agrarökonomie in der gleichen Bedrängnis befanden, kamen dagegen nie in den Genuss eines Schuldenschnitts. In Indien zum Beispiel führten die britischen Kolonisatoren juristische Reformen ein, die die Rechte der Gläubiger stärkten, indem sie ihnen erlaubten, Bauern, die ihre Kredite nicht bezahlen konnten, bei Fälligkeit von ihrem Grund zu vertreiben.[64] Das unmittelbare Ziel dieser Reformen war es, das Monopol der wuchernden Geldverleiher zu brechen, die Kosten für die Fremdkapitalaufnahme zu verringern und sicherzustellen, dass die Bauern ihre Produktion ausweiten und dadurch das britische Steueraufkommen erhöhen konnten. Doch als die globalen Baumwollmärkte zur Zeit des amerikanischen Bürgerkriegs zusammenbrachen, lösten diese mächtigen Rechte eine Kettenreaktion aus, die die britische Herrschaft bedrohte. Denn die Gläubiger nutzten sie, um die Bauern in großem Umfang zu vertreiben, und diese landlosen Massen erhoben sich wiederum gegen ihre Herrscher und inszenierten eine »Meuterei«, wie die königlichen Berichte ihren Aufstand gegen die sie plagende Verarmung nannten.

Ein gewaltiges Experiment zur Einführung von Eigentumsrechten und zur Förderung der Schuldenfinanzierung ohne jeglichen Schutz für die neuen Schuldner/Eigentümer vor externen Schocks hatte zu einem dramatischen Ende gefunden. Allerdings hat dies eine Wiederholung dieses Experiments in den Entwicklungsländern rund um den Globus nicht verhindert, wo Programme zur Landregistrierung auch heute noch die Monetarisierung des Bodenwerts gegenüber seiner die Kleinbauern und andere Landnutzer ernährenden Funktion privilegieren. Im Falle des Ausfalls eines Schuldners können die Gläubiger seine Güter an sich nehmen, wobei sie allerdings dafür sorgen werden, dass sie durch die richtigen Codierungsstrategien in ihren eigenen Händen eine größere Beständigkeit haben werden.

Empirische Studien deuten darauf hin, dass in den ehemaligen Kolonien, in denen sich die Europäer anzusiedeln vermochten, Eigentumsrechte geschaffen wurden, die den Institutionen in ihrer Heimat ähnelten, was zur wirtschaftlichen Entwicklung und zur Schaffung privater Vermögen beitrug. In Kolonien, in denen Krankheiten die Ansiedlung in großem Stil verhinderten, schufen die Kolonialmächte dagegen Institutionen, die in erster Linie der Extraktion von Reichtümern dienten und diese Länder weit hinter ihresgleichen zurückwarfen.[65] Die Verfasser dieser Studien haben diese Ergebnisse dahingehend interpretiert, dass eine europäische Besiedlung und die Transplantation ihrer Eigentumsrechte in die Kolonien die wirtschaftliche Entwicklung befeuerte. Sie sagen allerdings wenig darüber aus, wie der Reichtum zwischen Siedlern und Einheimischen verteilt war, obwohl gut belegt ist, dass die Kolonisierung erhebliche Ungleichheiten unter den europäischen Siedlern geschaffen hat, deren Folgen bis heute zu spüren sind.[66]

Die Decodierung des Trusts

Das Rechtsinstitut, das am häufigsten dazu genutzt wurde, den Eigentumsrechten von Grundbesitzern Beständigkeit zu verleihen, ist der »Trust«. Es ist ein mächtiges Instrument, das immer wieder zum Schutz des Vermögens der Wohlhabenden eingesetzt wurde. Der Trust ist ein Spezifikum des angloamerikanischen Rechts und wohl eines der ausgeklügeltsten Module zur Kapitalcodierung. Das Civil Law mit seinen römischen Ursprüngen hat hingegen keinen Sinn für dieses Rechtsinstrument, weil es die Unterscheidung zwischen Vertrags- und Eigentumsrecht verwischt.[67] Aber genau das macht den Trust eben zu einem so attraktiven Mittel: Wo das Civil Law einen formellen Akt zur Übertragung von Eigentumsrechten, der Übergabe eines Gegenstandes oder die Eintragung eines Eigentumstitels verlangt, kann ein Trust durch eine einfache, in den privaten Räumlichkeiten eines Anwalts erstellte Urkunde gegründet werden. Ohne dem Rest der Welt eine Änderung von Eigentumsrechten anzuzeigen, ordnet der Trust die Rechte an einem Gut faktisch neu, und die Gerichte haben diese Neuordnung abgesegnet.[68]

Und das funktioniert so: Ein Trust erlaubt es einem Eigentümer (Treugeber [*settlor*] genannt), ein Gut in eine juristische Person zu überführen, die nur zu diesem Zweck gegründet wird. In einem zweiten Schritt werden die Rechte an dem Gut zwischen dem Treunehmer [*trustee*], der formell das Eigentum an ihm innehat, und einem Begünstigten [*beneficiary*] aufgeteilt, der die Anwartschaft darauf erhält. Sobald der Trustvertrag aufgesetzt und das Gut auf den Treunehmer übertragen ist, ist der Treugeber nicht mehr Eigentümer des Vermögens und seine persönlichen Gläubiger können es daher nicht mehr zur Befriedigung ihrer Ansprüche pfänden. Das Trustvermögen wird jetzt von einem Treunehmer verwaltet, der formell das Eigentum daran innehat; er kann es zwar veräußern, aber nur zugunsten des Begünstigten, und er muss es durch gleichartige Vermögenswerte ersetzen.

Der Treuhänder hat zwar das formelle Eigentum an den Vermögenswerten des Trusts, aber er hat kein Recht auf die ihm daraus erwachsenden Profite oder sonstigen wirtschaftlichen Vorteile, weshalb seine Gläubiger daher auch keinen Zugriff auf die Vermögenswerte des Trusts haben. Und schließlich hat der

Begünstigte zwar eine Anwartschaft auf das Vermögen, aber kein Eigentum an ihm im vollen Sinne. Es dauerte einige Zeit, bis die Gläubiger der Begünstigten die Gerichte davon überzeugt hatten, dass sie in der Lage sein sollten, gegen diese Anwartschaft zu vollstrecken.[69] Durch die Isolierung des Vermögens von verschiedenen Gläubigergruppen wirkt der Trust, kurz gesagt, wie Magie, da er seine Beständigkeit erhöht. Es überrascht nicht, dass er bis heute unter den Wohlhabenden, die ihr Vermögen vor den Steuerbehörden und anderen Gläubigern schützen wollen, ein beliebtes rechtliches Codierungsinstrument ist und zudem ein rechtliches Standardmodul für die Verbriefung von Vermögenswerten, darunter auch Hypotheken, eine Praxis, der wir uns in Kapitel 4 nähern werden.

Die Geschichte des Trusts offenbart ein komplexes Zusammenspiel zwischen privaten Codierungsstrategien, ihren Einschränkungen seitens des Gesetzgebers, erneuter Innovation und schließlich der Rechtfertigung privater Codierungsbemühungen durch die Gerichte. Der Trust hatte einen Vorgänger, den man »*use*« nannte und der im späten 13. Jahrhundert erstmals in Erscheinung trat.* Einige Quellen erklären seine Ursprünge mit dem Verbot für die Angehörigen des Franziskanerordens, irgendeinen Besitz zu haben. Um diese Beschränkung zu umgehen, wurde Land rechtlich an eine andere Entität, eine Stadt oder ein Dorf, übertragen, allerdings »zum Gebrauch« durch die Ordensbrüder.[70] Andere Erklärungen weisen auf Bemühungen hin, obligatorische Primogeniturregeln zu umgehen, das Eigentum an Grund und Boden in einer Zeit zu übertragen, in der Landbesitz grundsätzlich unveräußerlich war, oder einfach auf die, Steuern zu vermeiden. Die Common-Law-Gerichte weigerten sich zunächst, den »use« durchzusetzen, aber die

* [Ein aus dem Feudalismus überliefertes Nutzungsrecht an Grund und Boden; Anm. d. Übers.]

private Praxis der Übertragung von Land im Rahmen privater Verträge wurde dennoch fortgesetzt.

Im Jahr 1484 erkannte Richard III. das *use* gesetzlich an, um die mit seiner Hilfe geschaffenen Rechte an Land sichtbar zu machen.[71] Das Gesetz sah vor, dass die Begünstigten des *use* so behandelt werden sollten, als hätten sie die Befugnis, Eigentum zu übertragen, was kurz gesagt hieß, dass sie als Eigentümer im vollen Sinne behandelt werden sollten – 400 Jahre bevor der Land Conveyance Act von 1881 genau den gleichen rechtlichen Schritt in Reaktion auf die Praxis vollzog, Land als Fideikommiss weiterzugeben, wodurch den Gläubigern der auf Lebenszeit Nutzungsberechtigten der Zugriff auf Grund und Boden entzogen wurde. Die zunehmende Popularität des *use* untergrub jedoch die Steuereinnahmen der Krone. Daher wurden bis 1526 Gebühren von denjenigen erhoben, die *uses* aufsetzen wollten, und nicht genehmigte *uses* wurden sanktioniert. Spätere gesetzliche Verordnungen – in Gestalt des Statute of Uses und des Statute of Enrollments, die beide im Jahr 1535 verabschiedet wurden – versuchten, seine Anwendung allgemeiner zu regulieren.[72] Das Statute of Uses versuchte, die Ansprüche und Vorrechte des Königs auf Grund und Boden wiederherzustellen, aber dieser Plan scheiterte letztendlich. Jahrzehnte der privaten Transaktion ließen sich nicht zurücknehmen. Darüber hinaus entdeckten Anwälte schnell Lücken in diesen gesetzlichen Verordnungen und besetzten sie mit einem neuen Instrument, das dem *use* verdächtig ähnlich sah, aber hinreichend anders war, um sich in die Leerstellen der Sprache des Gesetzes einzufügen; und als die Gerichte ihren Segen gaben, trat der Trust an die Stelle des *use*.

Der Trust ist ein rechtliches Instrument, das dazu gedacht ist, Vermögen zu schützen, und als solches denjenigen dient, die Vermögen haben, also den Reichen. Es überrascht nicht, dass es ein entscheidender Baustein für die Codierung von Kapital ist. Im frühen 19. Jahrhundert, als die Mittelschicht wohlhabender wurde, wurde der Trust populärer und die Vermögenswerte, die von Trusts abgeschirmt wurden, vielfältiger. Neben dem ländlichen Grundbesitz hielten Trusts oft städtische Grundstücks- und Hausbestände, aber auch Staatsanleihen und Unternehmensanteile.[73] Das Trustrecht wandelte sich im Laufe der Zeit, und der Trust wurde von einer Verwahreinrichtung für individuelles oder familiäres Vermögen zu einem Vehikel zur Abschirmung von Geschäftsvermögen. Lange bevor die Unternehmensform ein standardisiertes Instrument zur Abschirmung von Vermögenswerten hervorbrachte, wurde der Trust von Geschäftsinhabern in England und Nordamerika für ähnliche Zwecke eingesetzt.[74] Treunehmer erhielten größere Befugnisse zur Verwaltung komplexer Vermögenspools; ihre Rolle wurde professionalisiert, und viele Anwälte haben ihre Dienste als Treunehmer angeboten. Als Reaktion darauf wurden neue Regeln für Treunehmer festgelegt, einschließlich der Möglichkeit, Gebühren zu erheben, und, nicht überraschend, auch Haftungsbeschränkungen gegenüber den Begünstigten. Und als die Gerichte schließlich die Möglichkeit zuließen, dass es sich bei den Begünstigten nicht nur um eine Person, sondern um viele verschiedene Investoren handeln konnte, wurde der Trust zum üblichen Mittel für das Pooling und die Verbriefung von Vermögenswerten, was wir in Kapitel 4 näher betrachten werden.

Hergestellt im Recht

Die hier dargelegte Schilderung der Art und Weise, wie Land als Kapital codiert worden ist, unterscheidet sich von konventionellen Darstellungen, die Eigentumsrechte als die wesentliche Institution für wirtschaftlichen Wohlstand darstellen.[75] Für die Ökonomen besteht der Hauptzweck von Eigentumsrechten darin, die Interessen der Eigentümer mit der kosteneffizientesten Nutzung des Vermögens in Einklang zu bringen. Die Optimierung der Nutzung von Vermögenswerten war das, was Ronald Coases berühmtes Beispiel von den zwei benachbarten Bauern motiviert hat, von denen der eine Kühe hält und der andere Feldfrüchte anzubauen versucht, die die Kühe natürlich abfressen oder zertrampeln.[76] Für dieses Problem konfligierender Interessen gibt es viele Lösungen: Einer der beiden Bauern könnte einen Zaun bauen, die angebauten Pflanzen anderswohin verlagern, auch anfangen, Kühe zu züchten, oder der andere könnte für die Schäden aufkommen oder selbst von Viehzucht auf Ackerbau umstellen. Wenn die Eigentumsrechte klar verteilt sind, beide Parteien also wissen, welche Rechte sie jeweils haben und was sie in monetärer Hinsicht wert sind, dann können sie die Kosten berechnen, die jede von ihnen zu tragen hätte, damit sie ihren Konflikt beilegen und eine optimale Verhandlungslösung erreichen können. Ein solches effizientes Ergebnis ist zumindest in einer Welt ohne Transaktionskosten erreichbar. Coase selbst betonte jedoch, dass Transaktionskosten in der realen Welt allgegenwärtig sind, weshalb die *anfängliche* Anhäufung von Eigentumsrechten durch das Recht tatsächlich eine große Rolle spielt. Doch wie wir gesehen haben, verhandelten die Grundbesitzer nicht nur mit ihren Gläubigern, um ihre Interessen zu schützen, sondern sie beschäftigten auch Anwälte, die ihre Interessen gesetzlich codierten und so dazu beitrugen, die Karten zu ihren Gunsten zu mischen.

Dies wirft dann die Frage auf, wo Eigentumsrechte und andere rechtliche Ansprüche, wie sie zum Beispiel mit dem Trust verbunden sind, überhaupt entstehen. Eigentumsrechte sind nichts Gegebenes; sie sind »erworbene« Rechte, wie Adam Smith erkannt hat. »Eigentum und bürgerliche Regierung hängen sehr voneinander ab. Die Erhaltung des Eigentums und die Ungleichheit des Besitzes haben sie [die Regierung] hervorgebracht und der Zustand des Eigentums muß sich mit der Form der Regierung stets verändern.«[77] Die Schaffung eines formellen Titels oder die Anerkennung bestimmter Ansprüche als formelle Eigentumsrechte nach dem Gesetz ist jedoch nur ein erster Schritt. Es heißt oft, dass individuelle Eigentumsrechte dem Eigentümer die Befugnis geben, einen Vermögenswert nach seinem Belieben zu nutzen, zu kontrollieren oder zu veräußern, und dabei alle anderen Menschen ausschließen: doch oft konfligiert die Ausübung dieser Rechte mit ebenso legitimen Ansprüchen, die andere erheben könnten. Es gibt kein absolutes Eigentumsrecht mit unverrückbaren Grenzen. Sogar Blackstone erkannte dies an. Eigentum ist, wie er sagte, ein »absolutes Recht, das jedem Engländer innewohnt [...] und das in der freien Nutzung, dem freien Genuss und der freien Verfügung über seinen gesamten Erwerb besteht, ohne jegliche Kontrolle oder Beeinträchtigung, *außer durch die Gesetze des Landes*«.[78] Eigentumsrechte finden, anders ausgedrückt, ihre Grenzen an den allgemeinen Gesetzen; wo sie genau verlaufen, ist immer und notwendigerweise umstritten.[79]

Kurzum, Eigentumsrechte und ähnliche rechtliche Ansprüche entwickeln sich in den Fugen zwischen Staaten, Macht und Recht. Wenn Staaten Ansprüche auf ein Gut als gesetzlich geschütztes Eigentumsrecht anerkennen oder zurückweisen, spielen sie oft mächtigen Parteien in die Hände. Einige Personen mit Rechtsansprüchen auszustatten und dies anderen gleichzeitig zu verweigern sowie einigen Gütern bestimmte Schutzmaßnahmen zu entziehen und sie anderen aufzupfropfen, sind Handlungen, die Vermögen schaffen oder zerstören. Und dennoch, wenn sich die Handlungen des Staates auf die Schaffung von Prioritätsrechten beschränken würden, dann wäre der größte Teil des auf diese Weise akkumulierten Vermögens nur von kurzer Dauer und dem Auf und Ab der Konjunkturzyklen und des technologischen Wandels unterworfen. Dies würde wohl für eine viel gerechtere, aber auch instabilere Welt sorgen. Die Ersten, die die Kosten der Instabilität zu spüren bekommen, sind typischerweise die Vermögensinhaber selbst. Sobald sie sich Prioritätsrechte gesichert haben, suchen sie stets nach zusätzlichem Schutz, um sicherzustellen, dass ihr Vermögen Bestand haben wird. Dafür brauchen sie nicht nur Priorität, sondern auch Beständigkeit, und beide Attribute müssen universell durchsetzbar gemacht werden. Das ist etwas, was private Parteien allein nicht tun können; sie brauchen einen mächtigen Staat und sein Recht, um dies zu erreichen.

Kapitel 3
Das Klonen juristischer Personen

Marktwirtschaften drehen sich um Verträge und Eigentumsrechte. Das Kapital jedoch fußt auf mehr als nur auf durchsetzbaren Verträgen und klaren Eigentumsrechten, die gegen die Welt durchsetzbar sind; es ist auch von der Beständigkeit abhängig, die für Unternehmen die Gestalt von Mechanismen zur Vermögensabschirmung [*asset-shielding devices*] annimmt, durch die in der Vergangenheit erzielte Gewinne abgesichert und die Vermögenspools vor allen außer den direkten Gläubigern des Unternehmens geschützt werden können. Das vorige Kapitel hat gezeigt, wie das Trustrecht jahrhundertelang als juristische Verwahreinrichtung für Vermögenswerte außerhalb der Reichweite des Treugebers und der Gläubiger des Treunehmers fungiert hat. Das Gesellschaftsrecht kann das Gleiche tun, und sogar noch mehr. Es kann eingesetzt werden, um die Vermögenswerte und Transaktionen eines wirtschaftlich integrierten Unternehmens so zu zerstückeln, dass die Informationskosten sinken, wodurch wiederum die Kosten der Fremdfinanzierung sowie die Steuern und sogar die Regulierungskosten minimiert werden. Tatsächlich wird das Gesellschaftsrecht zunehmend dazu verwendet, auf diese Weise finanzielle Erträge zu maximieren; es ist nicht mehr in erster Linie ein rechtliches Vehikel zur Produktion von Waren oder zur Erbringung von Dienstleistungen, sondern hat sich in eine virtuelle Kapitalprägeanstalt verwandelt. Am offensichtlichsten ist dies im Finanzdienstleistungssektor, wobei ähnliche Praktiken auch bei Unternehmen der »Realwirtschaft« üblich geworden sind.

Die Kapitalgesellschaft wurde zu Recht als eine wegweisende Erfindung für den Kapitalismus gewürdigt, obwohl, wie ich in diesem Kapitel behaupten werde, vielleicht nicht immer aus den richtigen Gründen. Ökonomen stellen sich die Gesellschaftsform gerne als eine rechtliche Fiktion vor, hinter der ein »Nexus von Verträgen« stehe.[1] Die Rechtswissenschaftler haben dagegen die Auffassung vertreten, dass private Verträge allein eines der wichtigsten Merkmale der Kapitalgesellschaft nicht hervorbringen können: die Fähigkeit, die Vermögenswerte des Unternehmens vor den Aktionären und deren persönlichen Gläubigern abzuschirmen.[2] Dennoch sind sich die meisten Juristen darin mit den Ökonomen einig, dass die Gesellschaftsform die effiziente Nutzung knapper Ressourcen fördert, indem sie die Risikobereitschaft erhöht, die Investorenbasis verbreitert und damit Mittel für Investitionen mobilisiert und die Voraussetzungen für tiefe und liquide Märkte für die von der Gesellschaft emittierten Aktien und Anleihen schafft. Die Märkte für diese Papiere wiederum sollen den Informationsaustausch, die Überwachung und die Umschichtung von Finanzmitteln von weniger effizient geführten auf effizienter geführte Unternehmen begünstigen.

In diesem Kapitel möchte ich eine andere Sichtweise auf die Verwendung der Kapitalgesellschaft als Unternehmensform anbieten. Ich werde zeigen, dass sie nicht nur zur Optimierung der Allokation von Risiken und Erträgen bei der Produktion von Waren und Dienstleistungen genutzt werden kann und auch tatsächlich genutzt wird, sondern auch in ein kapitalerzeugendes Verfahren verwandelt werden kann, indem ihre Fähigkeit ausgenutzt wird, Vermögenswerte zu segmentieren und hinter einer Kette von Unternehmensschleiern abzuschirmen, um Zugang zu einer kostengünstigen Fremdfinanzierung zu erhalten und zu steuerlichen und regulatorischen Arbitragemöglichkeiten beizutragen. Es ist nicht immer einfach, die Nutzung des

Gesellschaftsrechts zur Organisation eines Unternehmens von seiner kapitalerzeugenden Funktion zu trennen, und häufig geht die eine Funktion in die andere über; aber wenn man die Macht des Gesellschaftsrechts als eine Erzeugungsstätte des Kapitals ignoriert, dann besteht die Gefahr, dass in unserem Zeitalter der Shareholder-Value-Maximierung eine der bedeutendsten Quellen für privaten Reichtum aus dem Blick gerät.

Um dies zu veranschaulichen, werde ich eine »institutionelle Autopsie« der Investmentbank Lehman Brothers vornehmen.[3] Deren Konkurs hat eine latente Krise an den globalen Finanzmärkten in einen ausgewachsenen Herzinfarkt verwandelt; er bietet allerdings auch eine gute Möglichkeit, die rechtliche Struktur des Unternehmens zu sezieren und zu verstehen, wie diese zu seinem Aufstieg und seinem letztendlichen Niedergang beigetragen haben könnte.

Das Schicksal von Lehman Brothers

Kein anderer Name ist so eng mit der globalen Finanzkrise verbunden wie Lehman Brothers. Die Konkurserklärung des Unternehmens am 15. September 2008 markierte den offiziellen Höhepunkt der Krise, die sich bereits seit über einem Jahr abgezeichnet hatte; das Finanzsystem erlitt einen Infarkt, die Märkte erstarrten und die Aktienkurse stürzten ab. Die Lehman-Pleite setzte einem Unternehmen ein jähes Ende, das drei Einwanderer aus einer kleinen Stadt in Bayern im Jahr 1850 gegründet hatten.[4] Sie ließen sich damals in Montgomery, Alabama, nieder und eröffneten einen kleinen Gemischtwarenhandel, mit einem Schwerpunkt auf Baumwolle. Die damalige Baumwollproduktion war natürlich das Herzstück einer Wirtschaft, die um die Sklavenarbeit herumorganisiert und durch sie profitabel war und die nicht nur die sklavenhaltenden Produzenten, sondern auch die Zwischenhändler reich machte, die mit der Baumwolle handelten, Kredite für ihre Produktion vergaben und Optionen und Termingeschäfte zur Absicherung ihrer Einsätze schufen.[5]

Henry Lehman, der älteste Bruder, starb 1855 während einer Reise nach New Orleans an Gelbfieber. Seine jüngeren Geschwister bauten das Geschäft dennoch weiter aus und verlegten es schließlich nach New York City. Dort taten sie sich mit anderen Baumwollhändlern zusammen und gründeten die New Yorker Baumwollbörse – ein wichtiger Schritt auf dem Weg zur Finanzialisierung der Baumwollproduktion. In der Folge schloss sich die Firma an die Kaffee- und Rohölbörse an, was von der Ausweitung ihres Tätigkeitsbereichs und den Verlockungen des Handels mit Baumwolle und anderen Rohstoffen zeugt. 1887 hatte das Unternehmen sogar einen Sitz an der New Yorker Aktienbörse erworben. Der Handel mit Unternehmenswertpapieren wurde neben dem Rohstoffhandel zu einem zentralen Geschäftsbereich des Unternehmens, ebenso wie einige Aktivitäten auf dem Gebiet des Privatbankwesens.

Als die nächste Generation der Lehmans erwachsen wurde, verwandelte sich die Firma in eine Investmentbank, die anderen Unternehmen beim Verkauf von Aktien und Anleihen auf den Finanzmärkten half und weitere Kundendienstleistungen anbot. Viele der frühen Underwritings* wurden gemeinsam mit Goldman Sachs orchestriert, einer Firma, deren Gründer Marcus Goldman ebenfalls aus Bayern stammte. Zu ihren Joint Ventures steuerte Lehman Brothers die Finanzierung und Gold-

* [Das »Underwriting« ist ein Verfahren, bei dem ein Finanzintermediär das Risiko einer erfolgreichen Wertpapieremission übernimmt, indem er sich verpflichtet, Wertpapiere, die nicht verkauft werden, zu dem vereinbarten Preis zu übernehmen; Anm. d. Übers.]

man Sachs die Kundenliste bei. Gemeinsam brachten sie Unternehmen an den Markt, die in den Vereinigten Staaten zu landesweit bekannten Marken werden sollten, darunter Sears, Roebuck and Co., Woolworth, May Department Stores, Peabody & Co., R. H. Macy & Co. und viele andere.

Die Weltwirtschaftskrise und der Zweite Weltkrieg verursachten zwar viele Verwerfungen und verlangsamten das Geschäft, doch Lehman Brothers kam relativ unbeschadet davon. Als die Geschäfte in den 1950er Jahren wieder an Fahrt aufnahmen, setzte das Unternehmen seine Tätigkeit als eine der führenden Investmentbanken in den USA fort. Anfang der 1960er Jahre verließ der letzte Nachfahre der Familie Lehman die Firma. Trotzdem wurde Lehman Brothers unter demselben Namen weitergeführt, geriet aber schließlich durch Führungskämpfe und eine wachsende Konkurrenz im Bereich des Investmentbankings ins Stocken. 1983 verkauften die Partner die Firma an American Express, was ein vorübergehendes Ende der Eigenständigkeit und der rechtlichen Organisation des Unternehmens als Personengesellschaft bedeutete: Es wurde in eine Kapitalgesellschaft umgewandelt und zu einer hundertprozentigen Tochtergesellschaft von American Express. 1994 trennten sich die Unternehmen jedoch wieder; Lehman Brothers wurde im Rahmen eines Börsengangs ausgegliedert, der die Kontrollrechte an die Aktionäre übertrug, die ihre Anteile an dem Unternehmen öffentlich und breit gestreut handelten und auch für die Wahl des Vorstands und die indirekte Bestellung des Managements zuständig waren. Die Rechtsform der Firma wurde zweimal verändert; ihren Namen behielt sie allerdings bei, und der Handel mit Wertpapieren und das Underwriting blieb ihr Kerngeschäft.

Die Gesellschaftsform verschafft einem Unternehmen eine unbegrenzte Lebensdauer und eine Struktur, um bei Bedarf Mittel in Form von Eigen- oder Fremdkapital von einer breiten Investorenbasis beschaffen zu können. Dennoch waren Lehmans Jahre als Unternehmenseinheit gezählt; über 130 Jahre lang (von 1850 bis 1983), eine Zeit, die die Verwandlung Amerikas von einer Agrar- in die weltweit führende Industrienation ebenso sah wie den Bürgerkrieg, zwei Weltkriege, mehrere große Finanzkrisen und mehr als einen kompletten Umbau des Währungssystems zu Hause und weltweit, hatte die Firma die wesentlich anfälligere Rechtsform einer Personengesellschaft inne. Tatsächlich wandelte sich das globale Währungssystem im Laufe der Existenz von Lehman Brothers vom Goldstandard hin zum System von Bretton Woods und von da aus zum Giralgeld sowie von einem stark regulierten Finanzsektor hin zum Aufstieg des Schattenbankwesens im globalen Maßstab. Die Umwandlung von Lehman Brothers in eine Kapitalgesellschaft, eine Rechtsform, die Unsterblichkeit verspricht, verschaffte dem Unternehmen nur noch weitere 14 Jahre Lebenszeit.

Ironischerweise trug der zügellose Gebrauch der Gesellschaftsform mit zum Untergang von Lehman Brothers bei. An seinem Ende bestand das Unternehmen nämlich aus einer Muttergesellschaft mit 209 registrierten Tochtergesellschaften in 26 Ländern rund um den Globus,[6] davon allein 60 im US-Bundesstaat Delaware, 38 in Großbritannien und 32 auf den Kaimaninseln, gefolgt von elf in Australien und je neun in Hongkong und Japan.[7] Und in diesen Angaben sind die Hunderte, wenn nicht gar Tausende von Zweckgesellschaften (*Special-Purpose Vehicles* oder SPVs) in Form von Trusts oder Unternehmen mit beschränkter Haftung noch gar nicht berücksichtigt, die das Unternehmen ebenfalls im Einsatz hatte. Die meisten Lehman-Töchter folgten der Muttergesellschaft an der Spitze dieses ausufernden rechtlichen Imperiums auf dem Fuße in den Bankrott, ungeachtet der gesellschaftsrechtlichen Schutzschilde, die sie voneinander separierten. Denn hinter diesen Schilden waren sie allesamt durch ein Netz von Schulden miteinander verbunden, für die die Muttergesellschaft (Lehman Brothers Holding Inc., LBHI) gebürgt hatte, wobei ihre Anteile an den hochverschuldeten Tochtergesellschaften als Sicherheiten dienten. Die Tochtergesellschaften ihrerseits hatten den Großteil ihrer Gewinne an die Muttergesellschaft abgeführt, so dass für ihre Gläubiger nur noch wenige Vermögenswerte übrig blieben. Die Insolvenz der LBHI (ihr wirtschaftlicher Tod) bedeutete, dass die Bürgschaften an der Spitze verschwanden, und in der Folge verloren die Tochtergesellschaften den Zugang zur Refinanzierung ihrer Schulden und fielen wie Dominosteine um. Die Abwärtsspirale folgte der gleichen Dynamik wie die im vorigen Kapitel beschriebene Depression im Großbritannien der 1870er Jahre. Damals geschah das Unglück in Zeitlupe; jetzt lief es in atemberaubender Geschwindigkeit ab und spiegelte die viel kürzere Laufzeit der heute gebräuchlichen Schuldinstrumente wider. Die Logik des Aufstiegs und Falls von Gütern – damals des Bodens und heute des Finanzkapitals – war jedoch genau die gleiche: eine zu große Schuldenlast auf den Schultern einer Rechtsform, die mehr versprach, als sie halten konnte, und die in sich zusammenbrach, als diese Wahrheit sich unter ungünstigen wirtschaftlichen Bedingungen zu manifestieren begann.

Eine Familie von Rechtspersonen

»Inkorporation« [*incorporation*; zu Deutsch »Gesellschaft«, »Körperschaft« beziehungsweise die »Gründung« einer solchen; Anm. d. Übers.] bedeutet im Wortsinne die Schaffung eines neuen Korpus, einer neuen Person. Schon die Römer bedienten sich inkorporierter Entitäten, allerdings für die Organisation öffentlicher Dienstleistungen und nicht für private Unternehmen. Im 12. Jahrhundert begriffen die kanonischen Gelehrten die

Kirche als eine inkorporierte Rechtsperson, die kirchlichen Würdenträgern, einschließlich des Papstes, aber auch Kirchen und Klöstern unabhängig von ihren Beziehungen zu den weltlichen Mächten rechtliche Befugnisse erteilte. In ähnlicher Weise gründeten Könige Städte und verliehen ihnen eine Rechtspersönlichkeit sowie das Recht, ihre Angelegenheiten selbst zu regeln.[8] Die moderne geschäftliche Korporation, die Kapitalgesellschaft, besitzt ähnliche Befugnisse: Sie gilt als juristische Person und besitzt als solche ihr eigenes Vermögen und kann in ihrem eigenen Namen Verträge abschließen, Klagen erheben und verklagt werden. Weder Kirchen noch Städte oder Kapitalgesellschaften können ohne Menschen handeln, wobei diese allerdings lediglich ihre Vertreter sind; Auftraggeberin ist die Rechtsperson selbst.

Für die meisten Nichtjuristen ist die relevante Analyseeinheit in der Geschäftswelt die Firma, wobei ihre Rechtsform nur von untergeordnetem Interesse oder, schlimmer noch, eine Ablenkung von ihrer wirtschaftlichen Substanz ist. Generationen von Wirtschaftswissenschaftlern haben es vorgezogen, die »rechtliche Fiktion« durchschauen zu wollen, wobei sie auf ein Netzwerk von Verträgen zwischen Investoren, Managern, Angestellten, Zulieferern und Kunden stoßen.[9] Doch dies geht am eigentlichen Kern der Kapitalgesellschaft vorbei: Nicht die Unternehmensvorstände schließen Verträge mit Lieferanten, Angestellten oder Konsumenten ab, sondern die Gesellschaft selbst, und die Aktionäre besitzen nicht das Vermögen der Firma, sondern nur ihre Aktien; sie haben kein Mitspracherecht in Bezug auf das Management, sondern müssen diese Aufgabe an ihre gewählten Vertreter delegieren. Wenn es einen Nexus von Verträgen gibt, dann mit der juristischen Person und nicht mit ihren Anteilseignern; diesen zentralen Knotenpunkt als »Fiktion« zu bezeichnen leugnet die Genialität dieses Rechtsinstruments, eines der wichtigsten Module des Kapitalcodes.

Bei Unternehmen, die im Rahmen einer einzigen rechtlichen Firmenstruktur geführt werden, mag die Unterscheidung zwischen Form und Funktion nicht immer offensichtlich sein. Zunehmend wird die Gesellschaftsform jedoch dazu verwendet, Vermögenswerte desselben Unternehmens in ausgewählte Vermögenspools aufzuteilen, inklusive der Außenstände bei bestimmten Arten von Forderungen, die vom Rest seiner Geschäftstätigkeit abgeschirmt sind. Das Ergebnis ist, dass ein einzelnes Unternehmen Dutzende, wenn nicht Hunderte von juristischen Personen umfassen kann. Die Gründung einer juristisch eigenständigen Unternehmenseinheit ist zwar nicht kostenlos, doch in den meisten Rechtssystemen sind die Eintrittskosten auf vernachlässigbare Summen zurückgegangen. Die für die Formalitäten benötigte Zeit ist kürzer geworden, und obwohl es Registrierungsgebühren oder Franchise-Steuern geben kann, sind andere Eintrittsbedingungen, wie etwa Mindestkapitalanforderungen oder die vollständige Zahlung aller Gesellschafterzuschüsse, von den meisten Rechtssystemen in den Mülleimer der Geschichte befördert worden.

Die meisten Länder erkennen heute eine Kapitalgesellschaft mit all ihren Befugnissen dann an, wenn sie den Vorschriften ihres gewählten Geburtsorts folgt, unabhängig davon, ob sie dort jemals Geschäfte gemacht oder zu machen beabsichtigt hat. Das Gesellschaftsrecht ist, kurz gesagt, zu einer Sache der freien Entscheidung geworden. Das war nicht immer so. In der Vergangenheit verlangten viele Länder von den Unternehmen die Anwendung ihres nationalen Gesellschaftsrechts, wenn das Unternehmen in ihnen seinen Hauptsitz unterhielt oder sein Kerngeschäft hatte. Die Sitztheorie, wie diese Regel passenderweise genannt wurde, wurde jedoch verdrängt, als der freie Kapitalverkehr zum vorrangigen Anliegen der politischen Entscheidungsträger wurde und die Verhängung örtlicher Regularien durch einen souveränen Staat zu einem Eintrittshindernis wurde.[10] Unter diesen Bedingungen ist es für Staaten schwierig, Regelungen aufrechtzuerhalten, die zu hohe Kosten für die Inkorporation eines Unternehmens darstellen, oder gar solche, die den Interessen der Aktionäre entgegenstehen.

Gemeinsam mit anderen Finanzintermediären hat Lehman Brothers die Aufsplittung von Vermögenswerten mithilfe des Gesellschaftsrechts zu einer Kunstform entwickelt. Das Unternehmen war zwar als voll integrierter globaler Finanzdienstleister tätig, aber seine Geschäftsvorgänge, seine Verbindlichkeiten und seine Profitcenter waren auf Hunderte von juristischen Personen aufgeteilt.[11] Das Vermögen der Muttergesellschaft LBHI bestand fast ausschließlich aus den Aktien ihrer Tochtergesellschaften, und sie erzielte ihre Erträge aus Dividendenzahlungen und anderen Transfers, die die Töchter an die Muttergesellschaft leisteten.

Allein hätten die Letzteren die benötigten Mittel kaum zu vertretbaren Preisen aufbringen können. Sie brauchten Fremdkapital (die Ausgabe von Aktien an außenstehende Aktionäre hätte die Kontrolle der Muttergesellschaft geschwächt), und um das gewünschte Finanzierungsvolumen zu angemessenen Kosten zu erhalten, bürgte die Muttergesellschaft für den größten Teil ihrer Schulden. Damit hat sie im Ergebnis allerdings eines der größten Privilegien, das Aktionäre genießen, weggegeben: die beschränkte Haftung. Diese erlaubt es den Aktionären, ihre Risikobelastung durch eine Firma auf den Preis zu beschränken, den sie für ihre Aktien bezahlt haben; sie müssen niemals gutes Geld dem schlechten hinterherwerfen. Indem die Muttergesellschaft für die Schulden der Töchter bürgte, übernahm sie die Haftung für sie, und das nicht per Gesetz, sondern durch Verträge. Die Aktionäre der Muttergesellschaft LBHI selbst behielten jedoch ihren »Eigentümer-Schutzschild« in Form einer beschränkten Haftung und blieben daher vor den Verbindlichkeiten der Muttergesellschaft und denen des ausufernden Imperiums ihrer Tochtergesellschaften gut geschützt. Diese Aktionäre waren natürlich auch die Hauptnutznießer einer maximalen Schuldenaufnahme mit der Absicht, dadurch noch so lange wie möglich Gewinne für sich selbst herauszuquetschen. Alles, was sie maximal zu verlieren hatten, war ihre ursprüngliche Investition, und solange die ganze Unternehmensgruppe positive Renditen zu verzeichnen hatte, konnten sie diese in Form von Dividendenzahlungen oder durch den gewinnbringenden Verkauf ihrer Anteile für sich verbuchen.

Die rechtliche Struktur von Lehman Brothers ähnelte, kurz gesagt, der einer Familie, die ihr Haus verkauft, um die Kinder aufs College zu schicken, wobei jedes Kind eine Kreditkarte erhält, die vom Konto der Eltern abgebucht wird; dieses Konto wird aber nur mit dem Geld aufgefüllt, das die Kinder eines Tages nach Hause schicken werden. Wenn unter den Kindern nicht zumindest einige Superstars sind, dann verheißt eine solche Vorgehensweise nichts Gutes. Die Gesellschaftsform kann nun helfen, einige der Risiken abzuwehren, die dieser Struktur inhärent sind. Sie verleiht der Elternseite eine unbegrenzte Lebensdauer und verringert dadurch die Wahrscheinlichkeit ihres vorzeitigen Todes, der die gesamte Struktur auf den Kopf stellen würde. Darüber hinaus isoliert sie das Vermögen und die Verbindlichkeiten jedes Kindes von dem Vermögen und den Verbindlichkeiten aller anderen, so dass bei einem Scheitern des einen Kindes die anderen nicht betroffen sind. Und schließlich gibt sie der Elternseite unbegrenzte Möglichkeiten, sich für den Fall fortzupflanzen, dass sich neue geschäftliche Möglichkeiten ergeben oder ein verschwundenes Kind ersetzt werden muss.

Die Römer nutzten die Gesellschaftsform zwar nicht für private Geschäfte, aber sie entwickelten eine Rechtsform, die ihr in wichtigen Punkten ähnelte – die eines von Sklaven geführten Unternehmens.[12] Zwei Partner gründeten eine Firma, die von einem Sklaven geführt wurde, den sie gemeinschaftlich besaßen. Dieser Firma wiesen sie bestimmte Güter zu, die gebündelt und mit dem rechtlichen Status eines Peculiums versehen wurden, so dass die Haftung der Partner für sämtliche unternehmerische Verluste auf diese Güter beschränkt war. Die Gläubiger der Firma konnten nicht gegen das persönliche Vermögen der Partner vollstrecken, und umgekehrt hatten die persönlichen Gläubiger der Partner keinen Zugriff auf das Peculium. Das Unternehmen konnte somit eine Fluktuation seiner Partner und einen Austausch des Sklaven gegen einen anderen in der Rolle des Geschäftsführers überleben. Als solches besaß die sklavengeführte Unternehmung einige Kerneigenschaften, die auch die moderne Kapitalgesellschaft charakterisieren; am wichtigsten war, dass sie Verfahren zur Aufsplittung und Abschirmung von Vermögenswerten verwendete, um die Reichweite des Gläubigerzugriffs auf das Vermögen ihrer unmittelbaren Vertragsparteien zu begrenzen und sie daran zu hindern, Vermögenswerte zu pfänden, die davor rechtlich geschützt waren.

Die Codierung der modernen Kapitalgesellschaft

Die moderne Kapitalgesellschaft kam nicht bereits ausgestattet mit Mechanismen zur gesetzlich legitimierten Forderungsabwehr, Haftungsbeschränkungen oder anderen Requisiten in die Welt, die ihr die fest verankerten rechtlichen Attribute Priorität, Universalität und Beständigkeit verleihen.[13] Sie hat diese Eigenschaften vielmehr erst mit der Zeit und im Zuge vieler juristischer Auseinandersetzungen erworben. Im Laufe des 19. Jahrhunderts erlaubten die meisten Rechtssysteme in Westeuropa und Nordamerika die Schaffung einer juristischen Person ohne staatliche Genehmigung. Ein weiteres Jahrhundert dauerte es dann noch, bis sich ein Gesellschaftsrecht entwickelte, das Firmengründern so viele Möglichkeiten eröffnete, dass Rechtsgelehrte es als ein »befähigendes« [*»enabling«*], seinem Wesen nach fast schon vertragliches Recht bezeichnet haben: das Gesellschaftsrecht des winzigen US-Bundesstaates Delaware.[14] Die meisten der großen, öffentlich gehandelten US-Unternehmen sind in diesem Bundesstaat registriert, der auch zu einer Drehscheibe für ausländische Unternehmungen geworden ist, die auf der Suche nach einem günstigen (sprich: managerfreundlichen) Gesellschaftsrecht waren.[15]

Allerdings können nicht alle Merkmale der Kapitalgesellschaft durch Verträge hergestellt werden. Die Rechtspersönlichkeit, die der wirtschaftlichen Einheit das Recht verleiht, Vermögen zu besitzen, Verträge zu schließen und im eigenen Namen zu klagen und verklagt zu werden, kann nur durch einen staatlichen Akt erlangt werden. Die modernen gesetzlichen Regelungen für die Gründung einer Kapitalgesellschaft sehen zwar keine staatliche Genehmigung mehr vor, aber dennoch müssen diese Unternehmen nach wie vor registriert werden und grundlegende zwingende Bestimmungen des Gesellschaftsrechts erfüllen, um von der Verwendung dieser Rechtsform profitieren zu können. Von all den Merkmalen der modernen Kapitalgesellschaft haben drei wohl am meisten zu ihrem Erfolg beigetragen, die allesamt unmöglich allein auf vertraglicher Basis zu erreichen sind: der Schutz des Vermögens der Gesellschaft [*entity shielding*], die Verlustverschiebung [*loss shifting*] und die Aussicht auf Unsterblichkeit.

Der Vermögensschutz erzeugt Prioritätsrechte auf bestimmte Vermögenspools, von denen jeder seine eigenen Gläubiger hat, die sich zwar auf die Beobachtung eines bestimmten Pools konzentrieren können, aber möglicherweise keinen Zugriff auf den größeren Kuchen haben.[16] Die Verlustverschiebung ermöglicht es den Eigentümern, ihre eigenen Verluste zu begrenzen, indem sie das unternehmerische Risiko auf andere abwälzen, nämlich auf die Vertrags- oder Haftungsgläubiger oder aber auf die Öffentlichkeit insgesamt, indem sie die Regierungen dazu bringen, sie zu retten, damit der Untergang des Unternehmens nicht die gesamte Volkswirtschaft mit in den Abgrund reißt. Eine solche »Put-Option« ist bei den Finanzunternehmen recht häufig vorgekommen, ist aber auch bei Unternehmen aus anderen Branchen nicht unbekannt, wie es die Rettung der großen Automobilhersteller in den Vereinigten Staaten in der Krise von 2008 demonstriert.[17] Und schließlich erhöht die Unsterblichkeit die Lebensdauer von Kapitalgesellschaften und damit auch ihre Beständigkeit. Kapitalgesellschaften sind, ebenso wenig wie andere Unternehmen auch, nicht vor dem Scheitern gefeit, müssen aber von ihren Gläubigern in einem Konkursverfahren oder von ihren Aktionären im Rahmen einer freiwilligen Auflösung vom Leben zum Tode befördert werden. Die folgenden Abschnitte werden jedes dieser Merkmale näher unter die Lupe nehmen, um zu zeigen, wie Lehman Brothers sie zum Vorteil der Aktionäre der Muttergesellschaft eingesetzt hat, auch noch als dies das Unternehmen insgesamt in Gefahr brachte und seinen vorzeitigen Tod herbeigeführt hat.

VERMÖGENSSCHUTZ

Es ist leicht nachvollziehbar, dass ein Eigentümer versucht ist, Vermögenswerte vor dem Zugriff von Gläubigern zu schützen. Sie zu verstecken ist jedoch illegal, ebenso wie jede Vermögensübertragung zu einem Zeitpunkt, an dem die Gläubiger einem säumigen Schuldner bereits auf den Fersen sind. Eine präventive Vermögensabschirmung ist dagegen erlaubt; sie ist sogar eines der mächtigsten Instrumente für die Codierung von Kapital. Die Römer erreichten eine Vermögensaufsplittung durch das Peculium, englische Grundbesitzer nutzten den Trust und seinen nächsten Verwandten, die strikte innerfamiliäre Nutzungsregelung, um ihr familiäres Vermögen vor Gläubigern abzuschirmen, und während der Renaissance in Norditalien wurde Florenz zur Brutstätte des Systems der Personengesellschaften, das getrennte Pools von Aktiva und Passiva für Geschäftstätigkeiten im In- und Ausland schuf, die zwar von Juniorpartnern verwaltet wurden, aber durch Gesellschaftsverträge mit der Muttergesellschaft verbunden waren.[18] In ähnlicher Weise nutzen die heutigen Aktionäre die Gesellschaftsform, um abgegrenzte Vermögenswertpools zu erzeugen, durch die sie Fremdkapital beschaffen können oder sie in Jurisdiktionen unterbringen, wo sie von einer regulatorischen oder steuerlichen Arbitrage profitieren können.

Der Vermögensschutz bei Kapitalgesellschaften ist keine per se gläubigerfeindliche Methode. Die persönlichen Gläubiger der Unternehmenseigentümer mögen durch ihn zwar das Nachsehen haben, aber die, die dem Unternehmen selbst Geld leihen, profitieren davon, weil sie ein Prioritätsrecht auf seine Vermögenswerte erhalten. Eventuell müssen sie diesen Vorteil zwar mit anderen Gläubigern des Unternehmens teilen, doch immerhin hält das *entity shielding* die erwähnten persönlichen Gläubiger auf Abstand. Wenn die Firma als Personengesellschaft organisiert ist, müssen diese Gläubiger in der Regel gegen das Privatvermögen der Eigentümer vollstrecken, bevor sie Zugriff auf Vermögenswerte im Besitz des Unternehmens haben – was sie allerdings durchaus tun dürfen, wenn das Vermögen eines Gesellschafters ihre Forderungen nicht abdeckt. Ist das Unternehmen jedoch als Kapitalgesellschaft organisiert, dann sind sie vom Vermögen dieser Firma vollkommen ausgeschlossen; sie können in diesem Fall nur die Anteile an der Gesellschaft pfänden, die ihr Schuldner besitzt. Wollen sie diese in Bargeld umwandeln, müssen sie entweder einen willigen Käufer finden oder die anderen Aktionäre davon überzeugen, das Unternehmen zu liquidieren und seine eigenen Gläubiger zu bezahlen, bevor sie die verbleibenden Vermögenswerte für sich beanspruchen können.

Neue Codierungsstrategien, die Vermögenswerte aufsplitten und Unternehmen abschirmen, haben häufig das Kreditwachstum gefördert und damit die Renditen ihrer Eigentümer erhöht. Uns fehlen zwar zuverlässige Daten über die wirtschaftlichen Auswirkungen der sklavengeführten Unternehmen in römischer Zeit, doch eine Analyse von Steuerdaten aus Florenz hat ergeben, dass das System der Personengesellschaften (*sistema di aziende*), das um 1380 entstand, einen riesigen Kreditboom auslöste. Ein »Wirbelwind von im Umlauf befindlichen Waren, Wechseln und Krediten« erzeugte eine finanzielle Liquidität in einem nie dagewesenen Ausmaß.[19] Um zu verstehen, warum dem so war, betrachten wir die Geschicke von Gläubigern und Eigentümern von Firmen mit und ohne installierte Vermögensschutzmaßnahmen.

Ein einziger Eigentümer könnte mehrere Geschäftszweige unter demselben Dach betreiben: etwa Textilherstellung, Handel und Geldverleih. Das Scheitern eines davon kann leicht auf einen anderen und sogar auf das gesamte Unternehmen übergreifen. Deshalb müssen die Gläubiger alle geschäftlichen Abläufe im Auge behalten und auch den Eigentümer (oder vielleicht auch mehrere) genau beobachten. Wenn aber jeder Geschäftszweig, jede Abteilung oder jeder Standort hinter einem separaten rechtlichen Schutzschild platziert werden kann, dann können sich die Gläubiger auf das Geschäft ihrer Wahl konzentrieren. Durch die Verwendung einer separaten juristischen Person für jedes Geschäftsfeld kann damit ein hervorragender Schutz für die Gläubiger erreicht werden: Sie kommen zwar nicht so leicht an die anderen Vermögenswerte der Firma heran, aber wenn alles gut geht, sparen sie eine Menge Transaktionskosten ein.[20]

Ein gute Illustration der Stärke von Mechanismen zur Vermögensabschirmung ist das System von Personengesellschaften, das die Familie der Medici unterhielt, die von 1434 bis in die 1530er Jahre hinein fast ein ganzes Jahrhundert lang über Florenz herrschte.[21] Die Geschäftsfelder der Medici umfassten die Textilherstellung, das Bankwesen und den Handel, mit ausgedehnten geschäftlichen Aktivitäten, die sich über ganz Europa erstreckten und bis nach Rom, Antwerpen, London, Brügge und Paris reichten. Jede Geschäftssparte und jeder lokale Geschäftsbetrieb war als eine juristisch eigenständige Personengesellschaft mit eigenen Geschäftsbüchern und Konten organisiert. Der Seniorpartner in Florenz schloss separate Vereinbarungen mit den Juniorpartnern ab, die die Geschäftstätigkeiten verwalteten, in der Regel für einen (verlängerbaren) Zeitraum von fünf Jahren;[22] er stellte für gewöhnlich bis zu 50 Prozent oder mehr des Kapitals der Juniorpartnerschaften bereit und hielt sie unter enger Kontrolle. Jede Gesellschaft musste ihre Gewinne an die Muttergesellschaft in Florenz transferieren, abzüglich des Anteils, der dem lokalen Juniorpartner zustand, und sie musste ihre Bücher mindestens einmal im Jahr schließen und sie zur Prüfung ebenfalls nach Florenz schicken.

Der Gesellschaftsvertrag ist naturgemäß nur für die Gesellschafter bindend; dennoch haben, wie der unten dargestellte Fall zeigt, zumindest einige Gerichte die vertragliche Vermögensabschirmung, die diese Verträge gegen Außenstehende erzeugt haben, durchgesetzt. Ein Textilienkäufer des Londoner Ablegers des Medici-Imperiums zog im Jahr 1453 gegen die Partnerschaft in Brügge wegen Vertragsbruchs vor Gericht. Dass der Händler seine Klage in Brügge einreichte, mag daran gelegen haben, dass er glaubte, dass der dortige Ableger des Unternehmens über ein größeres Vermögen verfügte, oder könnte auch andere Gründe gehabt haben. Jedenfalls behauptete er, dass das gesamte Geschäftsimperium der Medici in Wirklichkeit »ein einziges Unternehmen war und demselben Herren unterstand«.[23] Das Gericht wies die Klage ab und erklärte, dass der Händler mit der Juniorpartnerschaft in London einen Vertrag abgeschlossen hatte, die daher als Erste an der Reihe war, für die Verluste des Händlers aufzukommen.[24] Zuerst an der Reihe zu sein ist nun aber nicht das Gleiche wie ein absoluter Schutz, weshalb das Gesellschaftssystem der Medici auch als eine nur schwache Form des Vermögensschutzes beschrieben wurde.[25]

Zweifellos muss das Urteil für den Kläger enttäuschend gewesen sein. Da das Imperium der Medici eine Partnerschaft und keine Kapitalgesellschaft im vollen Sinne war (die damals noch gar nicht existierte) und weil die Vorrichtungen zum Schutz ihres Vermögens rein vertraglicher Natur waren, hatte er eindeutig einen Punkt. Mit ziemlicher Sicherheit hatte er sich auf den guten Namen der Medici verlassen, ohne allzu sehr über die rechtliche Struktur nachzudenken, die zum Zwecke der Abschirmung der Seniorpartner in Florenz vor den Handlungen ihrer Juniorpartner in London, Brügge oder anderswo installiert worden war. Die Gläubiger der Brügger Partnerschaft waren dagegen gewiss erfreut. Was sie anging, so waren das Partnerschaftssystem und seine (schwach) vermögensabschirmenden Effekte juristisch abgesegnet worden.

Die rechtliche Struktur der Lehman-Gruppe ähnelte der des Imperiums der Medici sehr, obgleich sie dieses durch die Stärke ihrer Vermögensschutzmechanismen und mit Blick auf ihre Komplexität noch übertraf; und genau wie damals ging auch hier die rechtliche Abschirmung von Vermögen hinter einer Fülle von juristischen Schutzschilden mit einem massiven Kreditboom einher. Die Aufsplittung der Vermögenswerte einer Firma hat jedoch auch eine Kehrseite. Denn eine Juniorpartnerschaft der Medici oder eine Tochtergesellschaft von Lehman Brothers besitzt möglicherweise nicht viele davon. Die

Vermögensabschirmung wirkt in beide Richtungen: Sie schützt die Vermögenswerte der untergeordneten Einheit, schirmt aber auch andere Einheiten, einschließlich des leitenden Unternehmensteils beziehungsweise des Seniorpartners, vor ihren Gläubigern ab. Kluge Gläubiger verlangen daher eine persönliche Bürgschaft vom Seniorpartner oder von der Muttergesellschaft. Denn diese ermöglicht es ihnen, zwei Fliegen mit einer Klappe zu schlagen: Sie können sich darauf konzentrieren, nur die Einheit im Auge zu behalten, der sie ein Darlehen gewährt haben, und sie bewahren sich Ansprüche gegen die Muttergesellschaft und ihre Vermögenswerte, einschließlich ihrer Eigentumsanteile an der gesamten Ablegerschaft. Im Falle des Niedergangs einer Tochtergesellschaft können sie somit immer noch entscheiden, ob sie die radikale Lösung wählen und die Muttergesellschaft und alle anderen Tochtergesellschaften damit ebenfalls zu Fall bringen wollen.

Was aber, wenn die Muttergesellschaft in Konkurs geht? Dann ist das Spiel vorbei und die Zeit für die Erkenntnis gekommen, dass das Verbringen von Vermögenswerten hinter zweifelhafte rechtliche Schutzschilde das Gesamtvermögen der Firma nicht vergrößert, auch wenn dies die Gläubiger in der Hoffnung darauf, dass das übergeordnete Unternehmen für die Schulden einspringt, dazu verführt, noch mehr Geld in das Unternehmen zu schießen. Wenn das Eigentum der Muttergesellschaft einzig aus den Vermögenswerten der Tochtergesellschaften besteht, dann bleibt diese Hoffnung jedoch nur ein frommer Wunsch. Unterm Strich lässt sich sagen, dass die rechtliche Abschirmung von Vermögenswerten eines wirtschaftlich vollständig integrierten Unternehmens nur vorgibt, die Sicherheit der Gläubiger zu erhöhen, während sie in Wirklichkeit die *Gesamt*verschuldung der Firma intransparenter und für die Gläubiger ebenso wie für die Muttergesellschaft schwerer kontrollierbar macht.

Eigentümer profitieren, wenn ihre Vermögensgegenstände an Wert gewinnen, bekommen aber auch die volle Wucht eines Wertrückgangs zu spüren – wie es die englischen Landlords in den 1870er Jahren und viele Hausbesitzer beim Platzen der Immobilienblase 2007 erfahren mussten.[26] Wenn Märkte schrumpfen oder eine vielversprechende Geschäftsidee nicht verfängt, kann ein Unternehmer sein gesamtes Familiensilber verlieren, ja sogar sein letztes Hemd. Wetten auf eine unbekannte Zukunft abzuschließen ist ein riskantes Unterfangen; wirtschaftliche Abschwünge sollten daher eigentlich die Fähigkeit, Wohlstand über lange Zeiträume hinweg zu erhalten und zu mehren, auf natürliche Weise einschränken. Unternehmenseigentümer haben allerdings Wege gefunden, Wachstumsphasen für sich zu nutzen und Verluste anderen aufzubürden, nämlich ihren verschiedenen Vertragsgläubigern – darunter ihre Mitarbeiter, ihre Haftungsgläubiger und die Öffentlichkeit.

Wie bereits erwähnt, kamen Geschäftsinhaber in römischer Zeit auf die Idee, das mit ihrem Engagement für ein bestimmtes Vorhaben verbundene Risiko dadurch zu begrenzen, dass sie einem ihrer Sklaven ein Peculium übertrugen.[27] Das ist die gleiche Idee, die auch die Begrenzung der Aktionärshaftung motiviert. Die Anteilseigner können zwar ihre ursprüngliche Investition, das Geld, das sie für ihre Aktien bezahlt haben, verlieren, müssen allerdings nicht auch noch für die eigene Schuldenlast ihrer Gesellschaft einspringen. Sie können dieses Unternehmen einfach abwickeln und ein neues gründen. Die Aktionäre sind zwar tatsächlich die Letzten, die im Falle einer Liquidation des Unternehmens die übrig bleibenden Vermögenswerte erhalten, aber das bedeutet nicht, dass sie am Schluss mit leeren Händen dastehen; schließlich können sie, sofern sie die Möglichkeit haben, schnell genug auszusteigen, die Gewinne mitnehmen, die das Unternehmen während seines Bestehens erzielt, ohne sich um die Folgen kümmern zu müssen, die dies für seine Gläubiger oder sogar für sein langfristiges Überleben haben könnte.

Die beschränkte Aktionärshaftung ist die technische Bezeichnung für die Abschirmung der Eigentümer vor den Verbindlichkeiten des Unternehmens. Sie wurde erst relativ spät zu einem Standardmerkmal der gesellschaftsrechtlichen Vorschriften, weil umsichtige Gesetzgeber befürchteten, dass clevere Unternehmer eine juristische Person gründen, Gläubiger davon überzeugen, dem Unternehmen Darlehen zu gewähren, und dann dieses Geld nehmen und sich aus dem Staub machen würden. Und die Tatsachen haben gezeigt, dass sie damit nicht ganz falschlagen; im 19. Jahrhundert nahm ein Rechtssystem nach dem anderen Regelungen zur freien Gesellschaftsgründung in sich auf, die es ermöglichten, Kapitalgesellschaften ohne vorherige Genehmigung zu gründen. Und wo immer diese Regeln eingeführt wurden, folgte fast unweigerlich ein Gründerboom, der dann in einem Crash endete.[28] Als Reaktion darauf versuchten einige Gesetzgeber, die erlassenen Regeln rückgängig zu machen, doch sobald der Geist einmal aus der Flasche war, war es fast unmöglich, ihn wieder einzufangen.

Die Wankelmütigkeit in Bezug auf eine Haftungsbegrenzung als Standardmerkmal des britischen Gesellschaftsrechts ist ein gutes Beispiel. 1844 öffnete Großbritannien der freien Gesellschaftsgründung Tür und Tor, nachdem das Land zuvor mit nur mäßigem Erfolg versucht hatte, das Aufkeimen aller Arten von Unternehmensorganisationen im Griff zu behalten, die mit der Kapitalgesellschaft alles gemeinsam hatten bis auf den Namen: Man bediente sich des Trusts und reizte die Möglichkeiten des Personengesellschaftsrechts bis zum Letzten aus, lobbyierte zugunsten verschiedener Branchen für Sonderregelungen, die eine Haftungsbeschränkung vorsahen, und schloss Verträge mit Gläubigern von Firmen ab, um sicherzustellen, dass diese keine Ansprüche gegen die Firmeneigentümer erheben würden. Diese Mutanten waren zwar vielleicht nicht ganz so ausgefeilt wie die Gesellschaftsform, aber ziemlich effizient, wenn es darum ging, Eigentümern den ersehnten Rechtsschutz zu verschaffen.[29]

Der Joint Stock Companies Act von 1844 erlaubte es Unternehmen, sich ohne staatliche Genehmigung als Kapitalgesellschaften zu inkorporieren, sah aber noch keine Haftungsbeschränkung für die Anteilseigner vor. Dieses Element wurde erst im Zuge der Überarbeitung des Gesetzes im Jahr 1855 eingeführt, hatte allerdings nur kurzfristig Bestand, da es von skrupellosen Aktionären missbraucht wurde; in Reaktion auf eine Reihe aufsehenerregender Skandale änderte das Parlament seinen Kurs und strich diese Regelung daher schon zwei Jahre später wieder aus dem Gesetz. Diese Streichung erwies sich allerdings ebenfalls als kurzlebig: 1862 wurde die beschränkte Haftung wieder eingeführt, und dieses Mal endgültig.

In den USA wurde sie zu einem Kernmerkmal der meisten Gesellschaftsrechte, die die Bundesstaaten, beginnend mit New York im Jahr 1811, erließen, wobei Kalifornien die beschränkte Haftung erst 1932 einführte.[30] Das ist ein Beleg dafür, dass Investitionen selbst in dem während des Industrialisierungsprozesses erforderlichen Umfang möglich sind, ohne Aktionären eine beschränkte Haftung zu gewähren. Die Tatsache, dass diese bald zu einer Standardklausel in der Gesellschaftsrechtsetzung auf der ganzen Welt wurde, deutet allerdings darauf hin, dass mächtige Interessen hinter dieser juristischen Neuerung standen.

Um auf den Fall Lehman zurückzukommen: Wir können festhalten, dass die Aktionäre der LBHI von diesem Verlustverschiebungsmechanismus ausgiebig Gebrauch gemacht haben. Die LBHI bürgte zwar für die Verbindlichkeiten ihrer Tochtergesellschaften, ihre eigenen Aktionäre harrten jedoch hinter ihrem Eigentümer-Schutzschild aus und waren somit vom Haken; sie kamen in den vollen Genuss der Gewinne, die das Unternehmen auf dem Rücken der Gläubiger der Tochtergesellschaften erzielte. Und solange eine ausreichende Zahl davon Profit machte und diesen an die LBHI transferierte, wozu sie aufgrund unternehmensinterner Vereinbarungen verpflichtet waren, konnten die Aktionäre der LBHI diese Gewinne in Form von Dividenden oder durch den Verkauf ihrer Anteile entweder an andere Anteilseigner oder im Rahmen eines Rückkaufprogramms realisieren.

Tatsächlich erhielten die LBHI-Aktionäre Dividenden in Millionenhöhe, auch noch lange nachdem der Niedergang des Wohnungsmarkts begonnen hatte und die Symptome für Stress an den Finanzmärkten manifest geworden waren. Lehman Brothers war allerdings nicht das einzige Unternehmen, das nach dem Einsetzen des Abschwungs auf den Immobilienmärkten seit 2006 und auf den Finanzmärkten im Jahr 2007 seine Aktionäre mit Barreserven überschüttet hat; das Unternehmen war bestenfalls am unteren Ende des Spektrums angesiedelt, da es in den letzten beiden Jahren seines Bestehens »nur« 631 Millionen Dollar an seine Anteilseigner ausgezahlt hat. Im gleichen Zeitraum schüttete etwa die Citigroup fast 16 Milliarden Dollar aus, gefolgt von JP Morgan und Wells Fargo mit elf beziehungsweise zehn Milliarden Dollar.[31] Indem Lehman Brothers (ebenso wie seine Mitbewerber) auf diese Weise sein Vermögenspolster verringerte, beraubte sich das Unternehmen selbst der Fähigkeit, Verluste aufzufangen, als die Preise für Vermögenswerte fielen und seine eigenen Tochtergesellschaften ihre Kredite nicht mehr bedienten. Am Ende lag es an der Regierung, zu entscheiden, ob sie Lehman Brothers in die Insolvenz gehen lassen wollte und, nachdem der Zusammenbruch des Unternehmens das gesamte System ins Schlingern zu bringen drohte, andere Intermediäre aufzufangen, um einen Zusammenbruch des nationalen und globalen Finanzsystems zu verhindern.[32]

Die meisten gesellschaftsrechtlichen Regelungen sehen Beschränkungen für die Zahlung von Dividenden an die Aktionäre vor, mit denen die Vermögensbasis des Unternehmens und indirekt auch seine Gläubiger geschützt werden sollen. Diese Beschränkungen wurden allerdings im Laufe der Zeit zurückgefahren; die Dividendenvorschriften des Staates Delaware wurden beispielsweise als »flexibel« bezeichnet, und flexibel sind sie tatsächlich, denn ihnen zufolge können Gewinne nicht nur aus den im betreffenden Jahr erzielten Erträgen ausgeschüttet werden, sondern, falls keine angefallen sind, auch aus denen des Vorjahres. Auf diese Weise können Unternehmensführungen die Dividendenausschüttung gleichmäßig gestalten und die Erwartungen der Aktionäre beeinflussen. Zugleich aber fördern diese Regeln auch die Übertragung von Erträgen von der Kapitalgesellschaft auf ihre Aktionäre, auch wenn dies für ihr langfristiges Überleben von Nachteil sein kann.

Viele der Lehman-Aktionäre haben 2008 natürlich erkannt, dass das Spiel aus war. Der rapide Fall des Aktienkurses des Unternehmens von 65 Dollar im Januar 2008 auf knapp über 4 Dollar im September 2008, wenige Tage bevor LBHI Insolvenz anmelden musste, ist der Beleg für ihren Sinneswandel.[33] Sicherlich haben diejenigen Aktionäre Verluste verbucht, die zu spät in das Spiel eingestiegen sind, die Entwicklungen verschlafen oder auf eine staatliche Rettungsaktion gesetzt haben, doch viele, darunter auch das oberste Management des Unternehmens, hatten ihre Gewinne schon lange vor dessen Untergang mitgenommen. Die meisten der Spitzenmanager der LBHI hielten bedeutende Beteiligungen an der Firma, zum Teil deshalb, weil sie in Aktienoptionen bezahlt wurden, und zum Teil deshalb, weil sie ihre eigenen, noch um beträchtliche Gehaltspakete erweiterten Ersparnisse in die Firma reinvestierten. Schätzungen zufolge erhielt Richard Fuld, der CEO des Unternehmens, während seiner Zeit an der Spitze von Lehman Brothers von 1993 bis 2007 eine halbe Milliarde Dollar an Gehältern und Aktienoptionen.[34] Es mag ihm zwar nicht gelungen sein, all diese Beteiligungen rechtzeitig zu Geld zu machen, aber trotzdem konnte er sich noch ein beträchtliches Vermögen sichern, nachdem das Unternehmen unter seiner Leitung zusammengebrochen war.

Die wahren Verlierer des Lehman-Debakels waren daher nicht die Aktionäre, sondern die Gläubiger, und davon einige mehr als andere. Die Gläubiger der LBHI erhielten im Durchschnitt 21 Cent für jeden Dollar, den sie der Firma geliehen hatten, wobei die Auszahlungen zwischen den Gläubigerklassen beträchtlich variierten:[35] Die Gegenparteien von Lehmans Derivatgeschäften wurden, dank Ausnahmeregeln, die es ihnen ermöglichten, ihre Forderungen vor allen anderen Gläubigern geltend zu machen, fast vollständig befriedigt; im Gegensatz dazu erhielten die vorrangigen ungesicherten Gläubiger deutlich weniger als 20 Prozent ihrer Forderungen. Dies bestätigt, dass Prioritätsrechte wichtig sind, und das niemals mehr als im Fall einer Insolvenz, wenn Verluste realisiert werden.

Warum haben die Gläubiger dann aber überhaupt mitgespielt und der LBHI und ihren zahlreichen Tochtergesellschaften Kredite gewährt? Es ist ziemlich einfach, den Aufbau von Lehman Brothers zu durchschauen und zu erkennen, dass die hinter den Hunderten von juristischen Personen stehenden Aktionäre der Muttergesellschaft LBHI die großen Gewinner waren; sie strichen die Profite ein und waren durch ihre beschränkte Haftung vor jeglicher Beteiligung an entstehenden Verlusten geschützt; alles, was sie verlieren konnten, waren ihre Anfangsinvestitionen. Natürlich nahmen auch die Gläubiger aus dem gleichen Grund an diesem Spiel teil wie sie – der Profite wegen. Vielleicht wurden sie von der höheren Rendite für

Investitionen in risikoreiche Anlagen angezogen, glaubten, dass sie durch das Festhalten an kurzfristigen Darlehen, die immer schneller verlängert wurden, noch rechtzeitig hätten aussteigen können, oder haben sich auf die finanziellen Möglichkeiten der Muttergesellschaft verlassen. Und selbst wenn sie einsahen, dass das Vermögen der LBHI an die Geschicke ihrer hochverschuldeten Ableger gebunden war, haben sie möglicherweise geglaubt, dass es genug von diesen gab, um das Wohlergehen der übergeordneten Gesellschaft zu gewährleisten.

Familien in armen Ländern ohne staatliche Rentensysteme neigen bekanntlich dazu, viele Kinder zu haben, um sicherzustellen, dass genügend von ihnen so lange überleben, dass sie ihre Eltern im Alter versorgen können. Auch die Gläubiger der verschiedenen Lehman-Tochtergesellschaften haben vielleicht gedacht, dass einige von ihnen genug nach Hause bringen würden, um sicherzustellen, dass die Muttergesellschaft in der Lage sein würde, zumindest die ihnen von ihr verbürgten Darlehen zu tilgen. Dennoch erkannten einige Gläubiger, dass sie mehr tun mussten, um sich zu schützen, und nahmen in ihre Verträge mit Lehmans Tochtergesellschaften Klauseln auf, die die Reinvestition ihrer Gewinne in der Muttergesellschaft untersagten.[36] Hätten alle Gläubiger dies getan, dann wäre die große Lehman-Familienlotterie niemals in die Gänge gekommen.

Nicht zuletzt hätten einige Gläubiger vielleicht darauf gesetzt, dass der Staat ein Scheitern von Lehman nicht zulassen würde. Nur wenige Regierungen haben den Mut, große Banken oder stark voneinander abhängige Finanzintermediäre in Konkurs gehen zu lassen, es sei denn, sie werden von Außenstehenden dazu gedrängt – etwa vom Internationalen Währungsfonds, von dem diese Regierungen in ihrem eigenen Überleben abhängig sind. Als der Hedgefonds Long Term Capital Management, zu dessen Gründern und Managern mehrere Nobelpreisträger gehörten, 1998 zusammenbrach, organisierte beispielsweise die

US-Notenbank eine private Rettungsaktion, und im März 2008 stellte die New Yorker Fed eine beträchtliche Mitgift zur Verfügung, als Bear Stearns zu einer unfreiwilligen Vermählung mit JPMorgan Chase gezwungen war. Als Hochzeitsgeschenk lieh die Fed der letzteren Bank 30 Milliarden Dollar, um Bear Stearns zu kaufen, und verzichtete auf die Rückzahlung dieses Kredits, falls sich Bear Stearns' eigener Vermögensbestand als ungenügend erweisen sollte.[37]

Im Fall von Lehman ging die Rechnung nicht auf, dass die Fed immer als letzte Retterin für große Finanzintermediäre zur Verfügung stehen würde. Erst nachdem das Ableben des Unternehmens einen Beinahe-Stillstand der globalen Finanzmärkte ausgelöst hatte, kamen die Regierungen tatsächlich zu Hilfe.[38] In den USA durften sich die Investmentbanken in Bankenholdings verwandeln, was ihnen Zugang zum Diskontfenster der Fed und damit zu Barliquidität verschaffte, und im Oktober 2008 schossen die Regierungen der führenden Marktwirtschaften, darunter auch die der Vereinigten Staaten, den größten Banken – denen, die »zu groß« und »zu vernetzt zum Scheitern« waren – frisches Kapital in Milliardenhöhe zu.

Die Lehre, die zukünftige Investoren, Aktionäre und Gläubiger gleichermaßen daraus ziehen könnten, ist die, dass eine Diversifizierung über mehrere risikobehaftete Unternehmen hinweg wichtig ist, dass aber die einzige Garantie für eine staatliche Rettung letztlich die Gefahr ist, dass das gesamte System zusammenbrechen würde, wenn man ein Unternehmen bankrottgehen ließe; sie müssen, mit anderen Worten, eine »Put-Option« (»rettet mich oder macht euch auf etwas gefasst ...«) schaffen, die so groß ist, dass keine Regierung sie sinnvollerweise ablehnen könnte.

Der Status der Rechtsperson verspricht Unsterblichkeit, garantiert sie allerdings nicht. Eine Kapitalgesellschaft kann nur überleben, wenn es ihr gelingt, ihre Verbindlichkeiten mit ihren Vermögenswerten im Gleichgewicht zu halten. Die Aktionäre können ihr zwar ein Ende bereiten, doch es bedarf mindestens eines Mehrheitsbeschlusses, um eine juristische Person zu liquidieren. Im Gegensatz dazu geht eine einfache Personengesellschaft dann unter, wenn nur ein einziger Gesellschafter stirbt oder sich zurückzieht. Dieses Schicksal kann vermieden werden, indem die Partnerschaft erneuert wird, wenn ein Partner ausscheidet oder stirbt, oder indem Partnerschaftsverträge aufgesetzt werden, die die Ersetzung einzelner Gesellschafter gestatten.[39] Ohne solche lebensverlängernden rechtlichen Maßnahmen hätte die ursprüngliche Personengesellschaft Lehman Brothers, die 1850 gegründet wurde, den frühen Tod von Henry Lehman oder das Nachrücken anderer Familienmitglieder nicht überstanden und wäre höchstwahrscheinlich 1965, als das letzte Mitglied der Familie Lehman das Unternehmen verließ, aufgelöst worden.

Doch so nützlich jene Maßnahmen auch sind, sie sind weit von der Unsterblichkeit entfernt; sie funktionieren nur, wenn alle anderen Gesellschafter kooperieren und solange die Firma die Mittel hat, solche Partner auszuzahlen, die sich aufs Altenteil zurückziehen oder aus anderen Gründen ausscheiden. Dies macht die Personengesellschaft zu einer im Vergleich mit der Kapitalgesellschaft weniger beständigen Unternehmensform. Aufseiten der Personengesellschaft positiv zu vermerken ist allerdings, dass, gerade weil die Partner ihr eigenes Vermögen riskieren, sie eher vorsichtiger vorgehen als die Manager von Kapitalgesellschaften, die das Geld anderer Leute investieren. Es ist kaum ein Zufall, dass die enorme Zunahme der Verschuldung der Investmentbanken ihrer in den 1980er und 90er Jahren erfolgten Umwandlung von Personen- in Kapitalgesellschaften zeitlich eng auf dem Fuße folgte.

Der Status der juristischen Person ist zwar die Grundlage für die Unsterblichkeit der Kapitalgesellschaft, doch eine weitere bedeutsame rechtliche Neuerung, das Verbot der Einlagenrückgewähr, erhöhte ihre Überlebenschancen noch einmal erheblich. Sie hindert die Anteilseigner nämlich daran, die ursprünglichen Einlagen, die sie in ein Unternehmen eingebracht haben, wieder herauszunehmen,[40] und ist als solche eine Voraussetzung für eine effektive Abschirmung des Unternehmensvermögens vor den persönlichen Gläubigern seiner Aktionäre. Das Jahr, in dem diese Innovation das Licht der Welt erblickte, war 1612, als die Regierung der Niederlande (die »Generalstaaten«) eine Satzungsänderung der Niederländischen Ostindien-Kompanie (*Vereenigde Oostindische Compagnie*, auch unter dem Akronym »VOC« bekannt) beschloss, die den Aktionären das Recht absprach, ihre Investitionen am Ende des zehnjährigen Verpflichtungszeitraums, dem sie bei der Gründung des Unternehmens zugestimmt hatten, zurückzuverlangen.

Ein Engagement über zehn Jahre war im Vergleich zu früheren Geschäftspraktiken, bei denen ein Unternehmen nach dem Abschluss einer einzigen Seereise wieder aufgelöst wurde, bereits eine radikale Veränderung. Im 16. Jahrhundert legten Kaufleute ihr Kapital [*stocks*] vor der Fahrt häufig zusammen (daher der Begriff *joint-stock company* [zu Deutsch etwa: »gemeinschaftliche Vermögensgesellschaft«]), teilten die Gewinne nach der Rückkehr des Schiffs auf und schlossen das Unternehmen wieder. Natürlich konnten sie eine neue Unternehmung gründen und den Zyklus auf diese Weise wiederholen, aber diese frühen Kapitalgesellschaften sollten Ressourcen bündeln und Risiken diversifizieren und nicht dauerhafte Vermögenspools schaffen, die über lange Zeiträume hinweg Erträge erzeugen.

Die Ambitionen der Niederländischen Ostindien-Kompanie gingen allerdings weit über eine einzige Seereise hinaus; sie war ein Gemeinschaftsunternehmen von Kaufleuten und der Regierung, den Generalstaaten der Niederlande. In allererster Linie diente sie Handelszwecken, sollte aber auch den Anspruch des Souveräns auf Monopolisierung des Handelswegs nach Ostasien bekräftigen, wenn nötig mit Gewalt. Um diese konfligierenden Ziele zu erreichen, brauchte das Unternehmen einen soliden Kapitalstock und zwang daher die Aktionäre dazu, ihre Einlagen für einen Zeitraum von zehn Jahren festzulegen. Als aber die Zeit für die Aktionäre der VOC gekommen war, ihre Einlagen zurückzufordern, fürchteten die politischen Eliten, dass ein massiver Mittelabfluss die Überlebensfähigkeit der Gesellschaft untergraben würde, und das ausgerechnet zu einem Zeitpunkt, da Portugal die Kontrolle der Niederländer über die höchst lukrativen Handelsrouten auf dem Seeweg in den Fernen Osten ernsthaft herausforderte.[41] Eine Satzungsänderung zwang die Aktionäre dazu, ihre ursprünglichen Einlagen auf ewig im Unternehmen zu belassen. Diese »Sperrfrist« legte den Grundstein für beständige Vermögenspools, die unbegrenzt wachsen und Vermögen produzieren konnten, bis sich das Unternehmen externen Kräften außerhalb seiner Kontrolle beugen oder, was wahrscheinlicher ist, einem schlechten Management zum Opfer fallen würde – ein Schicksal, dem sich am Ende auch die VOC ergeben musste.

Die Aktionäre lehnten sich gegen diese gesetzliche Auflage zwar nicht auf, und diejenigen unter ihnen, die zugleich auch Angehörige der niederländischen politischen Elite waren, haben sie möglicherweise sogar unterstützt, aber auch jene, die aus rein wirtschaftlichen Gründen investiert hatten, konnten sich nicht beklagen, denn die Sperrfrist bedeutete nicht, dass die Aktionäre in der Falle saßen.[42] Im Gegenteil hatte sich bereits unter der ursprünglichen, zehnjährigen Sperrfrist ein lebhafter Zweitmarkt für die Aktien des Unternehmens entwickelt, da neue Investoren nicht befürchten mussten, dass ihre Mitaktionäre die Kapitalbasis jederzeit dezimieren könnten, und somit langfristige Renditeerwartungen hegen konnten. Die neue, unbefristete Sperre sorgte daher sogar für eine noch stabilere Kapitalbasis und befeuerte einen liquiden Markt für die VOC-Aktien.

Durch die verhängte Sperrfrist expandierte die Ostindien-Kompanie noch rascher als zuvor. Sie schickte viel mehr Schiffe nach Asien und konnte neues Fremdkapital aufnehmen, das es ihr ermöglichte, langfristige Investitionen in die Infrastruktur zu tätigen. Ein Vergleich der VOC mit ihrer Hauptkonkurrentin, der Britischen Ostindien-Kompanie, bringt für diese Zeit bemerkenswerte Ergebnisse hervor. Als die Niederländer einen Expansionskurs einschlugen und für dessen Finanzierung erhebliche Schulden aufnahmen, ließen ihre englischen Wettbewerber weniger Schiffe fahren, führten kürzere Fahrten durch und nahmen geringere Investitionen vor, besonders in langfristige Projekte. Sie mussten flexibel bleiben, um sicherzustellen, dass sie immer genügend Barmittel zur Verfügung hatten, um die Anteilseigner, die das Recht hatten, ihre Einlagen jederzeit zurückzufordern, auszahlen zu können.[43]

Der Vermögensschutz, die Fähigkeit, Verluste den Gläubigern aufzubürden, und die Unsterblichkeit der Kapitalgesellschaft bildeten zusammengenommen die Grundlage für den Aufstieg der modernen Aktiengesellschaft und ihren Weg zur globalen Vorherrschaft. Die Aktionäre profitierten enorm von diesen rechtlichen Neuerungen: Sie waren davor geschützt, mehr zu verlieren, als sie investiert hatten, und konnten das Unternehmen dennoch dazu bringen, kurzfristig seine Gewinne zu steigern, die sie dann für sich in Anspruch nehmen konnten.

Rechte-Shopping

Ökonomen haben lange versucht, die Eigentums- und Finanzstrukturen von Firmen zu erklären. Wie gestaltet sich das optimale Verhältnis von Eigen- und Fremdkapital bei der Unternehmensfinanzierung?[44] Wann sollten zwei oder mehrere Firmen zu einem einzigen Unternehmen fusionieren und wann eine einzelne Firma geteilt und in verschiedene Geschäftsbereiche untergliedert werden?[45] Dies sind wichtige Fragen, aber sie berücksichtigen nicht, wie viel *Legal Engineering* routinemäßig in die Unternehmensorganisation einfließt. Die Maximierung des Aktionärsvermögens ist nicht einfach nur eine Funktion eines exzellenten Managements oder der Fähigkeiten im Produktions- und Dienstleistungsbereich, sondern auch eine der Optimierung der Rechtsarbitrage.[46] Die Möglichkeiten dazu haben sich infolge von Änderungen in den gesetzlichen Bestimmungen stark erweitert, die es den Unternehmen ermöglichen, sich dasjenige Gesellschaftsrecht auszusuchen, nach dem sie sich richten wollen.

Angesichts der Tatsache, dass Kapitalgesellschaften Geschöpfe des Rechts sind, könnte man annehmen, dass sie auch durch das Recht desjenigen Staates, der sie geschaffen hat, und an alle rechtlichen Änderungen, die ihnen von den Gesetzgebern oder den Gerichten auferlegt werden, gebunden sein sollten. In Wirklichkeit hat der Regulierungswettbewerb jedoch den Einfluss jedes einzelnen Staates und seiner Gesetze auf die Kapitalgesellschaft unterminiert. Diese können zwar ohne staatliches Recht nicht existieren, heutzutage allerdings ziemlich frei aus einem Menü von Körperschaftsrechten wählen, das die einzelnen Staaten im Angebot haben, und durch diese Wahl zudem auch ihren Steuersatz und ihre Regulierungskosten bestimmen. In einem prophetischen Urteil aus dem Jahr 1839 hat der Oberste Gerichtshof der USA die Abhängigkeit der Kapitalgesellschaft von dem Staat bestätigt, der sie geschaffen hat (in den Vereinigten Staaten ist das Gesellschaftsrecht Sache der Bundesstaaten, nicht der Bundesregierung), aber auch auf die Möglichkeit hingedeutet, dass sich ihr Leben weit über die Grenzen dieser Rechtsordnung hinaus erstrecken kann:

> Es ist allerdings wahr, dass eine Körperschaft außerhalb der Grenzen jener staatlichen Hoheit, durch die sie geschaffen wurde, keine rechtliche Existenz haben kann. Sie existiert nur nach Maßgabe des Rechts und kraft des Rechts, und wenn dieses Recht nicht mehr funktionsfähig ist und nicht mehr bindend, dann kann die Körperschaft nicht existieren. Sie muss am Ort ihrer Gründung verbleiben und kann nicht in einen anderen Hoheitsbereich abwandern. Doch obgleich sie nur in diesem Staat leben und existieren kann, so *folgt daraus doch keineswegs, dass ihre Existenz dort nicht auch anderenorts anerkannt würde, und ihr Sitz in dem einen Staat schafft kein unüberwindbares Hindernis für ihre Befugnis, in einem anderen Staat Verträge einzugehen.*[47]

Das Geheimnis der Mobilität der Kapitalgesellschaft liegt darin, dass andere Staaten die nach ausländischem Recht organisierten Rechtsgeschöpfe anerkennen. Und je mehr Staaten dies tun, desto größer ist die Reichweite derjenigen Rechtsordnung, die die meisten Kapitalgesellschaften bevorzugen, und desto mehr Optionen haben die Unternehmen für ihre regulatorischen und steuerlichen Regimes und sogar für das Eigentumsrecht zur Auswahl, dem die von ihnen ausgegebenen oder verwalteten Vermögenswerte unterliegen sollen.

Der Name dieses Entscheidungsspiels lautet »Kollisionsnormen« oder »internationales Privatrecht«: Jeder Staat verfügt über eine Reihe von Bestimmungen, die vorschreiben, welches Recht anzuwenden ist, wenn mehr als eine Jurisdiktion berührt wird.[48] Kollisionsnormen gibt es nicht nur für das Gesellschaftsrecht, sondern für alle Rechtsbeziehungen, an denen Parteien aus mehr als einer Jurisdiktion beteiligt sind. So können zum Beispiel Vertragsparteien in zwei verschiedenen Staaten ansässig sein, ein Kläger könnte sich auf einer Auslandsreise verletzt haben oder ein Vermögenswert möglicherweise von einer Jurisdiktion in eine andere verbracht worden sein. Vielleicht wurde auch eine Kapitalgesellschaft in der einen Jurisdiktion gegründet, unterhält ihren Geschäftsbetrieb aber in einer anderen. Wenn ein solcher Fall vor Gericht kommt, müssen die Richter diese Kollisionsnormen konsultieren, um jeweils zu bestimmen, ob für ihren Vertrag das Recht des Käufers oder das des Verkäufers gilt, ob der Schadenersatz nach der Gesetzgebung des Ortes zu erfolgen hat, an dem das Delikt erfolgt ist beziehungsweise der Geschädigte seine bleibenden Schäden erlitten hat, oder ob ein Unternehmen, das nach ausländischem Recht gegründet wurde, im Gastland als juristische Person mit allen rechtlichen Privilegien anerkannt werden sollte, unabhängig davon, ob es an seinem Gründungsort jemals geschäftlich tätig war oder nicht.

DIE WAHL DES GESELLSCHAFTSRECHTS

Vor noch nicht allzu langer Zeit gab es im Gesellschaftsrecht zwei miteinander konkurrierende rechtliche Kollisionsprinzipien: die »Gründungs-« oder »Inkorporationstheorie« und die »Sitztheorie«, wobei einige Länder der Ersteren und andere der Letzteren folgten. Die Inkorporationstheorie erlaubt es der Kapitalgesellschaft, ihren Gründungsort frei zu wählen, ohne ihre Anerkennung als juristische Person an einem anderen Ort zu gefährden; es genügt, die Vorschriften des Gründungsortes und hinreichend vieler anderer Staaten zu befolgen, die bereit sind, ihren Status als Rechtsperson anzuerkennen. Im Gegensatz dazu privilegiert die Sitztheorie das Recht des Ortes, an dem die Gesellschaft ihren Hauptsitz unterhält oder ihre Hauptaktivitäten ausübt. Nur wenn das Unternehmen nach den Gesetzen dieser Jurisdiktion gegründet wird, wird es innerhalb dieser auch als juristische Person anerkannt. Ein Vergleich mit der Staatsangehörigkeit natürlicher Personen hilft zu veranschaulichen, worum es hier geht: Nach der Gründungstheorie wäre jede Person in der Lage, ihre Staatsbürgerschaft zu wählen, unabhängig davon, ob sie jemals auch nur einen Fuß in das betreffende Land setzen wollte. Diese Bürgerin könnte mit ihrem Pass um die ganze Welt reisen und würde Zutritt zu allen Ländern erhalten, die dieses Privileg den Bürgern des Staates gewähren, für den sie sich entschieden hat. Im Gegensatz dazu müsste dieselbe Person nach der Sitztheorie die Wahl treffen, wo sie leben und den Status einer Staatsbürgerin erhalten möchte, um nicht Gefahr zu laufen, ihre Staatsangehörigkeit zu verlieren. Würde sie sich dafür entscheiden, ihre Betätigung in ein anderes Land zu verlegen, müsste sie sich zunächst einen neuen Pass besorgen. Bei natürlichen Personen reguliert das Äquivalent der »Sitztheorie« ihre Freizügigkeit: Sie können zwar durch die Beantragung eines Visums einen temporären Zugang zu anderen Ländern erhalten, doch wenn sie sich für einen längeren Zeitraum niederlassen wollen, benötigen sie einen neuen Pass oder eine dauerhafte Aufenthaltsgenehmigung. Im Gegensatz dazu können sich die meisten juristischen Personen auf die Inkorporationstheorie stützen, um die Welt zu durchstreifen.

Das Vereinigte Königreich ist ein alter Verfechter der Inkorporationstheorie, und auch in den USA wurde die Handelsklausel in der Verfassung so ausgelegt, dass sie dieses Prinzip fest verankert. Es verbietet es Staaten, Kapitalgesellschaften aus anderen Staaten zu benachteiligen, auch dann, wenn sie nach Gesetzen gegründet wurden, die zu denjenigen im Widerspruch stehen, denen sich das Gastland verschrieben hat.[49] Diesem Beispiel folgend hat der Europäische Gerichtshof die Sitztheorie in der Europäischen Union fast vollständig abgeschafft; in Dänemark und Deutschland wurde sie beispielsweise dazu benutzt, es einer Kapitalgesellschaft, die nach dem Recht eines anderen EU-Mitgliedsstaates gegründet wurde, zu versagen, ihren Hauptsitz in den neuen Gaststaat zu verlegen, ohne sich nach dessen gesetzlichen Vorgaben neu zu inkorporieren.[50] Nach Auffassung des Gerichts verletzt diese Anwendung der Sitztheorie jedoch die im EU-Vertragsrecht verankerten Grundsätze des freien Kapital- und Personenverkehrs (die auch juristische Personen einschließen).[51]

Dieses Argument klingt zwar überzeugend, doch tatsächlich ist für das Gesellschaftsrechts-Shopping gar kein Verkehr nötig; lediglich die Unterlagen für die Registrierung der betreffenden Gesellschaft müssen an eine andere Adresse geschickt werden. Die Neuinkorporation eines bestehenden Unternehmens an einem anderen Ort ist zwar etwas komplizierter, gehört aber für die Anwälte auf dem Gebiet grenzübergreifender Unternehmenszusammenschlüsse zum Tagesgeschäft. Außerdem machen, wie es die weitverzweigte Lehman-Familie zeigt, die Kapitalgesellschaften selbst von der Möglichkeit Gebrauch, eigenständige juristische Personen in diversen Jurisdiktionen zu gründen. Und wenn es für sie funktioniert, dann sollte es auch für die Herrschenden funktionieren, die jenes Recht erschaffen, das der Gesellschaftsform ihr Leben einhaucht.

Die Lebensfähigkeit der Rechtsstruktur von Lehman Brothers mit ihren Hunderten von Tochtergesellschaften, die auf 26 verschiedene Jurisdiktionen verteilt waren, hing von der Akzeptanz der Gründungstheorie in den meisten Rechtsordnungen ab, in denen das Unternehmen aktiv war. Lehmans Geschäftstätigkeit fand vorwiegend in New York und London statt; nur sieben seiner Einheiten waren im Staat New York inkorporiert, während es in Großbritannien 38 waren. Die Muttergesellschaft LBHI war im Bundesstaat Delaware inkorporiert worden, zusammen mit 59 weiteren Ablegern.

Manchmal wird die Ansicht vertreten, dass die Dominanz von Unternehmensgruppen, die aus vielen verschiedenen rechtlichen Einheiten bestehen, ein Hinweis auf ein schlechtes Gesellschaftsrecht ist. Nur ein Gesetz, das die Aktionäre schlecht vor den Managern schützt, schafft, wie es heißt, Anreize zum Aufbau komplexer Unternehmensgruppen, die angeblich dazu dienen, das Management vor den Aktionären zu schützen.[52] Diese Auffassungen können jedoch unmöglich die rechtliche Struktur von Lehman erklären. Delaware gehört zu den anlegerfreundlichsten Jurisdiktionen überhaupt, und trotzdem entschied sich Lehman dafür, dort 60 Tochterfirmen zu gründen – und zwar nicht, weil das Unternehmen den Staat oder sein Gesellschaftsrecht so sehr mochte, sondern, weil es auf diese Weise die Vermögenswerte jeder einzelnen untergeordneten Einheit vor den Gläubigern der anderen schützen konnte. Auch in Großbritannien wurden diverse Ableger gegründet, was Londons Ruf als wichtiges Zentrum für Finanzintermediäre bekräftigt hat. Die Tatsache, dass einige der aktionärsfreundlichsten Jurisdiktionen genutzt wurden, um dort Dutzende Firmen zu gründen, die alle derselben Gruppe angehörten, lässt vermuten, dass der Vermögensschutz eine äußerst lukrative Strategie für Aktionäre ist – ganz unabhängig von der jeweiligen Beschaffenheit des Gesellschaftsrechts. Die Entscheidung für die Kaimaninseln als Standort von 32 Lehman-Töchtern ist dagegen eindeutiger nachzuvollziehen, denn bei ihnen handelt es sich um ein wohlbekanntes Steuerparadies.[53]

DIE WAHL DES EIGENEN STEUERSATZES

Die meisten normalen Menschen können sich ihren eigenen Steuersatz nicht aussuchen; sie können zwar ihre Guthaben auf ausländische Bankkonten verlagern, müssen aber befürchten, dass selbst die strengsten gesetzlichen Vorschriften zum Bankgeheimnis geknackt werden und dass sie wegen Steuerhinterziehung strafrechtlich verfolgt werden. Für Kapitalgesellschaften ist es dagegen viel einfacher, sich für den Steuersatz zu entscheiden, den sie zahlen wollen: Sie können einfach eine juristische Person in einer Jurisdiktion mit einem niedrigen Steuersatz gründen und das zu versteuernde Einkommen auf deren Konto verbuchen. Das funktioniert selbst dann, wenn ein Staat seine Steuern auf das weltweite Einkommen eines Konzerns erhebt, solange Steuerzahlungen von ausländischen Tochtergesellschaften nur dann verlangt werden, wenn deren Einkünfte in das Heimatland transferiert werden. Darüber hinaus kann eine Muttergesellschaft eine andere Nationalität und damit ein anderes Steuersystem annehmen, wenn sie sich in einer anderen Jurisdiktion neu gründet.[54] Dies kann zum Beispiel mittels eines Verfahrens geschehen, das als »umgekehrte Fusion« [*inversion merger*] bezeichnet wird. Bei dieser Transaktion erwirbt ein großes Unternehmen aus einem Hochsteuergebiet ein kleineres Unternehmen in einem Niedrigsteuergebiet und geht dann selbst in das kleinere Unternehmen ein – so als ob man heiratet, um eine Green Card zu erhalten, auch wenn zwischen den beiden Parteien, also Braut und Bräutigam, keine echte Liebe vorhanden ist; der wesentliche Unterschied ist allerdings, dass die umgekehrte Fusion legal ist, solange sie vorschriftsmäßig strukturiert ist.

In letzter Zeit hat es ein hartes Durchgreifen gegen aggressive Steuervermeidungsstrategien gegeben. In der Europäischen Union untersuchte die Generaldirektion Wettbewerb der EU-Kommission die Steuersparmaßnahmen von Apple und anderen Unternehmen. Die Kommission behauptete, dass Apple für den Verkauf seiner Produkte auf dem gesamten Gebiet der EU einen effektiven Steuersatz von nur einem bis fünf Prozent zahle, obwohl der Steuersatz überall in der Union nahe bei 20 Prozent läge.[55] Das Unternehmen hatte dieses Schlupfloch durch die Gründung zweier Tochtergesellschaften in Irland geschaffen, die nach irischem Recht in steuerlicher Hinsicht als »gebietsfremd« [*»non-resident«*] behandelt wurden und als solche sogar von dem niedrigen Körperschaftssteuersatz des Landes von zwölf Prozent befreit waren. Nahezu sämtliche seiner Verkaufserlöse aus allen EU-Mitgliedsstaaten verbuchte Apple dann bei diesen beiden Ablegern.

Die EU-Kommission brandmarkte diese Steuertrickserei als illegale staatliche Beihilfe der Republik Irland an den multinationalen Konzern und entschied, dass Apple die Steuern, die es Irland schuldete, nachzahlen musste.[56] Apple legte Berufung gegen den Beschluss ein, zahlte aber letztendlich; interessanter ist jedoch, dass die irische Regierung ebenfalls Einspruch erhob, obgleich die Bürger des Landes gegen diese Entscheidung protestierten. Die Regierung versuchte, eine wirtschaftliche Entwicklungsstrategie zu verteidigen, die den Steuerunterbietungswettbewerb als eine ihrer Hauptsäulen nutzte. Der Zufluss ausländischer Investitionen nach Irland hatte das Bruttoinlandsprodukt des Landes zwar tatsächlich angekurbelt, sich allerdings nicht in substanziellen Vorteilen für seine Bürger niedergeschlagen, da die meisten Unternehmensgewinne auch schnell wieder aus dem Land abflossen.[57]

Apple ist nur eines von vielen Beispielen und Irland im Wettstreit um die Ansiedlung globaler Unternehmen im Tausch gegen ein günstiges Steuerumfeld auch nicht der abgebrühteste Mitbewerber. Ein genauerer Blick auf diese Steueroase hat jedoch gezeigt, dass die Wahl des eigenen Gesellschaftsrechts der Schlüssel für das Funktionieren von Steuervermeidungsmodellen ist. Die OECD-Mitgliedsstaaten gelobten zwar, gegen Steuerparadiese vorzugehen, und haben Länder auf eine schwarze Liste gesetzt, die Steuersätze unterhalb dessen anbieten, was sie für angemessen halten, aber sie haben die Bereitwilligkeit noch nicht überdacht, mit der sie jedes irgendwo gegründete Unternehmen anerkennen, selbst wenn es an jenem Ort keine Geschäftstätigkeit ausübt und keine Mitarbeiter hat und sein einziger Zweck darin besteht, für eine Steuerarbitrage zu sorgen.[58]

REGULATORISCHE ARBITRAGE

Nur Stunden nachdem die LBHI am 15. September 2008 Konkurs angemeldet hatte, wurde ihre größte britische Tochtergesellschaft, Lehman Brothers International Europe (LBIE), nach britischem Recht unter staatliche Aufsicht gestellt. Bald wurden 75 verschiedene Insolvenzverfahren in verschiedenen Jurisdiktionen eröffnet, um Vermögen für die diversen Gläubiger der zahlreichen Ableger von Lehman zu retten.

Die Pleite ist da, wenn die Musik aufhört zu spielen und alle bis auf die grundlegendsten Vitalfunktionen per Gerichtsbeschluss zum Stillstand kommen. Innerhalb des Lehman-Imperiums liefen einige Geschäfte jedoch unvermindert weiter, durch die Vermögenswerte zwischen der LBIE und mehreren anderen Lehman-Tochtergesellschaften, darunter auch einem Schweizer Ableger namens Lehman Brothers Finance AG (LBF), hin- und hergeschoben wurden.[59] Niemand schien dies bemerkt oder sich gar daran gestört zu haben, bis ein Mitarbeiter, ohne jemanden zu fragen, den Ausschalter betätigt hat.[60] Dies setzte dem internen Transfer- und Buchhaltungssystem, das Lehman geschaffen hatte, um den Konzern vor dem Zugriff der EU-Aufsichtsvorschriften zu schützen, ein Ende. Der Name dieses Spiels lautete RASCALS, ein Ausdruck, den das Merriam-Webster-Wörterbuch (im Singular) als »listige Person oder Tier« definiert, an dieser Stelle allerdings für »Regulation and Administration of Safe Custody and Local Settlement« stand.[61]

RASCALS war Lehmans Antwort auf eine EU-Richtlinie zur Kapitaladäquanz, die den Finanzintermediären neue diesbezügliche Regeln auferlegte.[62] Deren Zweck besteht darin, Finanzintermediäre in Notlagen widerstandsfähiger zu machen, indem man sie dazu zwingt, zumindest einen Teil ihrer Geschäfte mit Eigenkapital (also Einzahlungen der Aktionäre) zu finanzieren, anstatt es ihnen zu erlauben, sich ausschließlich auf Schulden zu stützen. Die Finanzintermediäre ihrerseits beklagen, dass diese Regeln ihre Finanzierungskosten erhöhen. Diese Behauptung ist in der Literatur umstritten; viele von ihnen bemühen sich jedoch in der Tat sehr darum, Kapitaladäquanzvorschriften zu umgehen, und so auch Lehman.[63] Und das RASCALS-System ist nur ein Beispiel dafür, wie sehr sie dazu bereit sind, die meisten ihrer Geschäftstätigkeiten durch Schulden zu finanzieren.

Lehmans Londoner Tochter LBIE wurde als zentrale Handelsdrehscheibe für die gesamte Lehman-Gruppe gegründet, die auf eigene Rechnung, aber auch auf die anderer Lehman-Tochtergesellschaften mit dem An- und Verkauf sowie der Aus- und Verleihe von Wertpapieren an die »*street*« (das heißt an andere Akteure am Finanzplatz London) befasst war. Nach den neuen EU-Vorschriften nahm LBIE jedes Mal, wenn das Unternehmen mit seinen eigenen Mitteln Wertpapiere für eine andere Tochtergesellschaft erwarb, eine »Kapitalbelastung« auf sich, die es dazu verpflichtete, zu beweisen, dass ein bestimmter Prozentsatz dieses Engagements durch Eigenkapital gedeckt war. Diese Last fiel der LBIE zu, weil sie ihr eigenes Geld für den Kauf von Wertpapieren im Namen anderer Lehman-Tochtergesellschaften vorstreckte und daher dem Risiko ausgesetzt war, dass die Letzteren ihre Zusicherung, dieses Geld zurückzuzahlen, nicht einhielten. Der Handel auf Kredit war jedoch *ebendas* Geschäftsmodell des Unternehmens. Um dieses und seine Rentabilität zu schützen, die durch die neuen Kapitaladäquanzvorschriften reduziert oder sogar eliminiert zu werden drohte, schuf Lehman einfach einen neuen Ableger in einem Nicht-EU-Land, in dem die neuen Vorschriften nicht anwendbar waren, und baute eine Transaktionskette auf, die das Kreditrisiko auf diese Entität abwälzte.

Diese neue Firma, LBF, wurde in der Schweiz inkorporiert, operierte aber von den Londoner Büros von Lehman aus und verfügte weitgehend über dasselbe Personal – dank des Festhaltens Großbritanniens an der Inkorporationstheorie. Zwischen den beiden Unternehmen wurde ein kontinuierlicher Kreislauf von automatisierten Rückkaufvereinbarungen, sogenannten Repos, für die Güter installiert, die die LBIE im Namen von LBF erworben hatte. Zwischen beiden Unternehmen kam es nie zu irgendwelchen Geldflüssen; wenn eine Transaktion abgeschlossen war und beide eigentlich ihre Konten hätten begleichen und alle Differenzen hätten ausgleichen müssen, wurde einfach eine weitere Repo-Transaktion eröffnet, und wenn diese hätte abgerechnet werden sollen, eine dritte und so weiter. Einige RASCALS-Transaktionen wurden manuell eingerichtet, aber die meisten liefen automatisch ab, was den Betrieb am Laufen hielt und die Illusion erzeugte, dass die LBIE ihre Ansprüche gegen LBF zu jedem Zeitpunkt abgesichert hatte und somit das von den Aufsichtsbehörden geforderte Eigenkapitalpolster nicht anlegen musste.

In den 15 Jahren seines Betriebs hat RASCALS zum Vorteil der gesamten Lehman-Familie gewirkt. Als sich aber der Konkurs abzuzeichnen begann, brach der Streit um die Reste los, und die Gläubiger der LBF versuchten, Vermögen für sich selbst in Sicherheit zu bringen. Für sie und ihre Konkursverwalter, die sie vertraten, lautete die 50-Millionen-Dollar-Frage, wem die »listigen« [*»rascalled«*] Vermögenswerte gehörten, die zwischen ihnen hin- und hergeschoben worden waren: der LBIE oder der LBF? Erstere argumentierte, dass sie sich ununterbrochen in ihrem Eigentum befunden haben, und Letztere hielt dagegen, dass sie in ihrem Namen erworben wurden und dass die LBIE lediglich eine Treuhänderin und nicht die eigentliche Eigentümerin gewesen war.

Der Fall wurde vor ein Londoner Gericht gebracht, und der Richter, der den Vorsitz führte, stellte sich auf die Seite von LBIE – eine Entscheidung, die später vom High Court bestätigt wurde.[64] Bei der Aufdeckung des RASCALS-Systems und der Analyse seiner rechtlichen Auswirkungen stützte er sich weitgehend auf den Vorsatz der Parteien – unabhängig davon, dass der Zweck von RASCALS eine unverhohlene Umgehung der aufsichtsrechtlichen Vorschriften war. Die Parteien wollten, wie der High Court feststellte, die LBIE mit einem formalen Eigentumstitel bekleiden, obwohl die wirtschaftlichen Vorteile und Risiken der Vermögenswerte bei LBF lagen.[65] Alle Parteien hatten dem zugestimmt, weil RASCALS durch die Senkung der Regulierungskosten die allgemeine Profitabilität der Unternehmensgruppe vergrößerte. Als die Gläubiger von LBF vorbrachten, dass die ganze Methode schlicht Betrug sei und einfach abgestellt werden sollte, gab sich der Richter fassungslos:

> Es ist, zumindest auf den ersten Blick, kontraintuitiv anzunehmen, dass eine der größten und avanciertesten Investmentbanken der Welt, die einige der führenden Experten auf ihrem Gebiet beschäftigt und von den bekanntesten Anwaltskanzleien beraten wird, mehr als ein Jahrzehnt damit verbracht haben sollte, ernsthaft ungezählte Tausende wechselseitige Transaktionen durchzuführen, die entweder völlig unnötig, völlig ineffektiv oder beides waren. Den Zweifel abzustellen, den die von den Parteien in der Hauptsache vorgebrachten Argumente heraufbeschwören, war nicht leicht.[66]

Der Richter war anscheinend nicht überrascht, dass ebenjene Experten diese ganze Zeit damit verbracht hatten, ein Verfahren auszuhecken, das keinen intrinsischen ökonomischen Wert hatte, sondern ausschließlich auf eine regulatorische Arbitrage abzielte. Wie die Kanzleigerichte des 18. Jahrhunderts, die sich auf die Seite der Landeliten geschlagen hatten, hatte er kaum

Bedenken, dass die Parteien das Recht für ihren eigenen privaten Vorteil einspannten, selbst wenn dies das gesamte System gefährden würde. Tatsächlich nahm er explizit Abstand von einer Untersuchung der Rechtmäßigkeit einer endlosen Kette von Rückkaufvereinbarungen, die nie getilgt wird, oder der sich aus dieser Methode ergebenden Auswirkungen auf das Trustrecht. Diese Bereitschaft, sich den Interessen des Kapitals zu beugen, macht eine unverblümte Übernahme der Kontrolle über Gesetzgebung und Justiz nahezu überflüssig.

Gerichte und Gesetzgeber waren nicht immer und überall so entgegenkommend. Die ersten Gesetze zur freien Gesellschaftsgründung waren noch mit allerlei Schutzvorrichtungen gegen den Missbrauch der Gesellschaftsform versehen. Im Jahre 1811 erließ der Bundesstaat New York eines der ersten freien Gründungsgesetze. Es enthielt eine Auslaufklausel, die die Lebensdauer von Kapitalgesellschaften auf 20 Jahre begrenzte, sah eine zwingende Kapitalobergrenze von 100 000 Dollar vor und verlangte, dass die Direktoren der Gesellschaft aus dem Kreis ihrer Anteilseigner bestimmt werden mussten.[67] Keine dieser Beschränkungen existiert noch irgendwo, und sie wären natürlich auch ziemlich unpraktisch. Aber sie spiegeln die Vorsicht der Gesetzgeber wider, die ahnten, dass sie dabei waren, eine Rechtsstruktur zu schaffen, über die sie die Kontrolle verlieren könnten, was dann ja auch zweifellos geschah.

Kapitel 4
Schulden produzieren

Wenn es einen Vermögenswert gibt, der den Kapitalismus definiert, dann sind es Schulden – nicht irgendwelche Schulden allerdings, sondern solche, die leicht von einem Investor auf den anderen übertragen werden können, und vorzugsweise solche, die auf Geheiß ihrer Inhaber, der Gläubiger, jederzeit in Staatsgeld konvertiert werden können. Die Konvertierbarkeit privater Schulden auf Verlangen wird für gewöhnlich vorausgesetzt, ist aber nicht immer ein durchsetzbarer Anspruch. Die Logik einer Privatwirtschaft besteht darin, dass man nur verkaufen kann, wenn man einen willigen, das heißt privaten Käufer findet. Wenn sich private Käufer zurückziehen, die Nachfrage sinkt und die Preise für Vermögenswerte fallen, können Anleger, die vor Kurzem noch annahmen, sie hätten riesige Mengen an Reichtümern zur Verfügung, diese in kürzester Zeit verlieren. Um Gewinne aus der Vergangenheit zu sichern, werden sie daher versuchen, ihre privaten Vermögenswerte in Staatsgeld zu konvertieren, das einzige Finanzinstrument, das seinen Nominalwert garantiert beibehält.[1] Der Grund dafür ist, dass Staaten, anders als private Unternehmen, keiner verbindlichen Liquiditätsrestriktion [*survival constraint*] unterliegen: Sie können Geld drucken und haben die Macht, ihren Bürgern einseitig Lasten in Form von Steuern oder Sparmaßnahmen aufzuerlegen und dadurch ihr eigenes Überleben sicherzustellen.

Wenn privaten Parteien das Geld ausgeht, können sie zwar bei ihresgleichen um Hilfe bitten, diese aber nicht zur Hilfeleistung zwingen. Schaffen sie es nicht, Unterstützung einzuwerben, droht ihnen der Untergang; die einzige Alternative besteht darin, sich direkt an die Quelle des staatlichen Geldes zu wenden: die Regierung oder deren Zentralbank.

Wie in Kapitel 1 erwähnt, ist Konvertierbarkeit eines der Kernattribute des Kapitals; ihre Bedeutung wird am Beispiel von Finanzinstrumenten, insbesondere von Schuldtiteln, am offensichtlichsten. Für deren Inhaber hat die Konvertibilität die gleiche Bedeutung, wie sie die Beständigkeit für die Landbesitzer oder die großen Kreditgeber von Unternehmen hatte, die eine stabile Kapitalbasis für ihre Investitionen anstrebten. Die Anleger in handelbare Instrumente sind wankelmütig; sie sind ständig in Bewegung, da ihre Inhaber darauf aus sind, sich immer neue Profitmöglichkeiten zu sichern. Es ergibt daher wenig Sinn, sie hinter realen oder rechtlichen Abschirmungsmechanismen festzusetzen. Das bedeutet jedoch nicht, dass sich die Inhaber von Finanzinstrumenten nicht nach Sicherheit sehnten; bei ihnen speist sie sich allerdings aus der Fähigkeit, diese Werte auf Wunsch ohne nennenswerte Verluste in Bargeld konvertieren zu können. Der Trick ist dabei der, sie fast wie Staatsgeld erscheinen zu lassen, das heißt, sie in rechtliche Module einzuhüllen, die die Chancen vergrößern, dass sie bei Bedarf in Bargeld umgewandelt werden können.

Die Geschichte der Schuldenfinanzierung kann daher auch als eine Geschichte davon erzählt werden, wie Ansprüche auf zukünftige Zahlungen im Recht codiert wurden, um ihre jederzeitige Konvertierbarkeit in Staatsgeld zu gewährleisten, ohne dass man dabei einen ernsthaften Verlust erleidet. Dieses Kapitel zeichnet die Codierungstechniken für die grundlegendsten Arten von Schulden nach, vom Schuldschein und später den Wechseln, die zwischen dem 12. und dem 17. Jahrhundert aufkamen, bis hin zu den heutigen verbrieften Forderungen und Kreditderivaten. Die Geschichte veranschaulicht auch den Umschwung von den Grundbesitzern, den privilegierten Inhabern von Eigentumsrechten, die in der Vergangenheit oft als Schuldner fungierten, hin zu den Gläubigern als denjenigen Vermögensinhabern, die den stärksten rechtlichen Schutz genießen. Anzeichen für diesen Umschwung waren schon seit Langem zu spüren, aber erst seit der gründlichen Entthronung von Grund und Boden im späten 19. Jahrhundert rückte das Finanzvermögen als führende Quelle privaten Wohlstands in den Vordergrund. Verlagern wir den Fokus von den Eigentümern auf die Gläubiger und vom Landbesitz auf die Schulden, so werden wir auf dieselben Rechtsmodule stoßen, die wir schon zuvor am Werk gesehen haben: das Vertrags- und das Eigentumsrecht, das Kreditsicherungs-, Trust-, Gesellschafts- sowie das Konkursrecht. Diese Rechtsmodule mindern das mit Schulden verbundene Risiko und haben damit deren Expansion von einem beispiellosen Höchststand zum nächsten angeheizt – wobei darauf nur allzu oft ebenso steile Abschwünge folgten, es sei denn, dass Staaten und ihre Zentralbanken erfolgreich in das Geschehen eingriffen. In diesem Zuge konnten enorme Gewinne erzielt werden, während Verluste häufig auf andere abgewälzt wurden.

Diese Verluste fallen normalerweise in erster Linie zwei Gruppen zu: ungesicherten Gläubigern, also jenen, die aufgrund der allgemeinen gesetzlichen Insolvenzregeln als Letzte in der Schlange der Anspruchsteller auf die Konkursmasse stehen, und Staaten, oder vielmehr deren Bürger, deren künftige Produktivität sie durch die Rettung von zahlungsunfähig gewordenen Unternehmen binden. Ohne die Unterstützung des Staates würden die Schuldenzyklen ihre natürlichen Kreise ziehen und dabei Reichtum erschaffen und wieder zerstören. Viele Staaten haben diese Zyklen jedoch geglättet, indem sie sich immer und immer wieder dazu bereit erklärt haben, die Inhaber dieser Finanzinstrumente vor dem Absturz zu schützen; andere, die dazu entweder nicht gewillt oder nicht in der Lage waren, haben erlebt, wie ihre Wirtschaft von Schuldenkrisen verwüstet wurde, die

Wohlstand vernichteten und einen wirtschaftlichen Niedergang mit sich brachten. Darüber hinaus mussten sie politische Souveränität an ihre Gläubiger, den Internationalen Währungsfonds (IWF) oder »die Troika«, bestehend aus IWF, EZB und Europäischer Kommission, abtreten.

Wenn Staaten eingesprungen sind, indem sie Kreditnehmern frisches Geld verschafften, die von privaten Gläubigern verschmäht wurden, oder Vermögenswerte von Gläubigern aufkauften, die keine privaten Abnehmer mehr für sie fanden, dann neigten sie dazu, diejenigen Vermögenswerte und deren Inhaber zu schützen, die für das Überleben des Systems entscheidend waren, und alle anderen sich selbst zu überlassen. Dadurch haben sie zwar zur Stabilisierung des Finanzsektors beigetragen, zugleich aber auch zur massiven Vermögenskonzentration in den Händen derer, die an der Spitze eines Finanzsystems stehen, das nicht eben, sondern zutiefst hierarchisch aufgebaut ist.[2]

NC2 – Ein Post-mortem

Um uns zu verdeutlichen, wie tief der rechtliche Code des Kapitals in die Strukturierung von Schulden involviert ist, widmen wir uns NC2. Dabei handelt es sich um eines der komplexeren Schuldinstrumente, die Anwälte für ihre Mandanten entworfen haben, aber auch um eines, das uns einen Einblick in die Organisation des Systems der Parallel- oder »Schattenbanken« ermöglicht, das in den letzten Jahrzehnten entstanden ist. NC2 ist eine Verbriefungsstruktur, die im Jahr 2006 geschaffen wurde, genau zu der Zeit, als das Wachstum der US-Immobilienmärkte abzuflachen begann und sich Stress im Finanzsystem aufbaute. Die Geschichte von NC2 und der Kleros-Klone (Näheres dazu weiter unten) wurde schon einmal erzählt – von der

US Financial Crisis Inquiry Commission (FCIC), die der US-Kongress zur Analyse der Ursachen der globalen Finanzkrise eingesetzt hatte.[3] Die FCIC hatte zwar überraschend wenig zu den daran beteiligten rechtlichen Strukturen zu sagen, machte aber die relevanten Rechtsdokumente öffentlich zugänglich, die wir daher für unsere Zwecke analysieren können.[4]

Der eigentliche Name von NC2 lautet »CMLTI 2006-NC2«, was für »Citigroup Mortgage Loan Trust 2006-New Century 2« steht. Diese Bezeichnung weist auf die Entstehung und die Elternschaft von NC2 hin. Es handelt sich dabei um einen Trust, der nach dem Recht des Bundesstaates New York gegründet wurde, im Jahr 2006 das Licht der Welt erblickte und von einem Angehörigen der Citigroup-Familie aufgelegt wurde, einer Finanzholding, deren Muttergesellschaft ebenfalls im Bundesstaat New York gegründet wurde. Der Stammbaum von NC2 lässt sich noch weiter auf New Century (NC) zurückführen, einen in Kalifornien ansässigen Hypothekenvermittler, der bereits im Frühjahr 2007 in Konkurs ging, lange bevor der Untergang von Lehman Brothers eine ausgewachsene Krise auslöste, die die globale Finanzwirtschaft fast zum Erliegen brachte. New Century hatte nicht gerade den besten Ruf auf dem Markt, und seine aggressiven Strategien bei der Vermittlung von Hypotheken, durch die Hausbesitzer in Finanzkonstrukte gedrängt wurden, die sie sich kaum leisten konnten, waren allgemein bekannt. Dennoch hinderte dies auch einige der seriöseren Banken nicht daran, Geschäfte mit ihr zu machen.

New Century vergab mit Hypotheken gesicherte Kredite, die später gebündelt in NC2 eingingen, sammelte sie und verkaufte sie schließlich gebündelt an die Citigroup's Mortgage Realty Corporation (CMRC), den Sponsor des NC2-Trusts. New Century erhielt für die Transaktion eine Prämie von 2,5 Prozent oder 24 Millionen Dollar. Der Kaufpreis der Hypotheken, die an NC2 transferiert wurden, betrug etwa 750 Millionen Dollar und umfasste 4507 Wohnhypotheken mit einem durchschnittlichen Darlehensbetrag von 210 478 Dollar. Es gab einige Variationen in der vertraglichen Ausgestaltung der Hypotheken und bei den Zinssätzen und Schuldsummen, die die Hausbesitzer zu zahlen verpflichtet waren, und dies wurde den Anlegern, die es lesen wollten, auch pflichtgemäß offengelegt.[5] Nur wenige taten dies jedoch oder waren überhaupt daran interessiert, und das vor allem aus zwei Gründen: Sie verließen sich zum einen auf die Einstufung dieser Vermögenswerte durch offiziell anerkannte Rating-Agenturen, und sie glaubten zum anderen, dass sie rechtlich gut geschützt waren.[6] Die Anleger erhielten fixe Zahlungen aus dem Gesamtbetrag, der in den Pool einging, gemäß einem Plan, der die nach ihrem jeweiligen Risikoprofil strukturierten Forderungen widerspiegelte. Der Rest der oft über 200 Seiten langen Prospekte, die von Anwälten sorgfältig ausgearbeitet wurden, um sicherzustellen, dass alle Risiken angemessen offengelegt wurden, war für sie Juristenlatein. Die Relevanz vieler in dem Dokument verborgenen Regelungen, besonders die Liste der Risikofaktoren, die von Jahr zu Jahr länger wurde, wurde erst dann offensichtlich, als es für diejenigen, die ihre Anlagen nicht schnell genug verkaufen konnten, schon zu spät war.

Erinnern wir uns, dass wir zur Errichtung eines Trusts einen Treugeber, einen Treunehmer und einen Begünstigten brauchen.[7] In der alten Zeit, als man noch Ländereien und Familiensitze in Trusts einbrachte, waren alle drei zumeist Einzelpersonen, am ehesten persönliche Bekannte, wenn nicht sogar Familienmitglieder: Ein Freund, ein Nachbar oder Verwandter des Treugebers war der Treunehmer, und der Begünstigte war der nachgeborene Sohn, die Tochter oder ein anderer Verwandter des Treugebers. Im 18. Jahrhundert übernahmen zunehmend Rechtsanwälte die Rolle des Treunehmers in Unternehmenstrusts, und im 19. Jahrhundert gesellten sich die Banken dazu. Mit der Zeit verwandelten sich die Trusts von einem Mittel zur sicheren Verwahrung von Landbesitz für Familienangehörige in Vehikel, die in viel größerem Umfang Vermögenswerte absonderten und sie vor den Kreditrisiken der Bank schützten, die als Trustverwalterin fungierte, und letztendlich in außerbilanzielle Strukturen für verbriefte Forderungen und deren Derivate.

Während die Begünstigten früher den Tod des Treugebers oder ein ähnliches Ereignis abwarten mussten, um die Kontrolle über den Vermögenswert zu übernehmen, waren die Investoren in verbriefte Forderungen weniger geduldig. Sie wollten nicht die Hypotheken, sondern fixe Zahlungen aus den Cashflows, die diese Hypotheken generieren, und ihre Fähigkeit, ihre Ansprüche in Bargeld zu verwandeln, um so ihre Gewinne zu sichern. Die Hypotheken selbst dienen nur als Sicherheiten, die von irgendeinem Mittelsmann gepfändet werden können, falls ein Kreditnehmer ausfällt; da die Investoren aber sehr diversifiziert anlegten (oder dies zumindest von sich glaubten), kümmerte es sie nicht, wenn einige Hausbesitzer nicht mehr zahlten, solange den verwendeten Modellen gemäß nicht alle gleichzeitig ausfielen und solange die Häuser derjenigen, die zahlungsunfähig wurden, ihren Wert behielten.

In ähnlicher Weise sind die Treunehmer im modernen Verbriefungsgeschäft nicht mehr Freunde oder Familienmitglieder des Treugebers, sondern Finanzintermediäre. Sie bieten ihre treuhänderischen Dienste nicht umsonst an, sondern erhalten eine Gebühr in Höhe eines geringen Prozentsatzes des Vermögenswerts. Dieses neue Mandat zur Verwaltung eines Portfolios von Vermögenswerten warf neue Fragen über die Haftung des Treunehmers auf. Die meisten davon wurden in den einschlägigen Verträgen beantwortet, die den Umfang ihrer Rechte und Pflichten, darunter auch die Beschränkung ihrer Haftung, festlegten. Wie immer wurden neue rechtliche Codierungsstrategien wie diese von Anwälten in privaten Kanzleien entwickelt; Eingang in die fallrechtliche Rechtsprechung fanden sie nur dann, wenn sie angefochten wurden, doch in Zeiten des Booms kamen Rechtsstreitigkeiten nur selten vor, und so breitete sich diese Praxis aus und wurde zu einer neuen Art und Weise, Geschäfte zu machen.

Der Trustsponsor oder Treugeber von NC2 war CMRC, eine Tochter der Citigroup, die die Hypotheken von New Century erworben hatte. Die US Bank National Association, eine in Cincinnati ansässige Privatbank, wurde als Treuhänderin benannt. Neben dieser gab es noch einen »Trustverwalter«, einen Deponenten, einen Sachwalter und einen Kreditrisikomanager. Diese verschiedenen Funktionen wurden zum Teil von anderen Tochterfirmen der Citigroup und zum Teil von Außenstehenden übernommen, und die Akteure beziehungsweise Unternehmen, die in einer dieser Funktionen an NC2 beteiligt waren, boten oft ihrerseits ihre Dienste als Außenstehende ähnlichen Trusts an, die von ihrer Konkurrenz gegründet wurden. Auf diese Weise konnten die Finanzintermediäre von allen Seiten Gebühren erheben, während sie sich selbst zugleich vor Interessenkonflikten schützten, indem sie ihre Konkurrenten für Dienstleistungen einspannten, die sie nicht selbst erbringen konnten, ohne mit dem Gesetz in Konflikt zu geraten.

Der NC2-Prospekt, der in Umlauf gebracht wurde, um Investoren anzuziehen, legt offen, in welchem Umfang die Hauptakteure von NC2 an hypothekenbesicherten Wertpapieren (MBS) gleicher Art beteiligt waren. Ihm zufolge hatte CMRC (der Sponsor) bereits Verbindlichkeiten im Wert von 50 Milliarden Dollar verbrieft, und die US Bank National Association gab bekannt, dass sie als Treunehmerin von »667 Emissionen von MBS/Prime-Wertpapieren mit einem ausstehenden Gesamtkreditbetrag von etwa 292 570 800 000 Dollar« fungierte. Der Trustverwalter, ein weiteres Tochterunternehmen der Citigroup mit dem Namen Citibank N. A., verwaltete den Angaben zufolge »mehr als 3,5 Billionen Dollar an Wertpapieren mit festen Zahlungsversprechen im Auftrag von etwa 2500 Kapitalgesellschaften weltweit«.[8]

Die Verbriefung wurde zu einem gebührenbasierten Geschäft. Der Servicer des NC2-Trusts zum Beispiel erhielt 0,5 Prozent und der Kreditrisikomanager 0,015 Prozent, multipliziert mit dem Kapitalbetrag der ausstehenden Hypothekendarlehen am Tag seiner Gründung.[9] Dies scheint nicht gerade viel zu sein, aber auch kleine Anteile summieren sich, vorausgesetzt natürlich, dass das Geschäft brummt. Die Logik der Private-Label-Verbriefung war die Massenproduktion, und ständig mussten neue Hypotheken in diese Maschinerie eingespeist werden, um sie in Gang zu halten. Darüber hinaus verließen sich die Investoren zunehmend auf die leichte Verfügbarkeit von Kapitalanlagen mit hohem Rating. Tatsächlich ergab die vom FCIC nach der Krise durchgeführte Autopsie, dass New Century und andere Hypothekenvermittler von im Verbriefungsgeschäft tätigen Banken Anfragen nach mehr Hypotheken erhielten, oft schon bevor sie diese überhaupt ausgegeben hatten.[10] Vor dem Anbruch des Verbriefungsmarkts hielten nur die US-Regierung und einige wenige Blue-Chip-Unternehmen Anleihen, die durchweg im AAA-Bereich bewertet wurden. Diese neue Codierungstechnik jedoch erzeugte sichere Anlagen auf Wunsch, indem sie die in den Pool eingehenden Vermögenswerte auswählte und die Forderungen an den Pool so tranchierte, dass immer einige dabei waren, die eine Bestnote erhielten und daher Geldmarkt- und Pensionsfonds anlockten, denen es verboten war, in sehr risikoreiche Anlagen zu investieren.[11]

Die Zahl der Hauseigentümer mit guter Bonität war jedoch nicht unbegrenzt, und so gingen die Qualitätsstandards für die Forderungen, die verbrieft wurden, zwangsläufig immer weiter zurück. Dies war kein Geheimnis; jeder, der den Prospekt von

NC2 oder anderen Zweckgesellschaften lesen wollte, konnte es erkennen.[12] CMRC, das Tochterunternehmen der Citigroup, gab im Prospekt von NC2 an, dass es sein Portfolio innerhalb von nur drei Jahren von überwiegend höherwertigen oder Prime-MBS, also Anlagen mit einem geringen Ausfallrisiko, auf ein Angebot umgestellt hatte, das zu gleichen Teilen aus Prime- und Subprime-Produkten, also solchen mit einem hohen Ausfallrisiko, bestand. Im selben Zeitraum vergrößerte die Firma ihr Gesamtportfolio von 2,9 auf 18,4 Milliarden Dollar, das heißt um den Faktor sechs, was zeigt, dass diese Expansion hauptsächlich auf die Aufnahme von Subprime-Produkten zurückzuführen war, die natürlich mit höherer Wahrscheinlichkeit ausfallen.[13]

Diese Veränderung im Portfolio der Citigroup fiel mit einem Umschwung im Gesamtmarkt zusammen. 2003 machten Subprime-Hypotheken noch 22 Prozent des Dollar-Volumens aller verbrieften Hypotheken aus. 2004 war diese Zahl bereits auf 46 Prozent gestiegen.[14] Das Risiko, das diese Praktiken für die Intermediärskette erzeugt haben, die an der Produktion von Schulden beteiligt waren, spiegelt sich am Schicksal der am NC2-Deal beteiligten Unternehmen wider. Fast alle gerieten in der Finanzkrise in eine schwere finanzielle Notlage, die nicht allein durch NC2 verursacht wurde, sondern durch die Geschäftspraktiken, für die NC2 emblematisch war. Bereits im Frühjahr 2007 meldete New Century Konkurs an. Bear Stearns sah sich, wie in Kapitel 3 erwähnt, im Frühjahr 2008 zu einer Zwangsheirat mit JPMorgan Chase genötigt. Und die Citigroup erhielt mehrere Kapitalspritzen, zunächst von den Staatsfonds ausländischer Staaten (besonders von Katar und Singapur) und schließlich von der US-Regierung selbst.[15]

So viel zur Grundstruktur von NC2, die zwar komplexer, aber immer noch die gleiche ist wie die der Trusts, denen wir schon begegnet sind. Aber was ist mit den Vermögenswerten im Pool? Auch hier können wir bemerkenswerte Fortschritte in den Codierungsstrategien feststellen, die die Verkäuflichkeit dieser Vermögenswerte verbessern sollten. Eine grundlegende Verbriefungsstruktur ist relativ simpel und ähnelt der Bündelung von Risiken und Ressourcen bei den frühen gemeinschaftlichen Vermögensgesellschaften [*joint-stock companies*], die in Kapitel 3 beleuchtet wurden. Die Ansprüche auf künftige Zahlungen aus vielen Hauskrediten, die allesamt durch Hypotheken abgesichert sind, sind wie ein Trust hinter einem rechtlichen Schutzschild platziert. Der Trust stellt dann Anlegern Wertpapiere (Zertifikate) aus. Diese besitzen nun eine Forderung, nicht allerdings an einen einzelnen Hausbesitzer, sondern an einen Pool von Darlehen, die an viele verschiedene Hausbesitzer vergeben wurden und die durch Hypotheken auf ihre Häuser abgesichert sind; dazu kommt noch, dass sie durch die Überführung der Vermögenswerte in einen Trust »insolvenzgeschützt« gegenüber seinem Sponsor sind, im Fall von NC2 der Citigroup-Tochter CMRC. Das bedeutet, dass sich die Anleger nicht darum kümmern müssen, was bei der Citigroup und ihren Tochtergesellschaften geschieht, sondern sich ausschließlich auf die Qualität der hypothekarisch abgesicherten Darlehen im Pool fokussieren können. Dabei zeigte sich allerdings, dass schon das mehr war, als die meisten Anleger leisten konnten, besonders nachdem die Forderungen an den Pool in Tranchen neu geordnet worden waren, sodass jede eine andere Auszahlungsstruktur und ein anderes Risikoprofil aufwies.

Nach diesem Modell wurden die Vermögenswerte im Hypothekenpool von NC2 tranchiert und jede Tranche separat bewertet. Durch die Anpassung der Forderungen an die Cashflows aus dem Pool konnte man unterschiedliche Anlegergruppen anlocken, jede nach ihren Fähigkeiten und jede nach ihren Bedürfnissen: Die sicherste Super-Senior-Tranche von NC2 ging für 155 Millionen Dollar an Fannie Mae, einen der staatlich gegründeten Hypothekenintermediäre (*Government-sponsored enterprises* oder GSEs).[16] Der Kauf von Senior-Tranchen erschien als ein sicheres Geschäft und brachte diesem GSE Gewinne ein. Man beachte, dass Fannie Mae hier als Käufer verbriefter Forderungen auftritt und nicht als Verbriefer – eine Funktion, die das Unternehmen früher einmal innehatte und nach der Krise wieder übernehmen sollte.

Die zweithöchste Tranche von NC2 stieß bei führenden Finanzintermediären aus den USA und aus anderen Ländern auf Interesse, darunter eine Tochtergesellschaft von JPMorgan Chase (Chase Security Lendings Asset Management), ein chinesischer Staatsfonds (die China Investment Corporation oder CIC) und sechs weitere Investmentfonds. Die dritt- und vierthöchsten Tranchen wurden von einer Mischung aus in- und ausländischen Banken und Investmentfonds erworben, zu denen unter anderem die Federal Home Loan Bank of Chicago (USA), Fidelity (USA), Société Générale (Frankreich) und die Bayerische Landesbank (eine deutsche Bank im Besitz des Freistaats Bayern) gehörten. Alle diese Institute strebten höhere Renditen an als Fannie Mae, waren aber nicht bereit, allzu viel zu riskieren. Wie sich später herausstellte, taten sie alle, einschließlich Fannie, jedoch genau das, denn als die Märkte sich drehten, entging keine Tranche der Marktflucht.

Von den Investoren in die unteren Mezzanine-Tranchen erwarb das französische Unternehmen Parvest ABS Euribor für insgesamt 20 Millionen Dollar den größten Anteil. Der erst im Jahr 2005 von der französischen Bank BNP Paribas aufgelegte Parvest-Fonds sollte den Markt für verbriefte Forderungen erobern und überdurchschnittliche Renditen erzielen. Das bedeutete natürlich, dass er in risikoreiche Anlagen investieren musste. Im Jahr 2005, als der Immobilienmarkt noch boomte, mag dies noch ratsam gewesen sein. Unglücklicherweise betrat Parvest den Markt jedoch genau auf dessen Höhepunkt; im

August 2007 fror BNP Paribas das Vermögen von Parvest und von zwei weiteren Fonds ein, was es den Anlegern praktisch unmöglich machte, ihre Investitionen abzuziehen und in Bargeld zu konvertieren.[17] Dies war einer der ersten Warnschüsse für die aufziehende Krise, etwas mehr als ein Jahr vor dem Untergang von Lehman Brothers.

Schließlich erwarb die Citigroup Global Markets (CGGM), die als Underwriter für den NC2-Deal diente, die Junior-Tranche ganz unten in den Forderungen an den Pool, um sie anschließend im Rahmen einer Privatplatzierung zu verkaufen. Die direkt darüber befindliche Tranche wurde dem Sponsor des NC2-Trusts, der Citi-Tochter CMRC, als »teilweise Vergütung für den Verkauf der Hypothekendarlehen« gewährt.[18] Interessant daran ist, dass der Sponsor des Trusts diejenigen Tranchen erwarb, die fast das höchste Risiko trugen. Dies steht im Widerspruch zu einem Geschäftsmodell, das als »Pass-Through-Modell« charakterisiert wurde, was bedeutet, dass die Hypothekenkäufer keine risikoreichen Hypotheken in ihrer eigenen Bilanz halten, sondern sie neu verpacken und als verbriefte Forderungen an andere Investoren verkaufen. Diese Praxis war auch für Regulierungsbehörden und Marktbeobachter überraschend, die zu ihrem Erstaunen feststellen mussten, dass viele Banken bei Ausbruch der Krise auf einer großen Zahl risikoreicher und mittlerweile toxisch gewordener Anlagen saßen. Dafür gibt es viele Gründe, wobei zwei davon besonders herausstechen: Um einen Handel abzuschließen, mussten alle Tranchen verkauft werden, und vielleicht ist es einfacher und billiger gewesen, die riskantesten Tranchen für eine Weile einzulagern, als einen Käufer für sie zu finden. Darüber hinaus verspricht ein hohes Risiko auch eine hohe Rendite, und einige Banken, die Verbriefungsvehikel gesponsert haben, waren von der Aussicht auf hohe Renditen möglicherweise so in den Bann geschlagen, dass sie dieses Risiko eingegangen sind. Doch auch damit blieben noch Ansprüche übrig, die nur eine Stufe über den Junior-Tranchen von NC2 rangierten, und diese gingen an einen bestimmten Investorentyp, nämlich die Kleros-Klone, denen wir weiter unten begegnen werden.

NC2 ist ein ziemlich komplexes Schuldinstrument. Es ist das Werk des Erfindungsreichtums von Vermögensinhabern und der Codierfertigkeiten ihrer Anwälte. Die rechtlichen Module für die Codierung dieser Vermögenswerte sollten uns jedoch mittlerweile vertraut sein. Sie stützen sich auf Eigentumsrechte an Grund und Boden und auf das Kreditsicherungsrecht (Hypotheken), die zur Besicherung von Grundbesitz zur Erlangung eines privaten Darlehens verwendet werden können. Sie gebrauchen Trusts und das Gesellschaftsrecht, um die hypothekenbesicherten Darlehen, das heißt ihre Vermögenswerte, hinter einem rechtlichen Schutzschild zu verbergen und sie auf diese Weise von den weiteren geschäftlichen Aktivitäten des Sponsors des Trusts zu isolieren. Und schließlich bedienen sie sich des Vertragsrechts, um die Forderungen an den Pool zu untergliedern und zu hierarchisieren, indem sie Tranchen erzeugen, die auf die Bedürfnisse unterschiedlicher Anleger zugeschnitten werden können – womit sie sicherstellen, dass alle oder zumindest die meisten davon auch Käufer finden werden. Durch die Kombination dieser rechtlichen Module auf neue Arten und Weisen wurden neue Schuldverschreibungen in Billionen-Dollar-Höhe produziert. Nachdem der Privatsektor die Verbriefung für sich entdeckt hatte, verbriefte er alle nur erdenklichen Forderungen, von Wohnhypotheken bis hin zu Forderungen aus Lieferungen und Leistungen, vom Auto bis hin zur Kreditkarte und dem Studienkredit; das ursprüngliche politische Ziel, die Kreditkosten für Hausbesitzer zu senken, ebnete also den Weg dafür, so viel Privatgeld (oder Schulden) zu münzen, wie es die Anleger verlangten, die dabei von den Rating-Agenturen massiv unterstützt wurden.

Wie wir gesehen haben, reichte das Spektrum der Tranchen von NC2 von »AAA« bis hinunter zu B-Bewertungen im unteren Bereich.[19] Die Rating-Agenturen verwendeten dabei für MBS und Derivate (die neu produzierten Vermögenswerte) die gleichen Bezeichnungen, die sie schon seit Jahrzehnten für die Bewertung von Staats- und Unternehmensanleihen verwendet hatten.[20] Dadurch entstand bei den Anlegern der Eindruck, dass das von ihnen vermutete Kreditrisiko tatsächlich mit dem dieser bekannten Anlagen vergleichbar war; in Wirklichkeit jedoch verschleierten diese Bezeichnungen den wichtigsten Unterschied zwischen beiden Anlagearten. Denn während für Staats- und für die meisten Unternehmensanleihen Entwicklungsdaten für viele Jahre, ja sogar Jahrzehnte vorliegen, gab es für forderungsbesicherte Wertpapiere (ABS) oder *Collateralized Debt Obligations* (CDOs)*, die erst vor Kurzem das Licht der Welt erblickt hatten, keine vergleichbaren langfristigen Daten. Jeder Vergleich war daher irreführend.

Dennoch haben sich die Rating-Agenturen weitgehend der Haftung für die Verwendung irreführender Labels entzogen, ebenso wie für ihre Bereitschaft, eng mit dem Sponsor zusammenzuarbeiten, um sicherzustellen, dass die richtige Mischung aus sicheren und risikobehafteten Anlagen entsteht, sobald sie mir ihren Einstufungen fertig waren, oder für ihr Versäumnis, ihre Ratings herabzusetzen, wenn die Märkte sich zu drehen begannen. Der Grund dafür ist einmal mehr im Recht zu suchen; in den USA haben sich die Rating-Agenturen nämlich erfolgreich mit dem Argument verteidigt, dass sie im Geschäft der Ver-

* [Hierbei handelt es sich um Papiere, die durch einen weiteren Verbriefungsprozess entstehen, bei dem forderungsbesicherte Wertpapiere aus verschiedenen Trusts in einen weiteren Trust beziehungsweise eine Gesellschaft mit beschränkter Haftung eingebracht werden, der diese CDOs dann an Investoren emittiert; Anm. d. Übers.]

breitung von Meinungen tätig sind und dass ihre Äußerungen daher den Schutz der Meinungsfreiheit im Sinne des Ersten Zusatzes zur Verfassung der Vereinigten Staaten genießen sollten.[21] Der Umstand, dass sie für ihre »Meinungen« von Banken und anderen Kunden Vergütungen erhielten, die weit über die Einnahmen anderer Meinungsmacher wie etwa gewöhnlicher Nachrichtenkanäle hinausgingen, hinderte die Gerichte nicht daran, ihnen diesen verfassungsmäßigen Schutz zuzugestehen. Nach der Krise haben sich einige US-Gerichte allerdings von dieser Auffassung distanziert und Ratings, die die breite Öffentlichkeit nicht erreichen, als »*commercial speak*«, »werbliche Äußerungen«, bezeichnet, eine Kehrtwende, die die Anfälligkeit dieser Agenturen für Haftungsansprüche in Zukunft erhöhen dürfte.

Die Produktion konvertierbarer Wertpapiere

Wie bereits erwähnt, handelt es sich bei NC2 um ein komplexes und kompliziertes Produkt, das sich der grundlegenden rechtlichen Module des Codes, allerdings in veränderter Form, bedient hat. Wäre es in früheren Jahrhunderten oder auch nur vor einigen Jahrzehnten codiert worden, dann wäre dieses Produkt vielleicht von den Gerichten kassiert worden, weil die Vermögenswerte in NC2 für Trusts nicht zulässig gewesen wären oder weil seine Struktur ein zu durchsichtiges Manöver zur Umgehung verbindlicher Insolvenzregeln war.[22] Ohne zusätzliche Steuervergünstigungen, die speziell dafür geschaffen worden waren, um sicherzustellen, dass Trusts, die tranchiertes Vermögen enthielten, steuerfrei blieben, wäre NC2 zudem möglicherweise niemals wirtschaftlich rentabel gewesen. Mit anderen Worten, NC2 ist, ebenso wie andere durch Hypotheken auf Wohnimmobilien besicherte Wertpapiere (*Residential Mortgage-Backed Securities*, kurz RMBS), das rechtliche Steroid schlechthin: Es wurde im Recht erzeugt und lebt von einer extralegalen Förderung, die anderen Vermögenswerten nicht zur Verfügung steht.

Um besser zu erkennen, wie viel rechtliche Codierung im Laufe der Zeit den Schuldinstrumenten beigegeben wurde, um Ansprüche auf zukünftige Zahlungen in handelbare Wertpapiere umzuwandeln, die auf Verlangen in Staatsgeld konvertiert werden können, ist es sinnvoll, im 12. Jahrhundert zu beginnen, als Schuldverschreibungen erstmals übertragbar wurden. Ein *Schuldschein* ist eine schriftliche Erklärung des Inhalts »I owe you« (IOU) (zu Deutsch: »Ich schulde Ihnen«), und zwar den festgelegten Betrag. Es handelt sich dabei um einen simplen Schuldvertrag zwischen zwei Parteien. Jeder kann einen IOU ausstellen, aber nicht jeder davon wird letztendlich einen Abnehmer finden, und selbst die, denen es zunächst gelingt, können ihn im Laufe der Zeit wieder verlieren.[23] Im 12. Jahrhundert tauchten in Genua, einem wichtigen Handelsplatz und Hafen an der Nordwestküste Italiens, regelmäßig neue Schuldversprechungen auf: Ein Käufer von Waren gab das schriftliche Versprechen ab, den Verkäufer oder »Ihren Boten« zu bezahlen. Diese beiden zusätzlichen Wörter, einem einfachen Schuldschein hinzugefügt, ermöglichten es den Parteien, das gesetzliche Verbot der Übertragung ihrer vertraglichen Verpflichtungen auf einen Dritten zu umgehen.

Heute mag ein solches Verbot vielen als merkwürdig erscheinen. Die globalen Schuldenmärkte haben ein Volumen von vielen Billionen Dollar erreicht, die per Tastendruck in Sekundenbruchteilen bewegt werden. Doch selbst heute noch können nicht alle vertraglichen Verpflichtungen frei an andere übertragen werden. Ein Vertrag ist eine Beziehung zwischen zwei Personen, die möglicherweise viel Zeit darauf verwendet haben, genau auszuwählen, mit wem sie vertragliche Verpflichtungen eingehen wollen. Forderungen von Gläubigern sind heute in den meisten Rechtsordnungen auch ohne die ausdrückliche Zustimmung des Schuldners standardmäßig voll übertragbar, aber umgekehrt gilt dies nicht: Eine Hausbesitzerin kann zum Beispiel nicht einfach ihre Hypothek auf den Käufer ihres Hauses übertragen; vielmehr wird dieser seinen eigenen Darlehensgeber finden müssen.

Wechsel sind Schuldscheine auf rechtlichen Steroiden. Sie werden von Händler zu Händler weitergereicht, wobei jeder davon sie als Zahlungsmittel akzeptiert und sie dann zur Bezahlung seiner eigenen Außenstände verwendet. Mit ihrer Unterzeichnung übernehmen sie die volle Zahlungsverpflichtung für den auf ihnen angegebenen Betrag. Wer einen Wechsel erwirbt, kann sich an jeden wenden, der ihn vorher unterschrieben oder indossiert hat, und die Zahlung des gesamten darauf vermerkten Betrags verlangen. Der Wechselinhaber muss nicht erst die Vollstreckung beim ursprünglichen Schuldner anstreben, und er muss auch nicht auf die Einrede hören, dass der Vertrag, für den der Wechsel akzeptiert und unterzeichnet wurde, niemals erfüllt worden ist; ja, die Personen, von denen die Zahlung verlangt wird, können noch nicht einmal ins Feld führen, dass der Wechsel gestohlen wurde.[24] Mit der Unterzeichnung des Wechsels übernimmt der Indossant eine Haftung, die unabhängig von der Vertragsbeziehung besteht, für die er den Wechsel angenommen hat.

Der berühmte englische Richter Lord Mansfield erklärte im Jahr 1794 den Unterschied zwischen Schuldschein und Wechsel wie folgt:

> Ein Schuldschein bleibt in seiner ursprünglichen Form als Versprechen einer Person, einen anderen zu bezahlen, fortbestehen und hat keine Ähnlichkeit mit einem Wechsel. Diese Ähnlichkeit setzt erst ein, wenn der Letztere indossiert ist, *denn dann ist er eine Anweisung des In-*

dossanten an den Aussteller des Wechsels (seinen Schuldner, wie auf dem Wechsel angegeben), den Indossaten zu bezahlen. Dies ist die eigentliche Definition eines Wechsels.[25]

Diese besondere Eigenschaft, im Juristenjargon »Begebbarkeit« genannt, macht Wechsel fungibel und dem Staatsgeld ähnlich. Zwar könnte tatsächlich jeder der früheren Indossanten ausfallen, aber die Wahrscheinlichkeit, dass der Gläubiger den Wechsel in Bargeld konvertieren kann, ist dennoch viel höher, wenn er gegen mehrere Indossanten vollstrecken kann, als wenn er sich allein auf den ursprünglichen Schuldner verlassen müsste. Und durch den Wegfall des Erfordernisses, sich zuerst an den ursprünglichen Schuldner zu wenden, wurden die Transaktionskosten für die Durchsetzung von Wechseln stark reduziert.

Wechsel wurden im großen Stil dafür verwendet, um Gelder, ausstehende Schulden oder Vorauszahlungen zu übertragen und Kredite unter Käufern und Verkäufern, Produzenten und Händlern zu vergeben, ohne dabei haufenweise Gold- oder Silbermünzen von einem Ort zum anderen befördern zu müssen. In der Folge entwickelten sie sich zu einem vollwertigen Zahlungssystem für den Fernhandel in ganz Europa. Lokale Händler operierten durch Mittelsmänner in entfernten Handelszentren und wiesen sie an, andere für die ihnen entstehenden Aufwendungen zu bezahlen. Wechsel wurden von Hand zu Hand weitergereicht und dabei in immer länger werdenden Ketten von Zahlungsverpflichtungen indossiert. Sie bildeten die Grundlage der ersten nationalen und internationalen Zahlungsverkehrssysteme, lange bevor Banken und Zentralbanken auf diesem Gebiet das Kommando übernahmen.

Am Ende des 17. Jahrhunderts war es üblich geworden, Wechsel für Waren zu ziehen, die erst zu einem späteren Zeitpunkt verkauft (oder hergestellt) wurden. Diese Art der »Akzeptfinanzierung« wurde bald zu einer der geläufigsten Verwendungsweisen des Wechsels. Sie verwandelte ihn von einem Zahlungsmittel in ein Schuldinstrument, was die Ähnlichkeit zwischen (privatem) Geld und Schulden illustriert.[26] Die Handelsbanken spielten bei der Annahme von Wechseln gegen Bargeld eine zentrale Rolle und erleichterten damit die Konvertierung von Kreditforderungen in Bargeld auf Verlangen. Sie übernahmen das Risiko, die ausstehenden Schulden einzutreiben, und schützten sich selbst dadurch, dass sie Wechsel nicht zum Nennwert, sondern mit einem Abschlag ankauften. Im Finanzjargon ausgedrückt: Sie übernahmen die Rolle von Eigenhändlern, die anderen Liquidität zur Verfügung stellten und das Liquiditätsrisiko auf sich nahmen.

Wechsel waren zudem auch ein bequemes Mittel, um die Rechtsvorschriften gegen den Wucher zu umgehen, die Zinsen verboten oder zumindest die Zinssätze begrenzten. Verkäufer, die einen Wechsel anstelle einer Zahlung akzeptierten, verlangten in der Regel einen Betrag, der den Preis der Ware überstieg, und die Händlerbanken diskontierten sie ebenfalls. Dies mag zwar wie ein Zins aussehen, konnte vor der Anti-Wucher-Politik jedoch bestehen, da es eher als Risikoprämie denn als Gebühr für den Zeitwert des Geldes betrachtet wurde. Geld für Zeit zu verlangen, die nach der kirchlichen Lehre von Gott geschaffen worden war, war als unmoralisch verboten.[27] Nicht jede Regulierungsarbitrage aus dem Bereich der Wuchergesetze hatte jedoch vor den Gerichten Bestand, die sie überwachten, und zwar weder vor den kanonischen noch vor den weltlichen. Transaktionen, bei denen zwischen zwei Parteien Wechsel hin- und hergeschoben wurden, ohne dass Waren ausgetauscht wurden, nur um aus den Kursdifferenzen Profite zu schlagen, wurden als »trockene Wechsel« verdammt und für nichtig erklärt.[28] Diese und ähnliche Restriktionen sind mittlerweile vergessen und haben Carry Trades, das heißt spekulative Transaktionen, deren Gewinne auf unterschiedlichen Zinssätzen beziehungsweise auf

Wechselkursen beruhen, von einstmals verbotenen Transaktionen in äußerst lukrative Geschäfte verwandelt.[29]

Das Aufkommen und der weitverbreitete Gebrauch von Wechseln werden oft als Beweis für das *Lex mercatoria* angeführt – ein Bündel rein privater Geschäftspraktiken, die den Fernhandel aufrechterhielten, ohne sich dabei auf den Staat, seine Gesetze oder seine Zwangsbefugnisse zu verlassen. Das Ausmaß und die Reichweite des *Lex mercatoria* scheint jedoch von Autoren des 19. Jahrhunderts übertrieben und romantisiert worden zu sein, die es als Beleg für ihre These heranzogen, dass der Handel am besten sich selbst überlassen bleibt und der Staat von der Regulierung des Finanzsektors Abstand nehmen sollte.[30] Es besteht kaum ein Zweifel daran, dass die Ursprünge des Wechsels in der privaten Praxis liegen. Handelsbankiers verdienten Geld durch die Annahme und Diskontierung von Schuldscheinen und Wechseln; sie legten die Standards dafür fest, was sie akzeptieren und wie stark sie solche Schuldforderungen diskontieren würden. Dennoch wäre dieses Zahlungsverkehrssystem ohne die rechtliche Unterstützungsstruktur, die ihm Stadtherren und Gerichte haben angedeihen lassen, höchstwahrscheinlich einen frühen Tod gestorben. Die Indossanten eines Wechsels hätten sich einfach weigern können zu zahlen, in der Hoffnung, dass ein örtliches Gericht diesen als gewöhnlichen Schuldschein behandeln würde, der gegen den ursprünglichen Schuldner vollstreckt werden müsste. Tatsächlich ging die Ausbreitung des Wechsels überall in Europa mit seinem gesetzlichen Schutz in den großen Handelsstädten einher und markierte die Ausweitung des Handels und der Handelsfinanzierung.[31] Die Stadträte waren voll besetzt mit Kaufleuten, die, wenig überraschend, den rechtlichen Schutz für dieses Instrument, von dem ihr Geschäft abhing, unterstützten. Die frühen gesetzlichen Regelungen wurden schließlich in das nationale Recht aufgenommen und fanden am Ende ihren Weg in ein internationales Abkommen, das 1930 unter der Schirmherrschaft des Völkerbunds verabschiedet wurde.[32] Zu diesem Zeitpunkt war jedoch schon der Aufstieg eines neuen Zahlungsverkehrssystems festzustellen, und der Wechsel erlebte seinen langsamen Niedergang als das erste Schuldinstrument mit transnationaler Reichweite; bald traten andere private Vermögenswerte an seine Stelle, darunter auch forderungsbesicherte Wertpapiere und ihre Derivate.[33]

Vom Wechsel zur verbrieften Forderung

Schuldscheine und Wechsel sollten den Handel erleichtern. Sie konnten aber auch in Vermögenswerte umgewandelt werden, die ausschließlich für die Finanzspekulation genutzt wurden, wie es das oben angeführte Beispiel des »trockenen Wechsels« zeigt. Als die Banken erstmals in Erscheinung traten, boten sie keine Einlagemöglichkeiten an, sondern stellten Schuldscheine für willige Käufer aus und nutzten die Erlöse daraus für ihre eigenen Investitionen, obgleich sie den Inhabern dieser Schuldscheine auf Verlangen eine prompte Zahlung in Form von Münzen (also Gold oder Silber) zusicherten. Nachdem die Staaten Monopole für die Ausgabe von Banknoten errichtet hatten, fanden die Privatbanken, denen dies nun untersagt war, darin eine Lösung, dass sie Einlagenkonten für ihre Kunden einrichteten. Obwohl diese funktional gesehen das Äquivalent zur Ausgabe eines Schuldscheins sind, der auf Verlangen die Zahlung in Sachwerten verspricht, hielten die Einlagenkonten der juristischen Musterung stand und sind seither zum Standard für die Aufnahme von Geldmitteln aus der allgemeinen Öffentlichkeit geworden – ein weiteres Beispiel für eine effektive regulatorische Arbitrage.[34]

Die Konkurrenz im Finanzsektor wird immer einige dazu anspornen, neue Wege des Geldverdienens zu finden. Staatsgeld ist langweilig, wie einem jeder Bankier bestätigen wird; es kann als Tauschmittel und zur Wert*aufbewahrung* verwendet werden, aber es *erzeugt* keinen großen Gewinn. Während jedes Lehrbuch über das Bankwesen die Finanzintermediation als den Prozess beschreibt, durch den die Ersparnisse der Haushalte in produktive Investitionen geleitet werden, wurden durch die Prägung von Schulden immer schon mehr Profite erzielt. Dieses Privatgeld ist allerdings mit einem Risiko behaftet, das staatliche Gelder nicht haben, und das ist das Liquiditätsrisiko. Nur staatliches Geld gibt es potenziell in unbegrenzten Mengen; das private hingegen wird durch die Bereitschaft anderer privater Akteure limitiert, es zu akzeptieren, und diese hängt wiederum von ihren Aussichten auf zukünftige Erträge ab. Indem man die private Verschuldung in die Module des rechtlichen Codes des Kapitals kleidet, kann man das Liquiditätsrisiko für eine Weile, aber nicht für immer verstecken. Sobald Anleger erkennen, dass sie entgegen ihren Erwartungen ihre aufgekauften Schulden nicht in Bargeld umwandeln können, suchen sie den Ausstieg; und wenn dies viele gleichzeitig tun, löst das eine Finanzkrise aus.

Wechsel waren liquider als Schuldscheine, weil ihre rechtliche Codierung jeden, der sie indossiert hat, davon ausschließt, diejenigen Rechte dem jeweiligen Inhaber des Wechsels gegenüber geltend zu machen, die dem Schuldner eines einfachen Schuldscheins zur Verfügung stehen würden. Die Rechte der Schuldner aus dem zugrundeliegenden Vertrag zu begrenzen und sie zur Barzahlung auf Verlangen zu verpflichten ist eine Möglichkeit, allerdings keine Garantie dafür, die Liquidität eines Vermögenswertes zu verbessern. Einzelne Schuldner können natürlich ausfallen, doch wenn es eine hinreichend lange Kette von ihnen gibt, kann dieses Risiko bis zu einem gewissen

Grad gemindert werden. Bei manchen Vermögenswerten musste jedoch mehr dafür getan werden, um sie leicht handelbar zu machen. Grund und Boden ist dafür ein typisches Beispiel; er ist der stabilste und am wenigsten liquide Vermögenswert, den man sich vorstellen kann. Er verbleibt an Ort und Stelle, und zudem verlangen die meisten Rechtssysteme, dass Änderungen in den Besitzverhältnissen registriert werden müssen, in der Regel in lokalen Grundbüchern, ebenso wie jedes Sicherungsrecht (oder ähnliche Rechte) an dem betreffenden Besitz. Und doch war es lange Zeit verlockend, den Wert des Bodens zu monetarisieren und Landrechte in handelbare Wertpapiere zu verwandeln. Wir sind mit der Rechtstechnik bereits vertraut, mit der dieses Kunststück vollführt wird, nämlich der Verbriefung. Die Verbriefung von Hypotheken wandelt einen Anspruch auf die Rückzahlung eines Darlehens, das durch den Wert des Hauses abgesichert ist, in einen Anspruch auf künftige Cashflows um, die der Schuldner in Erfüllung seiner Darlehenspflichten generiert, und dieser Anspruch kann gehandelt und somit in Bargeld konvertiert werden, solange es willige Käufer für ihn gibt.

Die Ehre dafür, die Verbriefung von Grund und Boden erfunden zu haben, gebührt allerdings nicht der Ginnie Mae, die Anfang der 1970er Jahre die Hypothekenverbriefung in den USA auf den Weg gebracht hat, sondern ausgerechnet dem Staat Preußen unter Friedrich dem Großen – ansonsten nicht gerade ein Epizentrum des finanzwirtschaftlichen Innovations- und Unternehmergeistes. Um die Mitte des 18. Jahrhunderts ging das Land siegreich aus dem Siebenjährigen Krieg hervor, den es bis 1763 gegen alle europäischen Mächte, darunter Frankreich, Österreich, Sachsen, Schweden und Russland, geführt hatte. Doch dieser Sieg hatte einen hohen Preis: Die kriegführenden Truppen hatten Ackerland in Schlachtfelder verwandelt, und das führte dazu, dass sich die Mitglieder des ostpreußischen Adels, des Urgesteins der preußischen Monarchie, nicht nur tief verschuldeten, sondern auch nicht in der Lage waren, ihre Gläubiger zu bedienen. Viele waren gezwungen, Teile ihres Besitzes zu Niedrigstpreisen zu veräußern, was, wäre es bis zum bitteren Ende so weitergegangen, den Landadel in die Knie zu zwingen drohte – und mit ihm möglicherweise auch die preußische Monarchie.

In dieser prekären Lage entwickelte ein Berliner Kaufmann namens Bühring einen Plan zur Monetarisierung des adligen Grundbesitzes.[35] Sein Kalkül war einfach: Preußen verfügte über zwei bedeutende Reichtümer – Bargeld (Staatsgeld) und Land, wobei der Wert des Landes etwa zehnmal so hoch war wie der des Geldes. Wenn es nun möglich wäre, den Wert des Landes zu monetarisieren, dann könnten die Probleme Preußens einfach gelöst und die Zukunft der Monarchie gesichert werden. Es gelang ihm, einen skeptischen König Friedrich II. zu überzeugen, der später zugestand, dass das System 400 der »besten Familien« Schlesiens vor dem Ruin bewahrt hätte.[36]

Die Grundidee hinter diesem Plan ähnelte der heutigen Hypothekenverbriefung: Vermögenswerte werden gebündelt und in ein juristisches Gefäß überführt, das handelbare Anteile ausgeben kann, deren Wert durch ebenjene Vermögenswerte im Pool abgesichert wird. In Preußen wurde somit ein »Kreditverein« (»Landschaft« genannt) gegründet, dem die verschuldeten Landbesitzer als Mitglieder beitraten; tatsächlich war die Mitgliedschaft in der »Landschaft« sogar verpflichtend. Sie übernahmen die gemeinsame Haftung für die Tilgungs- und Zinszahlungen für die vom Verein ausgegebenen Schuldtitel. Jedes Mitglied konnte beantragen, solche Titel in Höhe von einem Drittel bis zur Hälfte des geschätzten Wertes des Familienguts des Mitglieds zu erhalten und diese Zertifikate dann zur Bedienung seiner »lästigen Gläubiger«[37] zu verwenden. Der König unterstützte diesen Plan mit einer Bürgschaft in Höhe von 200 000 Talern.

Die Kreditgenossenschaft wurde zu einem großen Erfolg und löste eine ganze Bewegung des genossenschaftlichen Bankwesens in Deutschland aus. Innerhalb eines Jahres wurden die Zertifikate auf einem liquiden Markt mit einem Aufschlag gehandelt, und bald wurden ähnliche Genossenschaften von Städten und Gemeinden in ganz Deutschland gegründet. Einige halfen den Leibeigenen dabei, das Geld aufzubringen, das sie bei ihrer Freilassung ihren ehemaligen Herren schuldeten, während andere als Hypothekenbanken fungierten, die den Bauboom in den Handelszentren mitfinanzierten. Ein 1894 im *Quarterly Journal of Economics* veröffentlichter Aufsatz drängte die amerikanische Politik dazu, sich dieses System genauer anzusehen, was aber noch einige Jahrzehnte auf sich warten ließ.[38]

Im Jahr 1968 ermächtigte eine Novelle des US-Wohngesetzes die GSEs zur Verbriefung von Krediten, die durch Hypotheken abgesichert waren, die sie von privaten Banken aufkauften. Die politische Überlegung dahinter war, dass eine Verbriefung das Risiko diversifizieren und dadurch die Kreditkosten für Hausbesitzer senken würde. Für Familien mit niedrigem Einkommen garantierten die GSEs außerdem gegen eine Gebühr die Performance der verbrieften Forderungen. Als jedoch private Akteure den Markt für mit Hypotheken auf Wohnimmobilien besicherte Wertpapiere (RMBS) übernahmen, fungierten die GSEs fortan auch als Käufer von Tranchen von Verbriefungsstrukturen, die von privaten Parteien geschaffen wurden, und zwar üblicherweise der höherrangigen Tranchen.

Durch den Kauf von Tranchen von NC2 und ähnlichen Gebilden trugen die GSEs dazu bei, die Private-Label-Verbriefung zu fördern. Als staatlich gegründete Einrichtungen konnten sie auf den internationalen Kreditmärkten Fremdkapital zu einem geringeren Preis aufnehmen als die privaten Intermediäre, weil die Anleger davon ausgingen, dass die US-Regierung hinter diesen Gebilden stehen würde. Sie verliehen ihnen auch deshalb ihr Gütesiegel, weil sie nur Anlagen kauften, die ihren Standards entsprachen (welche im Laufe der Zeit allerdings erheblich gelockert wurden), was die Marktfähigkeit dieser Vermögenswerte weiter förderte. Eine gewisse Ironie liegt darin, dass das Verbriefungsgeschäft im Nachgang der Krise wieder in den Schoß der GSEs zurückgefallen ist. Fannie Mae und Freddie Mac wurden im Sommer 2008 unter staatliche Zwangsverwaltung gestellt, das juristische Äquivalent zu lebensverlängernden Maßnahmen, und in diesem Zustand befinden sie sich nach wie vor.[39] In den ersten beiden Monaten des Jahres 2018, zehn Jahre nach Ausbruch der Krise und mit den GSEs noch immer unter staatlicher Kontrolle, waren sie für fast 97 Prozent aller Emissionen hypothekenbesicherter Wertpapiere verantwortlich.[40]

Die preußischen und amerikanischen Verbriefungsprogramme unterschieden sich in mehreren Hinsichten. Im Falle Preußens war die Zweckgesellschaft als Genossenschaft organisiert, die die Schuldner zu ihren Mitgliedern hatte, und nicht als hirnloses Wesen, das niemandem gehörte, wie im Falle von NC2. Darüber hinaus wurden die von der preußischen »Landschaft« ausgestellten Zertifikate dazu verwendet, die existierenden Gläubiger zu bezahlen, statt neue Anleger anzulocken. Die Grundidee einer Risikobündelung zur Senkung der Kreditkosten ist jedoch die gleiche. Und es gab noch eine weitere Gemeinsamkeit zwischen diesen beiden Verbriefungsstrategien: die Rückendeckung durch den Staat. Wie bereits erwähnt, unterstützte der preußische Monarch das System, wenn auch nur widerwillig, mit 200 000 Reichstalern. In den USA wurde die Hypothekenverbriefung durch staatliche oder staatlich gegründete Entitäten unterstützt, von denen einige mit einer ausdrücklichen Staatsbürgschaft versehen waren. Darüber hinaus erhielten die Private-Label-Verbriefungsgesellschaften in den USA eine Steuerbefreiung für die von ihnen gegründeten Zweckgesellschaften, eine Finanzhilfe namens REMIC (»*Real Estate Mortgage Investment Conduits*«).[41]

Das Ausmaß der Verbriefung von Landbesitz im Preußen des späten 18. Jahrhunderts verblasst natürlich im Vergleich zum Verbriefungsgeschäft in den USA vor dem Crash von 2008. Tatsächlich ist der Umstand bemerkenswert, dass die Verbriefung von Hypotheken ungeachtet der rechtlichen Hindernisse, die ihr entgegenstanden, überhaupt in Schwung kam. Denn faktisch bedurfte es aufseiten der Finanzindustrie nicht nur juristischen Einfallsreichtums, sondern auch Gerissenheit, um sie zu überwinden, allen voran das gute alte Grundstücksrecht.

In den USA wird das Bodenrecht von den Bundesstaaten und nicht vom Bund geregelt, und die Grundbücher werden lokal und nicht national geführt. Dieses Recht wurde so konzipiert, dass wenig Zweifel daran bestehen sollten, wer zu einem gegebenen Zeitpunkt ein bestimmtes Stück Land besitzt oder ein Quasi-Eigentumsrecht, wie etwa eine Hypothek, daran innehat. Diese Regularien waren jedoch nicht auf einen Massenmarkt für handelbare MBS ausgelegt. Der Privatsektor nutzte provisorische Lösungen, um diese Hindernisse zu umgehen, doch einige Intermediäre verfingen sich in den rechtlichen Fallstricken des Grundstücksrechts – die meisten davon jedoch erst nachdem die Krise eingesetzt hatte.

Am 5. Juli 2007 ließ die U. S. Bank, die Treunehmerin einer Verbriefungszweckgesellschaft, das Haus von Mr. Antonio Ibanez zwangsvollstrecken.[42] Dieser, ein Veteran der amerikanischen Streitkräfte, hatte das Haus Ende 2005 gekauft, ein Darlehen aufgenommen und seinem Gläubiger, Rose Mortgage, eine Hypothek gegeben. Letzterer fasste dann das Darlehen und die Hypothek mit anderen zusammen und verkaufte sie, wobei das Feld für den Namen des Käufers in den entsprechenden Dokumenten leer blieb. Diese gingen schließlich an die Option One Mortgage Corporation (Option One), die als Inhaberin der

Hypothek für das Haus von Mr. Ibanez im Grundbuch eingetragen war. Noch bevor ihr Titel ins Grundbuch eingetragen wurde, trat Option One den betreffenden Pool jedoch »blanko« an einen weiteren Intermediär ab.

Den später bei Gericht eingereichten Unterlagen zufolge »übertrug Option One die Ibanez-Hypothek an die Lehman Brothers Bank, FSB, die sie an Lehman Brothers Holdings Inc. übertrug, die sie dann an die Structured Asset Securities Corporation übertrug, die diese Hypothek dann, im Verbund mit etwa 1220 weiteren Hypothekendarlehen, an die U.S. Bank als Treunehmerin der von der Structured Asset Securities Corporation ausgegebenen Hypotheken-Pass-Through-Zertifikate, Serie 2006-Z, übertrug«.[43]

In den Dokumenten, die die U.S. Bank dem Gericht vorlegte, um ihre eigenen Ansprüche zu beweisen und ein eindeutiges Eigentumsrecht an der Immobilie zu erlangen, fand sich nicht ein einziger Name dieser Unternehmen. Als Mr. Ibanez in Zahlungsverzug geriet, führte die U.S. Bank die Zwangsvollstreckung der Immobilie nach dem Recht des Staates Massachusetts durch: Sie ließ im *Boston Globe* eine öffentliche Bekanntmachung über die bevorstehende Maßnahme abdrucken und pfändete das Haus.[44] Anschließend reichte sie Klage vor dem örtlichen Gericht ein, um Besitzrechtsurkunden frei von jeglichen Ansprüchen des Vorbesitzers oder Dritter zu erhalten.[45] Was wie eine Nebensächlichkeit aussah – die Unterlagen, die zur Dokumentation des Eigentumstitels benötigt wurden –, wurde zu einem großen juristischen Problem, als ein Richter sich weigerte, die oben genannten Praktiken durchzuwinken und einen »*clean title*«, also einen Eigentumstitel frei von den Ansprüchen Dritter, zu gewähren.

Ein solcher Titel ist aber von entscheidender Wichtigkeit, um dem Rest der Welt zu zeigen, dass der betreffende Grundbesitz von konkurrierenden Rechtsansprüchen gesäubert wurde. Nur dann kann ein künftiger Käufer sicher sein, dass er das vollständige Eigentumsrecht erwirbt, also einen Prioritätsanspruch, der gegen den Rest der Welt durchsetzbar ist. Im Fall Ibanez weigerte sich der Richter jedoch, im Nachgang der Zwangsvollstreckung die beantragte rechtliche Säuberung vorzunehmen, und der Oberste Gerichtshof von Massachusetts bestätigte sein Urteil im Jahr 2011. Die Argumentation des Gerichts war ziemlich eindeutig: Das geltende Recht ermöglicht die Abtretung von Eigentumsrechten an Grund und Boden, darunter auch Hypotheken, erfordert jedoch die Angabe des Abtretungsempfängers. Eine Blankoabtretung ist unzureichend, ja nach geltendem Recht sogar ungültig. Darüber hinaus muss in einer Abtretung die spezifische Hypothek aufgeführt werden, die abgetreten werden soll; das Pooling von Hypotheken ist zwar erlaubt, aber die Behauptung, dass eine Hypothek im Pool liegt, ohne dass sie spezifisch aufgeführt wird, reicht nicht aus, da diese ihrem Inhaber die Befugnis gibt, gegen einen Hausbesitzer eine Zwangsvollstreckung anzustrengen. Die einzige rechtsgültige Abtretung in diesem Fall war daher die erste von Rose Mortgage an Option One.[46] Laut Gericht hielt Option One die Hypothek nun treuhänderisch für andere Anleger, und folglich hatte diese Firma auch das alleinige Recht zur Zwangsvollstreckung. Im Gegensatz dazu besaß die U.S. Bank kein gültiges Prioritätsrecht an Mr. Ibanez' Immobilie; sie hätte niemals zwangsvollstrecken dürfen und war nun vom Erhalt eines sauberen Titels ausgeschlossen.

Dieser Fall brachte die Finanzindustrie mit ihrem Hunger nach sicheren Anlagen gegen die (oder zumindest einige) Gerichte als Hüter der gesetzlichen Vorschriften und der Rechtssicherheit auf. Die Branche warf den Gerichten vor, zu formalistisch zu sein und nicht zu verstehen, dass moderne Fremdkapitalmärkte andere Regeln erfordern. Die Gerichte wiederum verwiesen auf althergebrachte Rechtsgrundsätze und bürdeten die

Last ihrer Einhaltung der Finanzindustrie auf. Vielleicht waren die an diesem Geschäft beteiligten Parteien besonders nachlässig; im Nachhinein wurde allerdings allgemein bekannt, dass die Backoffices der Finanzintermediäre häufig gar nicht in der Lage waren, mit den Geschäften, die in den Frontoffices abgeschlossen wurden, Schritt zu halten.[47]

Letztendlich läuft der Konflikt auf die grundlegende Frage hinaus, wer die Glaubwürdigkeit gesetzlich verankerter Prioritätsrechte sicherstellen soll. Sosehr die Finanzindustrie auch auf »eindeutige Eigentumsrechte« angewiesen sein mag, um einen Markt für MBS aufrechtzuerhalten, so kann dies doch kaum bedeuten, dass sie die Regeln dafür bestimmen darf, wer einen Grundbesitz als Sicherheit oder als Eigentum beanspruchen kann. Es mag zwar wenig Anlass dazu geben, Mr. Ibanez zu beweinen, der immerhin seine Hypothek nicht mehr bedient hat, doch fest steht, dass Hausbesitzer davor geschützt werden müssen, dass irgendein Finanzintermediär ihr Zuhause zwangsvollstreckt, von dem es – in Ermangelung eindeutiger Dokumente – möglicherweise sogar mehr als einen gibt.

Wäre das Urteil im Fall Ibanez 2004 und nicht 2011 ergangen, dann hätte es wahrscheinlich eine große Delle auf dem MBS-Markt verursacht. Zum Glück für die Finanzindustrie fiel der Urteilsspruch aber erst nach der Krise. Auch früher schon war es zu zweifelhaften Zwangsvollstreckungsmaßnahmen gekommen, doch nur wenige Richter oder Schuldner haben die Praktiken der Branche kritisiert. Die Gerichte erlaubten es Banken, die keine ordnungsgemäßen Dokumente vorlegen konnten, sich auf den Verlust des Darlehensvertrags zu berufen, auch wenn sie niemals einen erhalten hatten, auf dem überhaupt vorschriftsgemäß ihre Namen vermerkt gewesen wären.

Um einige der rechtlichen Bedenken zu zerstreuen, entwickelte die Finanzindustrie ihre eigene Lösung: Sie gründete eine Briefkastenfirma, die sich von Anfang bis Ende als Hypothekeninhaberin ausgab, selbst wenn die Darlehen selbst den Besitzer wechselten.[48] Somit war es nicht erforderlich, eine ordnungsgemäße Dokumentationskette zu pflegen oder jeden neuen Hypothekeninhaber neu ins Grundbuch einzutragen. Der Name dieser Briefkastenfirma war Mortgage Electronic Registration Systems oder MERS, ein Unternehmen, das sich im 100-prozentigen Besitz einer Muttergesellschaft befand, die von den Hauptakteuren auf dem Verbriefungsmarkt gegründet worden war. MERS beschäftigte keine Mitarbeiter und delegierte die Aufgabe der Registrierung von Hypotheken in ihrem Namen an die Banken, die die Hypothek ausgaben.[49] Das Unternehmen selbst diente dabei lediglich als juristische Person, die ihre Geschäftstätigkeit an die Finanzindustrie auslagerte. Zwar blieben einige Zweifel daran bestehen, ob tatsächlich mit jedem Übernehmer des Darlehens entlang der Kette ein echtes rechtliches Vertretungsverhältnis zustande gekommen war, doch in dem Bestreben, den Weg für Massenmärkte für Hypotheken zu ebnen, ließ die Branche diese Frage beiseite und setzte stattdessen ein riesiges Programm in Gang, das erst hinterfragt wurde, nachdem die Zahl der eingereichten Klagen inmitten der Krise in die Höhe geschossen war.[50] Wenn, wie einige behauptet haben, die Verkaufsseite der Finanzindustrie darauf gesetzt hatte, dass zwangsvollstreckte Hausbesitzer es nicht wagen würden, sich zu wehren, und dass die Gerichte sich der allmächtigen Industrie nicht entgegenstellen würden, was es Finanzintermediären ermöglichte, ihre Produkte zu verkaufen, bevor das Gesetz an sie herankäme, dann hätte sich diese Wette ohne Zweifel ausgezahlt.[51]

Die Kleros-Klone

Die Umwandlung illiquider Vermögenswerte wie Grund und Boden in liquide Mittel ist nicht nur eine Sache von Angebot und Nachfrage, sondern auch der richtigen rechtlichen Codierung. Die betreffenden Vermögenswerte müssen zunächst einmal übertragbar sein, eine Bedingung, die die frühen Schuldscheine erfüllt haben, und sie dürfen dabei nicht auf allzu viele rechtliche Hindernisse stoßen. Sobald all diese Bedingungen erfüllt sind, müssen diese Vermögenswerte in Bargeld konvertierbar gemacht werden, am besten auf Verlangen. Dennoch finden nicht alle von ihnen willige Abnehmer, und komplexe Produkte sind in der Regel schwieriger zu platzieren, auch wenn die Rating-Agenturen dabei helfen können, den von den Anlegern zu verdauenden Informationsgehalt herunterzubrechen. Manche Tranchen von Verbriefungsstrukturen, zum Beispiel NC2, waren besonders schwer zu platzieren. Nicht die supersicheren Tranchen an der Spitze, die leicht Käufer fanden, und auch nicht die Tranchen am unteren Ende, die häufig vom Sponsor eingelagert oder an risikofreudige und renditehungrige Investoren verkauft wurden, waren das eigentliche Problem, sondern die unteren Mezzanine-Tranchen. Diese waren für die meisten Investoren zu riskant und für manche nicht riskant genug. Um die Verbriefungsmaschinerie am Laufen zu halten, mussten jedoch bei jeder Verbriefungsstruktur alle Tranchen verkauft werden. Die Finanzbranche fand dafür eine weitere geniale Lösung: Sie klonte die fehlenden Käufer, und zwar in Form einer weiteren Zweckgesellschaft, die Tranchen solcher Strukturen aufkaufte, die von den meisten Anlegern gemieden wurden, und verpackte sie neu, um sie attraktiver zu machen. Dies war die Geburtsstunde der Collateral Debt Obligations (CDOs).

Die heute weitgehend wieder verschwundenen CDOs waren

Finanzinstrumente, die von einer dritten Zweckgesellschaft ausgegeben wurden, welche einzig und allein dafür gegründet worden war, Tranchen mit niedrigem Rating von NC2 und seinesgleichen aufzukaufen.[52] Diese neue Zweckgesellschaft finanzierte die Käufe dieser Tranchen durch die Emission von Anleihen mit festen Zahlungsversprechen an Investoren, die hohe Renditen anstrebten und bereit waren zu glauben, dass durch die Umverpackung von Mezzanine-Tranchen in MBS-Strukturen einige Tranchen als sicher genug bezeichnet werden konnten, um ein AAA- oder AA-Rating zu erhalten. Dadurch blieben nachrangige Tranchen natürlich übrig, doch wenn auch sie nicht platziert werden konnten, so konnte der Trick mit dem Klonen der fehlenden Käufer wiederholt werden, indem einfach noch ein weiterer Trust oder ein weiteres Unternehmen gegründet wurde, der beziehungsweise das die übrig gebliebenen CDOs neu verpacken, erneut tranchieren und die Tranchen an Anleger verkaufen würde, und so weiter. Dieser Verkettung von Trusts, Unternehmen und den von ihnen ausgegebenen Wertpapieren verdanken wir nicht nur CDOs, sondern auch ihre Varianten »CDO-quadriert« und »CDO hoch drei«. Um zu sehen, wie das funktioniert, werfen wir einen Blick auf die Kleros-Klone.

Die Kleros Real Estate CDO III Ltd. (im Folgenden »Kleros-C«) wurde 2006 als eine Gesellschaft mit beschränkter Haftung (LLC) auf den Kaimaninseln, einem bekannten Steuerparadies, gegründet. Die Gesetze dieses Landes schützen zudem die dort registrierten Unternehmen vor Gerichtsbeschlüssen, die verärgerte Investoren in anderen Jurisdiktionen erwirkt haben – im Ausland erlangte Urteile werden dort also einfach nicht anerkannt oder vollstreckt. Der einzige Anteilseigner von Kleros-C war die Kleros Real Estate CDO III Common Holdings, LLC (im Folgenden »Kleros-D«), ebenfalls eine Gesellschaft mit beschränkter Haftung, die in Delaware (USA) gegründet worden war. Der einzige Lebenszweck des Delaware-

Klons bestand darin, als Anteilseigner von Kleros-C zu fungieren und als Mitemittent der von ihr ausgegebenen Papiere aufzutreten. Letztere werden zumeist von einer einzelnen Entität emittiert; das Klonen von Kleros diente jedoch dem Zweck, bestimmten US-Anlegern, die, wie beispielsweise Versicherungsgesellschaften, einer gesetzlichen Obergrenze für Investitionen in ausländische Wertpapiere unterstanden, die Möglichkeit zu geben, ihre Aufsichtsbehörden zu beschwichtigen, indem sie einen in den USA ansässigen Mitemittenten benennen konnten.

Kleros-D wurde mit nur 1000 Dollar kapitalisiert und besaß außer den Anteilen an Kleros-C keine weiteren Vermögenswerte. Die Gesellschaft investierte zu deren Erwerb die Gesamtsumme von 2500 Dollar, was Kleros-C die Möglichkeit verschaffte, CDOs im Wert von *einer Milliarde* Dollar auszugeben, die ihren Anlegern feste Renditen versprachen, zahlbar aus den verbrieften Forderungen, die Kleros-C noch kaufen sollte. Die Rating-Agenturen schätzten die Möglichkeit, dass sämtliche Forderungen an Hausbesitzer, die in den Mezzanine-Tranchen der Strukturen, die sie verbrieft hatten, zusammengeworfen worden waren, gleichzeitig ausfallen könnten, als so gering ein, dass sie den ranghöchsten Tranchen der CDOs von Kleros-C ein AAA-Rating gaben. Die gesamte Struktur wirkte wie ein Geniestreich, ermöglicht durch eine erneute promiskuitive Nutzung der Gesellschaftsform in Verbindung mit einer auf einigen kühnen Annahmen basierenden Wahrscheinlichkeitsrechnung. Die Vermögenswerte in Kleros-C waren von den Investoren gemieden worden, als sie erstmals in Form von Mezzanine-Tranchen von NC2 angeboten wurden; im Verbund mit ähnlichen Tranchen aus anderen Verbriefungsstrukturen wirkten sie jedoch bedeutend attraktiver. Schließlich würden nicht alle Mezzanine-Tranchen zwangsläufig ausfallen, und solange genügend Cashflow stattfand, um die meisten Investoren die meiste Zeit bei Laune zu halten, gab es wenig Anlass zur Sorge – so schien es zumindest.

Mit dem scheinbar wegdiversifizierten Kreditrisiko, das mit den Hausbesitzern am Ende dieser Kette von juristischen Personen und rechtlich strukturierten Vermögenswerten einherging, schossen CDOs wie Pilze aus dem Boden: Zwischen 2003 und 2007, dem Höhepunkt des Marktes, wurden diese Papiere im Wert von 700 Milliarden Dollar emittiert und häufig von angesehenen Intermediären gezeichnet.[53] Merrill Lynch, Goldman Sachs und die Wertpapierabteilung der Citigroup verantworteten zusammengenommen »über 30 Prozent der von 2004 bis 2007 strukturierten CDOs«, und die Deutsche Bank und die UBS, die den Kleros-Deal garantierten, gehörten zur Spitzengruppe der weltweit aktiven Banken in diesem Marktsegment.[54]

Dennoch befanden sich die Anleger, die CDOs in ihrer einfachen Form oder als CDO-quadriert oder hoch drei erworben hatten, bald in einer Zwickmühle. Als die Immobilienmärkte zurückgingen, Hausbesitzer zahlungsunfähig wurden und die Nachfrage der Anleger versiegte, wurden die CDOs toxisch. Niemand wollte sie noch länger halten, weil keiner mit Gewissheit sagen konnte, was in ihnen enthalten war – trotz der umfangreichen Offenlegungen in den Prospekten, durch die sie an potenzielle Investoren vertrieben wurden, welche sich die Idee gewiss abschminken mussten, dass diese Papiere sich auf Verlangen leicht in Bargeld konvertieren ließen. Anleger, die nicht schnell genug ausstiegen, mussten zusehen, wie ihr Vermögen ins Wanken geriet. Schlimmer noch, bei den Verbriefungsgeschäften gab es fortan keinen verlässlichen Erwerber von Tranchen mehr, die niemand sonst haben wollte; mit dem Sinkflug der CDOs kam der Verbriefungsmarkt daher völlig zum Erliegen. Dies wiederum führte zum Niedergang der Finanzintermediäre, die diesen Markt geschaffen hatten, der Bear Stearns und Lehman Brothers dieser Welt, im Verbund mit ihresgleichen.

Das Finanzsystem, das auf Annahmen über künftige Renditen basierte, die in die Module des Kapitalcodes gekleidet wurden, brach schließlich wie ein Kartenhaus zusammen. Es ist also zwar möglich, beliebige Forderungen dadurch zu maskieren, dass man sie in Trusts oder juristische Personen auslagert und diese, auch in ihren quadrierten, synthetischen und »Hoch-drei«-Varianten, mit Buchstabensuppennamen wie SPVs, MBS oder CDOs versieht; auf der anderen Seite des Deals stehen aber immer noch dieselben kleinen alten Häuser, deren Besitzer sie sich kaum leisten können und die ihren Wert möglicherweise nicht behalten, wenn die Finanzierungsmaschine, die die Preissteigerung auf den Immobilienmärkten befeuert, einmal zum Stillstand kommt.

Die Alchemie des Privatgelds

Der Traum, etwas aus dem Nichts zu erschaffen, ist so alt wie die Menschheit. Alchemisten haben lange Zeit nach Rezepten gesucht, um ihr eigenes Gold herzustellen, und immer wieder haben Regierungen den Goldgehalt der in ihren Prägeanstalten produzierten Münzen durch Vermischung mit minderwertigeren Metallen gesenkt, um ihre Kaufkraft zu erhöhen.[55] Als die Regierungen den Goldstandard aufgaben, konnten viele der Versuchung nicht widerstehen, so viel Geld zu drucken, wie sie für ehrgeizige Kriegsanstrengungen oder Sozialreformen brauchten – wodurch ihren Bürgern nicht selten riesige Inflations-»Steuern« auferlegt und im schlimmsten Fall Phasen von Hyperinflation ausgelöst wurden, die private Ersparnisse vernichteten und die gesellschaftliche und politische Instabilität befeuerten. Das Deutschland der 1920er Jahre ist dafür ein Musterbeispiel; allerdings ist die Hyperinflation, die üblicherweise als monatliche Inflationsrate von 50 Prozent oder mehr definiert wird, nach wie vor nicht ausgerottet; betrachten wir zum Beispiel Venezuela, wo für das Jahr 2018 eine Inflationsrate von einer Million Prozent vorausgesagt wurde.[56]

In der Regel versprechen Regierungen künftiges Wachstum, um das von ihnen (oder ihren Zentralbanken) ausgegebene Geld oder die alternativ dazu zum Auffüllen der Staatskasse genutzten Schulden abzusichern. Staaten haben zumindest die Macht, ihren Bürgern Pflichten aufzuerlegen, um diese Versprechen einlösen zu können, selbst wenn das bedeutet, dass sie ihnen drakonische Sparmaßnahmen verordnen müssen.[57] Private Parteien haben solche Befugnisse nicht; sie müssen ihre Verpflichtungen mit dem erfüllen, was sie haben oder was andere ihnen freiwillig zu geben bereit sind. Dennoch konnten private Intermediäre der Versuchung nicht widerstehen, Privatgeld zu münzen, als ob es kein Morgen gäbe. Sie malten sich fantastische künftige Renditen aus, werden in Wirklichkeit aber neue Kredite zur Bedienung alter Verbindlichkeiten aufnehmen müssen, und wenn dies nicht mehr funktioniert – was immer wahrscheinlicher wird, sobald die Ausfallraten steigen und die Kreditgeber vorsichtiger werden –, müssen sie um eine staatliche Rettungsleine betteln.

Im Frankreich des 19. Jahrhunderts schufen die Gebrüder Péreire einen neuen Typus von Finanzintermediär, die Crédit Mobilier. Sie hofften, damit ihren Traum vom »Bankwesen ohne Geld« zu verwirklichen.[58] Mehr als ein Jahrhundert später lebte Robert Merton, Mitempfänger des Wirtschaftsnobelpreises 1997 für seinen Beitrag zur Theorie der Optionspreise, einen ähnlichen Traum von »Renditen ohne Investitionen« aus, indem er den Hedgefonds Long-Term Capital Management (LTCM) mitbegründete.[59] Es entbehrt nicht einer gewissen Ironie, dass die Gebrüder Péreire, die Anhänger jener sozialistischen geistigen Strömung des Saint-Simonismus waren, und ein Wirtschaftswissenschaftler der Gegenwart, der in der Kunst der mathematischen Modellierung von Finanzinstrumenten äußerst bewandert ist, den gleichen Traum zu verwirklichen suchten, und es ist bedauerlich, für sie genauso wie für uns, dass viele Träume nicht in Erfüllung gehen.

Berühmt gemacht hat die Gebrüder Péreire ihre Erfindung eines Bankwesens, das auf der kontinuierlichen Refinanzierung ausstehender Verbindlichkeiten beruht.[60] Die Crédit Mobilier wurde 1852 nach intensiver Lobbyarbeit für die Erlangung der erforderlichen Banklizenz gegründet.[61] Die Bank war als Aktiengesellschaft organisiert. Sie warb 60 Millionen Franc ein, die durch persönliche Bürgschaften der Gründer abgesichert waren, von denen allerdings nur 50 Prozent tatsächlich eingezahlt wurden. Die Crédit Mobilier nahm daraufhin 120 Millionen Franc an Einlagen (also Schulden) auf und gab auch Schuldverschreibungen im Umfang von 600 Millionen Franc aus. Bei diesen Unternehmensanleihen handelte es sich größtenteils um kurzfristige verzinsliche Verbindlichkeiten – jene Art von Vermögenswerten, die auch die Investoren in RMBS bevorzugten. Die Bank setzte das von ihren Gläubigern erhaltene Geld dafür ein, in Eisenbahn-, Kanal-, Straßen- und Bergbauunternehmen sowie in Banken in Frankreich und ganz Europa, von Spanien bis Russland, zu investieren. Die Anteile, die die Crédit Mobilier an diesen Unternehmen besaß, wurden dabei als Sicherheiten für die von ihr im eigenen Namen emittierten Anleihen verwendet – eine Struktur, die Lehmans Spiel mit fremdem Kapital bereits vorwegnahm.

Im Ergebnis hieß das, dass die Gebrüder Péreire eine Bank mit Schulden beluden, um Investitionen in Infrastrukturunternehmen überall in Europa zu finanzieren. Das Unternehmen zahlte hohe Dividenden, um den Wert des Aktienkurses der Crédit Mobilier in die Höhe zu treiben und damit die bestehenden Aktionäre bei Laune zu halten und weitere anzuziehen; um dieses System aber über die Zeit hinweg aufrechtzuerhalten, reichte es nicht aus, neue Aktionäre oder Anleihegläubiger zu gewinnen und deren Einzahlungen dazu zu verwenden, Dividenden oder feste Renditen an alte Aktionäre und Anleihegläubiger auszuzahlen. Dies ähnelt einem Ponzi-System, benannt nach einem Italo-Amerikaner, der Anfang des 20. Jahrhunderts Anleger dadurch anlockte, dass er ihnen außerordentliche Renditen versprach, während er in Wirklichkeit einfach das Geld, das neue Investoren einzahlten, dazu verwendete, Dividenden an die bereits existierenden auszuschütten.[62] Das funktioniert, solange jeden Tag genügend Investoren dazukommen; ja es kann sogar unter den Augen mächtiger Finanzaufsichtsbehörden wie der SEC [die US-Börsenaufsicht; Anm. d. Übers.] jahrzehntelang funktionieren, wie Bernard Madoffs verschwiegenes Ponzi-System gezeigt hat, das erst nach der Krise von 2008 aufgeflogen ist.[63] Trotzdem müssen einige Investitionen zu irgendeinem Zeitpunkt auch einmal eine echte Rendite erbringen, damit das Unternehmen überleben kann – was im Falle der Crédit Mobilier eine große Aufgabe war, da die meisten Investitionen in Infrastrukturprojekte getätigt wurden, die von Natur aus auf lange Frist angelegt sind.

Die Investoren der Crédit Mobilier hatten irgendwann genug, und als es ausreichend viele waren, schlossen sich die anderen an. Als der Aktienkurs der Bank ins Schlingern geriet, kehrte sich das ganze System um, und es kam zu einer regelrechten Massenflucht aus dem Papier. Neue Gläubiger blieben aus und die bestehenden verlangten ihre Auszahlung, und als diese nicht mehr zu erwarten war, versuchten sie, sich über ihre Sicherheiten schadlos zu halten. Zu ihrem Pech konnten die Vermögenswerte, die ihre Investitionen abgesichert hatten – nämlich die Anteile an den Unternehmen, die Crédit Mobilier erworben hatte –, allerdings nicht rechtzeitig tatsächliche Erträge erbringen. Einige davon schnitten sogar unterdurchschnittlich ab, und mit ihrem Wert sank auch die Hoffnung der Gläubiger darauf, ihre Verluste jemals wieder wettmachen zu können, selbst wenn sie dafür vor Gericht zogen.

Nur wenige Beobachter hatten zu der Zeit, als die Geschäfte noch gut liefen, die Struktur von Crédit Mobilier durchschaut und sie als das erkannt, was sie war, mit einer bemerkenswerten Ausnahme: 1856, zehn Jahre bevor die Bank unter ihrer Schuldenlast zusammenbrach, formulierte Karl Marx in der *New York Tribune* eine vernichtende Kritik: »Die Inhaber dieser Schuldverschreibungen teilen folglich«, wie Marx mit Blick auf die Gläubiger der Crédit Mobilier beobachtet, »alle Risiken der Aktienbesitzer, ohne an ihren Profiten teilzuhaben.«[64] Die gleiche Feststellung könnte auch über Lehman Brothers und ihresgleichen getroffen werden. Wie Marx es sah, bedeutete die Finanzierungsstruktur der Crédit Mobilier, dass sie dem Untergang geweiht und eine staatliche Rettungsaktion daher quasi unvermeidlich war, gab aber zu bedenken, dass der Erfolg einer solchen Intervention nicht garantiert wäre: »Wird er [Louis Bonaparte, zu jener Zeit als Napoleon III. französischer Kaiser] zahlungsfähiger sein als der Crédit mobilier? Das ist hier die Frage.«[65]

Es stellte sich heraus, dass Louis Bonaparte *tatsächlich* zahlungsfähiger war als die Bank, und tatsächlich rettete er oder vielmehr die französische Nationalbank Banque de France Crédit Mobilier letztlich vor dem Konkurs. Dagegen gingen viele andere Regierungen beim Versuch, private Finanzintermediäre, die ihr Blatt überreizt und das Finanzsystem an den Rand des Zusammenbruchs geführt hatten, bankrott. Allein die Beispiele im Zusammenhang mit der weltweiten Bankenkrise von 2008 umfassen mindestens die Regierungen von Island, Irland und auch die von Spanien.[66]

Das Geschäftsmodell von LTCM mag zwar ausgeklügelter gewesen sein als das der Crédit Mobilier, doch der Grundgedanke hinter der Unternehmensstrategie war ähnlich: Wetten darauf abschließen, dass sich die Zukunft wie prognostiziert entwickeln wird, und, falls alles schiefgeht, auf eine Liquiditätsspritze durch die Regierung hoffen. LTCM wurde 1994 gegründet, um die Optionspreistheorie in der Realität zur Anwendung zu bringen, die Merton und seinen Kollegen 1997 den Nobelpreis für Wirtschaftswissenschaften einbringen sollte – nur ein Jahr bevor ihr Fonds eine Nahtoderfahrung machen musste. Die Theorie verspricht, dass mit den richtigen Hedging-Strategien das Risiko eliminiert werden kann, indem es in all seine Teilkomponenten untergliedert wird, die dann bei einer diversifizierten Gruppe von Investoren platziert werden.[67] Solange die Märkte kontinuierlich funktionieren (was reale Märkte leider selten tun), können Anleger ihre Position in Reaktion auf ein sich veränderndes Umfeld immer wieder neu absichern, indem sie bestimmte Risiken akzeptieren und manche davon auf andere verlagern und sich auf diese Weise vor künftigen Abschwüngen schützen.

LTCM wurde von den Theoretikern gegründet, damit sie sich ihre Optionspreistheorie für eigene private Gewinne zunutze machen konnten. Der Hedgefonds nahm Fremdkapital auf, um in Staatsschulden zu investieren, und gründete sein Engagement sowohl in Schwellen- als auch in Industrieländern auf die Vorhersage, dass die Preisunterschiede zwischen diesen unterschiedlichen Staatsanleihen sich im Laufe der Zeit annähern würden. LTCM ging dabei »long« auf die Staatsschulden vieler Schwellenländer und »short« auf US-Staatsanleihen. Zunächst verlief alles nach Plan; in den ersten drei Jahren seiner Tätigkeit schüttete der Fonds zwischen 19 und 42 Prozent an seine Anleger aus, und Ende 1997 hatte er sieben Milliarden Dollar Eigenkapital generiert. Doch auf den Höhepunkt folgte der Niedergang; Anfang 1998 hatten die Investoren 2,7 Milliarden Dollar aus dem Fonds abgezogen, und im Herbst desselben Jahres stand LTCM unmittelbar vor dem Zusammenbruch.

Etwas war passiert, was nicht hätte passieren sollen: Im Sommer 1997 brach die asiatische Finanzkrise aus und zog die Anlagen in Schwellenländern in ihren Bann. Hinzu kam, dass Russland im August 1998 mit der Bedienung seiner Staatsschulden in Verzug geriet.[68] Als Reaktion darauf stürzte der Preis für *sämtliche* Schuldtitel der Schwellenländer wie auf ein Zeichen hin nahezu gleichzeitig ab, und der Rendite-Spread zwischen US-Staatsanleihen und denen der Schwellenländer weitete sich eher noch aus, statt enger zu werden, wie es das Modell vorausgesagt hatte. Theoretisch hätte LTCM sogar gegen diese Katastrophe gewappnet sein sollen, denn er hatte in Schwellenländern auf der ganzen Welt investiert, unter der Annahme, dass sie nicht alle die gleiche Richtung einschlagen würden, und doch taten sie genau das.

Weit davon entfernt, eine perfekte Absicherung zu konzipieren, hatte LTCM nur eine einzige Wette abgeschlossen: dass sich nämlich die Renditen der von den Schwellenländern und den entwickelten Volkswirtschaften emittierten Staatsanleihen im Laufe der Zeit annähern und die als Wertpapiere gehandelten Schulden sich für jedes Schwellenland unterschiedlich entwickeln würden.[69] Diese Wette wurde durch eine hoch virulente Staatsschuldenkrise zunichtegemacht. Die Frage war nun, ob Mr. Greenspan, der damalige Vorsitzende der US-Notenbank, oder vielmehr die Fed selbst »zahlungsfähig« wäre, um Karl Marx zu paraphrasieren. Sie war es zwar, doch Greenspan zog eine private Rettungsaktion vor und setzte die Gläubiger des LTCM, große, regulierte Banken mit Sitz in den USA, dahingehend hinreichend unter Druck, ihre Außenstände, also die von ihnen gewährten Darlehen und Anleihen, gegen Eigenkapital oder Aktien zu tauschen, wodurch die nobelpreisgekrönten Eigentümer des Fonds aus diesem herausgedrängt wurden.[70] Damit schufen sie ein größeres Eigenkapitalpolster, das es dem Fonds ermöglichte, neues Fremdkapital aufzunehmen und seinen Betrieb fortzuführen.

Die Banken zögerten zunächst, ihre Forderungen in Eigenkapital umzuwandeln, erzielten damit aber letztendlich tatsächlich einen Gewinn. Dieses Ergebnis wurde oft als Beweis dafür ins Feld geführt, dass LTCM eigentlich die ganze Zeit recht hatte: In Wahrheit ist Zeit Geld, und beim Handel mit kurzfristigen Schuldtiteln ist das Timing alles (was Optionshändler bereitwillig zugestehen sollten); wenn die Zeit knapp wird, bedeutet dies, dass man eine Wette verliert, und die strengen Regeln einer wettbewerbsorientierten Marktwirtschaft sorgen dafür, dass man aus dem Rennen geschickt wird. Dies widerfährt säumigen Hausbesitzern oder Rentnern, die ihre Arztrechnungen nicht bezahlen können, und es gibt keinen Grund dafür, dass es nicht auch einem von Nobelpreisträgern geführten Hedgefonds so ergehen sollte.[71]

Die Verlockungen des Geldes und die Versuchung, mehr davon zu schaffen, kann Wachstum und Wohlstand fördern, kann sich aber auch, wenn sie zu stark wird, zerstörerisch auf die Wirtschaft auswirken. Hyperinflationsschübe in den einen Ländern und eine anhaltende Inflation in den anderen haben viele Staaten dazu bewegt, die Versorgung mit Staatsgeld und die Geldpolitik generell in die Hände unabhängiger Zentralbanken zu legen.[72] Das Überangebot an privatem Geld, das Auf und Ab der Kreditzyklen, die Geschäftsmodelle wie das der Crédit Mobilier, von LTCM oder Lehman und deren Gefolge begleiten, kann sich ebenso verheerend auswirken wie eine laxe Aufsicht über die öffentliche Geldversorgung. An dieser Front fielen sämtliche Reformversuche jedoch bestenfalls zaghaft aus. Nur die Verheerung einer ungedämpften, ausgewachsenen Krise wie der Großen Depression in den 1930er Jahren wurde mit rigorosen und nachhaltigen regulatorischen Reformen beantwortet.

Die Reformen nach der Krise von 2008 in den USA, in Großbritannien und in der Europäischen Union haben zwar die Sicherheit der Banken auf die Agenda gesetzt, aber das grundlegende Bestreben, privates Geld zu münzen, wenn überhaupt, dann nur sehr wenig gebremst.[73] Sicherlich werden neue Schuldtitel beim nächsten Mal eine neue Gestalt annehmen, da sie stets die neuen regulatorischen Auflagen umschiffen müssen, die gegen ihre jetzt geächteten Vorgänger verhängt wurden. Und sobald die Erinnerungen an die vergangene Krise verblasst sind, werden die Befürworter freier Märkte wieder die Oberhand bekommen und den Abbau von Regulierungsstrukturen fordern, die einer ungehinderten Schuldenprägung seitens des privaten Sektors im Wege stehen.

Aber trotzdem: Wie die Geschichte von NC2 und seinem Zwilling zeigt, die in diesem Kapitel nacherzählt worden ist, ist das Mantra der freien Märkte, wenn es um Schuldenmärkte geht, ganz einfach falsch. Es geht noch nicht einmal um Regulierung oder Deregulierung. NC2 und die Kleros-Klone sowie ihre zahlreichen Vorläufer sind allesamt im Recht codiert und existieren nur in Gestalt von Forderungen, die sorgfältig im privaten und nicht im öffentlichen Recht konstruiert worden sind. Doch auch das Privatrecht fußt letztlich auf staatlicher Macht; ohne die Module des Kapitalcodes würden diese Instrumente gar nicht existieren.

Im Grunde sind all diese Vermögenswerte einfache IOUs, das heißt Schuldscheine – Versprechen darauf, einen bestimmten Betrag zu einem bestimmten Zeitpunkt in der Zukunft zu zahlen. Solche Versprechen können auf persönlichen Beziehungen beruhen oder als verbindliche rechtliche Verpflichtungen konzipiert werden. Wenn man sie in die Module des Kapitalcodes kleidet, werden sie zu Wertpapieren, die für Investoren attraktiv sind. Das Eigentums- und das Kreditsicherungsrecht legen Prioritätsrechte fest, das Trust- und das Gesellschaftsrecht segmentieren die Vermögenswerte und schirmen sie vor einer zu großen Zahl von Gläubigern ab, und das Konkursrecht kann so gestaltet werden, dass einige Schuldenproduzenten einen Vorsprung vor anderen haben, auch wenn sie sich diesen nie vertraglich ausbedungen oder eine Prämie dafür gezahlt haben. Schulden, das Privatgeld, das den Kapitalismus seit seiner Gründung angetrieben hat, sind im Recht codiert und stützen sich letztlich auf den Staat, der sie absichert. Die Staaten sollten dies erkennen und die Inflation des privaten Geldes unter Kontrolle halten, denn je mehr sie sich in Boom-Zeiten dem Willen privater Schuldenproduzenten beugen, desto eher sitzen sie in der Zwickmühle, wenn sich herausstellt, dass die Wirtschaft die von ihnen geschaffene Schuldenlast gar nicht schultern kann.

Kapitel 5
Die Einhegung des Codes der Natur

Die vorigen Kapitel haben gezeigt, wie eine Handvoll rechtlicher Module jahrhundertelang auf erfindungsreiche Weise dazu eingesetzt worden ist, verschiedene Forderungen als Kapital zu codieren. Dieser Prozess fing mit dem Boden an, einer Ressource, die außerhalb des Rechts existiert, ging dann aber rasch zu Forderungen über, die ihre Existenz selbst vollständig dem Recht verdanken: den Aktien und Unternehmensanleihen, die in Kapitel 3 untersucht wurden, und den Schuldscheinen, Wechseln, RMBSs und CDOs, denen wir in Kapitel 4 begegnet sind. In diesem Kapitel werden wir entdecken, dass der Rechtscode auch zur Codierung von Wissen benutzt werden kann, selbst zu der des Codes der Natur an sich, und zwar dadurch, dass dieses Wissen zum Zwecke der Exklusion Dritter juristisch eingehegt wird. Die meisten geistigen Eigentumsrechte bestehen nur über einen bestimmten Zeitraum hinweg, sodass die von ihnen erzeugten Reichtumsquellen letztendlich versiegen werden. Dennoch gibt es Möglichkeiten, ihre Lebensspanne zu verlängern, indem man bestimmte Merkmale der ursprünglichen Erfindung variiert oder sie mit rechtlichen Modulen recodiert, die kein Auslaufdatum haben, wie etwa Gesetze zum Schutz von Geschäftsgeheimnissen.

Die genetischen Grundlagen des Lebens wurden erst im 19. Jahrhundert von dem Mönch und Botaniker Gregor Mendel entdeckt. 1944 haben Wissenschaftler herausgefunden, dass die DNA (Desoxyribonukleinsäure) die Trägerin genetischer Informationen ist, und 1953 veröffentlichten James Watson und

Francis Crick einen wissenschaftlichen Aufsatz, in dem sie die Doppelhelixstruktur der DNA im Bild darstellten.[1] Diese Arbeit war ein entscheidender Durchbruch, der unser Verständnis von Biologie, Vererbung und Evolution revolutionierte und den beiden Forschern, zusammen mit Maurice Wilkins, 1962 den Nobelpreis für Medizin einbrachte. Die Genforschung hat seitdem gewaltige Fortschritte gemacht. 50 Jahre nach der Publikation der Doppelhelix schloss das Humangenomprojekt die vollständige Sequenzierung des Genoms des Homo sapiens ab, was »uns zum ersten Mal dazu befähigt, den gesamten Bauplan der Natur für die Erschaffung eines menschlichen Wesens zu lesen«.[2]

Das Wettrennen darum, dieses Wissen in Reichtum produzierende Vermögenswerte umzuwandeln, hat nicht abgewartet, bis die gesamte Sequenz bekannt war. Es begann vielmehr schon Jahrzehnte vorher, und zwar damit, dass Patente zum Schutz von biotechnologischen Erfindungen angemeldet wurden. Die US-Regierung, die das Humangenomprojekt an den National Institutes of Health (NIH) finanzierte, ist dafür verantwortlich, das menschliche Genom als Gemeingut zu erhalten, anstatt es von Patentinhabern monopolisieren zu lassen. Trotzdem sind einzelne kleine Abschnitte des genetischen Codes des Menschen patentiert worden, die meisten davon in den USA, deren Patentregime sich damit brüstet, dass es ein geistiges Eigentumsrecht »für alle menschengemachten Dinge unter der Sonne« schaffen wird.[3] Diese expansive Sichtweise auf dieses Recht bildet den Hintergrund für die aggressive Einhegung nicht nur unserer Entdeckung des Codes der Natur, sondern auch von Fähigkeiten und Wissen in anderen Bereichen.

Im Jahr 1918 konnte der oberste Bundesrichter Louis Brandeis noch behaupten, dass »[d]er allgemeine Rechtsgrundsatz lautet, dass die erhabensten Kreationen des Menschen – Wissen, gesicherte Wahrheiten, Konzepte und Ideen – nach ihrer freiwilligen Offenbarung gegenüber Dritten für den gemeinschaftlichen Gebrauch so frei zur Verfügung stehen wie die Atemluft«.[4] Und in der Tat, warum sollte irgendjemand auch nur zeitweilig ein exklusives Anrecht auf Güter haben, die unvermindert bestehen bleiben, auch wenn manche schon Gebrauch von ihnen gemacht haben? Wissen ist schließlich ein »nicht-rivales Gut«, für das es keine »Tragik der Allmende« geben kann; vielmehr sollte jeder in der Lage sein, an dem Wissen teilzuhaben, das über Jahrhunderte hinweg angehäuft worden ist. Doch trotzdem hat, weniger als ein Jahrhundert nachdem Richter Brandeis jene weisen Worte niederschrieb, die rechtliche Einhegung die »Wissensallmende« viel stärker verkleinert, als er es sich hätte vorstellen können.[5]

Rechtliche Einhegungskämpfe haben immer schon bestehende Grenzen verrückt, so wie wir es auch bei denen gesehen haben, die in England und in seinen Kolonien um den Grund und Boden geführt worden sind. Sobald der genetische Code entdeckt worden war, dauerte es nicht lange, bis sich der Oberste Gerichtshof der USA mit der Frage auseinandersetzte, wo die Grenze zu ziehen ist, wenn der Code der Natur selbst für juristische Einhegungsmaßnahmen missbraucht wird.[6] In einem ersten großen Fall ging es um die synthetische Herstellung von Bakterien, die in der Lage sind, Rohöl zu zersetzen. Diese kommen zwar in der Natur vor, aber nicht in dieser speziellen gentechnisch veränderten Form; das Gericht hat ihre Patentierung bestätigt.

Und im Jahr 2013 schließlich, 60 Jahre nachdem Watson und Crick ihre Arbeit über den Aufbau der DNA veröffentlicht hatten, und zehn Jahre nach der Vollendung des Humangenomprojekts, musste der Supreme Court entscheiden, ob unveränderte menschliche Gene patentierbar waren – ob also der ursprüngliche Code der Natur rechtlich eingehegt werden durfte, mit der Folge, dass einem Patentinhaber Prioritätsrechte gegenüber dem Rest der Menschheit einzuräumen wären.[7] Die Antwort des Gerichts war ein einstimmiges, aber nicht uneingeschränktes Nein. Die grundlegende ethische Frage nach der Patentierbarkeit von Genen stellte es gar nicht erst. Stattdessen hielt sich das Gericht ganz an den Wortlaut des Patentgesetzes, das erstmals 1790 erlassen worden war und in seiner aktuellen Fassung besagt, dass, »wer *ein neues und nützliches* Verfahren, Gerät, Erzeugnis oder eine Materialzusammensetzung oder eine neue und nützliche *Verbesserung* bereits existierender erfindet oder entdeckt, unter den in diesem Gesetz dargelegten Bedingungen und Voraussetzungen ein Patent darauf erhalten kann«.[8]

Das Gesetz legt das Hauptaugenmerk auf Neuheit und Nützlichkeit und deckt nicht nur originäre Erfindungen, sondern auch »Verbesserungen« ab, ein Begriff, dem wir auch schon im Zusammenhang mit der Landeinhegung in den Kolonien begegnet sind. Der Wortlaut des Gesetzes ist recht allgemein gehalten und überlässt es der Judikative, die Grenzen der Patentierbarkeit zu überwachen, die der Oberste Gerichtshof bei »Naturgesetzen, Naturphänomenen und abstrakten Ideen« gezogen hat.[9] Diese Ausnahmen mögen selbstverständlich erscheinen, doch ihre Grenzen sind alles andere als das. Eine ganze Gensequenz mag Teil der Natur sein, aber was wäre, wenn der Mensch nur Teile davon isolieren würde; wären diese dann patentierbar? Und was, wenn Laborantinnen die Erfindungsgabe der Natur nachahmen und sie nur ein klein wenig verändern würden, etwa dadurch, dass sie eine Sequenz dort ausschneiden, wo die Natur dies normalerweise nicht tut?

Hier hat der US Supreme Court im Jahr 2013 die Grenze gezogen: Die bloße Isolierung einer DNA-Sequenz ohne jegliche vom Menschen verursachte Veränderung fällt unter die Ausnahme des Naturgesetzlichen und ist daher nicht patentierbar. Im Gegensatz dazu wurde die *synthetische* Herstellung von cDNA, die in der Natur nicht in genau dieser Form vorkommt, für patentierbar erklärt. Unbeeindruckt zeigten sich die Richter von jenen Wissenschaftlern, die behaupteten, dass die Unterscheidung, die sie in rechtlicher Hinsicht trafen, in der Wissenschaft wenig Sinn ergab. »Die Nukleotidsequenz der cDNA wird«, wie sie feststellten, »von der Natur diktiert und nicht vom Laboranten.«[10] Für das Oberste Gericht reichte es dagegen aus, dass der Mensch eine intronlose DNA erzeugt und damit ein nur aus Exonen bestehendes DNA-Molekül geschaffen hatte. Es war nicht einmal von Bedeutung, dass solche intronlosen Moleküle in reifer Boten-RNA (mRNA) vorkommen, von der die cDNA eine exakte, nur eben in DNA geschriebene Kopie ist.

Das Gericht legte in seiner Entscheidung auch großen Wert auf den Hinweis, dass das Urteil in diesem Verfahren keinen Einfluss auf die Patentierbarkeit wissenschaftlich veränderter menschlicher Gene hatte.[11] Dies konnte als Einladung an private Parteien verstanden werden, die Grenzen der Genpatentierung in künftigen Gerichtsverfahren auszuloten. Das Gericht hat zwar eine weitere Grenze gezogen, aber die Möglichkeit neuer Anfechtungen nicht ausgeschlossen.

Wessen Wahl?

In einem Meinungsartikel unter dem Titel »My Medical Choice« [»Meine medizinische Wahl«] gab die Schauspielerin Angelina Jolie im Mai 2013 bekannt, dass sie sich einer beidseitigen Brustamputation unterzogen hatte.[12] Sie entschied sich dafür, nachdem ein Gentest bestätigt hatte, dass sie BRCA (das Risikogen für Brustkrebs) vom Typ 1 in sich trug, was die Wahrscheinlichkeit, dass die Krankheit bei ihr ausbrechen würde, stark erhöhte: Während die durchschnittliche Frau ein Risiko von zehn bis 15 Prozent hat, wurde das ihre auf 87 Prozent geschätzt, gepaart mit einem höheren Risiko auch für Eierstockkrebs. Der Artikel war sehr persönlich gehalten; es ging darin um ihre Mutter, die im Alter von 56 Jahren an Brustkrebs gestorben war, um ihre Kinder, ihren Ehemann und um die Operation und ihre anschließende Genesung. Erst am Ende deutete Jolie auf einen noch größeren Kampf hin, der im Hintergrund ablief, nämlich auf den Streit um die Privatisierung von Gentests. Die Kosten des Tests auf BRCA, etwa 3000 Dollar, liegen, wie Jolie sagte, weit über den finanziellen Möglichkeiten vieler Frauen, denen daher die Wahl vorenthalten werde, die sie selbst hatte.

Was die Schauspielerin nicht gesagt hat, war, dass das Honorar von 3000 Dollar für den Gentest an eine Firma namens Myriad Genetics ging, die mehrere Patente auf die BRCA-Sequenz besaß und den Markt für Gentests in den USA monopolisiert hatte, wobei die nichtpatentierten Tests, die vor der Patentierung von BRCA verfügbar waren, nur 100 Dollar kosteten.[13] Es war dieses Patent, das dem Obersten Gerichtshof der USA die Gelegenheit verschaffte, über die Patentierbarkeit menschlicher Gene im zuvor erwähnten Fall zu befinden. Die mündlichen Anhörungen hatten bereits im April 2013 stattgefunden, und im Juni desselben Jahres wurde das Urteil bekanntgegeben.

Die Hintergrundgeschichte dieses Rechtsstreits ist interessant, weil sie einen weiteren Kampf um Einhegung veranschaulicht, der sich dieses Mal allerdings nicht um Grund und Boden, sondern um den Code der Natur selbst drehte.[14] Myriad Genetics fungiert in dieser Geschichte als der Landlord, der die Commoners von dem Land ausgesperrt hat, das sie in der Vergangenheit gemeinschaftlich bewirtschaftet hatten.[15] Dabei handelt es sich um ein börsennotiertes kommerzielles Unternehmen mit Sitz in Salt Lake City.[16] Gegründet wurde es im Jahr 1991 von Dr. Mark Skolnick, einem Hochschullehrer an der University of Utah, im Verbund mit einer örtlichen Risikokapitalgesellschaft. Diese Gründung folgte auf dem Fuße der Veröffentlichung eines bahnbrechenden wissenschaftlichen Aufsatzes, der zeigen konnte, dass Brustkrebs mit einem Gen zusammenhängt, und der den Ort, allerdings nicht die Sequenz dieses Gens identifiziert hatte.[17] Dieser Durchbruch war durch ein großes wissenschaftliches Gemeinschaftsunternehmen, das International Breast Cancer Linkage Consortium, möglich geworden, an dem Hunderte Wissenschaftler, die zumeist durch staatliche Fördergelder unterstützt wurden, beteiligt waren.

Als Nächstes sollte die Bestimmung der genauen Sequenz erfolgen. Das NIH hatte bereits ein großes Forschungsprojekt ins Leben gerufen und finanziell ausgestattet, mit dem genau dies erreicht werden sollte. Dr. Skolnick witterte eine Chance und forderte private Investoren auf, sich mit ihrem Geld an seinen eigenen Bemühungen darum zu beteiligen, dieses neue Konsortium zu übertrumpfen. Akademische Forscher konkurrieren natürlich ständig direkt miteinander, zumindest soweit Patente oder ähnliche Einschränkungen sie nicht daran hindern, und ihr Preis ist eine Veröffentlichung in einer führenden Zeitschrift wie *Nature* oder *Science*, die Anerkennung ihrer Kollegen und ein verbesserter Zugang zu zukünftigen Fördermitteln und Beförderungen. Dr. Skolnick und die von ihm mobilisierten Risikokapitalgeber waren jedoch hinter einem anderen Preis her: den Erträgen nämlich, die aus dem Eigentum am Patent für das Brustkrebsgen fließen würden.

Im September 1994 gaben Myriad und seine Kooperationspartner bekannt, dass sie die Sequenz gefunden hatten, und das Unternehmen beeilte sich, sie patentieren zu lassen. Einige Jahre später erhielten sie auch das Patent auf BRCA2. Auf der anderen Seite des Kampfes um den Zugang zu den Genen des Menschen standen die zumeist universitär beschäftigten Wissenschaftler, deren investierte Zeit und Mühen für die Erforschung von Gendefekten als Ursachen für schwere Erkrankungen von Universitäten und Forschungslaboren sowie durch staatliche und private Fördermittel finanziert wurden.

Mehrere Krankenhäuser boten bereits Tests auf BRCA für

Frauen mit einer Brustkrebshistorie in der Familie an. Diese Kliniken waren gewissermaßen die Commoners des Wissens. Nach nicht allzu langer Zeit jedoch sahen sie sich mit dem rechtlichen Äquivalent jener Hecken und Zäune konfrontiert, die die englischen Landlords in der Vergangenheit gegen die Commoners errichtet haben. Nachdem freundliche Angebote zur Unterzeichnung kooperativer Lizenzverträge, die allerdings nur einen eingeschränkten Spielraum für die Forschung und die Informationsweitergabe an Patienten vorsahen, nicht gefruchtet hatten, heuerte Myriad eine Anwaltskanzlei an, die Unterlassungserklärungen unter anderem an Kliniken an der University of Pennsylvania und der New York University sowie an das Cancer Genetics Network Project verschickte und mit Klage drohte für den Fall, dass sie die gerade frisch angemeldeten Patente des Unternehmens nicht beachteten.

Bei Patenten gibt es keine Entsprechung zum Niederreißen von Hecken und dem Umpflügen der Felder, die die Landlords als ihr Eigentum beansprucht hatten; Patente sind Geschöpfe des Rechts, weshalb der einzige Kampfplatz für sie folglich das Gericht ist. Und so taten sich die Commoners zusammen und erhoben Klage, um Myriads Patente für ungültig erklären zu lassen. Hauptklägerin war die Association for Molecular Pathology; ferner klagten auch das American College of Medical Genetics und die American Society for Clinical Pathology, ebenso wie viele Ärzte und Wissenschaftler, die Myriads Unterlassungsverfügung erhalten hatten und dazu gezwungen waren, ihren Patienten keine Tests mehr anzubieten und ihre Forschung auf dem Gebiet einzustellen. Dieser Kampf war nicht leicht. Das New Yorker Bezirksgericht urteilte zwar zugunsten der Wissenschaftler, doch das Berufungsgericht stellte sich auf die Seite von Myriad. Die Kläger mussten ihren Kampf bis vor das Oberste Gericht der USA tragen, wo sie am Schluss obsiegten.

Das Urteil überraschte viele Patent-Experten, die sich auf

den Umstand stützten, dass das US Patent and Trademark Office, das Patentamt der USA, Gensequenzen über zwei Jahrzehnte lang recht großzügig patentiert hat. Myriad behauptete sogar, dass das Gericht dem Patentamt einigen Respekt schuldig sei, was allerdings wirkungslos blieb – das Oberste Gericht machte vielmehr von seinem Vorrecht Gebrauch, den Inhalt des US Patent Act auszulegen und dieses Gesetz auf neue technologische Entwicklungen anzuwenden. Das positive Ergebnis für die Kläger hat aber trotzdem nur geringe Auswirkungen auf all die anderen Patente, die bereits erteilt worden waren und nun zumindest potenziell mit der neuen Entscheidung in Widerspruch standen. Solange private Streitparteien ihre Ressourcen nicht mobilisieren, um diese Monopole eines nach dem anderen vor Gericht anzugreifen, werden sie auch weiterhin den Code der Natur einhegen, um Patentinhaber und deren Aktionäre reicher zu machen.[18] Und sie werden auch weiterhin das altbewährte Argument ins Feld führen, dass es Innovationen dieser Art ohne finanzielle Anreize gar nicht gäbe. Die Hintergrundgeschichte zum Fall des Brustkrebsgens BRCA beweist jedoch gerade das Gegenteil: Es gibt zahlreiche Wissenschaftler, Regierungen und auch private Stiftungen, die gewillt sind, ihre Ressourcen für die Suche nach den grundlegenden Ursachen schwerster Erkrankungen und für ein besseres Verständnis der Gesetze der Natur einzusetzen. Tatsächlich wird die Grundlagenforschung zumeist vom Staat und nicht von Privatunternehmen finanziert, da die Erträge solcher Investitionen nur äußerst schwer abzuschätzen sind. Private Unternehmer warten geduldig auf wissenschaftliche Entdeckungen, aus denen Profit geschlagen werden kann und die, mithilfe des Rechtscodes, in Kapital verwandelt werden können.[19]

Angesichts des monetären Werts von Patenten wäre zu erwarten gewesen, dass deren Verlust für Myriad ein herber Schlag gewesen wäre. Tatsächlich erlitt das Unternehmen jedoch einen geringeren finanziellen Schaden, als man hätte annehmen können. Grund dafür ist, dass die Firma zwischen 1994, als das erste Patent angemeldet wurde, und 2013, als die Nur-DNA-Patente für ungültig erklärt wurden, ein Monopol auf Gentests für BRCA-induzierten Brustkrebs errichtet hatte. Das Unternehmen gab seinen Test als den neuen »Goldstandard« aus; andere waren hingegen weniger begeistert und behaupteten, dass das Monopol verhindert habe, dass bessere Testverfahren an Bedeutung gewinnen konnten. Myriad verkaufte jedenfalls zwischen 1997 und 2013 »ungefähr eine Million Tests und erzielte damit Erlöse von zwei Milliarden Dollar, wovon 80 Prozent durch sein Testprodukt namens BRCAnalysis generiert wurden«.[20] Die Erlöse des Jahres 2017, vier Jahre nach der Entwertung des Patents auf das BRCA-Gen, beliefen sich auf 771 Millionen Dollar, von denen der Geschäftsbericht des Unternehmens 74 Prozent »Testverfahren für erbliche Krebserkrankungen« zuordnete.[21]

Die US-Verfassung garantiert dem Kongress die Befugnis, »den Fortschritt von Kunst und Wissenschaft dadurch zu fördern, daß Autoren und Erfindern für beschränkte Zeit das ausschließliche Recht an ihren Publikationen und Entdeckungen gesichert wird«.[22] Sie erkennt damit an, dass geistige Eigentumsrechte Geschöpfe des Rechts sind, und weist die Befugnis dazu, sie näher zu definieren, dem Kongress zu. Die Rechtfertigung für die Errichtung dieser temporären Monopole ist es, Anreize für den Erfinder oder Künstler zu schaffen, indem man es ihm gestattet, den monetären Wert seiner Kreativität vollständig für sich zu verbuchen, da man befürchtet, dass er anderenfalls seine Aktivitäten einstellt, die von enormem gesellschaftlichen Wert sein können. Jahrtausendelang aber wurde die menschliche Kreativität durch andere Motive befeuert als das eines finanziellen Gewinns; selbst unter den Bedingungen eines umfassenden Systems von geistigen Eigentumsrechten beziehen die meisten Autoren, Komponisten und Erfinder nur winzige Erträge aus ihrem Schaffen. Die letztendlichen Nutznießer der legalen Monopole, die Rechte an geistigem Eigentum erzeugen, sind Kapitalgesellschaften, die zum finanziellen Vorteil ihrer Aktionäre aus Patenten Gewinne erzielen.[23] Die meisten Patente in den USA werden heute denn auch nicht mehr von Privatpersonen angemeldet, sondern von juristischen Personen, Geschöpfen des Rechts, die weder eigene intellektuelle noch kreative Fähigkeiten besitzen. Zwischen 2002 und 2015 wurden vom Patentamt der USA über 4,6 Millionen Patente an amerikanische und ausländische Inhaber vergeben. Ungefähr zwölf Prozent davon gingen an Einzelpersonen und weniger als ein Prozent an Regierungen, aber dafür 43,5 Prozent an ausländische und 44,1 Prozent an amerikanische Kapitalgesellschaften.[24] Diese Zahlen machen deutlich, dass die Macht von Patenten eher etwas mit ihrer kommerziellen Nutzung als mit einer Gratifikation für Kreativität zu tun hat.

Bei der Gewährung von Monopolen geht es immer um die Herstellung von Profiten für einige wenige (die Monopolisten) und Kosten für den Rest; sie mag zwar unter außergewöhnlichen Umständen gerechtfertigt sein, bedarf allerdings einer sorgfältigen Abwägung zwischen den Kosten und dem Nutzen auf beiden Seiten der Gleichung. Die gesellschaftlichen Kosten der Einhegung von Wissen können gewaltig sein, wenn die Verfügung über das Wissen monopolisiert ist, obwohl es jedermann zunutze sein könnte, ohne dass dem Erfinder dadurch irgendetwas weggenommen würde. Trotzdem aber haben Staaten die Einhegung von Wissen gefördert und überließen es den Herren des Codes und den Behördenvertretern in den Patentämtern, ihre Grenzen zu kontrollieren, wobei eine gerichtliche Kontrolle dieser Vorgänge nur sporadisch erfolgt.

Ökonomen haben letztendlich entdeckt, dass das Kapital kein Gegenstand ist, sondern eine Qualität, obwohl die meisten ihrer Berufskollegen das noch nicht wissen. In einem kürzlich erschienenen Buch namens *Capitalism without Capital* behaupten seine Verfasser Haskel und Westlake, dass der Marktwert führender Kapitalgesellschaften heute nicht von den physischen Vermögensgegenständen bestimmt wird, die sie besitzen und zur Herstellung von Gütern verwenden, sondern vom immateriellen Kapital: den Patenten, Urheberrechten und Handelszeichen, die ihnen gehören, und den Branding-Prozessen und Organisationsabläufen, die sie entwickelt haben.[25] Die beiden Autoren beschränken die Definition von Kapital allerdings auf physische Gegenstände, die man sehen und anfassen kann, und schlussfolgern daher, dass wir in einer wundersamen neuen Welt eines Kapitalismus *ohne* Kapital leben.

So etwas geschieht, wenn man sich auf die äußere Erscheinung der Dinge stützt und den Code ignoriert, der ihre Erscheinungsweise bestimmt, denn das Äußere kann trügerisch sein. Haskel und Westlake sind nicht rechtsvergessen; in ihrem Buch haben sie sogar eine Auflistung der Spielarten des immateriellen Kapitals angefertigt und diese nach ihrer rechtlichen Behandlungsweise einerseits und ihrer Behandlung in der volkswirtschaftlichen Gesamtrechnung andererseits dargestellt.[26] Wie sie belegen, wird rund die Hälfte der immateriellen Investitionen in der volkswirtschaftlichen Gesamtrechnung nicht berücksichtigt; das Recht hingegen hat für sie alle einen Namen: Patente, Handelszeichen, Eigentumsrechte sowie die weite Kategorie des »Sonstigen«, was sich sowohl als »Geschäftsgeheimnisse« als auch als »Organisationsabläufe« entziffern lässt. Dennoch zögern die Autoren, die naheliegende Schlussfolgerung zu ziehen, dass zwischen dem Recht und den immateriellen Kapitalwerten eine mächtige Verbindung besteht, ja dass das Recht der Quellcode für die Transformation von Ideen, Fertigkeiten, Knowhow und sogar Abläufen in Kapital ist.

Das Zögern dieser Bilanzexperten, an ihrem eigenen Überzeugungssystem zu rütteln, liegt auf einer Linie mit dem persönlichen Kampf, den der verstorbene oberste Bundesrichter Scalia über die wissenschaftliche Grundlage des BRCA-Verfahrens mit Myriad ausgefochten hat. Mit einem separaten zustimmenden Votum distanzierte er sich vom ersten Teil des Urteilsspruchs, der das wissenschaftliche Wissen über die Genetik als den Ursprung des Lebens genau beschreibt. »Ich bin nicht in der Lage, diese Details durch mein eigenes Wissen oder gar durch meine eigenen Überzeugungen zu bestätigen«, schrieb der gläubige Katholik.[27] Und als Bilanzexperten scheinen Haskel und Westlake ihrerseits nicht in der Lage zu sein, die zentrale Rolle des Rechts bei der Kapitalcodierung zu erkennen, und lassen es folglich aus der Gleichung heraus.

Allgemeiner ausgedrückt: Ökonomen und Bilanzexperten haben sich der Vorstellung verschrieben, dass Kapital ein physischer Input ist, einer der beiden Produktionsfaktoren, obwohl es bei ihm in Wirklichkeit nie um einen Gegenstand, sondern stets um seine rechtliche Codierung ging; nie nur um Output und Input, sondern immer um die Möglichkeit, erwartete Erlöse zu erzielen und zu monetarisieren.[28] Die Marxisten vertreten immerhin die Auffassung, dass Kapital ein relationaler Begriff ist, der das ausbeuterische Verhältnis zwischen Kapital und Arbeit betont. Und doch unterschätzen auch sie die Rolle des Rechts im Prozess der Erzeugung von Reichtum.[29] Indem einem Gut die Module des rechtlichen Kapitalcodes aufgepfropft werden, erhält dessen Eigentümerin ein allen anderen Personen übergeordnetes Recht; ihre Ansprüche genießen eine höhere Beständigkeit und stehen weniger Hindernissen gegenüber, wenn es darum geht, Gewinne aus der Vergangenheit durch ihre Konvertierung in Staatsgeld zu realisieren. Und zuletzt sind diese Sonderrechte universell und können daher der ganzen Welt gegenüber geltend gemacht werden.

Ausnahmen bestätigen die Regel – manche Ökonomen haben erkannt, dass die Reduktion der Welt auf das Sicht- und Anfassbare hochgradig irreführend sein kann. Der herausragende Gelehrte Robert Solow bemerkte zum Beispiel im Jahr 1987, dass »man die Revolution des Computerzeitalters überall sieht, nur nicht in der Produktivitätsstatistik«.[30] Seither wurden Versuche unternommen, immaterielle Güter für die volkswirtschaftliche Gesamtrechnung, die Unternehmensproduktivität und das Aktionärsvermögen messbar zu machen. »Nur was gemessen wird, kann auch verbessert werden«, wie das Sprichwort sagt, wobei in diesem Fall offenbar das Gegenteil zutrifft: Weil hier anscheinend etwas Wertvolles existiert, müssen wir fähig sein, es zu messen.[31]

Die Messung und Bewertung immaterieller Güter ist wichtiger geworden, seit das klassische »anfassbare« Kapital in Gestalt von Grundbesitz, Maschinen und anderen materiellen Vermögenswerten im Rückgang begriffen ist. Die verfügbaren Daten zeigen, dass traditionellere Investitionen zwischen 1995 und 2003 einen Anteil am Wirtschaftswachstum von nur noch acht Prozent hatten, während Investitionen in immaterielle Güter von nur vier Prozent in den späten 1970er Jahren auf über zehn Prozent des Wirtschaftswachstums im Jahr 2006 angewachsen sind.[32] In den USA und in Großbritannien, weniger allerdings in anderen führenden Volkswirtschaften, übersteigen die Investitionen in immaterielle Güter mittlerweile die in Sachgüter.[33]

Den schlagkräftigen Argumenten für die Einhegung von Gütern zur Förderung privater Investitionen und Kreativität zum Trotz war die Monopolisierung des Wissens kein absoluter Erfolg für die wirtschaftliche Entwicklung; im Gegenteil war der Anteil der immateriellen Güter am Marktwert großer Unternehmen mit einem Investitions*rückgang* verbunden. Manche Ökonomen haben die gegenwärtige Lage, in der Unternehmen auf riesigen Bargeldbeständen sitzen, aber nur wenige Investitionsvorhaben planen, als »säkulare Stagnation« bezeichnet, und einige behaupten, dass dieses Phänomen verschwinden wird, sobald die Investitionen in immaterielle Vermögenswerte vollumfänglich bilanziert werden.[34] Andere hingegen behaupten, dass die Einhegung von Wissen für das Dahinschwinden rentabler Anlagemöglichkeiten verantwortlich sei und zu einem »Investitionsstau« geführt habe.[35] Patente sind zwar nur temporäre Monopole, aber ihre langfristigen Auswirkungen reichen weit über ihre Geltungsdauer hinaus. Sie schließen andere von der Nutzung und Perfektionierung von Wissen aus, genauso wie davon, darin zu investieren, und tragen damit zu einer ungleichgewichtigen Wohlstandsverteilung bei. Wie Pagano schreibt,

> liegt in den institutionellen Tendenzen des modernen Kapitalismus offensichtlich ein augenfälliges Paradoxon vor: Die wissensintensiven Charakteristika seiner Technologien sollten eigentlich eine demokratische, aus kleinen Unternehmen bestehende Ökonomie begünstigen, die nichtrivalisierende Wissensbestände einsetzen; aufgrund des Privateigentums am Wissen geben in der Weltwirtschaft faktisch jedoch zunehmend global operierende Großunternehmen den Ton an, deren Aktien auf den globalen Finanzmärkten gehandelt werden.[36]

Aus der Perspektive des vorliegenden Buchs betrachtet ist dies allerdings keineswegs paradox; es ist die Logik des im Recht codierten Kapitals, die auf dem Grundsatz basiert, dass einige Vermögenswerte und damit indirekt auch ihre Inhaber rechtliche Privilegien gegenüber anderen genießen. Sie erhalten stärkere Rechte *erga omnes* und können ihnen sogar Beständigkeit verleihen, um nicht nur gegen unerwartete Ereignisse, jene »exogenen Schocks«, die in den ökonomischen Standardmodellen für Schieflagen verantwortlich sind, sondern auch vor den Kräften des Wettbewerbs gewappnet zu sein. Konkurrenz ist für die Funktionalität von Märkten von essenzieller Bedeutung; sie befeuert die Kräfte der schöpferischen Zerstörung, die nach Joseph Schumpeter die Triebkräfte des ökonomischen Fortschritts sind.[37] Doch der rechtliche Code des Kapitals folgt nicht den Regeln des Wettbewerbs; er operiert vielmehr gemäß der Logik von Macht und Privileg.

Eigentumsrechte als Industriepolitik

Die Herrscher über Städte, Regionen und Länder haben schon vor langer Zeit herausgefunden, wie sie durch das Angebot besonderen rechtlichen Schutzes die örtlichen Handwerker und Künstler bei der Stange halten und deren Berufskollegen aus der Ferne anlocken konnten. Und diejenigen darunter, die hervorstechende Kenntnisse und Fertigkeiten an den Tag legten, haben die Herrschenden über Jahrhunderte hinweg beschworen, dass sie sie vor der Konkurrenz schützen mögen, indem sie ihr Wissen und ihre Fähigkeiten in den Mantel rechtlicher Privilegien einhüllten. Die historischen Aufzeichnungen über diese Schutzprivilegien reichen bis ins 14. Jahrhundert zurück. Im Jahr 1331 sicherte König Edward III. einem John Kempe seinen Schutz bei dessen Vorhaben zu, sich als flämischer Weber in England anzusiedeln,[38] und 1440 erhielt ein John of Shiedame ein Patent für eine neue Technik zur Salzherstellung.[39] In England war die Patentvergabe an ausländische Handwerker besonders während der Tudor-Dynastie sehr verbreitet, zu einer Zeit also, in der Handwerker aus ganz Kontinentaleuropa in die Dienste der Krone gestellt wurden. Dies war eine

Form der Industriepolitik, die es England ermöglichte, mit Herrschern auf dem Kontinent zu konkurrieren, welche ihre Macht gerne in Baukunst, Textilien, Keramik und den schönen Künsten darstellten.

Das früheste Beispiel für ein allgemeines Rechtsstatut, das allen Handwerkern vollen Rechtsschutz garantierte, war ein Dekret des Senats der Stadt Venedig aus dem Jahr 1474.[40] Es verlangte von den Handwerkern, »neue und ingeniöse Apparaturen, die bisher nicht auf unserem Hoheitsgebiet hergestellt wurden«, bei den örtlichen Behörden anzumelden. Nachdem diese Registrierung erfolgt war, war es allen anderen verboten, die gleichen Gerätschaften zu benutzen. Ihre Inhaber konnten gegen den Verletzer ein Verfahren »bei jeder zuständigen Stelle dieser Stadt« einleiten, »von der der besagte Täter dann zur Zahlung von 100 Dukaten verpflichtet und seine Apparatur unverzüglich vernichtet wurde«. Der Stadt selbst stand es jedoch frei, diese »für ihren eigenen Gebrauch und ihre eigenen Bedürfnisse« zu nutzen.[41] Der Senat war anscheinend nicht dazu bereit, rechtliche Privilegien auszudehnen, ohne der Stadt den Zugriff auf den geschützten Gegenstand vorzubehalten, und dadurch stellte er sicher, dass private Privilegien seinen öffentlichen Gebrauch und Nutzen für die Allgemeinheit nicht verdrängen würden.

Es gibt einen bedeutsamen Unterschied zwischen einer Ad-hoc-Vergabe von Rechtsprivilegien auf der einen Seite und einem allgemeinen Statut, wie dem venezianischen von 1474, auf der anderen. Ad-hoc-Privilegien sind beliebig; sie können zur Gewährung von Vergünstigungen, zur Erhöhung von Einnahmen, zur Anwerbung ausländischer Handwerker oder zur Förderung des ortsansässigen Handwerks und Gewerbes genutzt werden. Die höchst willkürliche Anwendung solcher Monopolrechte, wie sie besonders durch Königin Elisabeth I. erfolgte, führte schließlich zu Englands erstem Patentgesetz, dem »Statute of Monopolies 1623«, das die promiskuitive Gewährung von Patenten und ähnlichen Monopolrechten durch die Krone einschränken sollte, zu denen Autorisierungen, Beihilfen, Provisionen, Lizenzen oder Patente gehörten.[42] Geschädigten Parteien wurde es gestattet, solche Privilegien nach den allgemeinen Grundsätzen des Common Law anzufechten. Bemerkenswert ist, dass »neue« Produktionsverfahren von gutgläubigen »Ersterfindern« oder »Erstherstellern« von der Anfechtung ausgenommen waren, ebenso wie Patente und andere vom Parlament gewährte Privilegien.[43] Offenbar nahm das Parlament an, es sei dem Ringen um die Ausgestaltung besonderer Privilegien für einige wenige enthoben.

Indem es die Gewährung von Privilegien reglementierte, schränkte das Parlament also zwar den Ermessensspielraum der Krone ein, doch die Reglementierungen brachten ihre eigenen Kosten mit sich. Patente waren früher eine eng gefasste Ausnahme von einem allgemeinen Monopolverbot; nun wurden sie zu einem wertvollen Wirtschaftsgut, über das vor Gericht gestritten oder für das beim Gesetzgeber lobbyiert werden konnte. Die Patentjäger beriefen sich auf das Naturrecht und die Locke'sche Freiheit, die Früchte ihrer eigenen Arbeit zu genießen, während die Patentgegner die wettbewerbsschädigende Wirkung von Monopolen hervorhoben. In vielen Staaten wurde die Regulierung von Rechten an geistigem Eigentum heiß diskutiert und heftig bekämpft. Die Niederlande gingen 1869 sogar so weit, Patente abzuschaffen; andere Länder änderten in Reaktion auf internen und externen Druck mehrfach ihren Kurs.

Als Österreich-Ungarn 1873 versuchte, Unternehmen aus ganz Europa zu einer internationalen Ausstellung nach Wien zu locken, bestanden die potenziellen Teilnehmer auf einem Rechtsschutz für ihre immateriellen Werte, bevor sie ihre Zusage gaben. Um den Erfolg der Ausstellung sicherzustellen, verabschiedete die Doppelmonarchie ein zeitlich befristetes Gesetz, das die geistigen Eigentumsrechte dieser Ausländer schützte.[44] Am Ende erwies sich die Veranstaltung als eine kolossale Katastrophe, was allerdings zwei nicht miteinander zusammenhängenden Ereignissen geschuldet war – einer großen Finanzkrise und dem Ausbruch der Cholera. Dennoch hatte sie die Frage des transnationalen Eigentumsrechts auf die Agenda von Gesetzgebern im In- und Ausland gesetzt und den Anstoß für den ersten internationalen Vertrag, die Pariser Verbandsübereinkunft zum Schutz des gewerblichen Eigentums von 1883, gegeben.[45]

Mit der Unterzeichnung internationaler Abkommen wie etwa dieser Verbandsübereinkunft verpflichteten sich souveräne Staaten zwar dazu, den Rechtsschutz der unter ausländischer Gesetzgebung geschaffenen Rechte an geistigem Eigentum anzuerkennen, allerdings nur auf Grundlage einer strikten Reziprozität: Sie erkannten die von ausländischen Staaten gewährten Rechte an, sofern diese Staaten dies auch bei den ihrigen, nach ihren eigenen Gesetzen geschaffenen Rechten taten. Die Internationalisierung der Eigentumsrechte an immateriellen Gütern erzeugte zudem ein starkes Argument für den Rechtsschutz auch im Inland, und es ist leicht zu sehen, warum. Staaten, die diesem Trend nicht folgten, sahen sich nun nämlich vor die unangenehme Konsequenz gestellt, außerhalb des Clubs zu bleiben, was ihre Fähigkeiten einschränkte, Fremde ins Land zu locken, und gleichzeitig ihre eigenen Unternehmen der Gefahr des »Diebstahls« geistigen Eigentums im Ausland auszusetzen.

Der Kampf zwischen den Freihändlern und den Verteidigern temporärer Monopole wurde auch in den Vereinigten Staaten geführt. Im 19. und im frühen 20. Jahrhundert schlug der Zeiger meistens zuungunsten eines umfassenden Schutzes geistiger Eigentumsrechte aus. Mit einer immer noch relativ rückständigen Wirtschaft, die versuchte, zu den industriellen Kraftzentren Europas, besonders zu Großbritannien, aufzuschließen, hatte das Land wenig Anlass dazu, eine starke Position zum Schutz immaterieller Werte einzunehmen und sich damit möglicherweise von bedeutenden Wissensquellen abzuschneiden, die für den wirtschaftlichen Fortschritt genutzt werden könnten. Als das Land schließlich zu einer führenden Industrienation heranreifte, änderte sich diese Haltung jedoch, und die USA wurden zum weltweit führenden Verfechter geistiger Eigentumsrechte.

Bei der Erhebung US-amerikanischer Rechte an geistigem Eigentum zu weltweit gültigen Rechtsstandards übernahm die in den Vereinigten Staaten ansässige Privatwirtschaft die Führungsrolle; nicht nur plädierte sie für die Stärkung dieser Rechte im eigenen Land, sondern auch für die weltweite Ausdehnung dieser Schutzmaßnahmen. Das war allerdings leichter gesagt als getan, da die Grundsätze des guten Einvernehmens zwischen souveränen Staaten die Reichweite der nationalen Rechtsordnungen jedes Landes über das eigene Territorium hinaus begrenzen. Die Lösung bestand darin, Verletzungen von Eigentumsrechten, die nach US-Recht geschützt waren, als unlauteren Wettbewerb zu charakterisieren, unabhängig davon, ob dies auch nach den Gesetzen des Landes der Fall war oder nicht, in dem diese Verletzung stattgefunden hat. Darüber hinaus drängte die Privatwirtschaft die US-Regierung dazu, Handelssanktionen gegen Länder zu verhängen, die sich nicht an die amerikanischen Normen hielten.[46] Nach dem neuen Handelsgesetz von 1974 erhielten Unternehmen sogar das Recht, bei der amerikanischen Regierung Petitionen einzureichen, damit sie Handelssanktionen gegen andere Länder verhängt.[47] Eine solche Petition war zwar nicht bindend, gab der Industrie jedoch ein mächtiges Instrument an die Hand, um ihre Regierung unter Druck zu setzen. Mit dem Trade Act von 1974 wurde zudem ein System von beratenden Ausschüssen eingeführt, die die Interessen der Privatwirtschaft tief in die globale Handelspolitik der USA eingebettet haben. Dieses Gesetz spricht von »Bürgern«, die die Regierung über ihre Bedürfnisse informieren sollen; die meisten, wenn nicht sogar alle Personen, die im Laufe der Jahre in diesen Ausschüssen saßen, waren allerdings Vorstandsvorsitzende (CEOs) oder Präsidenten großer Kapitalgesellschaften und keine gewöhnlichen Bürger.[48]

Vor allem eine Person hat die Globalisierung des US-Patentschutzes tief geprägt: Ed Pratt, der CEO von Pfizer Pharmaceuticals, der 1981 den Vorsitz des Advisory Committee for Trade Negotiations (ACTN) [zu Deutsch in etwa »Beratender Ausschuss für Handelsverhandlungen«; Anm. d. Übers.] übernahm und dessen Ausrichtung viele Jahre lang prägte.[49] Pfizer war während des Zweiten Weltkriegs ein wichtiger Penizillinlieferant der alliierten Streitkräfte und arbeitete unter einem von der Regierung auferlegten Zwangslizenzsystem. Als diese Beschränkungen nach Kriegsende aufgehoben wurden, führte die Eile, mit der jede Firma ihr eigenes Medikament patentieren ließ, zu einer äußerst ineffizienten Zersplitterung von Eigentumsrechten.[50] Für den US-Markt einigten sich die Unternehmen bald darauf, Patente untereinander zu tauschen, um ihre jeweiligen Gewinne zu konsolidieren – eine Praxis, die schließlich zu einem kartellrechtlichen Ermittlungsverfahren führte. Es gab aber auch Märkte außerhalb der Vereinigten Staaten und der Reichweite seiner Patente, wo Wundinfektionen behandelt werden mussten, und Ed Pratt wies Pfizer an, einen bedeutenden Weltmarktanteil in den Entwicklungsländern aufzubauen. Zunächst kümmerte sich das Unternehmen nicht viel um Patente für seine Aktivitäten in Übersee; solange diesen Ländern die technischen Fähigkeiten fehlten, um konkurrenzfähig zu sein, konnte das Unternehmen Gewinne erzielen, indem es sich einfach auf die Knowhow-Lücke als seinen wichtigsten Wettbewerbsvorteil stützte. Allerdings sah sich Pfizer mit zwei wachsenden Hindernissen konfrontiert: Einige Entwicklungsländer, allen voran Indien, erließen Gesetze, die die Produktion von billigen Medikamenten für ihre Bevölkerung förderten und gleichzeitig Beschränkungen des Geltungsbereichs privater Rechte vorsahen,[51] und darüber hinaus erwarben immer mehr dieser Länder das Fachwissen, das sie mit westlichen Unternehmen konkurrenzfähig werden ließ.

Die Lösung für dieses Problem war die Globalisierung von Patenten nach den Standards, die das US-Recht entwickelt hatte, und der ACTN unter dem Vorsitz von Ed Pratt, dem CEO von Pfizer, wurde zu einem entscheidenden Instrument, um diese Agenda voranzutreiben. Ein Teil dieser Strategie bestand in der Stärkung der US-Handelssanktionssysteme: Die Vereinigten Staaten drängten auf einen besseren Schutz der Rechte an geistigem Eigentum in anderen Ländern, indem sie ihn zu einer Bedingung für die Unterzeichnung neuer bilateraler oder multilateraler Handelsabkommen machten, ohne die den betreffenden Ländern der Zugang zum amerikanischen Markt fehlte.[52] Letztlich aber war es das Ziel, die Standards, die die US-Unternehmen in den Vereinigten Staaten durchgesetzt hatten, in ein einziges multilaterales Abkommen zu integrieren.

Andere Staaten gefügig machen

Am 1. Januar 1995 wurde die Welthandelsorganisation (WTO) gegründet, ein organisatorisches Dach zur Regulierung des internationalen Handels, für das die Weichen schon vor langer Zeit gestellt worden waren. Die Idee dazu geht auf das Ende des Zweiten Weltkriegs zurück; die damaligen Pläne für eine sogenannte Internationale Handelsorganisation (ITO) gerieten allerdings ins Wanken, als der US-Kongress deren Gründungsvertrag nicht ratifizierte. An ihre Stelle traten multilaterale Handelsverhandlungen unter der Schirmherrschaft eines viel loseren Allgemeinen Zoll- und Handelsabkommens (GATT), das als eine von den am stärksten entwickelten Volkswirtschaften kontrollierte Plattform genutzt wurde, um den internationalen Handel in einer Reihe von Verhandlungsrunden Schritt für Schritt zu liberalisieren. Als der Umfang der Abkommen größer wurde und immer mehr Länder daran teilnahmen, wurde ein erneuter Vorstoß zur Schaffung eines internationalen Handelsregimes, der WTO, unternommen. Just zu dem Zeitpunkt, da der Freihandel letztendlich institutionalisiert wurde, schuf das Übereinkommen über handelsbezogene Aspekte der Rechte des geistigen Eigentums (TRIPS) unter der Fahne des Letzteren Ausnahmen vom Freihandelsregime in Form von Monopolen. Das TRIPS-Abkommen gab den technologisch fortgeschritteneren Unternehmen des globalen Nordens die Möglichkeit, ihr Knowhow einzuhegen und damit den freien Zugang zu ihm für potenzielle Konkurrenten in weniger entwickelten Ländern zu unterbinden.

TRIPS harmonisiert die geistigen Eigentumsrechte nicht vollständig, sondern legt Mindeststandards für ihren Umfang und ihre Geltungsdauer fest. Nach amerikanischem Vorbild schreibt es vor, dass nicht nur Verfahren, sondern auch Produkte patentierbar sind – eine Erweiterung ihres Geltungsumfangs im Verhältnis zu den Patentrechten, wie sie bis dahin in vielen Ländern bestanden hatten. Zudem wurde die Laufzeit von Patenten standardmäßig auf 20 Jahre vereinheitlicht. Der bemerkenswerteste Aspekt an TRIPS war jedoch, dass das Abkommen überhaupt angenommen wurde, denn Anfragen im Vorfeld seitens des US-Handelsbeauftragten waren in anderen entwickelten Volkswirtschaften auf wenig Resonanz und bei den Entwicklungsländern auf heftigen Widerstand gestoßen.

Das Schicksal internationaler Abkommen und Normen wird nicht immer von Staaten und deren Vertretern bestimmt. Eine genauere Untersuchung der Frage, wie globale Regeln entstehen, deutet darauf hin, dass es vielmehr auf die Fähigkeit der wichtigsten privaten Akteure ankommt, sich auf nationaler Ebene zu organisieren.[53] Und tatsächlich kann die Herstellung von globalen Schutzrechten für geistiges Eigentum direkt auf einen Zusammenschluss von Privatunternehmen in den Vereinigten Staaten und ihre Fähigkeit zurückgeführt werden, ihre Geschäftskollegen auch in anderen fortgeschrittenen Volkswirtschaften zu mobilisieren. In den USA übernahm im Jahr 1986 die Privatwirtschaft die Federführung bei der Einrichtung des Ausschusses für geistiges Eigentum (IPC). Dieser orientierte sich in seinem Aufbau am ACTN, der den Weg für die Anwendung von Handelssanktionen zum Schutz US-amerikanischen geistigen Eigentums im Ausland geebnet hatte; sein erklärtes Ziel war es, das in den Vereinigten Staaten bestehende Rechtsregime mit Blick auf diese Eigentumsart auch auf den Rest der Welt auszudehnen. Die Mitglieder des IPC waren führende Industrieunternehmen aus ganz verschiedenen Branchen, vom Pharmabereich bis zur Computer- und Kommunikationstechnologie, darunter Bristol-Myers, DuPont, die FMC Corporation, General Electric, General Motors, Hewlett-Packard, IBM, Johnson & Johnson, Merck, Monsanto, Pfizer, Rockwell International und Warner Communications.[54]

Diese Unternehmen wandten sich an ihre Pendants in Europa und Japan und bildeten mit ihnen zusammen ein globales Unternehmensbündnis, das einen stärkeren Rechtsschutz für geistiges Eigentum verlangte.[55] Das amerikanische System von Handelssanktionen half dabei, Entwicklungs- und Schwellenländer für dieses Vorhaben zu gewinnen, nachdem sie auf die harte Tour erfahren mussten, dass die USA bereit waren, solche Sanktionen zum Schutz amerikanischer Rechte an geistigem Eigentum auch tatsächlich gegen andere Länder zu verhängen. So erhoben die Vereinigten Staaten im Jahr 1989 beispielsweise von Brasilien Einfuhrzölle in Höhe von 59 Millionen Dollar, die erst wieder aufgehoben wurden, nachdem die dortige Regierung versprochen hatte, ihr diesbezügliches Rechtsregime zu überarbeiten. Mexiko fürchtete ähnliche Konsequenzen und ließ sich im Rahmen des Nordamerikanischen Freihandelsabkommens (NAFTA) von 1994 zu umfangreichen Schutzmaßnahmen für geistiges Eigentum bewegen, was einen Industrievertreter zu der Bemerkung »Mexiko hat uns alles gegeben, was wir wollten« veranlasste.[56] Andere Länder traten TRIPS bei, weil sie fürchteten, dass sie ansonsten von den wichtigsten Märkten ausgeschlossen werden könnten, und wieder andere rechneten sich einen verbesserten Marktzugang für ihre landwirtschaftlichen Produkte aus, wenn sie sich dem Abkommen anschließen würden. Diese Kalkulation erwies sich allerdings als irrig, als die Handelsverhandlungen zu diesem Thema, hauptsächlich aufgrund von Widerständen im globalen Norden, ins Stocken gerieten.

Trotz der mächtigen Fürsprache der Industrie hatte TRIPS auch viele Kritiker, unter ihnen die meisten führenden Handelsökonomen in den Vereinigten Staaten und anderswo.[57] Diese stuften geistige Eigentumsrechte als Monopole ein, die neue Hindernisse für den globalen Handel bildeten, und führten damit ähnliche Argumente ins Feld wie die, die die Fürsprecher des Freihandels bereits im 19. Jahrhundert vorgebracht hatten. TRIPS wurde dennoch verabschiedet. Ein Beobachter verwies auf die dem zugrunde liegenden Mechanismen: »Staaten zwingen andere Staaten«, so Drahos, oft mit militärischer, in diesem Fall aber mit wirtschaftlicher Macht.[58] Doch dieses Mal waren nicht Staaten die entscheidende Triebkraft hinter den rechtlichen Reformen; einige von ihnen, darunter auch die USA, tanzten vielmehr nach der Pfeife mächtiger Industrieinteressen.

Staaten gehen in internationalen Abkommen zwar viele Verpflichtungen ein, doch ob sie diese auch umsetzen, ist in der Regel eine andere Frage; es gibt jedenfalls wenig, was andere Staaten tun können, um deren Kooperation sicherzustellen. Selbst wenn sie einen Fall vor den Internationalen Gerichtshof bringen und dieser zu ihren Gunsten urteilt, können sie sich weder auf Gerichtsvollzieher noch auf andere Vollstreckungsbeamte stützen, um eine solche Entscheidung auch umzusetzen, wenn ein souveräner Staat sie ignoriert. Im Gegensatz zu den meisten internationalen Abkommen verfügt die WTO allerdings über einen vollwertigen Streitbeilegungsmechanismus und sogar über ein Berufungsgremium. Sie hat keine Sheriffs oder Gerichtsvollzieher und besitzt auch nicht die für souveräne Staaten charakteristischen Insignien einer zwangsweisen Rechtsdurchsetzung; das WTO-Recht ermächtigt vielmehr einen Staat, der einen Streit gewonnen hat, dazu, gegen den unterlegenen Staat Vergeltung zu üben, wenn dieser sich nicht an die Entscheidung hält.[59] Wichtig ist, dass nur der streitende Staat Vergeltungsmaßnahmen ergreifen kann – was diese Regelung für Länder mit geringen wirtschaftlichen Möglichkeiten zu einem stumpfen Schwert macht, aber zu einem umso schärferen in den Händen von Staaten mit großen Volkswirtschaften. Zwar braucht es immer noch einen Staat, um einen Fall vor Gericht zu bringen, doch in den USA haben sich private Parteien ganz gewiss mächtige Einflussmöglichkeiten gegenüber der Regierung gesichert, um sicherzustellen, dass dieser Durchsetzungsmechanismus auch genutzt wird.

Die Geschichte des TRIPS-Abkommens weist interessante Parallelen zu der legalen Eroberung von Grund und Boden auf fremden Territorien auf, die in Kapitel 2 des vorliegenden Buchs diskutiert wird. Als die Siedler in der »Neuen Welt« eintrafen, behaupteten sie, dass niemand vor ihnen einen früheren Anspruch darauf geltend machen könne, da allein die Siedler das Land entdeckt und aufgewertet hätten. Es spielte keine Rolle, dass die indigenen Völker zuerst da gewesen waren – sie wurden ohne ein ordentliches Verfahren oder eine gerechte Entschädigung von ihrem Land vertrieben, weil ihre Ansprüche rechtlich nicht anerkannt waren. Entdeckung und Aufwertung wurden als hinreichend dafür angesehen, das Prinzip des Zeitrangs für die Hierarchisierung konkurrierender Ansprüche auf dieselbe Ressource außer Kraft zu setzen.

In ähnlicher Weise wurden auch frühe Versuche, dafür zu sorgen, dass das TRIPS-Abkommen zwischen verschiedenen Ansätzen zur Definition von geistigen Eigentumsrechten vermittelt, von der Privatwirtschaft des globalen Nordens abgelehnt. Ihr vielsagendes Argument war, dass solche alternativen rechtlichen Behandlungsweisen »einen unangemessenen Umgang mit Rechten an geistigem Eigentum« darstellten.[60] Ihrer Auffassung nach gab es nur einen Weg, um diese Rechte auszugestalten – nämlich den amerikanischen Weg. In Wahrheit gibt es so etwas wie ein generisches Eigentumsrecht aber nicht, weder ein geistiges noch irgendein anderes. Der Privy Council und der Oberste Gerichtshof von Belize haben dies ebenfalls so verstanden, als sie indigene Landnutzungspraktiken als Eigentumsrechte anerkannten – und die gleichen Prinzipien könnten und sollten wohl auch für die Schutzrechte geistigen Eigentums gelten. Indem sie einen singulären Ansatz auf Basis der Interessen von Unternehmen in den am stärksten entwickelten Volkswirtschaften verfolgte, hat die Welt eine entscheidende Gelegenheit dazu verpasst, ein von sinnvoller Vielfalt geprägtes System geistiger Eigentumsrechte zu schaffen und, was entscheidend gewesen wäre, zumindest einen Teil der globalen Wissensallmende zu erhalten. Damals wie heute hat das Streben nach einer Monetarisierung von Gütern obsiegt, was ihre Codierung als Kapital verlangt.

Eigentumsrechte sind staatlich gestützte Rechtsprivilegien, die die Prioritätsrechte eines Eigentümers gegenüber der Welt erweitern. Staaten stellen ihre Zwangsbefugnisse allerdings nicht einfach für den Schutz irgendwelcher Ansprüche zur Verfügung; Eigentumsrechte werden vielmehr in der Regel abschließend definiert und unterliegen Formalitäten und Offenlegungspflichten. Das gilt auch für Patente. Diese müssen dem Standard entsprechen, den das Recht für die Patentierung einer Erfindung festlegt, wie zum Beispiel deren Neuheit und Nützlichkeit. Als Gegenleistung für den Erhalt eines Patents muss dessen Inhaber die wesentlichen Eigenschaften der Erfindung offenlegen, was bedeutet, dass einige Informationen über das Produkt Dritten offenbart werden. Wenn der Erfinder jedoch auf einen Staat angewiesen ist, der seine Rechte gegenüber der Welt anerkennt und schützt, dann müssen andere über deren Inhalt und Umfang in Kenntnis gesetzt werden. Denn wie sonst sollten sie wissen, wann sie sie verletzen?

Die Offenlegung der Details einer Erfindung liegt natürlich selten im Interesse eines hoffnungsvollen Monopolisten. Natürlich ist niemand gezwungen, ein Patent für eine Erfindung oder Entdeckung anzustreben. Prospektive Patentinhaber, die befürchten, dass zu viel Offenlegung ihre Entdeckungen oder Erfindungen kompromittieren könnte, verzichten daher möglicherweise ganz auf eine Patentierung und verlassen sich stattdessen vollkommen auf die rechtlichen Regelungen zum Schutz von Geschäftsgeheimnissen.[61] Vielleicht kombinieren sie auch Patentierung und Geheimnisschutz, was noch besser wäre. Im Zeitalter von Big Data und technologischem Fortschritt stellen Patente und Geschäftsgeheimnisse nicht mehr einen hilfsweisen Ersatz füreinander dar, sondern ergänzen sich, und das mit massiven, wettbewerbsausschließenden Konsequenzen.[62]

Die Fähigkeit von Myriad Genetics, das BRCA-Patent in Profit zu verwandeln, noch Jahre nachdem das Patent aufgehoben worden war, zeigt, wie das funktioniert. Das Unternehmen erhielt das Patent für BRCA1 im Jahr 1994; 2013 wurde es vom Obersten Gerichtshof der USA für ungültig erklärt. Dennoch lebte Myriad noch bis ins Jahr 2017 von diesem Patent. Das Geheimnis dieses anhaltenden Erfolgs bestand darin, dass das Unternehmen das BRCA-Patent dazu benutzt hatte, Daten zu erzeugen und eine Datenbasis aufzubauen, die unter seinen Mitbewerbern ohne Beispiel war. Die Firma benutzte ihr Patent auf das Gen BRCA, um Ärzte wie Patienten dazu zu bringen, ihr eigenes genetisches Testverfahren zu verwenden und Daten an sie zu übermitteln, und diesen unvergleichlichen Datenbestand schirmt sie nun mithilfe von Gesetzen zum Schutz von Geschäftsgeheimnissen ab. Das BRCA-Patent wurde treffend als »datenerzeugendes Patent« bezeichnet, und nicht das Patent als solches, sondern die Daten erwiesen sich für Myriad als beständige Einnahmequelle. Aus der Perspektive des Allgemeinwohls betrachtet wären diese als öffentliches Eigentum im Einsatz für die öffentliche Gesundheitsversorgung allerdings wohl noch wertvoller gewesen, doch öffentliches und privates Wohl korrelieren nicht immer miteinander, ebenso wenig wie privater und öffentlicher Wohlstand.[63]

Myriads Gründer, Dr. Skolnick, erkannte das Potenzial, das in einer Vermählung von Genetik und Genealogie steckte, schon früh in seiner Karriere, als er in Italien an seiner Doktorarbeit schrieb, um auf dem Gebiet der Genetik promoviert zu werden (er besaß bereits einen Doktortitel in Wirtschaftswissenschaften), und dort in Europa drei Mormonen kennenlernte, die Aufzeichnungen aus Kirchenbüchern sammelten, um damit die Urahnen ihrer Gemeinden in Utah zu identifizieren. Einige Jahre später schlug er vor, die Genealogie der Mormonen von Utah mit dem Krebsregister des Bundesstaates zu verknüpfen, um den Prozess der Identifizierung von Genen zu vereinfachen.[64] Nachdem Myriad die BRCA-Sequenz bestimmt und patentiert hatte, bot das Unternehmen nicht nur den Test an, sondern sammelte zudem detaillierte Daten über jede Patientin, auch solche über ihre spezifische Variante des defekten Gens, die Manifestation oder den Phänotyp des Krebses, über ihre Familiengeschichte und über den Genpool, zu dem sie gehörte. Dieser Datenbestand wurde zu Myriads größtem Vermögen. Im Jahr 2005 stellte die Firma die Übermittlung von Informationen an öffentliche Datenbanken ein und gab ihre eigenen Daten nicht mehr an Dritte weiter.[65] Wie Simon und Sichelman feststellten, »umfasst das, was einmal als Patentschutz für genetische Informationen begonnen hatte, mittlerweile auch einen Geschäftsgeheimnisschutz für Myriads Datenbestände, bestehend aus den vollständigen Gensequenzen und phänotypischen Informationen der Patientinnen sowie den Korrelationen und Algorithmen, die sich aus dem Zugriff auf diese Unmenge an Daten ergeben«.[66]

Solche »datenerzeugenden Patente« verschaffen ihren Inhabern im Wesentlichen einen Vorsprung vor Dritten bei der Schaffung einer riesigen, privaten Datenbasis, der durch die gesetzlichen Schutzbestimmungen für Geschäftsgeheimnisse noch forciert wird, nachdem das Patent selbst schon längst ausgelaufen ist. Im Gegensatz zu den herkömmlichen geistigen Eigentumsrechten haben Geschäftsgeheimnisse nämlich kein Ablaufdatum.[67] Es ist natürlich nicht ohne Ironie, dass die Unternehmen an der Spitze des technologischen Fortschritts im 21. Jahrhundert einen der ältesten Tricks des Gewerbes anwenden – einen, der eher mit dem Protektionismus der Zünfte als mit freien Märkten assoziiert wird. Aber auch das ist nichts Neues; erinnern wir uns, dass die frisch gekürten Landbesitzer in der frühen Neuzeit sich in das feudale Rechtsinstitut des Fideikommisses flüchteten, um ihre Eigentumsrechte vor ihren Gläubigern zu schützen.[68]

Die Zünfte des Mittelalters waren Vereinigungen von Handwerkern und Künstlern, die ihre Interessen gegen Konkurrenten von außen verteidigten. Die Mitglieder der jeweiligen Zunft hatten geschworen, die handwerklichen Kenntnisse ihres Gewerks zu schützen, und Lehrlinge, die zu einem Meister kamen, um ein Handwerk zu erlernen, mussten einen Eid schwören, dass sie dessen Geheimnisse nicht Außenstehenden zutragen würden. Sie erlernten das Handwerk bis zur Perfektion und gaben es an die nächste Generation von Lehrlingen weiter, die sich den gleichen Prinzipien der Geheimhaltung unterwarfen. Es ist unwahrscheinlich, dass alle Zunftmitglieder oder Lehrlinge diese Versprechen immer eingehalten haben, aber es gab dazu erstaunlich wenige Verfahren vor Gericht.[69] Man kann nur spekulieren, dass diese Normen durch Reputationsbindungen und, als letztes Mittel, durch Ausschluss informell durchgesetzt wurden.[70]

Die von den Zünften geschaffenen Wettbewerbshindernisse wurden schließlich im Namen freier und wettbewerbsorientierter Märkte abgebaut. Polanyis Schilderung zufolge »[zwang] [d]as planmäßige Vorgehen des Staates im 15. und 16. Jahrhundert [...] den streng protektionistischen Städten und Fürstentümern das merkantile System auf«.[71] Damit machte der Staat den Weg frei für den Aufstieg des Marktprinzips und ordnete die Gesellschaft diesem unter.[72] Ebenso veränderte die sich wandelnde Organisation des Arbeitsplatzes – vom kleinen Laden im individuellen Besitz hin zu großen Fabriken mit Tausenden von Beschäftigten – auch das althergebrachte Verhältnis von Herr und Knecht.[73] Die Befreiung der Arbeit aus ihren Zwängen und die Zerstörung wettbewerbsfeindlicher Praktiken der Zünfte bereiteten den Boden für die Entstehung von Großunternehmen mit Tausenden Mitarbeitern. Diese neuen Unternehmen bedienten sich jedoch bald ebenfalls wieder zunftähnlicher Praktiken, um ihre Beschäftigten davon abzuhalten, ihr Wissen frei auf dem

Arbeitsmarkt feilzubieten, und verteidigten diese Vorgehensweise auch oft erfolgreich vor Gericht. Freiheit ist, wie es scheint, ein zweischneidiges Schwert, und die Sieger des letzten Kampfes um die Befreiung von Gütern und ihrer Inhaber aus den Fesseln der bisher geltenden Normen übernehmen bald selbst ebenjene Normen, um ihre eigenen Profite zu schützen.

Die Idee des Geschäftsgeheimnisses, so wie sie sich in den Vereinigten Staaten entwickelt hat, besteht im Wesentlichen darin, dass bestimmte Informationen und Knowhow vor der Nutzung durch Dritte geschützt werden dürfen, selbst wenn diese nicht das Niveau einer patentierbaren Innovation erreichen. Im 19. Jahrhundert wurde diese gesetzliche Regelung dazu genutzt, Beschäftigte daran zu hindern, ihre in einem bestimmten Unternehmen erworbenen Kenntnisse und Fähigkeiten nach Belieben anderswo einzusetzen. Das US-Unternehmen DuPont hatte bei der Anwendung entsprechender vertraglicher Vereinbarungen eine führende Position inne.[74] Amerikanische Gerichte setzten diese Beschränkungen bereitwillig durch und trugen damit das feudale Modell der mittelalterlichen Arbeitsverhältnisse in die Moderne hinein. Das Ergebnis ist ein tiefer Widerspruch im Herzen der Beziehungen zwischen Arbeitgeber und Arbeitnehmer in den Vereinigten Staaten. Denn auf der einen Seite betont das amerikanische Arbeitsrecht das »*employment at will*«, also die Idee eines jederzeit vom Arbeitgeber kündbaren Beschäftigungsverhältnisses, die den Arbeitgebern bei der Entlassung ihrer Mitarbeiter viel Spielraum gibt, erlaubt es auf der anderen Seite den Arbeitgebern aber auch, die Möglichkeiten eines erneuten Einsatzes ihrer Fähigkeiten einzuschränken.

In der Vergangenheit kreuzten sich die Wege von Patenten und Geschäftsgeheimnissen nur selten; die Erfinder wählten zwischen der Patentierung und der Berufung auf das Geschäftsgeheimnisrecht je nach Art ihrer Erfindung, den Kosten und der Wahrscheinlichkeit, tatsächlich ein Patent zu erhalten. Das

Aufkommen von Big Data jedoch schuf die Voraussetzungen für eine neue und mächtige Kombination aus Patenten und Geschäftsgeheimnissen – und das nicht nur in der pharmazeutischen Industrie. Die Erfolgsgeschichte von Google beispielsweise weist interessante Parallelen zu der von Myriad Genetics auf. Oft heißt es, dass Google und andere große Technologieunternehmen keine Patente verwenden würden. Sie scheinen ohne die Zwangsbefugnisse des Staates auszukommen, wenn es darum geht, ihr wertvollstes Gut zu schützen: Daten über uns. Diese Erzählung ist jedoch bestenfalls unvollständig. Denn die Suchtechnologie, die Google zum Aufbau seines Datenimperiums verwendet hat, *wurde* patentiert. Sie gehörte zwar der Stanford University, aber Google war Inhaber der Exklusivlizenz des PageRank-Algorithmus (die mittlerweile abgelaufen ist). Googles eigener Patentanwalt bezeichnete PageRank als »eines der bekanntesten und wertvollsten modernen Softwarepatente«.[75]

Dies mag als eine typische Übertreibung eines Anwalts abgetan werden, entspricht aber ganz genau der Weltanschauung derjenigen Patentanwälte, die behauptet haben, dass nicht Menschen, sondern Patente für die industrielle Revolution verantwortlich waren.[76] Zwar zelebrieren wir oft neue Entdeckungen und technische Durchbrüche, ignorieren dabei aber die hinter den Kulissen geleistete rechtliche Arbeit, die diesen Durchbrüchen erst anhaltende Vermögenseffekte verschafft. Die Vorstellung, dass Patente die industrielle Revolution angetrieben haben, ist problemlos mit der in diesem Buch vertretenen These vereinbar, dass Kapital im Recht codiert ist, und das schließt die Codierung humanen geistigen »Eigentums« mit ein. Von ebenso zentraler Bedeutung waren Patente auch für die Erzeugung desjenigen Privatvermögens, das mit den beiden postindustriellen Revolutionen – Biotech und Software – verbunden ist. Dafür argumentieren zu können, dass das Brustkrebsgen

BRCA patentierbar sei, war zwar bereits eine beachtliche Leistung des *Legal Engineering*, auch wenn dieses Vorhaben letztendlich gescheitert ist, aber Googles PageRank kam dem ziemlich nahe. Denn den Anwälten des Unternehmens gelang es, ein Patent auf etwas zu erhalten, das am ehesten als ein Ablagesystem beschrieben werden kann, etwas derartig Alltägliches, dass nur schwer nachzuvollziehen ist, warum es überhaupt als eine Erfindung gelten sollte. Was es von normalen Ablagesystemen unterschied, war jedoch nicht sein Wesen, sondern seine digitale Form: ein Algorithmus zur Organisation und Hierarchisierung digitaler Dokumente, basierend auf der Quantität und Qualität der zwischen ihnen bestehenden Verknüpfungen, vulgo Links. Dies reizt den Rahmen der Voraussetzungen für die Patentierbarkeit von Verfahrenspatenten, die ein gewisses Ergebnis oder eine »Transformation« und nicht nur eine Änderung in der Form verlangt, massiv aus.[77]

Dieses Patent ermöglichte es Google, eine enorme Sammlung von Daten über ganz normale Internetnutzer aufzubauen, die nur noch mit der seiner größten Rivalen wie Facebook oder Amazon vergleichbar ist. Und Google hat sich nicht gescheut, das Geschäftsgeheimnisrecht zu nutzen, um ehemalige Mitarbeiter im Zaum zu halten und damit einen der größten komparativen Vorteile der juristischen Landschaft des Silicon Valley zu untergraben: die Nichtdurchsetzbarkeit von Wettbewerbsverboten.[78] Als das Zeitalter der Informationstechnologie begann, beriefen sich andere Technologieunternehmen, die, wie etwa IBM, entlang der Route 128 in Massachusetts angesiedelt waren, auf diese Regeln, um ihr Knowhow im Hause zu halten, wurden aber bald vom Silicon Valley mit seiner ungebundenen Start-up-Kultur überholt. So blieb es allerdings nicht. Kürzlich verklagte Google den Fahrdienstanbieter Uber, nachdem einer seiner wertvollen Mitarbeiter die Seiten gewechselt hatte, und zwar mit der Behauptung, dieser habe sich Geschäftsgeheimnissen über selbstfahrende Autos von einer oder mehreren Tochtergesellschaften des Unternehmens bemächtigt.[79] Das zivilrechtliche Verfahren wurde zwar durch einen Vergleich beigelegt, aber das Strafverfahren ging weiter, wobei Google mit den Behörden zusammenarbeitete.[80] Das Muster dürfte mittlerweile vertraut sein: Die ehemaligen Disruptoren bereits bestehender Rechtsverhältnisse oder Technologien lernen schnell, dass sie ihre eigenen Gewinne nur durch die Inanspruchnahme rechtlichen Schutzes (häufig desselben, den sie noch kurz zuvor bekämpft haben) absichern können. Bemerkenswert ist, dass sie die Gerichte und sogar die Gesetzgeber oft dazu bewegen können, sich auf die Seite ihrer neuen Weltanschauung zu schlagen.[81]

Die »zweite Einhegung« (diesmal nicht von Grund und Boden, sondern von Wissen) vollzieht sich stiller als die erste und ohne physische Gewalt, aber ihre Auswirkungen können sehr wohl bedeutender sein als die der ersten. Es war traumatisch für die Commoners, ihre Lebensgrundlagen zu verlieren, und für die indigenen Völker, von dem Land vertrieben zu werden, das sie jahrhundertelang bewohnt und bewirtschaftet hatten. Heute laufen wir nun Gefahr, den Zugang zu unseren eigenen Daten und zum Code der Natur zu verlieren, und das nur deshalb, damit ausgewählte Vermögensinhaber eine weitere Gelegenheit dazu erhalten, ihren Reichtum auf Kosten aller anderen zu vergrößern.

Kapitel 6
Ein Code für die Welt

Das Kapital ist mobil geworden und kennt offenbar keine Grenzen mehr; Waren reisen über alle Weltmeere, und Unternehmen streifen über den Globus auf der Suche nach neuen Investitionsmöglichkeiten oder einfach einem günstigeren steuerlichen oder regulatorischen Umfeld; Finanzanlagen im Wert von Billionen von Dollar werden täglich auf Knopfdruck gehandelt und in digitalen Wolken ohne festen Boden unter ihnen geparkt. Trotzdem gibt es weder ein einheitliches weltweites Rechtssystem, das den globalen Kapitalismus aufrechterhält, noch einen globalen Staat, der ihn mit seinen Zwangsbefugnissen absichert. Wir stehen also vor einem Rätsel: Wenn das Kapital im Recht codiert ist, wie kann dann der globale Kapitalismus ohne einen globalen Staat und ein globales Rechtssystem existieren?

Die Lösung dieses Rätsels ist überraschend einfach: Der globale Kapitalismus kann, zumindest in der Theorie, durch ein einziges nationales Rechtssystem aufrechterhalten werden, vorausgesetzt, dass andere Staaten dessen Rechtscode anerkennen und durchsetzen. Und der weltweite Kapitalismus, wie wir ihn kennen, kommt dieser theoretischen Möglichkeit schon erstaunlich nahe, denn er ist um zwei innerstaatliche Rechtssysteme herum aufgebaut, nämlich das englische Recht und das des Staates New York, flankiert durch einige internationale Verträge sowie ein ausgedehntes Netz *bilateraler* Handels- und Investitionsregimes, die ihrerseits um eine Handvoll fortgeschrittener Volkswirtschaften herum konzentriert sind.

Die räumliche Ausdehnung des Rechts auf Menschen und

Territorien in weit entfernten Gegenden erinnert an ein Imperium. Im antiken Rom stand das römische Recht vor allem den Eliten zur Verfügung und war »für den Großteil der Bevölkerung unerreichbar«; für diesen war es eher eine »zu fürchtende Bedrohung« als ein »etwaiger Schutz«.[1] Und für die meisten Menschen in den meisten Ländern liegt das Recht, das den globalen Kapitalismus aufrechterhält, ebenfalls außer Reichweite, weil diese Länder vorwiegend fremdes Recht anerkennen und durchsetzen, das von anderen gemacht wurde. Selbst die Bürger von England und die des Bundesstaats New York, jener Jurisdiktionen also, in denen der Rechtscode für das globale Kapital geschmiedet wird, haben wenig Mitspracherechte, weil sich die meisten dieser Dinge in privaten Anwaltskanzleien und nicht in öffentlichen Gesetzgebungsverfahren und nicht einmal mehr vor den Gerichten abspielen, die als potenziell zu disruptiv für private Kapitalcodierungsstrategien ins Abseits gestellt wurden.

Der Rechtsexport hat eine lange Geschichte. Englische Siedler und Kolonisatoren wandten das Common Law überall im immer größer werdenden Empire an und entsandten Richter an weit entfernte Orte, um es dort zu implementieren. Napoleon Bonapartes Truppen brachten die französischen Rechtskodizes überallhin mit und dehnten das Anwendungsgebiet des französischen Rechts im Osten bis nach Polen und im Süden bis nach Spanien, Portugal und Ägypten aus. Beim Imperialismus ging es nicht nur um militärische Eroberung, sondern auch um die Verbreitung des Rechtssystems der europäischen Staaten in den von ihnen geschaffenen Kolonien in Afrika, Asien und auf dem amerikanischen Doppelkontinent. Deshalb gehören die Rechtsordnungen der meisten Länder der Welt auch einer der drei führenden »Rechtsfamilien« an, nämlich entweder dem englischen Common Law, dem französischen Code civil oder dem deutschen Zivilrecht.[2] Selbst Länder, die der Kolonialisierung entgangen sind, wurden unter Druck gesetzt, westliches Recht zu übernehmen, wobei Japan das prominenteste Beispiel darstellt. Dort löste die Meiji-Restauration ein umfangreiches Rechtsmodernisierungsprojekt aus, das sich zunächst auf das französische Recht konzentrierte, am Ende aber vor allem deutsches Recht transplantierte.[3]

Die weltweite Verbreitung der europäischen Rechtssysteme hat die Rechtsvielfalt zwar stark reduziert, aber dennoch keine Uniformität hervorgebracht. Zunächst einmal unterscheiden sich nicht nur die dominanten Rechtsfamilien voneinander, sondern auch die Rechtsordnungen, die zur selben Familie gehören, sind ziemlich unterschiedlich. Das Recht ist nicht statisch, sondern entwickelt sich mit der Zeit, wenn neue Fälle prozessiert werden und das Recht als Reaktion auf sich wandelnde Normen oder politische Präferenzen modifiziert wird. Derselbe rechtliche Familienstammbaum bringt daher keine identischen oder auch nur ähnlichen Rechte hervor, geschweige denn deren Konvergenz in der Praxis. Gesellschaften haben zwar jahrtausendelang ihre Rechte voneinander abgeschrieben, aber um tatsächlich wirksam zu sein, müssen sie stets den jeweiligen örtlichen Bedingungen angepasst werden.[4] Statische Rechte, die die in sozialen Normen ausgedrückten Präferenzen nicht widerspiegeln oder auf eine sich verändernde Umwelt nicht reagieren, bleiben bloß formal und nehmen nur wenig Einfluss auf die gesellschaftliche Ordnung.[5]

Doch was für ein wirksames Recht und eine demokratische Selbstregierung gut ist, ist nicht notwendigerweise auch gut für das Kapital. Dieselben Eigenschaften, die das Recht lebendig und für ein Gemeinwesen relevant werden lassen, machen es in den Augen ausländischer Händler und Investoren unbeständig und unsicher. Diese sind mit den örtlichen Praktiken und politischen Prozessen nicht vertraut, was die lokalen Institutionen in ihren Augen unberechenbar macht. Erinnern wir uns, dass in Adam Smith' Darstellung der Mangel an institutioneller Sicherheit in der Fremde *eben genau die unsichtbare Hand war*, die die Kaufleute wieder in ihre Heimat zurückdrängte, wo sie unweigerlich stets einen Teil ihrer Ausbeute mit der Allgemeinheit teilen würden. Für sie stellte sich dies als ein massives institutionelles Versagen dar, das ihre Geschäftskosten massiv erhöhte und ihre privaten Gewinne schmälerte. Wenn die Institutionen rund um den Globus aber gestrafft werden könnten, dann würden auch die Geschäfte berechenbarer werden; in diesem Fall hätten sich die Kaufleute der unsichtbaren Hand einfach entledigen und ihre Ausbeute für sich behalten können.

Der Aufbau der rechtlichen Infrastruktur für den globalen Handel erfolgte großteils auf eine von zwei Arten: entweder durch die Harmonisierung von Rechten in verschiedenen Staaten oder durch die Anerkennung und Durchsetzung ausländischen Rechts. Letzteres war für den weltweiten Schutz des Kapitals zwar wesentlich erfolgreicher, machte es aber erforderlich, dass die Staaten ihre jeweiligen Kollisionsnormen anpassten, damit gewährleistet war, dass die private Wahl und die Privatautonomie auch weiterhin über den Belangen der Allgemeinheit stehen würden.

Die Ausweitung der Privatautonomie

Die Tendenz, das Recht an private Akteure auszulagern, indem man ihnen die Möglichkeit verschafft, nach Belieben inländisches oder ausländisches Recht zu wählen, war eine Antwort auf die Schwierigkeit, das Recht mit politischen Mitteln zu harmonisieren. Zunächst wurde, besonders in der Zeit nach dem Zweiten Weltkrieg, eine weitgehende Rechtsharmonisierung angestrebt mit dem Ziel, Handel und Investitionen global wiederzubeleben. Die Europäische Union ist das Musterbeispiel dafür, dass Länder sich zusammenschließen, um gemeinsame Regeln für einen gemeinsamen Markt zu schmieden. Die Aushandlung eines gemeinsamen, für alle akzeptablen Regelwerks erwies sich allerdings als langwierig und mühsam – sogar für Länder mit einer langen Geschichte der wechselseitigen Kreditvergabe und mit gemeinsamen Wurzeln, die bis zum römischen Recht zurückreichen.

Die Alternative zur bewusst herbeigeführten Angleichung von Rechten durch den politischen Prozess ist der rechtliche und regulatorische Wettbewerb zwischen den Staaten in Kombination mit privater Autonomie für die Endanwender des Rechts, die sich aussuchen dürfen, was für sie am besten ist. Damit dies funktioniert, brauchen die Länder keine mühsamen Projekte zur Rechtsharmonisierung durchzuführen, etwa mit Blick auf den Inhalt des Vertrags- oder Gesellschaftsrechts; sie müssen lediglich Kollisionsnormen einführen, die die Wahl seitens der privaten Parteien unterstützen. Diese Regeln haben zudem den Vorteil, dass sie so undurchsichtig sind, dass ihre Verabschiedung im täglichen politischen Prozess nur wenig Aufsehen erregt.

Es gibt spezifische Kollisionsnormen für jedes Rechtsgebiet, etwa für das Vertrags- und das Schadenersatzrecht oder für das Eigentums- und Gesellschaftsrecht. Mit Blick auf Vertrags- und Gesellschaftsrecht herrscht bei den Kollisionsnormen ein Konsens über den Grundsatz, dass es den an einem Vertrag beteiligten Parteien oder den Gründeraktionären eines Unternehmens freisteht, sich dasjenige Recht auszusuchen, dem sie künftig unterliegen wollen. Ohne diese rechtliche Unterstützungsstruktur hätte Lehman nicht ein derartiges Imperium mit Hunderten von Tochtergesellschaften aufbauen können, die in verschiedenen Jurisdiktionen gegründet worden waren – häufig in solchen, in denen keine von ihnen jemals Geschäfte gemacht oder dies beabsichtigt hatte. Und auch die Zertifikate, die NC2 oder die

Kleros-Klone an die Anleger ausgegeben haben, hätten nicht viele Käufer gefunden, wäre diesen nicht versichert worden, dass die von jenen verbrieften gesetzlichen Rechte auch über die Kaimaninseln oder den winzigen US-Bundesstaat Delaware hinaus anerkannt würden. Die Bereitschaft der Staaten, es privaten Parteien (und deren Anwälten) zu erlauben, sich das Recht auszusuchen, das am besten zu ihren Interessen passt, erklärt die bemerkenswerte Vormachtstellung des englischen und des New Yorker Rechts bei der Codierung des globalen Kapitals.

Wenn es um Eigentumsrechte geht, beharren die meisten Staaten jedoch nach wie vor auf ihrer rechtlichen Souveränität und oktroyieren den sich auf ihrem Hoheitsgebiet befindlichen Vermögenswerten ihr inländisches Recht. Doch territoriale Kontrolle ist für diejenigen darunter, die keine physische Gestalt oder keinen Ort haben, nur von geringem Nutzen; für handelbare Finanzinstrumente mussten daher andere Kriterien gefunden werden, um zu bestimmen, wessen Recht sie unterliegen sollten – und zwar vorzugsweise solche, die, wenn sie in verschiedenen Ländern angelegt werden, immer auf ein und dasselbe Rechtssystem verweisen. Zu diesem Zweck kamen Juristen und einige Wissenschaftler unter dem Dach eines prominenten Forums, der Haager Konferenz für Internationales Privatrecht, zusammen und erarbeiteten einen internationalen Vertrag, der die Kollisionsnormen für finanzielle Vermögenswerte vereinheitlichte.[6] Das Ergebnis war eine Regel mit dem eingängigen Akronym PRIMA, das für »*Place of the Relevant Intermediary Approach*«, also die »Festlegung des Ortes des maßgeblichen Intermediärs« steht.[7] Nach dieser Regel bestimmt das Rechtssystem, in dem das Unternehmen gegründet wurde, das die Vermögenswerte ausgibt, auch das für dieses geltende Eigentumsrecht. Und da nach der heute vorherrschenden Gründungstheorie der Gründungsort von privaten Parteien (den Gründern) festgelegt wird, gilt dies folglich auch für das Eigentumsrecht, das auf die von diesem neuen Unternehmen ausgegebenen Vermögenswerte anzuwenden ist. Einige Jurisdiktionen gestehen privaten Parteien sogar noch mehr Flexibilität zu, indem sie ihnen die Möglichkeit geben, im Vertrag zwischen Kontoinhaber und kontoführender Stelle das Recht zu wählen, das für sie gelten soll.[8]

Im Gegensatz dazu sind die meisten geistigen Eigentumsrechte ein Streitpunkt geblieben, weil sie nicht durch einen privaten Vertrag geschaffen werden können; Patente existieren nicht ohne einen *offiziellen* Akt, wie in Kapitel 5 diskutiert wurde: Während Patentanwälte möglicherweise ein Patentamt von einer Neuinterpretation dessen überzeugen können, was als Erfindung zu gelten hat, liegt die endgültige Entscheidung darüber doch in den Händen der Gerichte. Zwar haben die Staaten einige Aspekte des geistigen Eigentumsrechts im internationalen Vertragsrecht harmonisiert, zum Beispiel im Rahmen des TRIPS-Abkommens, doch viele Details liegen nach wie vor im Ermessen der einzelnen souveränen Staaten.

Trotz ihres Widerstands dagegen, sich von ihrer Kontrolle über das Eigentumsrecht zu trennen, haben die Staaten am Ende mehr hergegeben, als sie vielleicht beabsichtigt haben, und zwar nicht durch die rechtliche Harmonisierung materieller Rechte oder gar von Kollisionsnormen, sondern durch die Unterzeichnung regionaler oder bilateraler Investitionsabkommen. In diesen Verträgen ist nur selten von Eigentumsrechten die Rede; vielmehr konzentrieren sie sich auf die *Investitionen*, die ausländische Investoren im Gaststaat tätigen, sowie auf deren Schutz. Investitionen können jede Gestalt annehmen, vom Abschluss von Verträgen über Lizenzen und Konzessionen bis hin zum Besitz von Aktien oder Immobilienvermögen. Das trojanische Pferd in diesen Abkommen ist ein Streitbeilegungsmechanismus, der unter dem Akronym ISDS (»*investor-state dispute settlement*«, zu Deutsch »Investor-Staat-Streitbeilegung«) bekannt ist. Dieser ermöglicht es einem ausländischen Investor, eine Schadenersatzklage gegen den Gaststaat vor einem Schiedsgericht außerhalb seines Territoriums zu erheben. Der Wortlaut der Verträge ist dabei so vage gehalten, dass sich daraus die Befugnis für die Schiedsrichter herauslesen lässt, dem Kläger Schadenersatz für »unfaire und ungleiche Behandlung« zuzusprechen, der einer Enteignungsentschädigung gleichzusetzen ist.[9] Damit verleihen sie vertraglichen Verpflichtungen letztlich den Status von Eigentumsrechten und beschneiden die Befugnis der Staaten, diejenigen Ansprüche zu bestimmen, die sie als Eigentumsrechte anzuerkennen wünschen.

Neben den Eigentumsrechten ist auch das Konkursrecht streng lokal geblieben. Der Grund dafür ist, dass dieses Recht die Stelle ist, an der Verluste realisiert und zugewiesen werden, was eine inhärent politische Aufgabe ist. Darüber hinaus ist der Konkurs der Lackmustest für die Rechte und Privilegien, die die Parteien ausgehandelt haben oder die ihnen das staatliche Recht gewährt hat, schon lange bevor sich ein Zahlungsausfall abzeichnete. Wenn diese Rechte im Konkursfall nicht durchgesetzt werden können, dann sind sie nicht viel wert, weshalb es vom Konkursrecht auch heißt, dass es erhebliche Ex-ante-Wirkungen zeitigt.[10]

Man sollte daher meinen, dass eine Vereinheitlichung der Konkursvorschriften kein Problem für den globalen Handel und das globale Finanzwesen darstellen sollte. Doch nichts könnte weiter von der Wahrheit entfernt sein. Politiker sind zögerlich, wenn es darum geht, Verluste in Rechnung zu stellen oder Regeln zu entwickeln, die sie zwingen würden, sich auf einen Verlustzuweisungsmechanismus festzulegen. Mit dem Zusammenbruch der deutschen Herstatt-Bank im Jahr 1974 ist die Notwendigkeit eines gemeinsamen Abwicklungsmechanismus für weltweit operierende Banken offensichtlich geworden. Diese Bank war relativ klein, aber international tätig und betrieb in

New York umfangreiche Devisengeschäfte, die enorme Verluste verursacht hatten. Die deutschen Aufsichtsbehörden schlossen die Bank mitten im Handel an der New Yorker Börse und sorgten dort damit für Panikreaktionen.[11] Dennoch gibt es bis heute noch keine Regelungen für die Abwicklung global operierender Banken; nur die Eurozone hat ein gemeinschaftliches Regime für Banken eingeführt, die auf EU-Ebene beaufsichtigt werden.[12] Für die übrigen Banken gibt es noch kein transnationales Abwicklungsregime.[13]

Angesichts der politischen Sensibilität von Eigentums- und Konkursrecht sollte es nicht verwundern, dass dies die Orte sind, an denen das Ringen um den globalen Code des Kapitals ausgetragen wird. In den folgenden Abschnitten werden die um beide Rechtsgebiete geführten Kämpfe separat voneinander untersucht.

Privateigentum contra Souveränität

Eigentum und Souveränität sind unterschiedliche, aber verwandte Begriffe. Morris Cohen hat in einem 1927 publizierten Aufsatz auf die Spiegelbildlichkeit von »Eigentum *und* Souveränität« aufmerksam gemacht, nur wenige Jahre bevor eine massive Finanzkrise die Fragilität des von ihm untersuchten Systems offenbarte. Eigentum ist, so seine These, privat und bedeutet *dominium* [»Herrschaft«, und zwar die des Einzelnen über Dinge; Anm. d. Übers.]; Souveränität ist dagegen öffentlich und steht für *imperium* [die Herrschaft eines Machthabers über die Einzelnen; Anm. d. Übers.].[14] Doch wie Cohen erklärt, »kann es keinen Zweifel daran geben, dass unser Eigentumsrecht unseren Industrie- und mehr noch unseren Finanzkapitänen souveräne Macht verleiht«.[15] Eigentumsrechte sind Ableitungen aus der Souveränität, verschaffen aber auch privaten Parteien bestimmte souveräne Befugnisse. Tatsächlich geht es im Kampf um den globalen Code des Kapitals immer darum, wer den Gehalt und die Bedeutung von Eigentumsrechten bestimmen darf: Staaten oder private Parteien, die demokratische Öffentlichkeit oder die führenden Köpfe aus Industrie und Finanzwesen.

Die Streitigkeiten, die diese Kämpfe kennzeichnen, sehen oft wie klassische Fälle von Enteignung aus, bei denen ein mächtiger Staat einen Vermögensgegenstand unter Verletzung privater Eigentumsrechte konfisziert. In den meisten Fällen, die den Schutz von Eigentumsrechten in den globalen Beziehungen betreffen, geht es jedoch überhaupt nicht um den Gegenstand selbst oder die Verletzung spezifischer Rechte, sondern vielmehr darum, wer bestimmen darf, *was ein Eigentumsrecht ist*: der Souverän oder private Parteien. Beanspruchen Letztere dieses Privileg für sich, dann befindet sich die Souveränität »unter Beschuss«.[16]

Geistige Eigentumsrechte wurden zwar durch das internationale Vertragsrecht harmonisiert, aber selbst das oft gescholtene TRIPS-Abkommen von 1994 legte nur Mindeststandards fest, die viel Raum für abweichende nationale Regelungen lassen. Vor Kurzem jedoch versuchte eine Klage, die unter dem ISDS-Regime des (ehemaligen) Nordamerikanischen Freihandelsabkommens (NAFTA) angestrengt wurde, einem souveränen Staat die Befugnis dazu abzusprechen, die Bedingungen für die Anerkennung von geistigem Eigentum festzulegen. Dieses Vorhaben war zwar letztlich erfolglos, aber das Gericht brauchte zwei Jahre, um zu diesem Ergebnis zu kommen, wobei es die Gelegenheit nutzte, die Rechtsprechung eines souveränen Staates daraufhin zu prüfen, ob sie den Interessen eines ausländischen Investors genügte. Klageführer war das US-Pharmaunternehmen Eli Lilly, das damit den Weg für die Umwandlung des ISDS-Mechanismus in ein Berufungsgremium für nationale

Gerichte geebnet hat; andere werden diesem Beispiel mit Sicherheit folgen.

Eli Lilly wurde 1876 von einem Bürgerkriegsveteranen dieses Namens gegründet. Das Unternehmen hat seinen Hauptsitz in Indiana, ist aber weltweit tätig. 1979 und 1980 sicherte sich die Firma in Kanada Patente auf seine Medikamente Strattera und Zyprexa, die bei Patienten mit Schizophrenie, Depressionen und anderen psychischen Störungen angewendet werden. Jahre später beantragte das Unternehmen separate Patente für eine neue Reihe von Ingredienzien, die in diesen Medikamenten verarbeitet wurden, und versuchte so, die Gültigkeitsdauer des ursprünglichen Patents zu verlängern (eine nicht ungewöhnliche Vorgehensweise). Diese Patente wurden ebenfalls erteilt, bildeten später jedoch den Gegenstand eines Rechtsstreits, in dem Eli Lilly ein anderes Unternehmen in Kanada wegen Verletzung seiner Patente verklagte, und in diesem Zusammenhang widerrief ein kanadischer Richter Eli Lillys Zweitpatente auf Strattera und Zyprexa.

Nach kanadischem Recht muss ein Patent zum Zeitpunkt seiner Anmeldung »neu, nützlich und nicht offensichtlich« sein.[17] Nach Prüfung des Patents entschied ein unteres Gericht, dass der Austausch einiger weniger Bestandteile das Medikament in keiner Weise nützlicher machte, als es zuvor war. Das Zweitpatent für Strattera und Zyprexa entsprach daher nicht den in Kanada geltenden rechtlichen Voraussetzungen, weshalb in der Folge beide widerrufen wurden. Das Verfahren ging in Berufung und wurde an die Vorinstanz zurückverwiesen, doch in einer zweiten Berufung bestätigte das kanadische Bundesgericht deren Entscheidung. Eli Lilly war allerdings immer noch nicht bereit aufzugeben und legte beim Obersten Gerichtshof des Landes Berufung ein, der den Fall aber nicht zur Verhandlung annahm.[18] Da die juristischen Möglichkeiten des Unternehmens damit ausgeschöpft waren, teilte Eli Lilly der kanadischen

Regierung im Jahr 2015 mit, dass es ein Investor-Staat-Streitverfahren im Rahmen des NAFTA anstrengen würde, und forderte von ihr eine Entschädigung in Höhe von 500 Millionen Dollar.[19] Dazu führte die Firma ins Feld, dass der Widerruf des Patents eine Verletzung ihrer »Investitionen« in dem Land darstellte.

Das NAFTA-Abkommen war ein internationaler Vertrag zwischen Kanada, Mexiko und den USA mit dem Ziel, die Handels- und Investitionsbeziehungen unter diesen drei Ländern zu fördern. Mittlerweile ist es durch das USMCA, das »USA-Mexiko-Kanada-Abkommen«,[20] abgelöst worden. Wie man es von einem Vertrag zwischen souveränen Staaten erwarten würde, binden die meisten der darin festgelegten Rechte und Pflichten, wie etwa die Öffnung ihrer Grenzen für Waren und Dienstleistungen der anderen Vertragsparteien, diese drei Länder als Unterzeichner des Abkommens. Das NAFTA schuf jedoch auch Rechte für private Parteien, insbesondere für ausländische Investoren, und diese Rechte sind mit einem mächtigen Durchsetzungsmechanismus versehen. Ist ein ausländischer Anleger nämlich der Meinung, dass seine »Investitionen« von einem Gaststaat verletzt worden sind, kann er vor einem Schiedsgericht Beschwerde einreichen und Schadenersatz fordern. Im Gegensatz zu den Opfern von Menschenrechtsverletzungen müssen Investoren also nicht erst bei einem inländischen Gericht um Hilfe ersuchen; sie können sich vielmehr direkt an ein Schiedsgericht außerhalb des Territoriums des Gaststaates wenden, den sie verklagen.[21]

Ähnliche Durchsetzungsmechanismen für private Parteien gegenüber ihren Gaststaaten sind auch in mehr als 3000 bilaterale Investitionsschutzabkommen (BITs) eingebaut worden. In den letzten drei Jahrzehnten wurden mehr als 800 Klagen wegen angeblicher Investitionsverletzungen eingereicht, wobei im Durchschnitt 522 Millionen Dollar Schadenersatz gezahlt wurden, was etwa 40 Prozent der insgesamt geforderten Summe entspricht.[22] Nicht immer gewinnen die Investoren; in mindestens einem Drittel der Fälle obsiegen die Staaten, während die übrigen Fälle entweder durch Vergleich beigelegt (in der Regel ohne Offenlegung der Konditionen, zu denen dieser erzielt wurde) oder zugunsten des Investors entschieden werden.

Wie erwähnt, hat Eli Lilly nicht sofort ein Schlichtungsverfahren im Rahmen des NAFTAs angestrebt. Zunächst kämpfte das Unternehmen vor den kanadischen Gerichten um die Anerkennung seiner (Zweit-)Patente. Das war verständlich, denn die Firma benötigte einen staatlichen Akt: die Anerkennung eines Eigentumsrechts in Gestalt eines Patents.[23] Nachdem sie ihr Verfahren verloren hatte, behauptete Eli Lilly nun, dass der Widerruf des Patents durch die kanadischen Gerichte unter dem NAFTA-Abkommen einer »unfairen und unbilligen Behandlung« sowie einer »indirekten Enteignung« gleichkäme. Zur Begründung wurde angeführt, dass die Auslegung des nationalen Patentrechts durch das kanadische Gericht in »dramatischer« Weise von dessen früherer Rechtsprechung abweiche.

Die Klage stellte damit das Privileg Kanadas infrage, seine eigenen geistigen Eigentumsrechte zu kreieren, und zielte außerdem darauf ab, die Justiz des Landes einer Überprüfung durch ein Ad-hoc-Schiedsgericht zu unterziehen. Beide Bestrebungen gingen bis an die Grenzen des im Rahmen des NAFTA vorgesehenen Anlegerschutzes. Das Abkommen hatte das Patentrecht zwischen den drei Ländern nämlich nicht harmonisiert; ihre Befugnis, ihre jeweils eigenen Eigentumsregelungen festzulegen, blieb daher uneingeschränkt bestehen. Und während die Gerichte zwar nicht außerhalb eines prüfenden Zugriffs durch ISDS-Schiedsgerichte stehen, ist die Schwelle dafür, Staaten für eine ungerechtfertigte Gerichtsentscheidung haftbar zu machen, doch ziemlich hoch; nach den geltenden rechtlichen

Standards würde nur die *Rechtsverweigerung* überprüft werden, nicht irgendeine Gerichtsentscheidung, die juristisch zweifelhaft oder sogar fehlerhaft zu sein scheint – und Eli Lilly hatte bereits viel Zeit in kanadischen Gerichtssälen verbracht. Im Grunde genommen griff das Unternehmen auch nur die Auslegung des kanadischen Rechts durch die Gerichte des Landes an, aber es gelang ihm, daraus eine Verletzung der Anlegerschutzbestimmungen des NAFTA zu fabrizieren und ein Schiedsgericht zu finden, das bereit war, den Fall zu verhandeln.

Kühne Forderungen stellen kann natürlich jeder, doch um ein Verfahren auch tatsächlich zu gewinnen, braucht man eine rechtliche Autorität – ein Gesetz, einen Präzedenzfall oder einen Vertrag, auf dem ein Anspruch begründet werden kann, und der unbestimmt formulierte Wortlaut des NAFTA-Abkommens verschaffte den Investoren diesbezüglich reichlich Munition. So heißt es in Artikel 1105 des Abkommens, dass ausländische Anleger ein Recht auf eine »faire und ausgewogene Behandlung« in dem Gaststaat haben, in dem sie investieren, und weiter in Artikel 1110: »Keine Vertragspartei darf eine Investition eines Anlegers einer anderen Vertragspartei in ihrem Hoheitsgebiet direkt oder indirekt verstaatlichen oder enteignen oder eine Maßnahme ergreifen, die einer Verstaatlichung oder Enteignung einer solchen Investition gleichkommt.«

Ein Staat ist selbstverständlich kein einheitlicher Akteur; die Staatsgewalt ist in der Regel dreigeteilt – in Exekutive, Legislative und Judikative, und zudem üben in einem föderalen System die Gemeinden und Bundesstaaten ihre Autorität ziemlich unabhängig von der Zentralregierung aus. Mit Blick auf die Rechte und Pflichten, die Staaten nach dem Völkerrecht haben, ist die Gewaltenteilung im Inneren jedoch zweitrangig; sein Gegenstand ist der souveräne Staat, und Handlungen, die von anderen offiziellen Akteuren wie Regulierungsbehörden, Verwaltungsbeamten und sogar Richtern vollzogen werden und als völkerrechtswidrig gelten, werden diesem selbst zugerechnet. Tatsächlich ist es nicht ungewöhnlich, dass Staaten völkerrechtlich für die Handlungen von Untereinheiten einer Föderation haftbar gemacht werden, unabhängig davon, ob die Zuständigkeit für die strittige Frage tatsächlich auf föderaler Ebene lag oder nicht. Ein gutes Beispiel dafür ist der Fall Metalclad, in dem die mexikanische Bundesrepublik zu 16 Millionen Dollar Schadenersatz verurteilt wurde aufgrund der Weigerung einer Kommune, einem amerikanischen Investor eine Betriebserlaubnis für eine Abfallentsorgungsanlage auf ihrem Gebiet zu erteilen, ungeachtet der Tatsache, dass nach mexikanischem Recht die Stadt allein die Befugnis zur Erteilung oder Versagung der betreffenden Erlaubnis hatte.[24]

Die Ausweitung der Haftung eines Staates auf die Handlungen seiner Justiz ist dagegen eher umstritten, und das aus guten Gründen. Denn in Ländern, die sich der Rechtsstaatlichkeit verschrieben haben, ist die Judikative so konzipiert, dass sie sowohl von der Exekutive als auch von der Legislative unabhängig ist; Richter sind nur der Verfassung und den Gesetzen eines bestimmten Landes verpflichtet. Wenn ein ausländischer Investor das Urteil eines unabhängigen Gerichts ohne Weiteres anfechten und einen hohen Schadenersatz von dem Land erhalten könnte, in dem das Gericht seinen Sitz hat, dann könnte dies die Gerichte in künftigen Fällen schnell beeinflussen und ihre Unparteilichkeit untergraben. So beharrte die kanadische Regierung denn auch darauf, dass nur eine komplette Rechtsverweigerung eine eventuelle Haftung hätte auslösen können. Nach einigem Nachbohren durch das Schiedsgericht räumten die Anwälte der Regierung jedoch ein, dass die Verweigerung eines ordentlichen Verfahrens auch zählen würde. Das Schiedsgericht machte daraus rasch einen neuen Standard für seine Überprüfungsbefugnisse gegenüber nationalen Gerichten: Der Vorwurf der »offensichtlichen Willkür oder eklatanten Unfairness« der

Rechtsprechung eines Landes öffnet nun die Tür für Investor-Staat-Verfahren.[25]

Das Schiedsgericht ging dann dazu über, die Geschichte der kanadischen Patentrechtsprechung zu analysieren, um festzustellen, ob die rechtliche Behandlung von Eli Lilly durch die Gerichte des Landes diesem Standard entsprach. Aber es tat noch mehr als das; es hörte einen Sachverständigen, der Statistiken vorlegte, in denen die Urteile der kanadischen Rechtsprechung mit ähnlichen Entscheidungen in den USA und in Mexiko verglichen wurden. Diese Statistiken deuteten darauf hin, dass die Wahrscheinlichkeit eines Widerrufs von Patenten für ihre Inhaber in den Vereinigten Staaten wesentlich geringer war als in Kanada oder Mexiko.[26] Diese Behauptung war offenkundig fehl am Platz, da das NAFTA weder das Patentrecht noch irgendein anderes Rechtsgebiet harmonisiert hatte, und zudem verlangte das Abkommen auch keine Angleichung der Gerichtspraxis in den drei Ländern. Die einzig relevante Frage war, ob die *kanadischen* Gerichte im Fall Eli Lilly in offensichtlich willkürlicher Weise von ihrer eigenen üblichen Rechtsprechung abgewichen waren. Die Bereitschaft des Schiedsgerichts, auf diese Weise zwischen kanadischen, mexikanischen und US-amerikanischen Gerichten zu vergleichen, deutet jedenfalls auf eine Voreingenommenheit zugunsten von Investoreninteressen und auf Kosten der staatlichen Souveränität hin.

Am Ende kam das Schiedsgericht zu dem Schluss, dass sich die Entscheidungen der Gerichte im Fall Eli Lilly eindeutig in den Rahmen der etablierten Rechtsprechung einfügten; bis zu diesem Urteil dauerte es zwei Jahre, während derer die für den Fall zuständigen Schiedsrichter Hunderttausende Dollar verdienten und die Honorare für die Anwälte, die beide Parteien vertraten, in die Millionen gingen.[27] Eli Lilly hatte klarerweise versucht, eine aggressive Verfahrensstrategie zu verfolgen, die finanziell weniger gut ausgestattete Regierungen vielleicht dazu bewegt hätte, den Fall frühzeitig durch einen Vergleich beizulegen, um zusätzliche Kosten zu vermeiden. Der Umgang mit aggressiv verfahrenden Prozessparteien ist natürlich nichts Ungewöhnliches; nationale Gerichte haben tagtäglich mit solchen zu tun und sind auch nicht zögerlich, eine Klage abzuweisen, wenn alles, was der Kläger vorzubringen hat, wortreiche Anschuldigungen sind, die nicht hinreichend mit Fakten unterlegt werden. Allerdings ist deren Anreizstruktur aber natürlich auch eine andere: Die Richter an staatlichen Gerichten werden nicht nach den von ihnen entschiedenen Fällen bezahlt, sondern sie arbeiten zu einem festen (und viel niedrigeren) Gehalt als die meisten professionellen privaten Schiedsrichter. Im Gegensatz dazu kassieren die Letzteren ihr Honorar nur fallgebunden.

Rechtsanwälte, die aggressiv auf der Suche nach Fällen für einen Rechtsstreit sind, wurden mit der passenden Bezeichnung »Kopfgeldjäger« belegt; dieser Ausdruck trifft allerdings auch auf die privaten Schiedsrichter zu, die die Streitschlichtung als gewinnorientiertes Geschäft betreiben. Schlimmer noch, durch die Übernahme des Falls und die anschließende Ausweitung der schiedsgerichtlichen Überprüfung des Verhaltens der ordentlichen Gerichte auch über die Schwelle der Rechtsverweigerung hinaus verwandelte sich das Schiedsgericht im Fall Eli Lilly, seinen eigenen Beteuerungen zum Trotz, in ein weiteres Berufungsgericht. Am Ende gewann Kanada die Schlacht; unklar ist aber noch, wer den Krieg gewinnen und das letzte Wort bei der *Herstellung* von Eigentumsrechten haben wird – die souveränen Staaten oder private Akteure.

Den Weg für globale Derivate freimachen

Sowohl Patente als auch finanzielle Vermögenswerte werden gemeinhin als *immaterielle* Güter bezeichnet; sie sind keine Gegenstände, die berührt werden können, sondern Geschöpfe des Rechts. Wenn überhaupt, dann sind finanzielle Vermögenswerte sogar noch ungebundener als geistige Eigentumsrechte, weil sie für ihre Entstehung keines offiziellen staatlichen Aktes bedürfen. Sie sind in den Modulen des Kapitalcodes kodifiziert, auf die die Anwälte einen großen Einfluss ausüben, der nur in Ausnahmefällen vor einem Gericht angefochten wird. Zwar sind sie immer noch auf ein bestimmtes nationales Rechtssystem angewiesen, das die Codierungsstrategie billigt, doch können die Anwälte dabei aus einem ganzen Menü von im Angebot befindlichen Rechtssystemen wählen.

Dies mag so klingen, als ob finanzielle Vermögenswerte in einer Vielzahl von Rechtssystemen codiert werden könnten, was allerdings dem Zweck zuwiderliefe, Vermögenswerte mit globaler Reichweite zu schaffen. In der Praxis werden die meisten weltweit gehandelten finanziellen Vermögenswerte nur in zwei Rechtssystemen codiert – im englischen Recht oder in dem des US-Bundesstaats New York. Das Finanzwesen mag ein globales sein, aber der Rechtscode, der die wesentlichen Eigenschaften des Finanzvermögens in sich trägt, ist bemerkenswert parochial. Andere Staaten können zwar die Finanzintermediäre oder finanziellen Vermögenswerte in ihren Grenzen bestimmten Regulierungen unterwerfen, doch selbst zwingende Vorschriften sind selten vollkommen unangreifbar, und die Kunst der Kapitalcodierung besteht darin, die Lücken in ihnen aufzuspüren und passende Codierungsstrategien zu finden, auch solche, die nach ausländischem Recht zulässig sind.

Der große Stolperstein für reibungslose Weltmärkte auf der Grundlage nationalen Rechts ist jedoch das Konkursrecht. Wie bereits angedeutet, müssen im Konkursfall Entscheidungen über Leben und Tod gefällt und Verluste realisiert werden. Es verwundert daher nicht, dass souveräne Staaten nur widerwillig die Kontrolle über dieses sensible Rechtsgebiet abtreten wollen.

England war im Jahr 1705 eines der ersten Länder, die sich ein modernes Konkursrecht gegeben haben. Dieses erlaubte es Händlern, ihren alten Schulden zu entfliehen und nach ihrem Konkurs ein neues geschäftliches Leben zu beginnen. Um die Vorteile des neuen Rechts nutzen zu können, musste man seinen Status als Händler nachweisen.[28] Mit der Zeit wurde das Konkursrecht zu einem Schlachtfeld, auf dem sich große und kleine Gläubiger gegenüberstanden. Die großen Gläubiger haben in England massiv dafür lobbyiert, ihre Vorherrschaft über das Konkursverfahren behalten zu dürfen; am Ende mussten sie die Kontrolle jedoch an die Richter abtreten.[29] Den großen Banken unter ihnen war es allerdings gelungen, ihre Macht über ihre Schuldner durch eine besondere Art von Kreditsicherheit zu behaupten, nämlich durch eine »schwebende Globalzession«, die der Bank eine starke Position anderen Gläubigern gegenüber verschafft und gewährleistet, dass Konkursfälle, die ihre Schuldner betreffen, zum größten Teil außerhalb des Konkursgerichts abgewickelt werden.[30]

Die heutigen Äquivalente zu den großen Banken, die das Konkursverfahren zu kontrollieren versuchen, sind die Gegenparteien bei Derivatgeschäften. Wie in Kapitel 4 erörtert, wurden die Märkte für Derivate auf der Annahme gegründet, dass alle Vermögenswerte kontinuierlich gehandelt werden und Positionen deshalb jederzeit gekauft, verkauft oder neu positioniert werden können, um das optimale Hedging (eine Strategie zur Risikominderung hinsichtlich des Gesamtportfolios) für ein neues Geschäft zu ermitteln. Doch wenn auch nur eine der Gegenparteien Konkurs anmelden muss, ist es aus. Das Konkursrecht ist darauf ausgerichtet, das Restvermögen des Schuldners zu schützen, um so viele Gläubiger wie möglich zu befriedigen, und manchmal darauf, dem Schuldner eine zweite Chance im Leben zu geben.

Um dieses Ziel zu erreichen, sind die Gläubiger des zahlungsunfähigen Schuldners in der Regel vorübergehend von der Durchsetzung ihrer individuellen Ansprüche ausgeschlossen. Sie müssen lange genug warten, damit sichergestellt werden kann, dass alle Forderungen erfasst und nach dem Status ihrer Priorität vor dem Konkurs in eine Rangfolge gebracht worden sind. Dennoch haben Vertreter von Derivatehändlern, den modernen Finanzkapitänen, bei den Gesetzgebern in über 50 Ländern erfolgreich dafür lobbyiert, dass sie ihre Konkursgesetzgebung änderten und Ausnahmeregeln für Derivate und Repos schufen – was hieß, diese finanziellen Vermögenswerte von Regulierungen auszunehmen, die für alle anderen verbindlich waren. Das wichtigste Verkaufsargument lautete dabei, dass eine Kompatibilität der nationalen Gesetze mit privaten Verträgen zu erreichen für die Teilnahme eines Landes an den globalen Derivatemärkten von entscheidender Bedeutung sei.

Die Ehre dafür, dieses Kunststück vollbracht zu haben, gebührt weitgehend der International Swaps and Derivatives Association (ISDA).[31] Diese wurde als gemeinnützige Gesellschaft im Bundesstaat New York gegründet und ist heute weltweit tätig, mit Büros in New York, London, Tokio und mehreren anderen globalen Finanzzentren. Sie ist zwar nicht die einzige private Organisation, die mit der Codierung von Recht für die globale Finanzwirtschaft beschäftigt ist, aber vermutlich die einflussreichste.[32]

Die ISDA wurde 1985 zu einem kritischen Zeitpunkt in der Entwicklung des Marktes für Kreditderivate gegründet. Damals entwarfen die Emittenten dieser innovativen Instrumente ihre jeweils eigenen Derivateverträge mithilfe von Anwälten, die das rechtliche Terrain absteckten, dafür sorgten, dass innovative Produkte im Rahmen der durch die bestehenden Gesetze und Vorschriften geschaffenen Grenzen blieben, oder Möglichkeiten erkundeten, die Kosten der Rechtsbefolgung abzumildern. Diese Verträge waren auf die besonderen Bedürfnisse ihrer Kunden zugeschnitten, was allerdings ihr Potenzial dazu, skaliert und schließlich auf den globalen Finanzmärkten gehandelt zu werden, begrenzte.[33] Durch Standardisierung wird die Skalierbarkeit von Vermögenswerten erheblich verbessert, und die ISDA wurde geschaffen, um die Grundlage für skalierbare Märkte für Produkte zu schaffen, die zwar standardisiert sind, aber dennoch genügend Raum für die Anpassung an die Bedürfnisse spezifischer Kunden bieten, und auch dafür, dass Anwälte ihre mit solchen maßgeschneiderten Produkten verbundenen Honorarzuschläge veranschlagen können.

Der Erfolg der ISDA übertraf jede Vorstellungskraft. Heute hat diese Handelsorganisation mehr als 850 Hauptmitglieder in 67 Ländern – das Who's who der weltweiten Finanzbranche und, als assoziierte Mitglieder, das Who's who der global agierenden Rechtsbranche.[34] Die Verträge der ISDA werden in erster Linie für Derivate verwendet, die außerbörslich (OTC) im Umfang von Hunderten Billionen Dollar gehandelt werden.[35] Diese Märkte wurden zwar von der Finanzkrise getroffen, haben aber, wie die Statistiken für 2016 zeigen, insgesamt fast wieder ihr Vorkrisenniveau erreicht.[36]

Der wichtigste Beitrag der ISDA zur Entstehung eines globalen Derivatemarkts war die Schaffung einer vertraglichen Plattform für Swaps und andere Derivate – das »*Master Agreement*«, kurz »MA«.[37] Dabei handelt es sich um einen Rahmenvertrag für Derivategeschäfte, der von ISDA-Insidern gerne als ein Stück Privatgesetzgebung bezeichnet wird und der die Rechte und Pflichten der Gegenparteien festlegt, die miteinander Derivatgeschäfte tätigen wollen. Nach der Unterzeichnung des

Basis-MA wird ein spezieller Zeitplan erstellt, der die Details für jede einzelne Transaktion zwischen den beiden enthält. Dennoch ist es nicht als ein Ersatz für das nationale Recht gedacht, sondern nutzt es vielmehr als Lückenfüller. Denn der Rahmenvertrag fordert die Parteien auf, ein Rechtssystem als gemeinsamen Standard und die Gerichte dieses Rechtssystems zur Beilegung von Streitigkeiten zu wählen. Beachtlich ist, dass das MA den Parteien empfiehlt, ihre Wahl auf eines von zwei Systemen zu beschränken, nämlich auf das englische Recht oder das Recht des Staates New York. Sie können sich zwar auch für ein anderes entscheiden, werden aber darauf hingewiesen, dass sie damit das Risiko einer zunehmenden Rechtsunsicherheit eingehen.

Bis zur globalen Finanzkrise von 2008 zog das ISDA die Streitbeilegung vor Gericht der privaten Schiedsgerichtsbarkeit noch vor; während des günstigen Marktumfelds vor der Krise gelangten aber auch nur wenige Streitfälle jemals bis vor Gericht.[38] In der Krise kam es dann allerdings zu einer Zunahme der Rechtsstreitigkeiten, und das ISDA hatte alle Hände voll zu tun, um den Richtern, die nie zuvor mit dem MA oder den von ihm regulierten Transaktionen zu tun hatten, zu erklären, wie es zu interpretieren war; zudem tat es alles dafür, sicherzustellen, dass einzelne Richter nicht allzu weit von den Interpretationen abwichen, die die meisten Marktteilnehmer als selbstevident betrachteten. Um das Risiko der Rechtsunsicherheit einzudämmen, wurde nun ein neues Schiedsgericht eingerichtet, das »Panel of Recognized International Market Experts in Finance«, auch unter dem etwas schiefen Akronym P. R. I. M. E. bekannt, was eher nach einem Steakhaus als nach einem privaten Gericht für die Hochfinanz klingt. Sein Standort ist dabei ebenso bemerkenswert wie sein Name, denn das Panel ist nicht irgendwo ansässig, auch nicht in einem der globalen Finanzzentren, sondern in Den Haag, wo unter anderem der Internationale Gerichtshof, der Ständige Schiedshof (in dem sich P. R. I. M. E. befindet) und der Internationale Strafgerichtshof ihren Sitz haben.[39] Die Priester der Hochfinanz, die ihre eigene »Privatgesetzgebung« erlassen, sonnen sich, wie es scheint, trotzdem noch gerne im Glanz der Aura juristischer Autorität.

Gut ausgearbeitete Verträge schaffen Orientierung nicht nur in guten, sondern auch in schlechten Zeiten, und das MA, der Rahmenvertrag der ISDA, legt großes Gewicht auf Fragen der Nichterfüllung und Kündigung von Verträgen, die im Finanzwesen eine große Rolle spielen. Bei Derivaten sind die Gegenparteien damit befasst, Privatgeld zu münzen, Vermögenswerte also, die auf eine Weise rechtlich eingehüllt sind, dass sie den Anschein von Staatsgeld erwecken, nur mit höheren Renditen, und zwangsläufig werden sie von Zeit zu Zeit auch einmal nicht dazu in der Lage sein, ihre privaten Gelder in der von ihnen gewünschten Geschwindigkeit und zu dem von ihnen gewünschten Preis in Staatsgeld zu verwandeln. Dies passiert normalerweise zum denkbar unpassendsten Zeitpunkt überhaupt, also dann, wenn ihre eigenen Gläubiger schon an die Tür klopfen und der Konkurs droht.

Dem Rahmenvertrag der ISDA zufolge ist der Konkurs ein auslösendes Ereignis, das es der nichtsäumigen Partei ermöglicht, alle ausstehenden Forderungen gegen die Partei, die sich in einem Konkursverfahren befindet, aufzurechnen und das zu bezahlen, was sie schuldig ist, beziehungsweise das einzutreiben, was der Schuldner ihr schuldet.[40] Es gibt kein Warten, keine Rücksichtnahme auf andere Gläubiger und keine Überlegungen über eine mögliche Sanierung des säumigen Schuldners. Durch diese vertraglichen Bestimmungen versucht das MA, eine spezielle Ausfallregelung für Derivatehändler zu schaffen, die es ihnen erlaubt, ihre Wetten neu zu platzieren, selbst wenn eine ihrer Gegenparteien Konkurs anmelden muss. Tatsächlich standen die Aufrechnungs- oder *Close-out-Netting*-Bestimmungen des Rahmenvertrags in einem direkten Spannungsverhältnis zum Konkursrecht der meisten Länder. Normalerweise verbietet es das Letztere, dass der Konkurs als ein Ereignis betrachtet wird, das eine vertragliche Nichterfüllung auslöst, und schreibt zudem eine Wartezeit oder einen automatischen Aufschub für alle Vollstreckungsmaßnahmen von Gläubigerseite vor.[41] Des Weiteren verleihen die Konkursvorschriften dem Konkursverwalter das Recht, sich Verträge herauszupicken, die die andere Partei noch erfüllen muss, auch wenn diese ihre eigenen Verbindlichkeiten nicht mehr vollständig vom zahlungsunfähigen Schuldner zurückerhalten kann.[42]

Der Konkurs ist zwingendes Recht, weshalb ihn private Akteure auch nicht einfach durch eigene vertragliche Abmachungen umgehen können; ja, sie können noch nicht einmal strategisch vorgehen, wenn es um den Ort geht, an dem sie den Konkurs anmelden sollen, weil es fast unmöglich ist, im Voraus zu wissen, welche der Parteien irgendwann in der Zukunft zahlungsunfähig werden könnte. Aufgrund des zwingenden Charakters des Konkurses werden es typischerweise die rechtlichen Vorschriften am Heimatort des Schuldners sein, die seinen Ablauf bestimmen. Die einzig verbleibende Alternative bestand darin, den Gesetzgeber dazu zu bringen, sein Konkursrecht so zu ändern, dass es den Bestimmungen des ISDA-Rahmenvertrags entsprach, was hieß, staatliches Recht an private Verträge anzupassen. Und die ISDA tat genau das: Insgesamt hat sie bei über 50 nationalen Gesetzgebern erfolgreich dafür lobbyieren können, dass diese ihr Konkursrecht änderten.[43]

Begonnen hatte alles in den USA. Das Bundeskonkursgesetz von 1978 sah Ausnahmeregeln für Derivate von *Staats*papieren vor, vermutlich um den Markt für Staatsschulden vor dem Ausfall eines Finanzintermediärs zu schützen; diese schmale Lücke wurde dann ausgenutzt, um auch bei Derivaten auf private Wertpapiere für ähnliche Ausnahmen zu werben.[44] Das Argument für diese Ausnahmeregeln lautete, dass sich der Ausfall einer einzigen Gegenpartei schnell auf den gesamten Markt auswirken und zu seinem Zusammenbruch führen könnte. Diese Märkte müssten daher von der üblichen Funktionsweise gesetzlicher Konkursvorschriften isoliert werden. Nachdem die Schlacht für Swaps und andere Derivate gewonnen war, folgten die Rückkaufvereinbarungen (Repos), obwohl die Argumente für sie sehr viel weniger überzeugend waren als die für die Derivate.[45] Nach und nach wurde die Liste derjenigen Finanzinstrumente, die von wesentlichen Elementen des Konkursverfahrens ausgenommen waren, immer länger; im Jahr 2005 begann sogar die Fassade einer genauen gerichtlichen Überprüfung jener Finanzinstrumente zu bröckeln, deren sich der Privatsektor zum Erreichen einer Sonderbehandlung in Form von konkursrechtlichen Ausnahmebestimmungen bedient hatte, als der US-Kongress nämlich von den Richtern verlangte, bei deren Einstufung auf ihre eigene rechtliche Einschätzung zu verzichten. Nach dem Recht in seiner geänderten Fassung reichte es aus, dass eine Vereinbarung »von einer Art ist, die Gegenstand wiederkehrender Geschäfte auf den Swap- oder anderen Derivatemärkten war, ist oder in Zukunft sein wird«.[46] Der Markt, nicht der Richter, definiert also die Bedeutung von Derivaten – eine bemerkenswerte Auslagerung justizieller Kompetenz.

Nachdem in den USA die Grundlagen gelegt worden waren, klopfte die ISDA auch an die Tür der Brüsseler Aufsichtsbehörden, einen internen Bericht in Händen, der »Ineffizienzen« in den Derivate betreffenden Rechtsvorschriften vieler EU-Mitgliedsstaaten, besonders in ihrem Konkurs- und Kreditsicherungsrecht, hervorhob.[47] Wenn es diese Vorschriften nicht nachbesserte, würde Europa, so der Bericht, die Wunder der globalen Derivatemärkte verpassen. Im Nachhinein betrachtet wäre Europa vielleicht sogar besser gefahren, wenn es diese Gelegenheit nicht genutzt hätte. Doch die Europäische Kommission und ihre Mitarbeiter waren gelehrige Schüler des ISDA, und so wurde eine neue Richtlinie verabschiedet, die alle EU-Mitgliedsländer dazu verpflichtete, innerhalb ihrer nationalen Rechtsvorschriften Ausnahmeregelungen für Derivate zu schaffen.[48]

Diese rechtlichen Änderungen riefen kaum jemals Einwände hervor oder erregten die Aufmerksamkeit der breiteren Öffentlichkeit. Ausnahmen von der normalen Anwendung des Konkursrechts wurden den Gesetzgebern als technische Lösungen verkauft, die notwendig wären, um sicherzustellen, dass ihr Land in der Lage sein würde, sich in den globalen Markt zu integrieren. Die Tatsache, dass diese Ausnahmeregelungen die Prioritätsrechte von Gläubigern und nachrangigen Lieferantengläubigern ebenso wie die Forderungen von Mitarbeitern und anderen gewöhnlichen Gläubigern an die Gegenparteien von Derivatgeschäften veränderten, wurde unter den Teppich gekehrt. Dies galt auch für den Umstand, dass die Privilegierung dieser Finanzinstrumente andere dazu brachte, ihre Darlehensverträge ebenfalls als Derivate zu gestalten – wer würde schließlich nicht ein Prioritätsrecht wollen, das der ganzen Welt gegenüber durchsetzbar ist, wenn alles, was es dafür braucht, nur ein etwas modifizierter Vertrag ist? Die Gesetzgeber gestalteten die Verhältnisse daher zugunsten der Crème de la Crème der Finanzintermediäre um, die den Derivatemärkten vollkommen ausgeliefert waren, ohne sich dessen sonderlich bewusst zu sein. Erst nach der Krise erkannten sie, dass sie damit auch ihren eigenen Regierungen die Hände gebunden hatten.

Als die Finanzmärkte zusammenbrachen, erlaubten es die Regeln für das *Close-out-Netting* den Derivatehändlern, schneller als alle anderen auszusteigen, und ihr Exodus goss noch zusätzliches Öl ins Feuer.[49] Als die britische Lehman-Tochter LBIE Insolvenz anmeldete, wurden 1693 ihrer über 2000 ausstehenden Derivatetransaktionen sofort glattgestellt.[50] Weit davon entfernt, die Gegenparteien vor dem Scheitern eines der übrigen Marktteilnehmer zu bewahren, trug das *Close-out-Netting* noch zur Verschärfung der Krise bei, da die Derivatehändler zum Notausgang eilten, sobald sie die Zeichen der Zeit erkannt hatten, daraufhin ihre ausstehenden Forderungen glattstellten und das Bargeld mitnahmen, das der Schuldner ihnen schuldete, wodurch die für Dritte oder für eine eventuelle Sanierung verfügbaren Vermögenswerte verringert wurden. Die möglicherweise kontagiösen Effekte der Regeln für das *Close-out-Netting* waren bereits Ende der 1990er Jahre von einem prominenten politischen Forum, der Bank für Internationalen Zahlungsausgleich (BIZ), herausgearbeitet worden.[51] Allerdings wagte es niemand, sich offen gegen diese Regeln zu stellen; man machte nur höflich auf ihre potenziell negativen Auswirkungen aufmerksam. Das reichte aber nicht aus, um zu verhindern, dass sich weitreichende rechtliche Änderungen durchsetzen konnten, für die eine so mächtige Organisation wie die ISDA zu jener Zeit die Werbetrommel rührte.

Als sich diese Warnungen schließlich bewahrheiteten, hatten die Staaten die Möglichkeit, die Schuldner entweder in Konkurs gehen zu lassen oder ihnen frisches Kapital zuzuführen, nur um dann zuzusehen, wie sich die Gegenparteien von Derivatgeschäften mit dem Geld auf und davon machten. Wenn das *Close-out-Netting* ergab, dass sie dem Schuldner selbst etwas schuldeten, mussten die Gegenparteien natürlich zahlen; damit waren sie aber immer noch in einer besseren Position als die meisten anderen Gläubiger, denn sie konnten einen Schlussstrich ziehen, ihr Geschäft weiterführen und ihre Wetten neu positionieren, während die anderen warten mussten, bis alle Forderungen angemeldet waren und eine vollständige Bewertung des Restvermögens des Schuldners vorgenommen worden war.

Die Weltfinanzkrise von 2008 diente als Weckruf dafür, dass die Zugeständnisse, die die Gesetzgeber der Finanzindustrie gemacht hatten, nicht nur nicht die erwünschte Wirkung zeigten, sondern sogar kontraproduktiv waren. Anders als es die Befürworter dieser neuen Finanzinstrumente behaupteten, waren diese eben nicht sicher, und ebenso wenig schützten konkursrechtliche Ausnahmeregelungen den Markt für Derivate, geschweige denn irgendetwas sonst. Viele Gesetzgeber hegten nun Zweifel an diesen Ausnahmeregelungen und beschlossen, sie wieder abzuschaffen.

Man sollte meinen, dass ein Gesetzgeber das, was er erlassen hat, auch wieder zurücknehmen könne. Doch dies erwies sich als schwieriger als gedacht, nicht zuletzt aufgrund der Größe der globalen Derivatemärkte. Es waren Millionen von MAs nach englischem oder New Yorker Recht im Einsatz, die *Close-out-Netting*-Regeln enthielten. Selbst wenn ein Staat beschließen würde, sein nationales Konkursrecht zu ändern und die Uhren auf den Zustand der Welt vor der globalen Lobbykampagne der ISDA zurückzudrehen, wäre er nicht unbedingt in der Lage, eine ausländische Privatpartei zur Wahrung des Vermögens ihres Schuldners noch rechtzeitig daran zu hindern, ihre vertraglich zugesicherten *Close-out-Netting*-Rechte zu nutzen. Da der ISDA-Rahmenvertrag englischem oder New Yorker Recht unterliegt, müsste ein Gericht, das ein Konkursverfahren in einem anderen Land führt, ein Gericht in einer dieser beiden Jurisdiktionen, also in England oder New York, um Unterstützung bitten. Und selbst wenn eines davon diesem Ersuchen stattgeben würde, bräuchte es dafür Zeit, und Zeit ist immer dann knapp, wenn ein wichtiger Finanzintermediär lebensverlängernde Maßnahmen benötigt.

Weil der Rahmenvertrag der ISDA bei Millionen von transnationalen Derivatetransaktionen zum Einsatz kam, hatte kein einzelner Staat die Macht, konkursrechtliche Ausnahmeregelungen wirksam zurückzudrängen; die Staaten hatten vielmehr gar keine andere Wahl, als sich untereinander zu koordinieren, und sie mussten die ISDA und ihre Hauptmitglieder zum Mitspielen bewegen. Um ihre Forderungen aufeinander abzustimmen, und als ihr Sprachrohr nutzten die Staaten das »Financial Stability Board« (FSB; zu Deutsch »Finanzstabilitätsrat«), ein relativ junges politisches Gremium, das bei der Bank für Internationalen Zahlungsausgleich (BIZ) in Basel (Schweiz) angesiedelt ist.[52] Sie kamen überein, das *Close-out-Netting* nicht vollständig zu demontieren, sondern eine 48-stündige Wartezeit vorzuschreiben, bevor irgendwelche Netting-Rechte ausgeübt werden können. Dessen ungeachtet fiel es ihnen allerdings schwer, sich auf eine tragfähige Strategie zur Durchsetzung dieses Mandats zu einigen, so bescheiden es auch war, denn Staaten können die Verträge, die private Parteien für ihre eigenen Transaktionen verwenden, ja nicht einfach umschreiben.

Am Ende handelte der FSB mit der ISDA ein Abkommen zur Schaffung eines neuen Protokolls für deren Rahmenvertrag aus, das diese neuen Wartezeiten berücksichtigen sollte. Natürlich gab es keine Garantie dafür, dass die Finanzintermediäre, die das MA benutzten, diesem Protokoll auch beitreten würden. Verträge sind schließlich ihrem Wesen nach freiwillig. Daher übten diejenigen Staaten, die die Heimat der Hauptakteure auf den globalen Derivatemärkten waren, nämlich die USA, Großbritannien, Frankreich und Deutschland, Druck auf »ihre« Banken aus, sich entweder zu einem Beitritt zu entschließen oder es anderenfalls mit erheblichen regulatorischen Konsequenzen zu tun zu bekommen.

Im Rahmen dieses Protokolls vereinbaren die Parteien eines Derivatekontrakts, dass sie das Konkursrecht der säumigen Partei respektieren und bis zu 48 Stunden oder zwei Werktage (je nachdem, welcher Zeitraum länger ist) auf ein *Close-out-Netting* verzichten.[53] Im November 2014 gab die ISDA bekannt, dass das neue »Resolution Stay Protocol« [zu Deutsch etwa: »Vollstreckungsstundungsprotokoll«] von 18 Banken unterzeichnet wurde, womit (in Nominalbeträgen ausgedrückt) 90 Prozent der ausstehenden Derivate abgedeckt waren.[54] Die Großbanken waren damit in das Regulierungsnetz gegangen, das in der Folge der Finanzkrise engmaschiger gestrickt worden war. Die Akteure auf der anderen Seite der Derivatgeschäfte, zumeist Hedgefonds, waren dagegen nur schwach reguliert und sahen sich daher keinem vergleichbaren Druck ausgesetzt. Sie sperrten sich und weigerten sich, das Protokoll zu unterzeichnen, wodurch seine Wirkung weitgehend verpuffte. Das Problem löste sich erst, als die US-Notenbank einschritt und eine Vorschrift erließ, die es Banken, die unter ihrer Regulierungsaufsicht standen, einschließlich der Tochtergesellschaften ausländischer Banken – mithin einem wesentlichen Teil der weltweit tätigen Finanzinstitute – untersagte, Derivatehandel mit einer Gegenpartei zu betreiben, die sich weigerte, das Protokoll der ISDA zu unterzeichnen.[55]

Die Hedgefonds hatten natürlich die Möglichkeit, sich nach anderen Gegenparteien als den großen, regulierten Banken umzusehen; tatsächlich ist das jedoch leichter gesagt als getan. Sie wussten nämlich sehr wohl, dass die Großbanken etwas hatten, was keine anderen Finanzintermediäre besaßen: eine Rettungsleine zu ihrer Zentralbank in Gestalt von Liquiditätsunterstützung (durch Reserven und Zugang zum Diskontfenster) und im schlimmsten Fall vielleicht sogar Rettungsaktionen. Wie andere Finanzmärkte operieren mithin auch die Derivatemärkte im Schatten des Staates und seiner finanziellen Fähigkeiten.

Nach langem Kampf konnten die Regierungen also einen kleinen Erfolg erzielen, auch wenn eine 48-stündige Wartezeit nicht sonderlich beeindruckend erscheinen mag. Von Interesse ist jedoch nicht nur, was sie taten, sondern auch, *wie* sie es erreichten: Sie gaben der ISDA nämlich ein wenig von ihrer eigenen Medizin zu schmecken. Die ISDA hatte Verträge benutzt, um sich ein Stück Privatgesetzgebung zu schaffen; nun nutzte die Regierung einen Zusatz zu demselben Vertrag als Regulierungsinstrument. Die Tatsache, dass sich souveräne Staaten eines privaten Unternehmensverbands, nämlich der ISDA, bedienen mussten, um ihre Regulierungsziele zu erreichen, macht deutlich, in welchem Maße sie die Kontrolle über die Steuerung des globalen Finanzwesens verloren haben. Der Silberstreif am Horizont ist der, dass die ISDA der Abmachung zustimmte und sich nicht nur als Fürsprecherin der Finanzindustrie, sondern auch als Koreguliererin positionierte. Die die Vereinigung repräsentierenden Hauptakteure hatten wohl erkannt, dass sie mitspielen mussten, um aggressivere staatliche Regulierungsstrategien abwehren und damit einen Großteil ihrer Kontrolle über das globale Finanzwesen behalten zu können.

Im Dienste des Kapitals

Der Fall Eli Lilly und die Geschichte von den konkursrechtlichen Ausnahmeregelungen für Derivate illustrieren, wie traditionelle Behörden der Rechtspflege wie Gerichte und Regulierungsstellen in die Dienste des Kapitals gestellt wurden. Die Kapitalinhaber gewinnen nicht immer gleich ihre erste Schlacht; vielmehr höhlen sie bestehende rechtliche Barrieren langsam, aber stetig aus, bis fast nichts mehr da ist, was verhindern könnte, dass Prinzipien, die, um die Worte des Obersten Richters Cardozo aufzugreifen, noch vor nicht allzu langer Zeit als »unbeugsam und tief verwurzelt« erschienen waren, zu Staub zerfallen.[56]

Eli Lilly mobilisierte private Schiedsgerichte, um die staatlichen Gerichte in ihrer Rolle als Gesetzgeber und Rechtspfleger eingehend zu inspizieren. Das Unternehmen versuchte, seine Behandlung durch die Gerichte als eine Art Rechtsverweigerung darzustellen, und behauptete, dass es ein Anrecht auf das Patent habe – ungeachtet dessen, wie fadenscheinig die Belege dafür auch waren, dass die neuen Stoffe tatsächlich eine Verbesserung darstellten, die das Unternehmen zwecks Erwerb des Zweitpatents auf dieselben Medikamente diesen nun zusätzlich beimengte, und dafür, dass die kanadischen Gerichte ihm das Recht verweigerten, indem sie jenes Patent widerriefen. Nun ist die Rechtsverweigerung zwar bei einigen Gerichten in einigen Ländern alles andere als undenkbar, doch selbst der Beschwerde zufolge, die das Unternehmen selbst eingereicht hatte, war einfach nicht viel »da«, um einen solchen Fall zu konstruieren. Stattdessen hat Eli Lilly wohl darauf gehofft, dass die Aussicht auf eine Entschädigungszahlung in Höhe von 500 Millionen US-Dollar die kanadische Regierung zum Einlenken und zum Abschluss eines Vergleichs bewegen würde, wenn auch nur über eine geringere Summe. Das Unternehmen kämpfte zwar einen einsamen Kampf, aber die Strategie, Zweifel an der Unparteilichkeit der Gerichte aufkommen zu lassen und Regierungen einzuschüchtern, hat sich effektiv dafür bewährt, das Rechtssystem fremder Länder zu diskreditieren; dieses Mal wurde sie sogar gegen ein Land eingesetzt, das bei der Messung der Indikatoren für Rechtsstaatlichkeit und Nichtbestechlichkeit hohe Werte erreicht, und im Einklang mit diesen Daten war die kanadische Regierung auch nicht bereit, klein beizugeben.[57]

Die Geschichte von der ISDA und ihrer Lobbyarbeit bei Gesetzgebern und Regulierungsbehörden in Dutzenden von Ländern hebt die Beziehung zwischen privaten Akteuren und den Organen der Rechtspflege auf eine ganz neue Ebene. Die ISDA schuf Fakten, indem sie ihr MA entwickelte, ein Vertragsinstrument, das bald für Millionen von Transaktionen mit Derivaten eingesetzt wurde, viele davon grenzüberschreitend. Und nachdem sie damit unter Beweis gestellt hatte, dass ein privater Vertrag einen ganzen Weltmarkt für Finanzinstrumente aufrechterhalten kann, begann die Handelsorganisation damit, auf die Gesetzgeber einzuwirken, damit diese ihr Recht an das Vertragsinstrument der Organisation anpassten – was den Grundsatz, dass Verträge mit dem Recht vereinbar sein müssen, auf den Kopf stellte. Innerhalb weniger Jahre hatte sie es vermocht, sämtliche führenden Volkswirtschaften zu überzeugen, da deren Gesetzgeber fürchteten, ihrer einheimischen Finanzindustrie zu schaden, wenn sie nicht kooperieren würden.

Letztendlich musste die ISDA jedoch einräumen, dass sie die globalen Derivatemärkte nicht allein kontrollieren konnte. Das Netzwerk von Verträgen, das einer Schüssel Spaghetti ähnelt und kaum zu entwirren ist, braucht nicht nur Ausfallsregeln, die einige Länder immer gerne zur Verfügung stellen werden, sondern muss auch mit dem Ausfall und dem Konkurs von Schlüsselteilnehmern rechnen – und das ist die Stelle, an der das private Vertragswesen an seine Grenze stößt. Hätten sich die Staaten in einer konzertierten Aktion zur Wehr gesetzt, dann hätte die ISDA kaum eine Wahl gehabt, da sie hätte befürchten müssen, einfach wegreguliert zu werden. Durch die Übernahme von Regulierungsaufgaben gegenüber Branchenangehörigen überschritt sie jedoch die Grenze zwischen einem privaten und einem staatlichen Regulierer.[58] Sie mag zwar (noch) nicht über Zwangsbefugnisse auf dem Niveau von Staaten verfügen, aber ihr MA ist das Fundament des globalen Derivatehandels, und die Akteure auf diesen Märkten haben kaum eine andere Wahl, als sich an ihr Regelwerk zu halten. Und nun hat diese Organisation auch noch unter Beweis gestellt, dass sie nicht nur bereit ist, es mit den Staaten aufzunehmen, sondern auch dazu, mit ihnen zusammenzuarbeiten, um regulatorische Veränderungen herbeizuführen – wie bescheiden sich diese in den Augen der Befürworter noch strengerer Regeln auch ausnehmen mögen.

Diese beiden Geschichten beleuchten die Transformation der Rechtspflege, die sich in den letzten Jahrzehnten ereignet hat. Mächtige Inhaber des globalen Kapitals haben mithilfe ihrer Anwälte nicht nur Wege gefunden, das Recht für ihre eigenen Interessen zu nutzen, sondern sie haben auch Gesetzgeber, Regulierungsbehörden und sogar die Gerichte in den meisten Ländern zu Agenten gemacht, die ihren Interessen dienen statt denen der Bürger, denen gegenüber sie offiziell verantwortlich sind. Im Widerspruch zu den üblichen marxistischen Darstellungen taten die Kapitalinhaber dies, ohne direkt Positionen der Staatsmacht zu besetzen; vielmehr haben sie die Kunst perfektioniert, die Befugnisse des Staates indirekt für sich zu nutzen, indem sie sich aus unterschiedlichen nationalen Rechtssystemen ihr eigenes Rechtsuniversum zusammengebraut und zur Abrundung noch das internationale oder bilaterale Vertragsrecht hinzugegeben haben.

Rückblickend betrachtet gab es hier keinen Masterplan, der festgelegt hätte, wie private Parteien die Zwangsbefugnisse des Staates für sich in Beschlag nehmen würden, ohne sich seinen Regeln zu unterwerfen. Vielmehr haben private Anwälte verschiedene Teilmengen von Gesetzesregeln miteinander kombiniert, die zu unterschiedlichen Zeiten eingeführt worden waren, und ihre geballte Wirkung wurde erst deutlich, nachdem sich alle Teile an der richtigen Stelle befanden.

Das erste Puzzleteil war das New Yorker Schiedsübereinkommen von 1958.[59] Es stellt Zwangsvollstreckungsmaßnahmen bereit für jene Parteien, die es vorziehen, ihre Streitigkeiten im Rahmen eines privaten Schiedsgerichtsverfahrens zu lösen, indem es ihnen zusichert, dass sie die Gerichte jedes Staates anrufen können, der dieses Übereinkommen ratifiziert hat, um ihre Schiedssprüche gegen auf ihrem Territorium befindliche Vermögenswerte zu vollstrecken. Staatliche Gerichte dürfen den Fall vor der Vollstreckung des Schiedsspruchs nicht in der Sache selbst prüfen, sondern nur kontrollieren, ob die grundlegenden Regeln des ordentlichen Verfahrens eingehalten wurden. Alternativ können sie auch das Schreckgespenst einer Gefährdung des »Gemeinwohls« heraufbeschwören; doch obwohl sich dieses Prinzip wie ein Gummiparagraf anhört, ist es sehr eng definiert und wird nur selten zur Rechtfertigung der Aufhebung eines Schiedsspruchs herangezogen.[60]

Das zweite Puzzleteil ist ein im Jahr 1966 in Kraft getretenes Abkommen, das das Internationale Zentrum für die Beilegung von Investitionsstreitigkeiten (ICSID) begründet hat.[61] Dieses Zentrum ist bei der Weltbank angesiedelt und erleichtert die Beilegung von Streitigkeiten zwischen Investoren und Staaten, indem es eine Liste von Schiedsrichtern führt, aus der die Parteien wählen können, die eine Klage erheben möchten, und es macht die meisten dieser Klagen heutzutage dankenswerterweise auch online einsehbar. Länder, die die ICSID-Konvention unterzeichnen, akzeptieren damit, dass Streitigkeiten zwischen Staaten und Investoren vor einem privaten Gericht unter Schirmherrschaft des ICSID verhandelt werden und dass sie das Urteil akzeptieren müssen. Es gibt keine Möglichkeit zur Berufung, sondern nur einen Antrag auf ein Wiederaufnahmeverfahren und als letztes Mittel einen Annullierungsprozess, für den eine ziemlich hohe Beweisschwelle gilt.[62] In den letzten Jahren haben mehrere Länder ihre Mitgliedschaft im ICSID aus Protest gegen Urteile, die sie für ungerecht hielten, aufgekündigt. Nach wie vor zählt die Konvention jedoch 154 Staaten zu ihren Mitgliedern.[63]

Das dritte Puzzleteil ist das Wiener Übereinkommen über das Recht der Verträge von 1969.[64] Dieses enthält die Grundregeln des internationalen Rechts, die auf jahrhundertelanger internationaler Praxis aufbauen, und legt fest, was eine internationale Übereinkunft oder ein internationaler Vertrag ist, auf welche Weise er angenommen wird, wann er in Kraft tritt und welche Rechte und Pflichten die Staaten haben, sobald sie ein solches Instrument ratifiziert haben.[65] Für Investoren, die sich in Streitigkeiten mit souveränen Staaten verwickelt haben, ist der Artikel 27 des Abkommens von größtem Interesse; dieser besagt, dass ein Staat »sich nicht auf [sein] innerstaatliches Recht berufen [kann], um die Nichterfüllung eines Vertrags zu rechtfertigen«. Im Klartext: Die Rechte, die Schiedsgerichte aus den dürren Worten bilateraler Investitionsverträge basteln, haben Vorrang vor innerstaatlichem Recht, auch vor der jeweiligen Verfassung eines Landes. Auch hier scheint es rätselhaft, dass sich souveräne Staaten einer solchen Regelung unterwerfen sollten. Bis zur Einführung des ISDS-Mechanismus in bilaterale Investitionsverträge wurde das Völkerrecht allerdings durch internationale Gerichte oder durch ein Schiedsverfahren zwischen zwei souveränen Staaten durchgesetzt; Streitigkeiten auf dieser Ebene sind selten, da die meisten Konflikte auf diplomatischem Wege gelöst werden, doch die privaten Parteien erwiesen sich als wesentlich weniger hemmungslos.

Heute, 50 Jahre später, da mehr als 3000 bilaterale Investitionsverträge in Kraft sind und mehr als 800 Investor-Staat-Streitigkeiten ausgetragen wurden, können wir erkennen, wie sich die einzelnen Puzzleteile zu einem aussagekräftigen Bild zusammenfügen. Die Vertragsterminologie der meisten Investitionsschutzabkommen verlangt, dass Investoren »fair und gerecht behandelt« werden (dies ähnelt der Sprache des NAFTA-Abkommens, das oben mit Blick auf den Fall Eli Lilly diskutiert wurde) und vor direkter oder indirekter Enteignung geschützt werden sollen; was das bedeutet, ist allerdings nirgendwo definiert und bleibt den Schiedsrichtern überlassen, die vornehmlich aus der privaten Praxis kommen. Diese sind weniger an öffentlichen Belangen interessiert und haben darauf beharrt, dass das staatliche Recht, einschließlich des Verfassungsrechts, für die Auslegung des Vertragsrechts irrelevant sei.[66] Artikel 27 des Wiener Übereinkommens verschafft ihnen effektive Rückendeckung dafür, in einem Streitfall ihre eigene Rechtsauslegung über das nationale Recht des Gaststaates zu stellen.

Die Rechtsauslegung ist immer auch ein Akt der Rechtsetzung; dies liegt in der Natur des Versuchs, den Worten angesichts der komplexen Realität der Tatsachen, auf die das Recht angewandt wird, einen Sinn zu verleihen. Dennoch verschaffen die wolkigen Formulierungen in den Verträgen und das Fehlen eines übergeordneten Gerichts, das deren Auslegung vereinheitlichen würde, den Schiedsrichtern enorme interpretative Kompetenzen. Das Schiedsgerichtsverfahren ist zudem eine einmalige Angelegenheit; es gibt keine Berufung, sondern nur Annullierungsverfahren, die, wie erwähnt, schwer zu gewinnen sind.

Die Entscheidung darüber, welche Arten von Gerichten – staatliche oder private – befugt sein sollten, zu bestimmen, wann ausländische Investoren in ihren Gaststaaten Prioritätsrechte gegenüber dem Gemeinwohl beanspruchen können, hat in der öffentlichen Debatte über TTIP – die Transatlantische Handels- und Investitionspartnerschaft zwischen den USA und der Europäischen Union – einen Höhepunkt erreicht. Dieses bilaterale Abkommen sollte Handels- und Investitionsschranken zwischen beiden Wirtschaftsmächten weiter abbauen und den Unternehmen ungehinderten Zugang zu den Märkten auf der jeweils anderen Seite des Atlantiks verschaffen. Für die Obama-Administration war das Abkommen ein Eckpfeiler für die Vertiefung der internationalen Wirtschaftsbeziehungen; es erlitt allerdings einen schweren Rückschlag, als zivilgesellschaftliche Organisationen in ganz Europa dagegen mobilmachten. Ein Hauptstreitpunkt war die Einbeziehung des ISDS, da dieser Mechanismus die nationalen Gerichte in den Mitgliedsstaaten der EU ebenso wie den Europäischen Gerichtshof in Angelegenheiten, die oft den Kern des nationalen Verfassungs- und des EU-Vertragsrechts berührten, ins Abseits gedrängt hätte.[67]

Am Ende wurde die Ratifizierung von TTIP (und seines transpazifischen Pendants) in den USA aus innenpolitischen

Gründen ausgebremst, da die Wahl von Donald Trump zum 45. Präsidenten der Vereinigten Staaten eine Periode des verstärkten Unilateralismus und der Privilegierung nationaler Interessen einläutete.[68] Fortschritte gab es jedoch an einer anderen Front. Denn Kanada und die EU haben ein, wie beide Parteien es nennen, »modernes« Abkommen (nämlich CETA) geschlossen, das den Staaten die Befugnis zuerkennt, ihr Recht zu ändern, »und zwar auch, wenn sich dies negativ auf eine Investition oder die Gewinnerwartungen eines Investors auswirkt«.[69] Das mag hart klingen für Investoren, die sich mit der Zeit darauf verlassen haben, Investitionsverträge als Versicherung gegen künftige rechtliche Veränderungen einzusetzen, bestätigt aber nur die Grundsätze der demokratischen Selbstregierung: Rechtlicher Wandel ist ein selbstverständlicher Teil des politischen und gesellschaftlichen Wandels, und ausländische Investoren sollten kein Vetorecht gegen solche Änderungen erhalten, indem sie mit einem Haftungsanspruch in Höhe von mehreren Millionen Dollar drohen.

Darüber hinaus wird CETA in klarer Abkehr von der Praxis, Ad-hoc-Schiedsgerichte mit privaten Schiedsrichtern einzusetzen, ein neues ständiges Gericht zur Beilegung von Streitigkeiten zwischen ausländischen Investoren und ihren Gaststaaten – also entweder Kanada oder einem der EU-Mitgliedsstaaten – einrichten. Dieses soll aus einem Gremium von 15 Mitgliedern bestehen, die nicht von den Streitparteien ausgewählt, sondern von einem gemeinsamen Ausschuss der beiden Vertragsparteien (der EU und Kanada) für eine verlängerbare Amtszeit von fünf Jahren ernannt werden, und zur Beilegung eines bestimmten Streitfalls wählt der Präsident des Gerichts wiederum je drei Mitglieder des Gremiums aus.[70] Welchen Unterschied dieses neue Gericht in der Praxis machen wird, bleibt abzuwarten; seine Struktur weist jedoch darauf hin, dass es mehr als eine Möglichkeit gibt, Gerichte ins Leben zu rufen, die Streitigkeiten zwischen ausländischen Investoren und Händlern und ihren Gaststaaten beilegen können. Im bestmöglichen Fall wird das neue Gericht zeigen, wie solche Dispute zwischen souveränen Staaten und ausländischen Investoren auf ausgewogene Weise gelöst werden können, wobei sowohl das auf dem Spiel stehende private als auch das öffentliche Interesse angemessen berücksichtigt wird.

Kapitel 7
Die Herren des Codes

»Es gibt im Reich einen Stand, der mächtiger ist als Ihre Lordschaft oder das Parlament, und das sind die Landanwälte.«[1] Lord Campbell richtete diese warnenden Worte an seine Mitabgeordneten im House of Lords, Jahre bevor in den 1870er Jahren eine schwere Depression die englische Landwirtschaft heimsuchte. Wie viele andere vor ihm hatte er gerade erfolglos versucht, einen Gesetzentwurf einzubringen, der Englands Landrecht reformiert und den rechtlichen Schutz, den die Landeliten gegenüber ihren Gläubigern genossen, abgeschafft hätte. Zu dem Zeitpunkt, als er diese Worte sprach, hatten die meisten Grundbesitzer die Notwendigkeit einer Rechtsreform bereits zugestanden; die Einzigen, die sich dagegen sträubten, so Lord Campbell, waren die Landanwälte.

Diese Anwälte verdienten ihren Lebensunterhalt mit der Verfügung oder Übertragung von Grund und Boden für ihre Mandanten; sie hatten moderne Vorstellungen von individuellen Eigentumsrechten mit feudalistischen Beschränkungen der Veräußerbarkeit von Landbesitz vermischt und Trusts benutzt, um Familienbesitze zu schützen, stellten das Spiel dann aber auf den Kopf und nutzten den Trust erneut, um Vermögenswerte für die Gläubiger auf die Seite zu schaffen, damit diese die Kredite des auf Lebenszeit Nutzungsberechtigten ein weiteres Mal verlängern würden. Und nicht zuletzt waren sie es auch, die nach dem Tod des Letzteren die Anrechte auf den Nachlass unter den Familienmitgliedern regelten. Ihre rechtlichen Codierungstechniken garantierten den Landbesitzern ihre Prioritätsrechte und schützten sie damit vor ungebetenen Gläubigern, wodurch sie ihrem Vermögen und dem ihrer Familien zugleich eine größere Beständigkeit verschafften.

Das von ihnen geschaffene Geflecht von Rechtsbeziehungen war komplex – ein Imperium aus Forderungen und Gegenforderungen, Rechten und Beschränkungen dieser Rechte, allesamt entstanden in den Modulen des legalen Codes des Kapitals, der für die meisten, einschließlich der Grundbesitzer selbst, nicht zu fassen war. Dieses Imperium hatten sie nicht nach einem Masterplan aufgebaut, sondern durch einen Deal nach dem anderen, wie ein Quilt, der aus vielen Flicken unterschiedlicher Farben und Muster zusammengenäht wird. Und sie waren die Einzigen, die wussten, wie dieser Quilt zusammengesetzt worden war und was es kosten würde, einen Stoffflicken hinzuzufügen oder herauszuschneiden, um die Ansprüche ihres nächsten Mandanten zu befriedigen. Die Dienste der Anwälte waren daher sehr gefragt, und folglich hatten diese wenig Interesse an Reformen, die das Bodenrecht fortschrittlicher gestalten und ihnen damit eine wichtige Einnahmequelle entziehen würden.

Ein Jahrhundert später können wir die Entstehung eines sogar noch beeindruckenderen Rechtsimperiums beobachten, das sich weit über das Territorium eines einzelnen Staates hinaus erstreckt und den ganzen Globus umfasst: des Rechtsimperiums, das den globalen Handel und das weltweite Finanzwesen aufrechterhält, des lukrativsten von allen, sowohl für die Anwälte als auch für ihre Mandanten. In diesem Kapitel werfen wir einen genaueren Blick auf die Rechtsanwälte, den Aufstieg des Anwaltsberufs und auf seine Auswirkungen auf die Codierung von Kapital in verschiedenen Rechtssystemen. Inzwischen dürfte klar sein, dass das Recht viel weniger statisch ist als oft angenommen. So gibt es zum Beispiel keinen festen Bestand an Eigentumsrechten, keine klare Grenze zwischen Verträgen und

Eigentum und auch nicht nur eine Möglichkeit, einen Trust oder eine Körperschaft zu gründen. Wenn die Möglichkeiten, die Anwälte haben, auch nicht grenzenlos sind, so haben sie doch viel Spielraum, um kreativ zu sein (in einigen Rechtssystemen mehr als in anderen, wie wir noch sehen werden) und die Module des Codes auf eine Weise zu rekombinieren, wie es sich nur wenige Gesetzgeber und Gerichte – und sogar viele Anwälte selbst – je hätten vorstellen können.

Den Code meistern

Rechtsanwälte werden gemeinhin als Anbieter von Rechtsdienstleistungen bezeichnet. Diese Beschreibung unterschätzt jedoch bei Weitem den Beitrag, den sie bei der Codierung des Kapitals und dadurch auch zur Erzeugung und Verteilung von Wohlstand in der Gesellschaft leisten. Es mag durchaus sein, dass die Mehrheit der praktizierenden Rechtsanwälte nach wie vor hauptsächlich damit beschäftigt ist, grundlegende Rechtsberatung gegen ein Honorar anzubieten; die wahren Herren des Codes jedoch nutzen ihr juristisches Knowhow, das sie in jahrelanger Praxis im Austausch mit Mandanten und Berufskollegen entwickelt haben, um neues Kapital zu schaffen und in diesem Zuge oft aus bereits vorhandenen Rechtsmaterialien neues Recht zu *machen*.

Ihr Instrumentarium besteht dabei aus den Modulen des Codes – den Vorschriften des Eigentums- und des Kreditsicherungsrechts, den Grundsätzen des Trust-, Gesellschafts- und Konkursrechts und dem formbarsten unter ihnen allen, dem Vertragsrecht. Diese Module gibt es seit Jahrhunderten. Heute sind sie meist von der Stange erhältlich; sie wurden von den Gerichten abgesegnet und bedürfen keiner Vorabgenehmigung mehr. Als solche sind sie bereit, einer sich ständig verändernden Liste von Gütern entsprechend geformt und ihnen aufgepfropft zu werden. Das war nicht immer so einfach. In der Vergangenheit wachten die Staaten stärker über ihre rechtliche Souveränität und zwangen jedes Gut, das sich innerhalb ihrer Grenzen befand, unter ihre eigenen eigentumsrechtlichen Bestimmungen; diese wurden standardisiert und ein Numerus clausus beschränkte ihre Zahl und ihre Formen.[2] Darüber hinaus bestanden viele Staaten darauf, dass eine Kapitalgesellschaft, die den größten Teil ihrer Geschäfte auf ihrem Territorium betreiben möchte, nach ihrem Recht gegründet werden solle.

Die meisten dieser Beschränkungen sind seither auf der Strecke geblieben, was das Spielfeld für die Anwälte erheblich erweitert hat. Wenn bestimmte finanzielle Vermögenswerte in einem Land auf regulatorische Hürden stoßen, dann kann der Intermediär, der diese Vermögenswerte ausgibt oder das Konto verwaltet, auf dem sie liegen, in eine freundlicher gesinnte Jurisdiktion verlegt werden; Gleiches gilt für Steuerschulden und für Umwelt- oder Arbeitsschutzgesetze. Die Kehrseite dieser stark erweiterten Wahlmöglichkeiten für Rechtsanwälte ist, dass kein einzelner Staat die Grenzen dessen kontrolliert, was oder wie Rechtsanwälte etwas rechtlich in Kapital codieren. Diese sind zwar nach wie vor von der Aura von Autorität und Legitimität abhängig, die die Staaten ihrer Tätigkeit verleihen, aber für viele (nicht alle) ihrer Codierungsstrategien können sie sich den Staat aussuchen, der bereit ist, dies zu tun.

Die Inhaber von Vermögenswerten ihrerseits schätzen die Codierungsbemühungen der Anwälte sehr; warum sonst sollten sie ihnen Stundensätze zahlen, die heutzutage im oberen drei- oder vierstelligen Bereich liegen, und sich sogar mit der Forderung einiger Anwälte an der Spitze ihres Berufsstandes nach einer Vergütung in der Größenordnung von Investmentbankern einverstanden erklären?[3] Man kann sich kaum einen besseren Indikator dafür vorstellen, dass bei der Hinzuziehung von Anwälten oft mehr auf dem Spiel steht als routinemäßige Rechtsberatung oder gewöhnliche Transaktionskostenoptimierung. Ihre Mandanten sehnen sich nach etwas, das nur die besten Anwälte liefern können: starken Prioritätsrechten für die Vermögenswerte ihrer Wahl, Beständigkeit über die Lebenserwartung konkurrierender Vermögenswerte hinaus sowie der Möglichkeit, finanzielle Vermögenswerte nach Belieben in Bargeld umzuwandeln, und das alles mit Rechtskraft gegenüber der Welt.

Die Anwälte, die neue Vermögenswerte oder Intermediäre konzipieren, sind mit Gesetzen, Regeln und Vorschriften, oft aus mehreren Jurisdiktionen, bestens vertraut: mit den Regeln, die bestimmte Handlungen einschränken sollen, mit dem Umfang, den Grenzen und den möglichen Ausnahmen von diesen Regeln, und natürlich auch mit dem Steuerrecht, da Steuern für viele Unternehmen die größte Einzelverbindlichkeit darstellen. Es versteht sich von selbst, dass sie auch die Module des Codes beherrschen müssen, und zwar idealerweise in mehr als einem Rechtssystem. Diese rechtlichen Module umfassen das Instrumentarium, dessen sich Anwälte bedienen, um Güter mit den Attributen des Kapitals zu bekleiden, sie um rechtliche Zwänge herumzumanövrieren und nicht zuletzt um ihren Klienten das mächtige Verteidigungswerkzeug »aber es ist legal« an die Hand zu geben.

Um eine künftige Haftung für sich selbst und ihre Mandanten zu vermeiden, müssen Anwälte jede mögliche Gefahr antizipieren und sich vor ihr schützen, indem sie Vorkehrungen zum Vermögensschutz treffen, Risiken und mögliche Verluste auf andere umschichten und gerade so viel offenlegen, dass die Anleger Bescheid wissen und später nicht behaupten können, sie seien in die Irre geführt worden – obwohl viele von ihnen es dennoch versuchen werden, mit ihren eigenen Anwälten an der Seite. Tatsächlich besteht eine der großen Ironien der

Prozesswut im Anschluss an die Krise von 2008 darin, dass einige der Größen unter den Marktteilnehmern sich gegenseitig verklagten, wobei jede von ihnen behauptete, getäuscht worden zu sein, obwohl viele von ihnen selbst ein ähnliches Verhalten an den Tag gelegt hatten, erfahrene Finanzmarktakteure waren und von ebenso erfahrenen Anwälten beraten wurden.[4] Mit anderen Worten: Rechtsanwälte managen Risiken, nicht weniger als Finanzintermediäre auch, aber ihr Fokus liegt auf rechtlichen Risiken. Dies erklärt auch, warum so wenige Anwälte jemals für ihre Tätigkeit zur Rechenschaft gezogen werden: Zwar ist es ihre Aufgabe, ihre Mandanten vor einer Haftpflicht zu schützen, aber sie wahren auch eine sichere Distanz zu diesen und ihren bevorzugten Gütern. Mandanten mögen kommen und gehen, ebenso wie die Güter, deren Codierung als Kapital sie anstreben, doch die Anwälte bleiben und können ihre juristischen Fähigkeiten schnell auf neue Güter und neue Mandanten ausrichten.

Das soll nicht heißen, dass Rechtsanwälte nie dabei ertappt oder dafür angeklagt wurden, illegale Handlungen zu begehen.[5] Aber solche Fälle sind selten, und das nicht nur, weil die Anwälte wissen, »wie man das Recht auf zwei wesentliche Weisen nutzt: als eine Gelegenheit für schnellen Gewinn und zum anschließenden Verwischen ihrer Spuren«, wie Kritiker des Berufsstands es im Zusammenhang mit den Eisenbahnmanien des 19. Jahrhunderts formuliert haben.[6] Vielmehr ist die Codierung von Kapital eine Arbeit, die juristisches Fachwissen erfordert, um Chancen für rechtliche Innovationen zu erkennen und sich zugleich gegen rechtliche Risiken abzuschirmen. Die Herren des Codes nutzen nicht einfach nur bestehendes Recht oder wenden es an; sie gestalten aktiv neues Recht – das nur einer Ex-post-Überprüfung durch ein Gericht oder, wenn sie es wünschen, durch private Schiedsrichter unterzogen wird, von denen viele natürlich Berufskollegen sind.

Die eigentlichen Herren des Codes werden oft an juristischen Eliteuniversitäten ausgebildet, darunter auch an meiner eigenen; sie werden von führenden Anwaltskanzleien rekrutiert und steigen nach jahrelangem Erlernen des Handwerkszeugs und langen Arbeitszeiten zu Partnern auf.[7] Sie sind unglaublich klug und fleißig und sehen sich eher als Diener ihrer Mandanten denn als Herren an und für sich. Ihre Aufgabe sehen sie darin, dafür zu sorgen, dass ihre Mandanten ihre geschäftlichen Ziele erreichen können, ohne mit dem Gesetz in Konflikt zu geraten.[8] Doch wie Anwälte nur zu gut wissen, kommt es nicht so sehr darauf an, was der Einzelne glaubt, dass er tut, sondern darauf, welche Auswirkungen sein Handeln auf andere haben kann, und wie die in diesem Buch diskutierten Materialien nahelegen, besteht kaum ein Zweifel daran, dass Rechtsanwälte für die Codierung des Kapitals und die Verteilung des Wohlstands in der Gesellschaft eine zentrale Rolle spielen. Die enge Verbundenheit der Herren des Codes mit dem Kapital spiegelt sich in ihrem Mandantenportfolio ebenso wider wie in den Quellen und in der Höhe ihres Einkommens.

Der Trend der letzten paar Jahrzehnte in den USA und anderswo hat größere Kanzleien begünstigt, die in den großen Handels- und Finanzzentren konzentriert sind und deren Anwälte einen hohen Spezialisierungsgrad aufweisen, so dass sie ihr selektives Wissen zum Nutzen der Mandanten ihrer Kanzleien einbringen können.[9] Noch 1984 hatten die 50 führenden Kanzleien in den Vereinigten Staaten im Durchschnitt nur 259 Anwälte und einen durchschnittlichen Umsatz von 3,4 Millionen Dollar. Im Jahr 2006 beschäftigte die durchschnittliche Anwaltskanzlei 974 Anwälte und erwirtschaftete einen Umsatz von knapp 40 Millionen Dollar, was mehr als einer Verzehnfachung entspricht;[10] die Mitarbeiterzahl der zehn größten Kanzleien in den USA beläuft sich auf zwischen 1100 und 1800 Anwälten pro Kanzlei.[11]

Während der durchschnittliche Partner im Jahr 1984 etwas mehr als 300 000 Dollar jährlich verdiente, stieg diese Summe bis 2006 auf knapp 1,5 Millionen Dollar an.[12] Viele der führenden Kanzleien bieten zwar zudem im nennenswerten Umfang Pro-bono-Rechtsbeistand an, in den sie ihr juristisches Talent zum Nutzen von Mandanten einsetzen, die sich ihre Honorare unmöglich leisten können. Allerdings bleiben die Größenordnung und die Reichweite dieser Betätigung weit hinter ihren gewinnorientierten Geschäften zurück. Und das ist auch sinnvoll, da Anwaltskanzleien profitorientiert arbeiten und ihre Gebühren den Wert widerspiegeln, den sie für ihre Kunden schaffen helfen. Und da die größten Werte durch die Codierung von Kapital geschaffen werden, strömen umgekehrt die meisten Absolventen der juristischen Fakultäten zu jenen Firmen, die sie in großer Zahl einstellen, um genau das zu tun.

Dieses hier gezeichnete Bild von den Transaktionsanwälten als den Herren des Codes unterscheidet sich von zwei anderen Darstellungen, die in der Literatur zu finden sind. Die eine beschreibt Rechtsanwälte als Transaktionskosteningenieure und die andere als *rent seekers* [»Abschöpfer«]. Ronald Gilson war ein Vertreter der ersteren Auffassung; ihm zufolge navigieren Anwälte sich durch komplexe Vorschriften hindurch, strukturieren Transaktionen, um unnötige Kosten zu vermeiden, und verhandeln von Zeit zu Zeit mit Regulierungsbehörden, um die Genehmigung für noch abenteuerlichere Transaktionen zu erlangen.[13] Damit verringern sie, wie es heißt, die Spannung zwischen »Transaktionsform und Regulierungszweck«.[14] Es bestehen offensichtliche Parallelen zu ihrer Rolle als Meistercodierer, aber es gibt auch einen wichtigen Unterschied. Das Bild des Ingenieurs ordnet die Arbeit der Juristen den Unternehmern unter, die als die Architekten neuer Geschäftsstrategien betrachtet werden. Die Anwälte hüllen große Ideen dann lediglich noch in ein juristisches Gewand, selbst wenn es um komplexe Transaktionen wie Fusionen und Übernahmen geht. Zweifellos sind dies wichtige Dienstleistungen, und zweifellos ist es auch genau das, was die meisten Anwälte, auch hochbezahlte Unternehmensanwälte, die meiste Zeit tun. Manche tun jedoch viel mehr, und für sie behalte ich mir den Titel »Herren des Codes« vor.

Zur Veranschaulichung vergleiche man den Vorgang einer simplen Unternehmensfusion mit der Erfindung der »Giftpille«, einer ausgeklügelten Abwehrmaßnahme, die Unternehmen vor feindlichen Übernahmen oder den Kontrollverlust an ein anderes Unternehmen entgegen den Plänen und Wünschen des Managementteams des Zielunternehmens schützt.[15] Hinter dem griffigen Etikett »Giftpille« verbirgt sich ein komplexes Regelwerk, das ein Unternehmen, das die Kontrolle über ein anderes zu erlangen beabsichtigt, dazu zwingt, die Genehmigung des Vorstands dieses Unternehmens einzuholen, statt einfach Aktien von den bestehenden Aktionären auf dem Markt aufzukaufen. Führt der Käufer keine Verhandlungen mit dem Vorstand und kauft Aktien in einem Umfang, der über den Schwellenbetrag hinausgeht, der in den die Giftpille enthaltenden Rechtsdokumenten festgelegt ist, dann wird das Aktienpaket, das sie soeben zum geltenden Marktpreis erworben haben, stark verwässert, wodurch dem Erwerber ein massiver wirtschaftlicher Schaden entsteht. Dies geschieht durch die Gewährung von Sonderrechten für bestehende Anteilseigner schon lange bevor ein feindliches Angebot auf dem Tisch liegt. Diese Rechte ermöglichen es ihnen, neue Aktien der Zielgesellschaft zu einem Bruchteil ihres Marktpreises zu erwerben, wenn der Fall eintritt, dass ein feindlicher Bieter mehr als zum Beispiel zehn oder 20 Prozent der Aktien des Unternehmens kauft. Der feindliche Bieter selbst ist natürlich von dieser glücklichen Gelegenheit ausgeschlossen.

Giftpillen sind komplexe Rechtsdokumente, die sich über

viele Seiten erstrecken; um wirksam zu sein, müssen sie sich sorgfältig durch das Gesellschafts- und das Wertpapierrecht sowie die Steuer- und Rechnungslegungsvorschriften navigieren. Schon sehr bald nach ihrer Erfindung wurden sie in der gesamten Branche kopiert und wurden zum Standard für die meisten börsennotierten Unternehmen, bis die Aktionäre sich gegen sie wehrten; nur ein einziger Anwalt allerdings, Martin Lipton, wird als der Kopf hinter diesem neuen Rechtsinstrument betrachtet.[16]

Nebenbei bemerkt hat die Wirkung der Giftpille eine gespenstische Ähnlichkeit mit der strikten innerfamiliären Nutzungsregelung, die den in den Händen wohlhabender Familien befindlichen Grundbesitz schützte. Beide sollten Vermögenspools davor bewahren, unter den Hammer zu kommen – auch dann, wenn sich bereits abzeichnete, dass sie wirtschaftlich nicht mehr rentabel waren. Im Falle des Bodens waren die Nutznießer die Familienmitglieder der Grundbesitzereliten, in dem der Giftpille waren es die Unternehmensmanager. Wie wir gesehen haben, ging dies für die Landeliten nicht gut aus. Im Vergleich dazu ist die Giftpille ein flexibleres Mittel als die strikt innerfamiliäre Nutzungsregelung, vor allem, weil die Gerichte die Aktionäre vor ihren Exzessen geschützt haben, zum Beispiel vor denen der *dead-hand pill* (einer Giftpille, die nur von denselben Direktoren wieder aufgehoben werden kann, die sie auch festgelegt haben), und da die Aktionäre die Direktoren ihrer Unternehmen in den letzten Jahren gezwungen haben, die Pille fallenzulassen.[17]

Es gibt zahlreiche weitere Beispiele für wahrhaft innovative Codierungsstrategien. Betrachten wir nur die größten rechtlichen Neuerungen, die wir in diesem Buch erörtert haben: die Erhebung der Nutzungsrechte an Land zu absoluten Eigentumsrechten, die Erfindung des Peculiums, das *use*, den Trust, schließlich die moderne Kapitalgesellschaft zur Abschirmung des Firmenvermögens vor verschiedenen Gruppen von Anspruchstellern (darunter sogar ihrer eigenen Eigentümer), wodurch beständige Vermögenspools entstehen, die Transformation einfacher Verbriefungssysteme in Finanzanlagen mit einer Auszahlungsstruktur und einem Risikoprofil, wie die Investoren es sich wünschen, und nicht zuletzt die Konstruktion komplexer Kreditderivate wie CDOs (man denke an die Kleros-Klone), auch in ihren quadrierten, synthetischen Varianten und den Varianten »hoch drei«. All dies ist das Werk von Anwälten, die ihre Fähigkeiten über Jahrhunderte hinweg verfeinert haben und über einen beispiellosen Zugang zu Informationen darüber verfügen, wie verschiedene Güter als Kapital für verschiedene Kunden codiert werden können.

Ein (ehemaliger) Praktiker auf diesem Gebiet charakterisiert die Beiträge heutiger Anwälte in den führenden Kanzleien wie folgt:

> Doch in der Realität zahlen die Mandanten für die Fähigkeit der Anwaltskanzleien, Informationen über Mandanten hinweg zu bündeln und diese in Transaktionsverhandlungen zu nutzen. [...] Solche Mandanten suchen keine maßgeschneiderten, professionellen Dienstleistungen auf der Grundlage einer langfristigen und vertrauensvollen Zusammenarbeit. Tatsächlich kaufen sie lediglich Informationen von Anwaltskanzleien ein, die ihrerseits einfach nur mit der immer allgegenwärtigeren Praxis des Wissensmanagements befasst sind.[18]

Im Klartext heißt das: Mandanten beauftragen Anwälte, um Zugang zu dem Rechtsimperium zu erhalten, das diese Anwälte über Jahrhunderte hinweg zusammengefügt haben und das weit über die territorialen Grenzen eines jeden Nationalstaats hinausreicht. Trotzdem beschäftigen sich Anwälte nicht »nur« mit dem Management von Wissen; Wissen ist in unserer »Wissensgesellschaft« nicht nur Macht, die Anwälte managen auch nicht einfach irgendein Wissen, sondern Wissen vom Recht und davon, wie die Module des Codes zur Schaffung von privatem Vermögen genutzt werden können. Die Rechtsanwälte beschäftigen sich schon seit Jahrhunderten mit der Codierung von Kapital, wobei der Wert ihrer Codierungsaktivitäten im Laufe der Zeit mit dem Wandel des Charakters der Güter, die sie als Kapital codieren, zugenommen hat. Sie fingen mit dem Boden an, einem Gut, das außerhalb des Rechts existiert, und verwandelten ihn in Kapital; am Ende erzeugten sie aus dem Recht selbst Güter, die ihren Inhabern enorme Erträge bescheren.

Ein wesentlich weniger freundliches Bild des Anwalts und seines Beitrags zur Gesellschaft als das von einem Transaktionskosteningenieur wird in den Schriften des Finanzökonomen Stephen Magee gezeichnet. Dieser veröffentlichte im Jahr 1992 im *Wall Street Journal* einen Gastkommentar mit einer Grafik, in der die Zahl der Anwälte in der US-Wirtschaft den Wachstumsraten des Bruttoinlandsprodukts gegenübergestellt wurde. Das Ergebnis war eine umgekehrte U-förmige Kurve, mit der klaren Implikation, dass Anwälte zwar zum Wirtschaftswachstum beitragen, aber nur bis zu einem gewissen Punkt; zu viele Anwälte wirken sich negativ auf das Wachstum aus.[19] Diese Daten und ihre Deutung lösten eine heftige Debatte zwischen Magee und einigen Rechtswissenschaftlern aus, die seine Berechnungen, seine Methodik und seine Annahmen über die Kohärenz und die Organisationsfähigkeit des Rechtsanwaltsberufs in Zweifel zogen.[20]

Diesen Streit auf statistischer Ebene beizulegen dürfte wohl unmöglich sein, weil eine einfache Zählung von Anwälten wenig darüber aussagt, was sie tun und wie die verschiedenen Elemente ihres Berufsstands zum wirtschaftlichen und gesellschaftlichen Wohlergehen beitragen. Trotzdem könnte Magee darin recht gehabt haben, dass der gesellschaftliche Beitrag der Anwälte nicht immer wohlfahrtsförderlich ist. Die Herren des

Codes sind mit der Codierung privaten, nicht öffentlichen Vermögens befasst, und beide passen nicht immer zusammen.[21] Entscheidend ist jedoch, dass die von mir beschriebenen Anwälte, von den englischen Landanwälten bis hin zu den Partnern der globalen Anwaltskanzleien, keine Rent-Seekers sind, wie Magee es verstehen würde; sie schöpfen nicht einfach nur den Rahm von geschäftlichen Aktivitäten ab, die ohne sie genauso gut laufen würden. Vielmehr stellen sie diesen Rahm erst her. Allerdings kann die Überproduktion von Vermögenswerten, die zwar Rechtssicherheit verspricht, aber sich letztlich wirtschaftlich nicht auszahlt, das Finanzsystem zum Einsturz und die Wirtschaft zum Stillstand bringen oder gar in den Rückwärtsgang zwingen. Sie führt außerdem zu einer stark verzerrten Verteilung des Reichtums in der Gesellschaft. Die Anwälte neigen dazu, diese externen Effekte ihrer Codierungsbemühungen zu ignorieren. Sie stellen die Interessen ihrer Mandanten an die erste Stelle und werden dafür gut bezahlt. Nur wenige bedenken daher die weiter reichenden Konsequenzen ihres Handelns, und die, die es tun, hoffen darauf, dass die unsichtbare Hand die strukturellen Verzerrungen korrigieren wird, die sie für ihre Mandanten erzeugen. Sie sind sich nicht bewusst, dass der Erfolg ihrer Codierungsstrategien die unsichtbare Hand in eine Märchengeschichte verwandelt hat.

Wie wir gesehen haben, führte der rechtliche Schutz des Familienvermögens vor den Kräften eines wettbewerbsintensiven Marktgeschehens im 19. Jahrhundert zu einer schweren Wirtschaftskrise, die nicht nur die Grundbesitzer, sondern auch ihre Pächter betraf: die Bauern, die ihren Boden bewirtschafteten. Als die Krise begann, verloren sie alles, und im Gegensatz zu vielen Landbesitzern fehlte es ihnen an Rücklagen, um die Auswirkungen abfedern zu können. In gleicher Weise waren die toxischen Vermögenswerte, die das Finanzsystem 2008 zum Einsturz brachten, Rechtsprodukte, die jahrelang die Zunahme der Fremdkapitalfinanzierung in der Wirtschaft angeheizt hatten, bevor eine massive Korrektur ihres Wertes für viele Finanzintermediäre zu einer Todesspirale wurde. Die Auswirkungen der Krise blieben jedoch nicht auf den Finanzsektor beschränkt; vielmehr bedeutete sie einen tiefen Einschnitt in die Realwirtschaft und brachte Millionen Arbeitslose hervor. Es brauchte ein ganzes Jahrzehnt und massive staatliche Investitionen, um die Arbeitslosigkeit wieder in den Griff zu bekommen und die Aktienmärkte und die Kreditvergabe wieder anzukurbeln; doch die verbesserten Zahlen spiegeln nicht im vollen Umfang die Not und die Vermögensvernichtung wider, die viele Haushalte erfahren haben, besonders am unteren Ende des Einkommensspektrums. Während die Krise die Verstärkung der Ungleichheit zwar für eine Weile gebremst hat, deutet der in ihrem Nachgang zu beobachtende steile Anstieg der Vermögenspreise, der zum Teil der Politik der großen Zentralbanken zu verdanken ist, darauf hin, dass die Inhaber von Vermögenswerten, die von der Freigiebigkeit der öffentlichen Hand profitierten, wieder einmal die Gewinner waren.[22]

Ob die Meistercodierer nun zum nationalen Reichtum oder zu dessen Vernichtung beitragen, hängt davon ab, wo wir uns im revolvierenden Zyklus der Privatvermögensproduktion befinden: in der Aufschwungphase, wenn neue Strategien der rechtlichen Codierung größere Rechtssicherheit für neue Vermögenswerte versprechen und die Ausweitung der Kreditvergabe für Investitionen oder den Konsum befeuern, oder im Abschwung, wenn selbst die besten legalen Steroide die Diskrepanz zwischen erwarteten und tatsächlichen Erträgen nicht mehr verbergen können und das gesamte System in den Rückwärtsgang schaltet. Tatsächlich sind diese Trends nur zwei Seiten derselben Medaille: Die gleichen rechtlichen Strategien, die zur Erzeugung privaten Vermögens beitragen, bringen auch das gesamte Finanz- und Wirtschaftssystem zum Einsturz, wenn die von ihnen hervorgebrachten Rechtsansprüche gegen Vermögenswerte durchgesetzt werden, für die es keine Nachfrage mehr gibt, oder gegen Vermögensinhaber, die nicht mehr in der Lage sind, ihren finanziellen Verpflichtungen nachzukommen. Wie die Magee-Kurve ähnelt auch diese Dynamik einer umgekehrten U-Kurve, auf der x-Achse der Darstellung allerdings mit einer Variable für immer komplexere Codierungsstrategien und nicht für die Anzahl der Anwälte.

Der rechtliche Familienstammbaum der Herren

Das globale Kapital existiert und gedeiht ohne einen globalen Staat oder ein globales Recht. Die Erklärung dafür ist, dass das Recht mobil geworden ist; es ist möglich, Güter in den Modulen des einen Rechtssystems zu codieren und sie dennoch von den Gerichten und Regulierungsbehörden eines anderen Landes anerkennen zu lassen und ihnen Geltung zu verschaffen. Auf diese Weise kann eine einzige nationale Rechtsordnung den weltweiten Kapitalismus aufrechterhalten; in der Praxis gibt es, wie oben erwähnt, zwei, die ihn bestimmen: das englische Recht und das Recht des US-Bundesstaates New York. Die meisten der eigentlichen Herren des Codes stammen aus einem dieser beiden Common-Law-Systeme oder haben dort zumindest eine zusätzliche juristische Ausbildung erhalten. Das spiegelt sich auch in der großen Zahl von Masterstudierenden aus dem Ausland wider, die an juristischen Fakultäten in Großbritannien und den USA eingeschrieben sind.[23] Was verschafft dem Common Law diesen Vorsprung gegenüber den Zivilrechtssystemen? Und ist er dem Common Law selbst, der Organisation des Anwaltsberufs in den ihm unterstehenden Rechtsordnungen oder einer Kombination aus beidem zu verdanken?

Eine ganze Zeit lang gab es eine lebhafte Debatte über die Unterschiede zwischen den Rechtskreisen des Common und des Civil Law und über ihr jeweiliges Für und Wider. Auf dem Gebiet der Rechtsvergleichung tätige Juristen waren lange Zeit der Auffassung, dass der Unterschied weniger in den Inhalten der Rechtsvorschriften als vielmehr in solchen Merkmalen besteht, die allgemein als Rechtskultur bezeichnet werden. Dennoch verlangten einige Ökonomen eine Neubewertung der Vorzüge des Common Law gegenüber dem Civil Law, ein Gebiet, das sie »*New Comparative Economics*« [»neue vergleichende Wirtschaftswissenschaften«] nannten.[24] Sie brachten statistische Instrumente auf den Tisch und codierten das, was ihrer Meinung nach Schlüsselbestimmungen im Gesellschafts- und Konkursrecht waren, um zu zeigen, dass das Niveau des Aktionärs- und des Gläubigerschutzes zwischen den großen Rechtsfamilien auf statistisch signifikante Weise variiert. Bei den Aktionärsrechten rangiert das Common Law ganz vorne; bei den Gläubigerrechten folgt der deutsche Rechtskreis gleich an zweiter Stelle, während der romanische Rechtskreis an beiden Fronten weit abgeschlagen ist.[25] Entscheidend ist, dass diese rechtlichen Unterschiede auch als wichtige Determinanten für finanzielle Ergebnisse ausgemacht wurden: Common-Law-Systeme besitzen tendenziell größere und liquidere Finanzmärkte als Länder des Civil Law, besonders jene des französischen Typs.[26]

Diese Befunde haben eine ganze Industrie auf den Plan gerufen, die diese Daten heranzieht, um die Auswirkungen der Zugehörigkeit zu einem Rechtskreis (Common Law oder Civil Law) auf die Größe des Staatsapparats, das Ausmaß der Investitionstätigkeit, die Korruption, das Tempo der Strafverfolgung durch die Gerichte und so weiter zu testen; sie gaben allerdings auch Anlass zu kritischen Beurteilungen der Datenqualität und zu Zweifeln an der Robustheit der Befunde.[27] Hier ist nicht der Ort, um dieser Debatte nachzugehen; es sei nur erwähnt, dass sie eine entscheidende Variable außer Acht gelassen hat, nämlich die Rechtsanwälte und ihre Rolle in den jeweiligen Rechtssystemen. Wenn die in diesem Buch vertretene These richtig ist, dass das Kapital im Recht codiert ist und dass die Anwälte die Herren des Codes sind und die Mehrheit dieser Meistercodierer aus einem bestimmten Rechtssystem – dem Common Law – kommt, dann ist es an der Zeit, die Debatte um die Relevanz der Rechtsfamilien erneut zu führen.

Der englische Jurist Simeon E. Baldwin beschrieb die Rolle der Rechtsanwälte im Common Law wie folgt: »Die Entwicklung des Rechts [...] ist in erster Linie das Werk des Rechtsanwalts. Sie ist die Übernahme dessen, was die Anwaltschaft vorträgt, durch den Richter.«[28] Zu Recht betont Baldwin die Entwicklung des Rechts und nicht den Inhalt bestimmter Rechte. Was das Common Law vom Civil Law unterscheidet, ist tatsächlich der Spielraum, den es privaten Anwälten bei der Herstellung des Rechts gibt. Denn diese sind nicht nur als Berater zum bereits existierenden Recht tätig, sondern formen aus dem alten Stoff ständig neue Rechte. Sie benötigen von niemandem eine Erlaubnis, wenn sie sich daranmachen, Güter als Kapital zu codieren; alles, was sie tun müssen, ist, die argumentativen Strategien nachzuahmen, die die Gerichte auch schon in der Vergangenheit davon überzeugt haben, die Codierung neuer Güter zu billigen, und sie den neuen Gütern und den spezifischen Bedürfnissen ihrer Mandanten anzupassen. Manchmal werden sie ihre Arbeit zwar vor einem Gericht verteidigen müssen, aber dort werden sie einem Richter gegenüberstehen, der noch vor Kurzem einer von ihnen war, denn in Common-Law-Systemen werden die Richter aus der praktizierenden Anwaltschaft heraus berufen.

In England finden sich Hinweise auf Angehörige der Rechtsberufe bereits im 12. Jahrhundert in Dokumenten, in denen von einer »beträchtlichen Gruppe von Männern« die Rede ist,

»denen spezifische, professionelle Fähigkeiten in der Vertretung von prozessführenden Parteien nachgesagt wurden«.[29] Dabei handelte es sich um eine neue Art von Anwälten, die nicht der Krone oder an staatlichen Gerichten dienten, sondern die die Interessen privater Mandanten in privater Praxis vertraten. Im Laufe der Zeit und mehr aus Zufall als aufgrund einschneidender Ereignisse oder wohldurchdachter politischer Erwägungen verzweigte sich der Berufsstand des Rechtsanwalts in England in Prozess- und in Transaktionsanwälte. Prozessanwälte oder Barristers werden an den Inns of Court ausgebildet und haben größtenteils keinen direkten Mandantenkontakt, während die Solicitors die Transaktionsarbeit leisten und sich mit dem Mandanten in Vorbereitung auf den Rechtsstreit auseinandersetzen; diese Arbeitsteilung hat sich bis heute weitgehend erhalten.[30] Die Codierung des Kapitals war zwar zum größten Teil Aufgabe der Solicitors, doch in früheren Zeiten, als neue Codierungsstrategien noch öfters von den Gerichten überprüft wurden, spielten die Barristers eine entscheidende Rolle dabei, sie von der Gültigkeit innovativer Codierungsversuche zu überzeugen. Die Prozessanwälte genossen lange Zeit ein höheres Ansehen und galten als politisch einflussreicher als die Solicitors.[31] Mit der Verlagerung der Kapitalcodierung vom Gerichtssaal in die privaten Anwaltskanzleien wuchs jedoch nicht nur die Zahl der Transaktionsanwälte, sondern auch ihre Macht stark an – wie es auch aus dem Zitat von Lord Campbell am Anfang dieses Kapitels hervorgeht.

Englische Solicitors oder Transaktionsanwälte haben sich als vertrauenswürdige Berater ihrer Mandanten etabliert, mit denen sie anfangs langfristig angelegte Beziehungen aufbauten. Angehende Anwälte wurden von anderen Solicitors persönlich ausgebildet, eine Konstellation, die dem Verhältnis von Meister und Lehrling in den Zünften ähnelt, wo Lehrlinge Jahre unter der Anleitung und Aufsicht ihrer Meister verbrachten. Viele Anwälte hatten einen Universitätsabschluss, aber früher eher in Geschichte oder den alten Sprachen und nicht in den Rechtswissenschaften. Dies änderte sich erst im Laufe des 20. Jahrhunderts, als die Nachfrage nach Anwälten dramatisch anstieg und sich das traditionelle Modell der Lehrlingsausbildung als ungeeignet erwies, um diese Nachfrage zu befriedigen. Erst ab dann kam den juristischen Fakultäten der Universitäten eine zentrale Rolle bei der Ausbildung der englischen Anwaltschaft zu.

In Kontinentaleuropa hingegen war das Recht neben der Theologie und der Medizin eine der Gründungsdisziplinen der ältesten Universitäten Europas wie Bologna, Toulouse, Orléans oder Palermo, von denen einige bis ins 13. Jahrhundert zurückreichen. In diesen frühen Tagen wurden die Jurastudenten vor allem im römischen Recht unterwiesen – basierend auf den Digesten, die vom späteren römischen Kaiser Justinian zusammengestellt und um das Jahr 1135 wiederentdeckt worden waren.[32] Dabei handelte es sich nicht nur um eine akademische Fingerübung zur Auslegung antiker Rechtstexte; dieses Studium hatte auch einen Sitz im Leben, da das römische Recht in Fällen, in denen die von den Städten, Regionen oder Staaten erlassenen Gesetze keine Antwort gaben oder miteinander in Konflikt standen, als Standard angewendet wurde.[33]

Auf dem Kontinent wurde das Studium des Rechts zu einem Weg hin zur Bekleidung höherer öffentlicher Ämter oder zumindest zum Beruf des internen Justiziars in Wirtschaftsunternehmen. Freiberufliche Anwälte, die Mandanten eine Rechtsberatung gegen Honorar anboten, wurden geringgeschätzt. Dies zeigt sich bereits in der frühen Herausbildung des Rechtsanwaltsberufs. In Frankreich legte eine königliche Verordnung aus dem Jahr 1345 die Bedingungen für den Zugang zu diesem Berufsstand fest, darunter auch die Pflichten und Freiheiten seiner Angehörigen. Nur Personen, die die im staatlichen Recht festgeschriebenen Bedingungen erfüllten, durften sich Anwälte nennen, und nur sie durften Angeklagte vor Gericht vertreten. Der französische Anwaltsberuf »war Teil der Herausbildung und Entwicklung von Staat und Justiz und wurde von einer Regulierungsbehörde gesteuert«, zumindest in den ersten Jahrhunderten nach seiner Einführung, und damit nicht von seinen eigenen Regeln, wie es bei der Anwaltschaft in England oder den USA der Fall war.[34] Der Respekt vor dem Beruf litt in Frankreich sehr darunter, dass sich immer mehr der hohen Ämter, die von Anwälten bekleidet wurden, in korrupte Institutionen verwandelten, die für den Meistbietenden zum Kauf bereitstanden.[35] Im 17. Jahrhundert organisierte er sich neu und begann zu dieser Zeit auch seine eigenen Bestimmungen festzulegen, und im späten 18. Jahrhundert schließlich kämpften viele Anwälte für größere Autonomie gegenüber dem Staat und stellten sich vor dessen Umsturz offen gegen die absolute Monarchie, wobei einige andere auch mit ihr kollaborierten, um sie zu reformieren, bevor es zu spät war.[36]

Rechtsanwälte arbeiten heute auch für private Mandanten; tatsächlich hat die Nachfrage nach Anwälten, die als Unternehmensjuristen oder (externe) Rechtsbeistände für Unternehmen wirken, seit den 1970er Jahren stark zugenommen. Allerdings sind die Grenzen zwischen öffentlicher juristischer Betätigung und privater Praxis im französischen Rechtssystem strikter gezogen als in England oder, wie wir sehen werden, in den Vereinigten Staaten. Juristen durchlaufen im Anschluss an ihr Studium unterschiedliche Arten von Ausbildungen im Rechtswesen, je nachdem, ob sie Richter, Staatsanwälte oder private Anwälte werden möchten. Es gibt keinen direkten Weg von der juristischen Fakultät auf den Richterstuhl, was auch bedeutet, dass die Richter den innovativen Codierungsstrategien von Rechtsanwälten, die private Mandanten beraten, weniger offen gegenüberstehen.

Baldwins Vorstellung, dass Rechtsanwälte das Recht herstellen und die Gerichte es nur noch anerkennen, trifft für Frankreich nicht zu. Die rechtsetzenden Befugnisse der Richter wurden in den großen Kodifizierungen des frühen 19. Jahrhunderts gerade beschnitten, und Artikel 5 des französischen Code civil schließt Richter explizit von der Rechtsetzung aus.[37] Man könnte dies als reinen juristischen Formalismus abtun, denn selbst in Frankreich müssen die Richter das Gesetz auslegen und werden seine Bedeutung dabei zwangsläufig anpassen, wenn nicht sogar im Laufe der Zeit verändern. Dennoch gibt es einen wichtigen Unterschied in der Schwerpunktsetzung, der den Spielraum für die Rechtsetzung durch Anwälte und Richter im Vergleich zum englischen Common Law verringert. Denn in Frankreich und anderen Zivilrechtssystemen leiten die Gesetze und nicht die Fakten die rechtliche Prüfung an, und da Gesetzesänderungen oft lange dauern, werden Veränderungen in der Wirklichkeit eher an die Gesetze angepasst, als dass man die Gesetze an sie anpasst.

Zwar sind die Systeme des Civil Law weniger starr, als Außenstehende vermuten würden, aber sie kategorisieren rechtliche Beziehungen, und ein Gericht beginnt bei der Überprüfung neuer Codierungsstrategien stets mit der Einordnung dieser Beziehungen in die bestehenden rechtlichen Kategorien. So wie das Common Law billigen zwar auch die Zivilrechtssysteme die Vertragsfreiheit, aber die Vertragsarten und besonders die Arten von Eigentumsrechten werden durch Gesetzesrecht ausgestaltet und nicht durch die privaten Herren des Kapitalcodes, die sich daher beim Versuch, sie zu verändern, einem ziemlich harten Kampf ausgesetzt sehen.

Deutschland war sowohl wirtschaftlich als auch politisch und, wie man ergänzen könnte, sogar in rechtlicher Hinsicht eine späte Nation.[38] Während im Frankreich des 18. Jahrhunderts die gesellschaftlichen Triebkräfte den Anwalt zu einem mächtigen politischen Akteur werden ließen, führte der Staat

Preußen (der Reststaat innerhalb des vereinigten Deutschlands nach 1871) im selben Zeitraum eine Säuberung des privaten Anwaltsstands durch, die die Zahl seiner Angehörigen halbierte.[39]

Der Staat übernahm die Regulierung des Berufszugangs und der Honorare, die Anwälte erheben konnten, und kündigte schwere Strafen für jeden an, der es wagte, ohne Erlaubnis anwaltlich tätig zu sein. Bis zu diesem Zeitpunkt war die Anwaltspopulation in Preußen relativ dicht (etwa ein Anwalt auf 2000 Einwohner), gut ausgebildet und weitgehend unreguliert. Die einzige Eintrittsvoraussetzung für den Beruf war ein Universitätsabschluss, aber mit seiner Ausübung den Lebensunterhalt zu bestreiten war auch schon vor dem harten Vorgehen der Regierung kompliziert. Die Anwälte passten sich an die herrschenden politischen und wirtschaftlichen Machtblöcke an, und viele vertraten die Interessen des Adels »als Rechtsberater, Bevollmächtigte oder Verwalter«, was einen Kommentator zu der Aussage veranlasste, der Anwaltsstand sei »in einem bestimmten Sinne gekauft«.[40]

Nach dem staatlichen Durchgreifen wurden private Anwälte vom Staat streng überwacht. Eine Vorschrift aus dem Jahr 1781 ging sogar so weit, es Rechtsanwälten zu verbieten, vor Gericht zu erscheinen, und sie durch staatlich ernannte Anwälte zu ersetzen. Und obwohl diese Regelung nur von kurzer Dauer war, dokumentiert sie doch das tiefe Misstrauen, das der Staat Rechtsanwälten gegenüber hegte, die eher für private als für staatliche Interessen tätig waren. Tatsächlich behielt der preußische Staat die Kontrolle über die Zahl der Anwälte, die bei Gericht zugelassen werden durften. Noch in den 1850er Jahren gab es in Preußen etwa einen Anwalt auf 12 000 Einwohner, im Vergleich zu einem Anwalt auf 1240 in England und einem auf 1970 Einwohner in Frankreich. Die Anwaltshonorare schossen als Reaktion darauf in die Höhe, und so mancher Richter entschied sich, den Richterstuhl zu verlassen und Anwalt zu werden – genau das Gegenteil der Praxis in England, wo Anwälte erst nach einer langen und erfolgreichen Karriere zum Richter berufen wurden.

Erst in der zweiten Hälfte des 19. Jahrhunderts erlangte der Rechtsanwaltsberuf in Deutschland ein höheres Maß an Autonomie; er begann, sich selbst zu organisieren und seinem Pendant in Frankreich und England zahlenmäßig und in seiner (relativen) Unabhängigkeit vom Staat ähnlicher zu werden.[41] Bis heute haben sich allerdings Relikte des preußischen Versuchs erhalten, private Rechtsanwälte in den Dienst und unter die Kontrolle staatlicher Interessen zu stellen. So werden auch noch in der Gegenwart alle Jurastudierenden in Deutschland zum Richter und nicht zum Rechtsanwalt ausgebildet; erst nach der Richterqualifikation dürfen sie den privaten Anwaltsberuf ergreifen.[42] Zudem endet die universitäre juristische Ausbildung nicht mit dem Hochschulabschluss, sondern mit einem *Staats*examen, und die Zulassung bei Gericht setzt das Bestehen eines zweiten Staatsexamens im Anschluss an ein Referendariat mit Stationen an einem oder mehreren Gerichten oder bei einer Staatsanwaltschaft sowie in einer privaten Anwaltskanzlei voraus. Entscheidend ist, dass Richter direkt nach dem Bestehen dieses zweiten Staatsexamens berufen werden, ohne zuvor als private Anwälte zu arbeiten, wie es in den Ländern des Common Law verlangt wird.

Zusammenfassend lässt sich festhalten, dass private Rechtsanwälte in den Ländern des Zivilrechtssystems später aufkamen als in England und nie die Art von Autonomie gegenüber dem Staat erlangt haben, die dort für diesen Beruf charakteristisch ist. Diese Autonomie in Verbindung mit der Tatsache, dass sie im Common Law die Möglichkeit haben, neues Recht zu schaffen, das nur gelegentlich von einem Gericht überprüft wird, hat dem Common Law einen Wettbewerbsvorteil bei der Codierung von Kapital verschafft. Die Anwälte des Civil Law haben zwar in den letzten Jahrzehnten zu ihren angelsächsischen Kollegen aufgeschlossen, aber ihr eigenes Rechtssystem verschafft ihnen eine weniger günstige Ausgangssituation, weshalb sie sich häufig des Common-Law-Systems bedienen und den Zugang zu dessen Rechtswelt durch die Fusion mit Kanzleien dieses Rechtskreises suchen.

Der amerikanische Anwaltsberuf lässt sich am besten als eine unkompliziertere, das heißt weniger regulierte und stärker wettbewerbsorientierte Spielart des englischen Modells beschreiben. Er ist natürlich viel jünger, allerdings nicht nur, weil das Land erst relativ spät gegründet wurde; vielmehr fehlte bis Ende des 19. Jahrhunderts eine formale juristische Ausbildung in den meisten Bundesstaaten fast vollständig, obgleich es viele Rechtsanwälte gab. Schätzungen zufolge lag ihre Zahl im Jahr 1870 bei 40 000, was bei einer Bevölkerung von etwa 38 Millionen Menschen ungefähr einem Anwalt auf 950 Personen entspricht, wobei nur drei Prozent von ihnen ein Jurastudium absolviert hatten. Zu einer Zeit, als nur 15 Bundesstaaten formale Voraussetzungen für den Eintritt in den Anwaltsberuf hatten, gab es allerdings auch nur wenig Grund dafür, in die Ausbildung zu investieren.[43] Und doch hatte man die Vereinigten Staaten bereits Anfang des 19. Jahrhunderts aus gutem Grund als »Rechtswirtschaft« bezeichnet.[44] Denn die Anwälte waren nicht nur zahlreich, sondern auch sehr gefragt. In einem riesigen Land, das vor dem Bürgerkrieg ohne eine mächtige Zentralregierung war, spielten sie eine entscheidende Rolle bei der Vermessung und Übertragung von Grund und Boden im Wilden Westen, bei der Codierung von Kreditinstrumenten, der Gründung von Unternehmen, der Suche nach den Vermögenswerten säumiger Schuldner, der Extraktion von Vermögen aus erloschenen Firmen und bei der Erbringung sonstiger Dienstleistungen für Mandanten, die sich nach Rechtssicherheit unter ansonsten sehr unsicheren Bedingungen sehnten.[45]

In den Vereinigten Staaten ging der Anstoß zur Formalisierung der juristischen Ausbildung und zum Aufbau eines organisierten Anwaltsstands aus einer Mischung aus Protektionismus und einem Verlangen nach mehr Professionalität hervor. In den Handelszentren war der Wettbewerb unter den Anwälten angesichts des ständigen Zustroms von Neuankömmlingen auf dem juristischen Arbeitsmarkt auf dem Wege der Einwanderung oft sehr hart. Etablierte Anwälte versuchten, sich von diesen abzuheben, und wie konnte dies besser gelingen als durch eine Verschärfung der Eintrittsvoraussetzungen für den Beruf? Ein weiterer Grund dafür war der, dass die besten Anwälte ihre Fähigkeiten nicht voll ausschöpfen konnten, weil es den amtierenden Richtern oft an einer formalen juristischen Ausbildung mangelte, was sich auf die Qualität von Rechtsstreitigkeiten und die Rechtsetzung auswirkte.[46] Und als willkommener Nebeneffekt würde die formale juristische Ausbildung, so hoffte man, diese Richter weniger auf die bestehenden »Seilschaften« verpflichten, jenes enge Bündnis von Politikern und Unternehmenskapital, das das politische und wirtschaftliche Leben massiv beeinflusste.

Als Lösung für beide Probleme, das der Konkurrenz und das der Qualität, wurden Anwaltskammern und juristische Fakultäten vorgeschlagen. Die ersten Anwaltskammern wurden in den großen Handelszentren gegründet. In ihren Anfängen waren sie Vereine für die »besten Männer« (Frauen wurde bis weit ins 20. Jahrhundert hinein die anwaltliche Zulassung ebenso verwehrt wie die zu juristischen Fakultäten), entwickelten sich jedoch zu Vereinigungen für die Regulierung des Berufsstands fort.[47] Die führenden Kanzleien verpflichteten sich dazu, nur noch Kollegen einzustellen, die offiziell an einer anerkannten juristischen Fakultät ausgebildet worden waren, und unter dem Dekanat von Christopher Columbus Langdell übernahm die Harvard Law School die Führungsrolle bei der Ausbildung von

Anwälten für die Elite des Berufsstands. Die organisierte Anwaltschaft übte zudem Druck auf das Berufungsprozedere für Richter aus und verlangte, dass der Zugang zu Richterstellen auf Anwälte mit zumindest einer gewissen juristischen Ausbildung restringiert werden sollte. Die Anwaltskammer verpflichtete die praktizierenden Rechtsanwälte daneben auch zur Einhaltung bestimmter ethischer Regeln; so mussten sie sich gewissenhaft für die Interessen ihrer Mandanten einsetzen und vermeiden, sich mit ihnen in Konflikt zu bringen, aber sie mussten auch die Rechtsstaatlichkeit wahren. In einem vielleicht etwas idealisierten Bild des traditionellen amerikanischen Rechtsanwalts beschreibt Anthony Kronman den »herausragenden Anwalt« als jemanden, der »nicht nur ein versierter Techniker, sondern auch eine Person von Besonnenheit oder praktischer Klugheit« ist – nur um dem noch hinzuzufügen, dass die Anwälte im späten 20. Jahrhundert ihre Orientierung vor allem dadurch verloren hätten, dass sie den Verlockungen des privaten Geldes erlegen seien.[48]

Schon bald schossen die juristischen Fakultäten im ganzen Land wie Pilze aus dem Boden und haben seither eine stetig wachsende Zahl von Anwälten ausgebildet.[49] Im Jahr 1950 konnten sich die meisten praktizierenden Anwälte in den Vereinigten Staaten einer gewissen juristischen Ausbildung rühmen, darunter auch Abendschulprogrammen, die vor allem von Neueinwanderern besucht wurden.[50] 1964 gab es im ganzen Land 134 juristische Fakultäten, an denen mehr als 22 000 Studierende im ersten Jahr eingeschrieben waren; im Jahr 2013 hatte sich die Zahl der Fakultäten auf mehr als 200 erhöht und die der eingeschriebenen Studierenden im ersten Jahr verdoppelt.[51] 2018 war die Zahl der Anwälte im Land auf den bisherigen Höchststand von 1,3 Millionen geklettert, wobei die Wachstumsrate im Vergleich zum Vorjahr allerdings von 1,8 auf nur noch 0,2 Prozent zurückgegangen war.[52]

Diese Veränderungen in der Ausbildung hatten spürbare Auswirkungen auf die Rechtspraxis. Die Elitekanzleien des späten 19. Jahrhunderts berieten ein Konglomerat aus Großunternehmen und führenden Finanzintermediären, etwa Lehman Brothers oder Goldman Sachs, stützten sich auf langjährige Mandanten und hüteten sich davor, sich in Rechtspraktiken zu verstricken, die sie in Konflikt mit den Interessen irgendeines davon hätten bringen könnten. Dies erklärt zum Teil, warum die Partner in diesen Kanzleien so zurückhaltend damit waren, zu aggressive juristische Strategien wie zum Beispiel feindliche Übernahmen anzuwenden, die sie in einen Interessengegensatz mit einem ihrer Mandanten hätten bringen können, weil es gut möglich war, dass sie sich an den einander entgegengesetzten Enden solcher Transaktionen wiederfinden konnten.[53]

Die Ausweitung der juristischen Ausbildung führte nun dazu, dass sich mehr Anwälte und neue Kanzleien auf dem Markt tummelten, besonders nach dem Zweiten Weltkrieg. Mit der wachsenden Konkurrenz unter gut ausgebildeten Anwälten geriet dann aber auch das Beziehungsnetzwerk zwischen den führenden Kanzleien und der obersten Ebene der amerikanischen produzierenden und Finanzindustrie unter Druck. Die alten Elitekanzleien waren durch und durch mit *WASPs*, also weißem, angelsächsischem und protestantischem Personal besetzt, aber von den rechtswissenschaftlichen Fakultäten strömten immer mehr gut ausgebildete Anwälte jüdischer Herkunft oder weiblichen Geschlechts heran.[54] Und falls diese Kandidaten einmal das Glück hatten, nach Abschluss des Studiums eine Stelle als angestellter Anwalt in einer erstklassigen Kanzlei zu ergattern, dann wurde ihnen mit ziemlicher Sicherheit zumindest doch die Partnerschaft versagt, da ihnen der entsprechende Stallgeruch fehlte.[55] Diese Neueinsteiger auf dem Anwaltsmarkt gründeten daher ihre eigenen Kanzleien, bauten ihr eigenes

Mandantenportfolio auf und schufen neue Märkte, indem sie die alten Beziehungsnetzwerke aufbrachen und sich mit den »*biggies*«, also »den Großen«, wie sie die Spitzenkanzleien nannten, anlegten.[56] Sie waren nicht zögerlich damit, aggressive juristische Strategien zu verfolgen, und hoben die Rechtsinnovation in den USA auf eine völlig neue Stufe, nur um ihre Fähigkeiten bald auch in andere Jurisdiktionen zu verlagern.

Ein globaler Anwaltsstand

Die verschiedenen Rechtstraditionen, die im vorhergehenden Abschnitt skizziert wurden, bildeten die Grundlage für die Globalisierung des Rechts. In Ermangelung eines Weltstaats und eines Weltrechts lag der Schlüssel darin, die Reichweite nationalen Rechts auf den transnationalen Bereich auszudehnen. Anwälte, die in der Vergangenheit ihre Fähigkeiten durch die Codierung von Kapital für ihre Mandanten und das Aufspüren innovativer Lösungen für neue Probleme und natürlich auch neue Vermögenswerte vervollkommnet hatten, waren dafür in einer viel besseren Position als ihre Berufskollegen in Ländern mit einer Geschichte einer stärkeren staatlichen Regulierung ihres Berufs.

Englische Kanzleien profitierten auch von der kolonialen Vergangenheit des Landes. Großbritannien hatte seine ehemaligen Kolonien und die Mitgliedsländer des Commonwealth lange mit Anwälten versorgt, die nicht nur in der Kolonialverwaltung, sondern auch im Common Law erfahren waren, und hatte überall im Empire Angehörige der lokalen Eliten in seinem eigenen Recht ausgebildet. Diese mussten die Module des Kapitalcodes erlernen, waren aber vom englischen Grundstücksrecht ausgenommen und wurden stattdessen im hinduistischen, islamischen und römischen Recht geprüft. Wie ein Kommentator es ausdrückte, war das englische Grundstücksrecht für jemanden, der nicht in Großbritannien geboren und aufgewachsen war, einfach unbegreiflich.[57] Für die englische Anwaltschaft stellte der koloniale Hintergrund eine natürliche Gelegenheit zur Erweiterung ihrer juristischen Netzwerke dar, die die Globalisierung des Geschäfts durch Mandanten aus England und anderswo vorantrieb.

Amerikanische Anwälte hatten etwas anderes zu bieten. Das Land war zwar keine bedeutende Kolonialmacht, aber sein Rechtssystem bot Anwälten zahlreiche Gelegenheiten, ihre Fähigkeiten in mehr als einer Rechtsordnung zu entwickeln und die Unterschiede zwischen ihnen zugunsten der Interessen ihrer Mandanten auszunutzen. Denn die USA haben ein stark fragmentiertes Rechtssystem, mehr noch als die meisten anderen föderalen Staaten. Diejenigen Rechtsbereiche, aus denen sich die Module des Codes zusammensetzen, darunter das Vertrags-, Eigentums-, Kreditsicherungs-, Trust- und Gesellschaftsrecht, werden nicht durch föderales (zentrales), sondern durch einzelstaatliches Recht geregelt.[58] Noch stärker fragmentiert ist das Feld der Finanzregulierung, auf dem die Staaten nicht nur miteinander, sondern auch mit dem Bundesrecht konkurrieren und bei dem auf Bundesebene wiederum mehrere Regulierungsbehörden miteinander im Wettbewerb stehen.[59]

Die Anwälte lernten schnell, diese Rechtspluralität für Wettbewerbszwecke auszunutzen – wenn ihnen das Recht eines Staates nicht zusagte, codierten sie die Güter ihrer Mandanten eben in dem eines anderen. Dies kostete sie weder die rechtliche Zulässigkeit ihrer Codierungsstrategie noch die Fähigkeit, sich zu deren Durchsetzung auf staatliche Zwangsbefugnisse zu berufen, denn die Gerichte interpretierten die »Handelsklausel« in der Verfassung dahingehend, dass sie es den Bundesstaaten untersagte, Transaktionen oder Unternehmen, die nach dem

Recht eines anderen Bundesstaates im föderalen System codiert worden waren, die rechtliche Anerkennung zu verweigern.[60] Dieser Umstand stellte den idealen Nährboden für die Entstehung höchst kompetitiver Codierungsstrategien dar, und als sich die amerikanischen Kanzleien auch international zu verzweigen begannen, verlagerten die Anwälte des Landes diese Codierungsfähigkeiten einfach auch in den Rest der Welt.

Die Anwälte aus diesen beiden Common-Law-Systemen nutzten ihre überlegene Ausgangsposition zu ihrem Vorteil aus. Tatsächlich lässt sich die Erfolgsgeschichte des globalen Anwaltsberufs am besten als eine Globalisierung der angelsächsischen Rechtspraxis beschreiben, eine These, die durch die verfügbaren Daten über den Aufstieg der globalen Anwaltskanzleien gestützt wird, jener also, die Büros in mehr als einem Land unterhalten. Die meisten dieser Kanzleien sitzen in den Vereinigten Staaten und in Großbritannien, obwohl ihre Zahl auch in China steigt.[61] Von den weltweit führenden Anwaltsfirmen stammen nur wenige aus Frankreich und Deutschland; aus diesen Ländern des Civil Law schafften sie es nur dann unter die besten 100, wenn sie sich mit einer englischen oder US-amerikanischen Kanzlei zusammengeschlossen hatten.[62]

Die Konzentration globaler Anwaltsfirmen in den USA und in Großbritannien spiegelt sich auch in den Umsatzzahlen wider. Von den 100 umsatzstärksten weltweit tätigen Kanzleien befinden sich 81 in den Vereinigten Staaten und zwölf im Vereinigten Königreich. Die weltweiten Einnahmen aus Anwaltshonoraren beliefen sich von 2014 bis 2015 auf insgesamt 618 Milliarden US-Dollar, wovon zehn Prozent in Großbritannien erzielt wurden, wo anwaltliche Dienstleistungen im Jahr 2015 einen Anteil an der Bruttowertschöpfung (BWS) von 1,6 Prozent hatten.[63] Das ist erheblich weniger als der kombinierte Anteil des Finanz- und Versicherungssektors, der im gleichen Zeitraum 7,2 Prozent der britischen BWS ausmachte.[64] Es sollte allerdings bedacht werden, dass die Rechtsberatung ein honorarbasiertes Geschäft ist, was bedeutet, dass die Anwälte keinen Anteil an den Gewinnen erhalten, die ihre Mandanten aufgrund ihrer Beratung erzielen. Dennoch kommen die größten Honorare von den profitabelsten Kunden, und in den letzten Jahrzehnten war dies der Finanzdienstleistungssektor, auf den mehr als 40 Prozent des Werts der von britischen Kanzleien durchgeführten Transaktionen entfielen.[65]

Großbritannien hat nicht nur seine eigenen globalen Anwälte hervorgebracht, sondern ist auch zu einer führenden Drehscheibe für weltweit tätige Kanzleien geworden. Mehr als 200 ausländische Anwaltsfirmen (allein 100 davon aus den Vereinigten Staaten) sind dort vertreten, die meisten davon in London.[66] Viele ausländische Kanzleien haben neben den Partnern, die sie aus ihrem Herkunftsland mitgebracht haben, auch einheimische Anwälte angestellt. Dadurch sind sie in der Lage, ihre Mandanten in allen Fragen des britischen Rechts und zusätzlich noch zu allen grenzübergreifenden Rechtsproblemen zu beraten. Die Ansiedlung in London verschaffte ihnen zudem den Zugang zu einem der beiden führenden globalen Finanzzentren, aber auch zum englischen Common Law, das nach wie vor das gefragteste Rechtssystem für den transnationalen Handel ist. Eine Erhebung über das in der Schiedsgerichtsbarkeit am häufigsten verwendete Recht zeigt, dass 40 Prozent aller vertraglichen Streitigkeiten nach dem englischen und weitere 17 Prozent nach dem des Staates New York ausgetragen wurden.[67]

Und schließlich war London (zumindest vor dem Brexit) ein günstiger Ausgangspunkt für eine Expansion in Richtung Kontinentaleuropa sowie nach Afrika und Asien. Tatsächlich scheinen US-amerikanische und britische Kanzleien in den führenden europäischen Volkswirtschaften die einheimischen Anwaltsfirmen auf denjenigen Rechtsgebieten, die für die Kapitalcodierung von entscheidender Bedeutung sind (wie dem Gesellschaftsrecht, dem Fusions- und Übernahmerecht sowie dem Kapitalmarktrecht), zu verdrängen.[68] In Frankreich kontrollieren einheimische Kanzleien zwar immer noch die meisten Unternehmens- und Fusionstransaktionen (neun von zehn), aber weniger als ein Viertel aller Kapitalmarkttransaktionen; der Rest ist mittlerweile fest in den Händen globaler Anwaltsfirmen. Und nur fünf der deutschen Spitzenkanzleien gehören zu den Top-20-Kanzleien, die im Land auf den Gebieten des Gesellschafts-, Übernahme- und Fusionsrechts tätig sind, und nur eine davon gehört, gemessen am Marktanteil, zu den Top Ten; alle anderen sind angelsächsischer Herkunft.[69]

Selbstverständlich sind nicht sämtliche Anwaltsfirmen in Großbritannien und den USA weltweit tätig oder stehen in direkter Konkurrenz mit ausländischen Anwälten. Selbst in diesen beiden Ländern ist die Mehrheit der Rechtsanwälte nach wie vor in kleinen oder mittleren Kanzleien tätig, berät Mandanten beim Kauf von Eigenheimen oder Gewerbeimmobilien oder assistiert ortsansässigen Existenzgründern bei der Wahl der richtigen Rechtsform für ihr Unternehmen. Für sie hat sich die Welt des Rechts im Vergleich zu dem, was sie vor einigen Jahrzehnten war, nicht sehr verändert; sie sind Experten, was das geltende Recht ihrer jeweiligen Heimatjurisdiktion angeht, und blicken nur selten über deren Tellerrand hinaus. Das ist allerdings auch weder der Ort, an dem die Anwälte am kreativsten sind, noch der, an dem das meiste Geld mit juristischen Dienstleistungen verdient wird.

Meistercodierer versus Staaten

Der Kapitalismus verdankt seine Dynamik der Fähigkeit von Rechtsanwälten, neues Kapital und neue Unternehmungen aus bereits vorhandenem Material zu bilden; auf diese Weise codieren sie Kapital im Interesse ihrer Mandanten. Zuerst nutzten sie dafür das nationale Recht, in dem sie ausgebildet worden waren, doch im Zeitalter der Globalisierung kamen sie in die Lage, aus den Rechtsordnungen vieler verschiedener Staaten wählen zu können. Die Globalisierung funktioniert, weil die Herren des Codes in der Lage waren, aus ihrem bevorzugten Rechtssystem und einer Handvoll internationaler Verträge einen Flickenteppich zu weben, der die globalen Märkte für Waren und Dienstleistungen in Gang hält. Sie haben nicht darauf gewartet, dass die Staaten das Recht harmonisierten – ein Prozess, der viel langsamer und natürlich auch politisierter verlaufen wäre –, sondern nutzten stattdessen die formbaren Module des Codes, um transnationale Deals zu strukturieren, ein Rechtssystem ihrer Wahl zum Standard zu erheben und dessen Gerichte oder private Schiedsgerichtsbarkeit zur Beilegung etwaiger Streitigkeiten zu bestimmen.[70]

Aus dieser Analyse ergibt sich ein Bild des Rechts und der Rechtsberatung, das die Herren des Codes an der Schnittstelle zwischen den Mandanten, für die sie tätig sind, und den Staaten verortet, die den Stoff bereitstellen, aus dem das Kapital codiert wird. Die Herren des Codes sind unübertroffen, wenn es darum geht, sich in den komplexen Interdependenzen der verschiedenen Rechtssysteme zurechtzufinden, aus denen sie die Regularien für die Codierung des Kapitals ihrer Mandanten auswählen. Ohne Staaten oder deren Rechtsordnungen wären sie dazu nicht in der Lage gewesen; mittlerweile sind sie allerdings nicht mehr einem einzelnen Staat verpflichtet, nicht einmal dem, dessen Rechtssystem sie zu beherrschen gelernt oder für ihre Codierungsstrategie ausgewählt haben. Das unterscheidet die heutigen Herren des Codes von ihren Vorgängern: Noch nie hatten sie so viel Spielraum, und nie waren ihre Dienste wertvoller als heute.[71] Im Ergebnis hat sich das Verhältnis zwischen den Anwälten einerseits und den Staaten und ihren Rechtssystemen andererseits verändert.

Doch all den Spielräumen zum Trotz, die sie bei der Erzeugung neuen Kapitals durch das Aufpfropfen der Module des Rechtscodes auf eine sich ständig wandelnde Liste von Gütern hinzugewonnen haben, müssen Anwälte immer noch dafür sorgen, dass ihre Codierungsbemühungen wenigstens von *irgendeinem* Staat anerkannt und durchgesetzt werden; schließlich ist es die Androhung einer Rechtsdurchsetzung mithilfe von Zwangsmitteln, die die von ihnen generierten Pflichten glaubwürdig und skalierbar macht. Und dennoch werden viele Anwälte große Anstrengungen unternehmen, um zu vermeiden, einem Gericht die Gelegenheit zu verschaffen, ein negatives Urteil über die von ihnen vorgenommene rechtliche Codierungstätigkeit zum Vorteil Hunderter, wenn nicht gar Tausender von Mandanten zu fällen. Deshalb haben sie auch zunehmend darauf gedrängt, juristische Streitigkeiten außergerichtlich beizulegen oder der Schiedsgerichtsbarkeit dem offiziellen Verfahrensweg gegenüber den Vorzug zu geben. Doch auch das bringt die Anwälte in eine eigenartige und potenziell recht angreifbare Lage: Sie sind auf die Autorität des staatlichen Rechts angewiesen, meiden aber die Gerichte, die traditionellen Hüter des Rechts, aus Angst davor, dass diese sich in ihre Codierungstätigkeit einmischen könnten.

Es geht allerdings etwas verloren, wenn Verfahren nicht in einem Gerichtssaal durchgeführt werden, wo sie von Dritten beobachtet, analysiert und kritisiert werden können, sondern in dessen Schatten. Juristische Streitfälle sind das Elixier, das das Recht am Leben erhält und dafür sorgt, dass es kontinuierlich an eine sich verändernde Realität angepasst wird. Wenn sie nun aber nicht mehr unter den Augen der Öffentlichkeit verhandelt werden, dann wird das Recht schal und die Richter büßen an Expertise ein, was den Anwälten und ihren Mandanten wiederum noch mehr Gründe dafür an die Hand gibt, sie zu meiden. Ganz allgemein bringt die außergerichtliche Streitbeilegung Kosten und Vorteile sowohl privater als auch gesellschaftlicher Art mit sich, wie Steven Shavell dargelegt hat; der private Nutzen impliziert allerdings nicht immer auch einen sozialen.[72] Wenn ganze Rechtsbereiche aus dem öffentlichen Raum ausgegliedert werden, den die Gerichte bereitstellen, dann können die privaten Vorteile des außergerichtlichen Vergleichs die gesellschaftlichen durchaus übersteigen. Tatsächlich sind dessen Hauptnutznießer möglicherweise nicht einmal die Streitparteien selbst, sondern ihre Anwälte. Sie mögen in einem Schlichtungsverfahren zwar auf ein höheres Honorar verzichten müssen, profitieren aber unter dem Strich, denn in Ermangelung öffentlich geführter Verfahren, die das Recht erläutern und klarstellen würden, wird ihr Rat noch häufiger nachgefragt werden. Darüber hinaus werden private Anwälte im Laufe der Zeit zu den einzigen wiederkehrenden Akteuren bei der Lösung von Streitigkeiten über Verträge, die sie selbst gestaltet haben, und können sich daher auch als die einzigen maßgeblichen Auskunftgeber zu diesem Recht in Stellung bringen.

Wie wir im vorangehenden Kapitel gesehen haben, haben die Gerichte auch Raum für private Schiedsrichter geschaffen. Diese sind oft selbst praktizierende Rechtsanwälte, wobei gelegentlich auch einige Juraprofessoren darunter sind.[73] Harte Zahlen über den Umfang der Schiedsgerichtsbarkeit sind schwer zu ermitteln; dies liegt in der Natur einer Streitschlichtungspraxis, die privat und zudem verschwiegener ist als ihr öffentliches Gegenstück. Die verfügbaren Daten deuten allerdings darauf hin, dass Auseinandersetzungen über bedeutende globale Transaktionen zunehmend im Rahmen von Schiedsverfahren und nicht vor ordentlichen Gerichten beigelegt werden. Und diese Fälle sind gewichtig. Zahlen aus dem Jahr 2013, die auf Umfragen unter Anwaltskanzleien mit nennenswerter Schiedsgerichtsbarkeitspraxis basieren, haben ergeben, dass es in den meisten der 109 Fälle, von denen diese Kanzleien berichteten, um mehr als 500 Millionen Dollar ging, und fast die Hälfte der Verfahren überschritt die Milliarden-Dollar-Schwelle.[74]

Das Schiedsverfahren nahm seinen Anfang als willkommene Alternative zu einem schwerfälligen Gerichtssystem und zog Streitfälle an, weil es schneller und billiger war und zudem Schiedsrichter mit Branchenkenntnissen und keine generalistischen Richter anzubieten hatte. Jede Streitpartei wählt in der Regel einen Schiedsrichter aus, und diese beiden zusammen ernennen dann einen dritten.[75] Trotz der Tatsache, dass diese Verfahren heute nicht mehr so schnell oder billig sind wie einst, nimmt ihr Marktanteil weiter zu. Obligatorische Schiedsklauseln finden sich heute regelmäßig in Verträgen mit Verbrauchern und Arbeitnehmern, die nicht die Verhandlungsmacht haben, um darauf bestehen zu können, dass ihr Fall vor Gericht ausgefochten wird, wo sie von Sammelklagen und anderen verfahrensrechtlichen Vorteilen Gebrauch machen könnten. Um die Interessen der Verbraucher zu schützen, erließ das nach der Finanzkrise gegründete US Consumer Financial Protection Bureau im Sommer 2017 eine Vorschrift, die Schiedsklauseln in Verbraucherkreditverträgen mit Banken und Kreditkartenunternehmen als Gegenseite untersagte; in einer gemeinsamen Entschließung, die vom Kongress verabschiedet und von Präsident Trump unterzeichnet wurde, wurde diese Bestimmung jedoch schnell wieder aufgehoben – ein weiteres Beispiel dafür, wie sehr sich die Interessen von Staaten und Kapital oft decken.[76]

Infolge dieser Gerichtsvermeidungsstrategien nimmt der Abstand zwischen der vermuteten und der tatsächlichen Anerkennung der Gültigkeit der Tätigkeit privater Anwälte zu, und ihre zur Beruhigung ihrer Mandanten vorgebrachten Beteuerungen, dass ihre juristischen Einschätzungen auf dem Recht fußen, werden immer dürftiger. Statt ihre Rechtseinschätzungen auf der bestehenden Spruchpraxis aufzubauen, müssen sie spekulieren, wie ein Gericht wohl urteilen könnte, wenn ihm ein gegebener Fall vorgelegt würde. Ihre eigenen Mandanten werden jedoch auch weiterhin mitspielen und sich auf die »Rechtsgutachten« stützen, die ihre privaten Anwälte als Ersatz für ein förmliches Urteil abfassen, da sie die Hauptnutznießer ihrer Codierungsstrategien sind. Dritte, die sich auf der Gegenseite eines Rechtsstreits mit diesen Mandanten wiederfinden, könnten sich jedoch weigern, sich Prioritäts- oder Beständigkeitsprivilegien unterzuordnen, denen die tatsächliche juristische Beglaubigung durch die Gerichte fehlt. Um Rechtssicherheit zu erlangen, haben sich Vermögensinhaber und ihre Anwälte deshalb für gesetzliche oder regulatorische Änderungen eingesetzt und waren bemerkenswert erfolgreich damit, das zu bekommen, was sie brauchten – wer könnte schließlich das Bedürfnis nach Rechtssicherheit nicht nachvollziehen? Der politische Wind allerdings kann sich auch wieder drehen; und wenn dies geschieht, dann könnte das Imperium des Rechts, das den globalen Kapitalismus aufrechterhält und aus privaten Codierungsstrategien zusammengeflickt ist, ins Wanken geraten.

Kapitel 8
Ein neuer Code?

Recht ist Code; es macht aus einem einfachen Gut ein Kapitalvermögen, indem es ihm die Attribute Priorität, Beständigkeit, Universalität und Konvertibilität überstülpt. Ebenso wahr ist aber auch, dass »der Code Recht« oder, wie Lawrence Lessig vor fast zwei Jahrzehnten behauptet hat, »das Gesetz« ist.[1] Seit der Veröffentlichung seines Buches ist die Digitalisierung in rasantem Tempo fortgeschritten; tatsächlich sind wir Zeugen einer raschen digitalen Einhegung des gesellschaftlichen, politischen und wirtschaftlichen Lebens. Dies ruft das Schreckgespenst auf den Plan, dass das Recht bald durch den digitalen Code als vorherrschende Form der Ordnung komplexer sozialer und wirtschaftlicher Beziehungen ersetzt werden könnte. Und die Anwälte, die als Meistercodierer bei der Herstellung des Kapitals in den Mittelpunkt gerückt sind, müssen möglicherweise den größten Teil ihres Terrains an die »digitalen Codierer« abtreten, die bereits damit beschäftigt sind, Verträge, Unternehmen, Geld und Wissen zu digitalisieren. Die Herren des rechtlichen Codes des Kapitals können natürlich ebenfalls die für die digitale Codierung erforderlichen Kenntnisse erwerben, und einige sind auch schon auf dem besten Wege dahin. Große Teile der digitalen Codierer wollen diese neue Technologie jedoch zu ganz anderen Zwecken nutzen.

Es bleibt abzuwarten, ob der digitale Code dazu fähig ist, das Recht zu ersetzen, ob er ohne rechtliche Krücken funktionieren kann, wie es viele digitale Codierer glauben, und ob die Herren des Rechtscodes sich zurückziehen und die Aufgabe der Codierung des Kapitals diesen überlassen werden. Ebenso gut möglich ist es auch, dass der rechtliche Code die Oberhand behält und mithilfe der Rechtsanwälte und der »veralteten« staatlichen Institutionen den digitalen Codierern Beschränkungen auferlegen wird, die sie ausbremsen. Dieses Kapitel skizziert das Schlachtfeld zwischen dem digitalen und dem rechtlichen Code in seiner derzeitigen Gestalt, indem es einen kurzen Überblick über den Stand der Technik bei den digitalen Versionen der Rechtsmodule des Codes für Smart Contracts (zu Deutsch: »intelligente Verträge«), digitale Eigentumsrechte und Unternehmen sowie natürlich digitales Geld gibt.

Wie die reale Welt, so wird auch die digitale sowohl von Utopisten als auch von Realisten bevölkert. In den Augen der Gesellschaftsutopisten liegt eine der größten Anziehungskräfte des digitalen Codes darin, dass er als ein dezentralisiertes Governancesystem konzipiert werden kann, das die Kontrolle über alle Aspekte des Lebens in die Hände der Individuen legt. Die Verwendung von Ziffern anstelle des Rechts zur Codierung von Verbindlichkeiten und sozialen Beziehungen ist jedoch nicht gleichbedeutend mit Dezentralisierung; im Gegenteil, die Skalierbarkeit des digitalen Codes erlaubt es ein paar wenigen Super-Codierern, die Spielregeln für alle anderen festzulegen. Einige Fortschritte in der digitalen Technologie haben jedoch die Möglichkeit einer dezentralisierten Regierungsführung eröffnet, darunter an prominentester Stelle die Blockchain-Technologie.

Eine Blockchain ist ein manipulationssicheres Hauptbuch (»Ledger« genannt), das eine vollständige Historie aller Zustandsänderungen in den Transaktionen verzeichnet, die auf ihr stattfinden.[2] Intelligente Verträge sind Codeschnipsel, die auf der Blockchain ausgeführt werden. Da jede Aktion auf ihr automatisch aufgezeichnet wird, erzeugen Blockchain-basierte Smart Contracts einen nie dagewesenen Grad an Granularität, Vollständigkeit und Vertrauenswürdigkeit der gesammelten Daten.

In der Regel kann eine Blockchain nur beschrieben, aber nicht verändert werden, und da sie es den Parteien nicht erlauben, von bestehenden Verpflichtungen zurückzutreten, kreieren intelligente Verträge, die auf Blockchains geschrieben sind, folglich noch stärkere Verbindlichkeiten als rechtliche Verträge. Durch die Transaktion mittels Blockchain-basierter intelligenter Verträge stimmen die Beteiligten mithin einer Reihe von codierten Regeln zu, die von deterministischen Computern durchgesetzt werden.

Unterm Strich heißt das, dass es keinen Bedarf an staatlicher Macht oder staatlichem Recht mehr geben wird und die Welt letztendlich doch so flach werden könnte, wie es sich viele Wirtschaftswissenschaftler lange vorgestellt haben. Wenn der digitale Code den rechtlichen ersetzt, werden unsere gegenseitigen Verpflichtungen fest verdrahtet, und selbst die Mächtigen können sich dann nicht mehr einfach aus ihnen herauswinden. Vielleicht haben wir das Stadium des Absterbens des Staates und seines Rechts erreicht, nur nicht gerade in der Art und Weise, wie es sich Engels, mehr noch als Marx, und beider Anhänger vorgestellt haben.[3]

Tatsächlich sind selbst die meisten Sozialutopisten unter den digitalen Codierern beileibe nicht marktfeindlich eingestellt.[4] Sie glauben vielmehr, dass der digitale Code die Bedingungen für einen perfekten Markt schaffen wird, und zwar genau so, wie er in den Standardlehrbüchern der Wirtschaftswissenschaften dargestellt wird: als eine Welt mit nahezu null Transaktions- und Informationskosten und wenig bis gar keinem Bedarf an Institutionen, zum Beispiel dem Vertrags-, Eigentums- oder Gesellschaftsrecht, damit Menschen sich selbst und andere regieren können, auch wenn sie ihre Macht vielleicht ab und zu einmal zu ihrem persönlichen Vorteil missbrauchen.

Trotz ihres Ziels, die Art und Weise, wie soziale Beziehungen strukturiert sind, radikal zu verändern, sehen die digitalen Utopisten wenig Sinn darin, bestehende Machtstrukturen öffentlich infrage zu stellen. Der Staat und sein Regulierungsapparat sowie die großen Finanzintermediäre und andere weithin sichtbare Vertreter der gegenwärtigen Ordnung werden geradezu verächtlich als »Etablierte« [»*incumbents*«] bezeichnet, deren Ende, wie sie prophezeien, nicht mehr fern ist. Es besteht keine Notwendigkeit, sie zu stürzen; sobald der digitale Code an Bedeutung gewonnen hat, werden sie einfach in den Mülleimer der Geschichte geworfen werden. Dies wird ohne die für Revolutionen charakteristische Gewalt passieren, denn im Gegensatz zum rechtlichen Code ist der digitale nicht von der Macht abhängig und kennt keine territorialen oder jurisdiktionellen Grenzen; vielmehr verbindet er willige User auf der ganzen Welt miteinander, ganz gleich, auf welchen Plattformen sie sich versammeln und welches Ziel auch immer sie verfolgen wollen. Sobald sie sich zum Mitmachen bereiterklärt haben, sind sie durch die Regeln des digitalen Codes gebunden, die als sich selbst durchsetzende Regeln gestaltet werden können.

Ob sich der digitale Code der Hierarchie und der Macht entziehen kann, ist natürlich eine offene Frage, und es gibt Gründe, dem gegenüber skeptisch zu sein. Schließlich muss jemand den Code schreiben, ihn im Blick behalten und seine Fehler beheben, und jemand muss eine Antwort auf die Frage finden, wessen Interessen der Code dient oder vielleicht dienen sollte. Tatsächlich haben einige Codierer bereits zugestanden, dass der digitale Raum eigentumsrechtsähnliche Institutionen braucht, und Vorschläge dafür unterbreitet, wie diese erschaffen werden können. Aber die größte Hierarchiequelle dürften mit hoher Wahrscheinlichkeit die Codierer selbst sein. Sie erstellen die Regeln für die digitalen Plattformen, die sie kreieren, und für die digitalen Verträge, Eigentumsrechte und Coins, die sie produzieren. Der digitale Code mag zwar eine Meritokratie sein, aber Meritokratien sind schon per definitionem hierarchisch, da diejenigen mit den besseren Fähigkeiten die Regeln festlegen, denen die anderen folgen müssen. Selbst wenn mehr als eine Person an der Erstellung eines digitalen Codes beteiligt sind, bedeutet das nur selten, dass alle Codierer die gleichen Rechte haben. Vielmehr werden kollaborative Codierungsprojekte normalerweise von einem führenden Codierer gemeinsam mit einem Team von Followern begonnen; einige davon verabschieden sich später möglicherweise vom ursprünglichen Code, aber dies geschieht in der Regel erst, nachdem jemand die Führung übernommen hat und andere folgen, und nur mit genügend Followern kann ein neues digitales Abenteuer ein wirklicher Erfolg werden.

Es ist allerdings nicht nur das Verhältnis der Codierer untereinander, das Spuren von Hierarchie aufweist; die Beziehung zwischen ihnen und den Konsumenten ihrer Codierungsarbeiten tut dies ebenfalls. Schließlich erstellen die Codierer den Code und legen damit die Spielregeln fest; darüber hinaus behalten sie sich oft die Möglichkeit vor, offline zu gehen, wenn der Code eine Fehlerbehebung benötigt, was der Ausübung von Notstandsbefugnissen in einem Rechtssystem ähnelt. In der Tat kann man sagen, dass die digitalen Codierer größere Macht über den digitalen Code haben, als die Anwälte in der Vergangenheit je über den Code des Kapitals innehatten. Letztere nahmen ihre Rolle als die Herren des Codes erst allmählich ein und mussten immer auf einem schmalen Grat zwischen der Nachfrage ihrer Mandanten und der Notwendigkeit, ihre Codierungsstrategien staatlicherseits absegnen zu lassen, wandeln. Im Gegensatz dazu erstellen die digitalen Codierer digitale Codes ohne oder zumindest ohne große Rücksicht auf bestehende Rechte und Vorschriften. Sie ignorieren nicht nur das staatliche Recht, sondern die Staaten selbst, da ihre Codes ganz einfach territoriale und jurisdiktionelle Grenzen überschreiten. Wie wäre besser unter Beweis zu stellen, dass der digitale Code weder Staaten noch ihre Rechtssysteme braucht?

Trotzdem ist der digitale Code nicht immun gegen die Mächte, die auch den Rechtscode irgendwann unter ihre Kontrolle gebracht haben. Die ersten Schritte zur rechtlichen Codierung des digitalen Codes sind bereits im Gange, und die Realisten unter den digitalen Codierern scheinen dieses Ergebnis bereits einzukalkulieren. Denn sie verhandeln mit den staatlichen Regulierungsbehörden und bringen geistige Eigentumsrechte in Anschlag, um den digitalen Raum zu ihrem Vorteil einzuhegen. Das Rennen ist zwar noch nicht entschieden; sollte ich allerdings eine Wette abgeben müssen, dann würde ich auf eine elitäre Gruppe unter den »Etablierten« setzen; diese werden nämlich alles dafür tun, um den digitalen Code im Recht einzuhegen, und den digitalen Utopisten damit wenig Raum lassen.

Smart Contracts

Ein intelligenter Vertrag ist einer, der in Ziffern geschrieben ist; in seiner einfachsten Form handelt es sich bei ihm um ein generisches Computerprogramm, das juristische Verträge in Ziffern codiert. Die Blockchain-Technologie macht es allerdings möglich, noch einen Schritt weiter zu gehen, und birgt das Versprechen in sich, dass wir ohne den Rechts- und Rechtsdurchsetzungsapparat auskommen können. Ein Vertrag, der auf einer Blockchain läuft, also in einem fälschungssicheren digitalen Hauptbuch verzeichnet wird, ist nicht nur ein Mittel zur Selbstverpflichtung, sondern diese Verpflichtung *selbst*,[5] und der digitale Code führt diese Verpflichtung aus, ohne dass eine der beteiligten Parteien eingreifen kann. Das macht es natürlich erforderlich, dass der Code die Lieferung von Waren, Dienstleistungen oder die Zahlung kontrollieren kann; vorausgesetzt aber, dass das der Fall ist, können wir auf Gerichte zur Auslegung und Durchsetzung des Rechts, so wie wir es kennen, verzichten.

Diese Verträge sind ein wahr gewordener Traum für Ökonomen, die lange Zeit die Tatsache beklagt haben, dass Verträge unvollständig sind und die Parteien oft den Verpflichtungen nicht nachkommen, die sie in der Vergangenheit eingegangen sind.[6] Anders als rechtliche Verträge sind intelligente Verträge selbstausführend; sobald eine Vereinbarung getroffen worden ist, führt der digitale Code sie aus, ohne Raum für Unterbrechungen, Abweichungen oder Brüche zu lassen. Das alte römische Prinzip *pacta sunt servanda* (»Verträge sind einzuhalten«) scheint endlich in greifbare Nähe gerückt zu sein – und das nicht als normatives Bestreben, sondern als Tatsache, als die Art und Weise, wie Dinge mit Ziffern erledigt werden.

In der realen Welt kommt nur der simultane Austausch von Waren und Geld (Kassageschäfte) diesem Ideal nahe. Immer dann, wenn entweder die Lieferung oder die Zahlung auf ein zukünftiges Datum verschoben wird, läuft eine Partei Gefahr, dass die andere ihren Verpflichtungen nicht nachkommt. Wie bereits erörtert, erhöht die rechtliche Codierung eines Anspruchs die Wahrscheinlichkeit, dass die andere Partei das bekommt, was sie herausgehandelt hat. Das Kreditsicherungsrecht sorgt zum Beispiel dadurch dafür, dass es der gefährdeten Partei einen Anspruch auf einen anderen Vermögenswert als Pfand gibt – ein Stück Land, einen wertvollen Gegenstand oder ein Bankkonto –, der beschlagnahmt und veräußert werden kann, um von einem säumigen Schuldner verursachte Verluste auszugleichen. Und als letztes Mittel kann die düpierte Partei auf den staatlichen Zwangsvollstreckungsapparat zurückgreifen. Die rechtliche Codierung erhöht also zwar die *Rechts*sicherheit, ist aber kein Ersatz für wirtschaftliche Leistungsfähigkeit. Denn verfügt der Schuldner zu dem Zeitpunkt, da die Gläubigerin versucht, ihren Anspruch durchzusetzen, über kein Vermögen oder ist dieses wertlos geworden, dann gibt es nichts, was das Recht tun könnte, um sie zu entschädigen.

Ihrer großen Anziehungskraft zum Trotz haben Smart Contracts auch ihre Kritiker gefunden, von denen einige sie als eine wirklich »dumme Idee« bezeichnet haben.[7] Eine ganz offensichtliche Schwäche selbstausführender digitaler Verträge besteht darin, dass selbst ein angeblich nicht beeinflussbarer Code nicht vor Veränderungen gefeit ist.[8] Veränderungen können von außen kommen, als der sprichwörtliche »exogene Schock«, der die Wirtschaftsmodelle bevölkert; wenn sich die Welt also in einer Weise verändert, die keine der Parteien vorhergesehen hat, dann kann es gut sein, dass sie neu verhandeln oder einen Vermittler einschalten wollen, um die Verluste unter sich aufzuteilen. Alternativ dazu können Veränderungen aber auch von innen herrühren, nämlich in Form von Fehlern (Bugs) im ursprünglichen Code oder Unvollständigkeit, das heißt dem Versagen der Codierer dabei, alle Möglichkeiten zu antizipieren, wie der Code in Zukunft benutzt oder missbraucht werden könnte. Rechtliche Vertragstheoretiker haben schon vor langer Zeit eingeräumt, dass es so etwas wie vollständige Verträge nicht gibt; sie sind vielmehr von Natur aus unvollständig, weil die Vertragsparteien einfach gar nicht in der Lage sind, alle künftigen Eventualitäten vorherzusehen, und bereits der Versuch, dies zu tun, zu kostspielig wäre, als dass es den Aufwand rechtfertigen würde.[9]

Die meisten digitalen Codierer, die ihr Schicksal in die Hand dezentralisierter Blockchain-Systeme gelegt haben, scheinen von diesen Problemen unbeeindruckt zu sein. Für sie ist ein fehlerhafter Code oder sogar ein Absturz ein Anzeichen für einen Bug, der beim nächsten Mal behoben werden muss, und nicht ein grundlegendes Problem, das alle Bemühungen um verbindliche Verpflichtungen angesichts einer ungewissen Zukunft belastet.[10] Tatsächlich behandeln die Orthodoxen unter den digitalen Codierern diesen Code als sakrosankt, als verbindlicher, als die meisten Juristen den Rechtscode behandeln würden. Eingriffe in ihn gelten als ethischer Verstoß, der nur gerechtfertigt ist, wenn er im Konsens erfolgt. Natürlich gibt es gut funktionierenden und schlecht funktionierenden Code, aber fundamentale Ungewissheit ist etwas völlig anderes. Sie bedeutet, dass es kein Entrinnen vor »unbekannten Unbekannten« gibt; das Beste, was man tun kann, ist, sich einer Reihe möglicher Ergebnisse anzunähern. Einige Verträge lassen sich vielleicht einfacher auf unveränderlichen Ledgers codieren, andere hingegen müssen für künftige Änderungen zugänglich bleiben.

Wie immer kommt es auf den Kontext an, und vieles wird von den Besonderheiten der betreffenden Verträge abhängen. Viele sind simpel genug, um automatisiert oder in ein unveränderliches Ledger geschrieben werden zu können. Verkaufsautomaten etwa automatisieren einen einfachen Kaufvertrag: Sie werfen Ihr Geld ein, und der Automat gibt den Snack oder das Getränk aus. Hier gibt es nicht viel zu verhandeln. Heute steuern mathematische Algorithmen den Handel mit Unternehmensaktien an den Börsen, und eine Reihe von Finanztransaktionen, zum Beispiel Swaps, wurden auf eine Blockchain gelegt. Wenn der digitale Code dann auch noch Zugang zu dem Konto hat, von dem bei Fälligkeit die Zahlung abgeht, dann werden (vorausgesetzt, dass das Konto gedeckt ist) diese Verträge mithin vollkommen selbstausführend sein.

Andere im Recht codierte Verträge bleiben unspezifisch, und die Parteien vereinbaren einfach eine Zusammenarbeit zu einem späteren Zeitpunkt, wenn die Ergebnisse der gemeinschaftlichen Forschungs- und Entwicklungsvorhaben genauer bekannt sind.[11] Für diese mag die digitale Codierung zwar für bestimmte Aspekte angewendet werden, doch zum größten Teil werden sie sich höchstwahrscheinlich weiterhin auf den rechtlichen Code stützen. Tatsächlich experimentieren einige Anwaltskanzleien bereits mit Bibliotheken, die digitale Verträge enthalten, welche mit rechtlich codierten Übereinkünften kombiniert werden können.[12] Das deutet übrigens darauf hin, dass auch die Herren des rechtlichen Codes des Kapitals ihre Hände nicht in den Schoß legen; vielmehr sind sie sich der Herausforderung bewusst, die der digitale Code für ihren Berufsstand darstellt, und nehmen sie, ohne zu zögern, an.

Der Rechtscode ist, wie wir gesehen haben, höchst formbar. Verträge sind dazu da, um eingehalten zu werden, aber sie sind unvollständig, und die Parteien werden nachverhandeln, wenn sie mit vollkommen veränderten Umständen konfrontiert werden. Die meisten Rechtssysteme haben solche Opt-out-Klauseln sogar formalisiert, indem sie doktrinäre oder sogar gesetzlich verankerte Ausstiegsmöglichkeiten aus bindenden Verträgen vorsehen.[13] Damit Smart Contracts in dieser Hinsicht rechtlichen Verträgen entsprechen können, müssten sie die Fähigkeit erwerben, sich an künftige Veränderungen anzupassen. Einige digitale Codierer arbeiten bereits an dieser Aufgabe, auch in Bezug auf Blockchain-basierte Smart Contracts. In dem Versuch einer Quadratur des Kreises zwischen Unveränderlichkeit und der Notwendigkeit, auf unvorhersehbare Neuerungen reagieren zu können, haben sie eine Problemlösungsinstanz aus unserer archaischen Vergangenheit neu erfunden, nämlich das Orakel. Bevor die Menschen Medizin und Wissenschaft hatten, wandten sie sich Orakeln zu – oft als Vertreter einer Gottheit vorgestellt –, um Antworten zu finden, wo sie selbst keine fanden. In ähnlicher Weise enthalten manche digitale Codes Verweise auf einen externen Akteur, ein Orakel, dessen Input erforderlich ist, damit der Code für den Rest einer Transaktion seine Arbeit verrichten kann. Orakel können einen intelligenten Vertrag mit Referenzpreisen wie etwa Zinssätzen oder Wechselkursen und Preisentwicklungen füttern, aber auch eine Entscheidung von einem externen Schiedsrichter anfordern. Die Wahl des richtigen Orakels wird dabei natürlich von entscheidender

Bedeutung sein, denn eine schlechte Entscheidung, die auf einer unveränderlichen Blockchain fest verdrahtet ist, wird nur schwer rückgängig zu machen sein.

Auch der Rechtscode ist nicht ganz ohne Orakel geblieben. Betrachten wir als Beispiel nur den London Interbank Offered Rate (LIBOR), einen Referenzzinssatz, der als Bezugspunkt für Billionen Schuldverträge auf der ganzen Welt dient. Eine Handvoll vertrauenswürdiger Banken legen den LIBOR fest, indem sie die ihnen entstehenden Kreditkosten melden. Das Problem ist, dass diese Banken allerdings vielleicht nicht immer die ganze Wahrheit berichten. Nach der Krise von 2008 gab es Hinweise darauf, dass der LIBOR manipuliert wurde, um jene Kosten künstlich unter den tatsächlichen Zinssätzen zu halten.[14] Die Aufsichtsbehörden haben sich sehr darum bemüht, die Finanzintermediäre dazu zu drängen, den LIBOR auslaufen zu lassen und durch einen manipulationssicheren Referenzpunkt zu ersetzen, der im Jahr 2021 an dessen Stelle treten soll, wobei die Feinheiten noch geklärt werden müssen.[15] Die Kosten für den Wechsel von einem externen Anker zu einem anderen sind hoch, und aller Voraussicht nach wird es Verlierer geben, die sich jeder Änderung widersetzen werden. Doch selbst die Gewinner sehen sich derzeit einer großen Rechtsunsicherheit ausgesetzt.

Ein digitales Orakel auszutauschen könnte nun sogar noch schwieriger sein, da der digitale Code unveränderlich ist. Diese Eigenschaft hat zwar viele Vorteile, aber ihre Rigidität dürfte wohl den Status quo privilegieren.[16] Die Letztere wird Veränderungen in der realen Welt immer im Wege stehen, und das umso mehr in Bereichen, in denen der Wandel eine Konstante ist, wie zum Beispiel auf dem Finanzsektor. Die Erfahrung mit der Abfassung rechtlicher Verträge für finanzielle Vermögenswerte hält wichtige Lektionen bereit. Die unnachgiebige Durchsetzung von Rechtsansprüchen, zum Beispiel Nachschusspflichten oder wertberichtigende Sicherheitszahlungen, die es einer Partei erlauben, Barzahlungen aus ihrer Gegenpartei herauszuquetschen, wenn die Vermögenspreise eh schon überall fallen, führte das Finanzsystem bereits 2007, ein Jahr bevor Lehman einen fast tödlichen Infarkt auslösen sollte, nahe an den Abgrund.

Ein gutes Beispiel dafür ist das Schicksal der Credit Default Swaps (CDS), einer Art Versicherungsvertrag, der es einer Partei ermöglicht, Schutz für den Wert finanzieller Vermögenswerte zu erhalten, die ihr nicht gehören.[17] Laut einem CDS-Vertrag muss der Versicherer Barzahlungen an die versicherten Parteien leisten (sogenannte *»collateral calls«* oder wertberichtigende Sicherheitszahlungen), wenn der Wert der von ihm geschützten Vermögenswerte unter einen bestimmten Schwellenwert sinkt.[18] Niemand hatte erwartet, dass diese Schwellen jemals unterschritten werden würden, und falls doch, dass dies nur bei bestimmten Vermögenswerten geschehe. Als die Vermögenspreise jedoch entgegen allen Erwartungen auf breiter Front zurückgingen, wurde der Hauptverkäufer von CDS-Versicherungen, eine Tochtergesellschaft der multinationalen Versicherungsgesellschaft American International Group (AIG), von Sicherheitenforderungen geradezu überrollt. Die Gesellschaft bestritt den Umfang dieser Forderungen, nur um dann festzustellen, dass es keine vertragliche Lösung für die missliche Lage gab, in der sie und die von ihr versicherte Gegenpartei sich befanden. Der Vertrag, den sie abgeschlossen hatten, sah nämlich vor, dass die Partei, die die Zahlung verlangte, das Recht hatte, den Verlust auf der Grundlage beobachtbarer Marktpreise zu kalkulieren. Doch als die Parteien dieser Verträge Märkte am dringendsten brauchten, gab es sie nicht mehr. Nur wenige Händler wickelten noch Geschäfte ab und konnten daher keine Preise nennen; es blieben ihnen damit nur noch Schätzungen übrig, die, wenig überraschend, sehr stark schwankten.[19] Nur indem sie »offline« gingen und von Fall zu Fall über die Beträge verhandelten, die

die Gegenparteien von CDS-Verträgen einander schuldeten, wurde der Ausbruch der Krise hinausgeschoben und die Wucht ihres Einschlags abgemildert.[20] Smarte Verträge aber sind möglicherweise nicht so smart.

Digitale Eigentumsrechte

Für die meisten digitalen Codierer sind Verträge alles und Eigentumsrechte höchstens ein sekundäres Thema. Dies ähnelt der Auffassung von Eigentumsrechten seitens der Ökonomen, die sie als *Residual*rechte betrachten, als das, was übrig bleibt, nachdem alle spezifischen vertraglichen Verpflichtungen berücksichtigt worden sind. Aus rechtlicher Sicht bleibt damit allerdings die Frage offen, was einer Vertragspartei überhaupt das Recht gab, einen Vertrag über die anderen Verpflichtungen einzugehen – oder anders ausgedrückt, der Gebrauch von Residualrechten zur Erklärung von Eigentumsrechten setzt das bereits voraus, was erst noch erklärt werden soll. In der digitalen Welt soll das Recht, Verträge abzuschließen, durch die Untersuchung der Verlaufsgeschichte von Vermögensübertragungen bestimmt werden: Hat die Transaktionspartei den Vermögenswert in einer verifizierten Transaktion erworben, wird unterstellt, dass sie das Recht hat, auch weitere Transaktionen mit ihm zu tätigen. Ohne einen solchen Nachweis wird eine neue Transaktion nicht ausgeführt. Da der digitale Code selbst jede Transaktion verifiziert, dürfen bei der Suche nach einem Eigentümer also keine Residualrechte übrig bleiben. Zumindest dann, wenn wir die Frage ignorieren, wie das Recht der ersten Person in der Transaktionskette verifiziert werden soll, können Smart Contracts mithin das Ende der Eigentumsrechte markieren.

Einige digitale Codierer haben allerdings erkannt, dass die

Auffassung von Eigentum als Residualrecht höchstens einen Teil der Arbeit einfängt, die gesetzliche Eigentumsrechte leisten. Wie in Kapitel 1 erörtert, besteht ein wesentliches Merkmal von Eigentumsrechten darin, dass sie Prioritätsansprüche begründen, die der Welt gegenüber durchsetzbar sind. Nick Szabo, eine prominente Stimme in der Welt der Kryptowährungen, vielleicht am besten bekannt für seine Arbeiten über digitale Verträge, hat untersucht, wie Eigentumsrechte im digitalen Raum geschaffen werden können.[21] Er erklärt, dass Eigentumsrechte »ein definierter Raum, ob ein Namensraum oder ein physischer Raum«, sind, der den Umfang der Kontrollrechte markiert, die ein Eigentümer ausüben kann. Sobald die anfängliche Allokation von Eigentum in Ziffern codiert ist, wird kein Zweifel mehr darüber herrschen, wer was besitzt, da alle Ansprüche auf einem fälschungssicheren digitalen Code aufgezeichnet werden. Dies zeigt, wie wichtig die anfängliche Allokation von Eigentumsrechten ist, eine Auffassung, die Ronald Coase bereits vor einem halben Jahrhundert vertreten hat.[22] Szabo bekräftigt Coase' Einsicht, indem er betont, dass es entscheidend ist, »sich auf einfache Attribute oder Rechte zur Kontrolle von Teilbereichen dieses Raums zu einigen«.[23] Erst nachdem diese anfängliche Allokation erfolgt ist, können Transaktionen stattfinden und Blockchain-(oder ähnliche)-Technologien eingesetzt werden, um jede folgende Transaktion zu verifizieren.

Damit stellt sich erneut die »Genesefrage«: Wie sollte die anfängliche Allokation von Eigentumsrechten in der digitalen Welt erfolgen und wer ist für sie zuständig? Szabo hat für diese Aufgabe drei Strategien vorgeschlagen. Die erste ist das digitale Äquivalent eines Gesellschaftsvertrags: Bestehende Gemeinschaften sollen sich kollektiv über die Grenzen ihrer jeweiligen Eigentumsrechte einigen.[24] Damit das funktioniert, muss klar sein, wer der Gemeinschaft angehört und ein Recht hat, an diesem Aushandlungsprozess teilzunehmen. Die kollektive Entscheidungsfindung erfordert ihre eigenen Prozessregeln, zum Beispiel in Bezug auf Abstimmungen und die Beilegung von Streitigkeiten. Und schließlich müssen Eigentumsrechte nicht nur für die Parteien des Gesellschaftsvertrags bewahrt, sondern auch gegen Außenstehende geschützt werden, die möglicherweise ihre eigenen (andersgelagerten) Regelungen in diesem Punkt haben und Ansprüche auf denselben Raum erheben. Kurzum, jemand wird die Frage klären müssen, welche Vermögenswerte frei als Eigentumsrechte beansprucht werden können und welche bereits beansprucht worden sind. Das sind die gleichen Fragen, über die auch schon die Commoners mit den Landlords stritten und mit denen die Siedler die amerikanischen Ureinwohner konfrontierten, wie in Kapitel 2 erörtert worden ist. Am Ende wurden sie durch die Einführung gesetzlicher Prioritätsrechte, abgesichert durch staatliche Zwangsbefugnisse, beantwortet.

Die zweite von Szabo vorgeschlagene Strategie besteht darin, den Zuschnitt der Eigentumsrechte dem digitalen Marktplatz zu überlassen. Jeder an einer digitalen Plattform Beteiligte kann einen Anspruch auf einen digitalen Raum abstecken. Die Stärke dieses Anspruchs wird durch die Anzahl der Follower bestimmt, und wenn es keine gibt, dann stirbt der »Stamm« ab. Der Trick besteht dann also darin, Follower zu sammeln. »Stämme, die mehr Eigentum an mehr Menschen vergeben oder tatsächlich Mechanismen zum Schutz ihres Eigentums einsetzen, werden mehr Wertschätzung für den Baum hervorrufen, den sie begonnen haben«, und im Ergebnis »werden sich alle auf einen Baum einigen«.[25] Dieses Wettrennen wird aller Voraussicht nach von einem Initiator gewonnen, der über ausreichende Ressourcen verfügt, um potenzielle Follower auszuzahlen, und das wirft die Frage auf, woher dessen Ressourcen stammen. Wichtiger aber ist, dass nicht klar ist, ob dieser marktgesteuerte Prozess irgendeine sinnvolle Rechteallokation ermöglichen wird.

Angenommen, es gibt viele Anspruchsteller und nur wenige Anhänger, dann würde dies den Versuch vereiteln, den digitalen Raum zu untergliedern.

Drittens und abschließend schlägt Szabo vor, dass die Aufgabe der Bestimmung des Umfangs von Eigentumsrechten und ihrer anfänglichen Allokation an »Property Clubs« delegiert werden könnte. Damit niemand auf den Gedanken kam, dass dies selbst noch in einer digitalen Welt eine Rückkehr zur staatlichen Macht und zum staatlichen Recht bedeuten würde, betont er, dass ein solcher »Property Club« nur »diese einzige, eng begrenzte Funktion ausübt, die normalerweise mit Staatlichkeit assoziiert wird«.[26] Das ist allerdings eine massive Untertreibung der Bedeutung von Eigentumsrechten in all ihren verschiedenen Erscheinungsformen in den Rechtssystemen der Gegenwart. Die Schaffung, Durchsetzung, Verifizierung und Verteidigung von Prioritätsansprüchen gegenüber der Welt ist wohl die wichtigste Funktion von Staaten – neben der Aufrechterhaltung des Friedens im Inneren und Äußeren. Indem Szabo die Notwendigkeit von »Property Clubs« einräumt, erkennt er also effektiv die Notwendigkeit einer gewissen Autorität an, die sagt, welche Ansprüche es verdienen, in den Rang von Prioritätsrechten erhoben zu werden, und wer diese Rechte innehaben sollte. Und wenn diese Entscheidung an »Property Clubs« unter den Codierern delegiert wird, dann sind sie faktisch unsere Regierung.

Die Erzeugung von Eigentumsrechten von Grund auf ist natürlich eine schwierige Aufgabe. Doch selbst wenn wir die Rolle des digitalen Codes darauf beschränken würden, die rechtlichen Attribute Priorität, Beständigkeit und Konvertierbarkeit mit universellen Auswirkungen aus dem rechtlichen in digitalen Code zu übersetzen, stellt sich die nicht triviale Frage, wie man von hier nach dort gelangt – also von Rechtsansprüchen, die oft an den Rändern unscharf sind, hin zu ihrer Digitalisierung als binäre Variablen. Die Erfahrung zeigt, dass *jede* Formalisierung von bereits früher bestehenden Ansprüchen die Grenzen aktuell bestehender Rechte verändert, wenn auch unabsichtlich. Aus diesem Grund war und ist die Zonierung und Registrierung von Grund und Boden stets ein sehr umstrittenes Unterfangen. De Soto schlug vor, einfach »den bellenden Hunden« zuzuhören, was in der Praxis bedeutet, dass die mächtigsten Mitglieder einer Gemeinschaft einen formellen Eigentumstitel unter Ausschluss aller anderen erhalten.[27] Andere Mitglieder der Gemeinschaft mögen sich zwar jahrzehnte- oder gar jahrhundertelang auf Praktiken gestützt haben, die ihnen Zugangs- oder Nutzungsrechte, wenn auch nur vorübergehend, gewährten, doch ihre Ansprüche fügen sich vielleicht nicht ohne Weiteres in den neuen Code ein oder es fehlt ihnen der Beweis dafür, dass ihre Praktiken tatsächlich Teil des normativen Gewebes ihrer Gemeinschaften waren, und mit ziemlicher Sicherheit werden sie die kleineren Hunde haben.

Zusammenfassend lässt sich sagen, dass der Prozess der Formalisierung vorab bestehender Rechte denjenigen die Oberhand gibt, die sich mit Wort, Schrift oder Ziffern auskennen, und die weniger Findigen zurücklässt. Es ist zum Beispiel gut dokumentiert, dass, wenn im Rahmen von Registrierungsverfahren die Besitzverhältnisse an Grund und Boden formalisiert werden, männliche Haushaltsangehörige oft Titel auf Kosten der Frauen erhalten, und kollektive Nutzungsrechte werden regelmäßig zugunsten individualisierter Eigentumsrechte beiseitegeschoben, die den wenigen Privilegierten die Möglichkeit geben, die betreffenden Vermögenswerte für ihre privaten Gewinnabsichten zu monetarisieren.[28] Es gibt keinen Grund zu der Annahme, dass die Digitalisierung von Ansprüchen in irgendeiner Weise anders verlaufen wird – und diese digitalen Rechte werden jetzt in einem unveränderlichen Code für die Ewigkeit festgeschrieben.

Mittlerweile sollte klargeworden sein, dass der digitale Raum nicht flach ist. Für jede neu geschaffene digitale Plattform müssen Zugriffs- und Kontrollrechte über einen »definierten Raum« alloziert werden. Die Herausforderungen, mit denen sich die digitalen Codierer konfrontiert sehen, unterscheiden sich daher nicht von denjenigen, mit denen Gesellschaften, die vom rechtlichen Code regiert werden, schon seit Jahrhunderten zu kämpfen haben.

Digitale autonome Organisationen

Digitale Unternehmen, auch als digitale oder dezentralisierte autonome Organisationen (DAOs) bezeichnet, stellen den neuesten Fortschritt in der digitalen Codierung mit unveränderlichem Code dar.[29] Im Jahr 2016 wurde der erste digitale Finanzintermediär, »The DAO«, unter großem Getöse gestartet. Dessen Codierer wollten den Finanzintermediär als rein codebasiert neu erfinden, doch The DAO operierte nicht in einem rechtlichen Vakuum. In der Folge der Euphorie, die das Angebot von Wertmarken (Tokens) oder Coins digitaler Unternehmen an die Öffentlichkeit auslöste (die nach der althergebrachten Praxis der »Initial Public Offerings« von Aktien oder Anleihen [also des herkömmlichen Börsengangs; Anm. d. Übers.] auch als »Initial Coin Offerings« oder ICOs bezeichnet wurden), griff die US-Börsenaufsichtsbehörde SEC ein. Sie stellte klar, dass ICOs als »Wertpapiere« galten, die den üblichen Registrierungsanforderungen unterlagen, eine Entscheidung, die The DAO erst posthum erreichte.[30]

The DAO war ein Risikokapitalfonds, der auf der Ethereum-Blockchain basierte. Er war so konzipiert, dass er ohne Vorstand oder menschliche Führungskräfte operieren konnte. Stattdessen erhielten die Investoren des Unternehmens Stimmrechte, die es ihnen erlaubten, sich direkt an der Entwicklung von Anlagestrategien zu beteiligen, indem sie ihm neue Investitionsmöglichkeiten vorschlugen. Stimmte die Mehrheit der Investoren zu, so sollten diese durch den Code implementiert werden, eine Open-Source-Software, die für jeden sichtbar, aber nicht für jeden veränderbar war.

The DAO wurde als demokratischer und transparenter angepriesen als sein rechtliches Pendant, die Kapitalgesellschaft. Als eine juristische Person, die Menschen benötigt, die in ihrem Namen agieren, hat es die Letztere nämlich mit Agency-Problemen zu tun. Manager haben de facto oft mehr Macht, als ihnen de jure Rechte zustehen, und den Aktionären fehlen der Wille oder die Mittel, um sie wirksam in ihre Schranken zu weisen.[31] Dies führt zu einer erheblichen Verschwendung; die Idee, den Betrieb eines Unternehmens auf eine digitale Plattform zu stellen, die ohne Agenten funktionieren kann, scheint daher sinnvoll zu sein.

Die Gründer von The DAO gingen sogar noch einen Schritt weiter und beharrten darauf, dass dieses Unternehmen keine Eigentümer, sondern nur Auftragnehmer, Kuratoren und Token-Inhaber habe. Letztere benutzten die Ethereum-Blockchain, um Tokens im Rahmen des ICO zu kaufen. Als Token-Inhaber durften sie Investitionen vorschlagen, die durch Mehrheitsbeschluss bestimmt und von Auftragnehmern durchgeführt wurden, die wiederum von den Kuratoren ausgewählt wurden. Dieser Aufbau kommt der Auffassung nahe, dass Unternehmen nichts anderes als ein Nexus von Verträgen sind.[32] Die direkte Beteiligung ersetzt die repräsentative Führungsstruktur der modernen Kapitalgesellschaft, und die Token-Inhaber erhielten das Recht, sich vom ursprünglichen Unternehmen abzuspalten (*splitting*) und ihre Investitionen umzuleiten, wenn sie überstimmt wurden.[33] Die Abspaltung impliziert eine Rückgabe der Tokens für Ether, die Kryptowährung, die dann in ein neues Unternehmen reinvestiert werden können. Hätte The DAO länger existiert, dann hätte dies sie für das Problem des Kapitalabzugs verwundbar gemacht, eine Schwierigkeit, die das Gesellschaftsrecht schon vor einem halben Jahrtausend überwunden hat, als die Niederländische Ostindien-Kompanie das Verbot der Einlagenrückgewähr erfand.[34] Stattdessen hatte sich das Unternehmen sein Verderben (versehentlich) buchstäblich in seinen eigenen digitalen Code eingeschrieben.

Die Idee, einen unveränderlichen Code zu verwenden, um einen Finanzintermediär zu gründen und zu betreiben, bei dem man keine Angst vor Nachlässigkeiten oder Missbrauch durch das Management haben musste, zog rasch das Interesse von Investoren an. Diese zahlten 168 Millionen Dollar an Ether ein, die sie zum Erwerb von Tokens an The DAO verwendeten, wodurch dessen ICO zum bis dahin erfolgreichsten Crowdfunding-Projekt aller Zeiten wurde.[35] Unglücklicherweise stürzte The DAO nur Wochen nach seinem Launch ab, denn jemand fand ein Schlupfloch im Code und nutzte es aus, um 50 Millionen Dollar, fast ein Drittel der Kapitaleinlagen des Unternehmens, auf ein separates, für die Firma nicht zugängliches Konto zu transferieren.[36] Der Trick, den der Eindringling benutzte, bestand darin, eine digitale Tochtergesellschaft zu gründen und Zahlungen vom Konto des Eindringlings an diese Entität weiterzuleiten. »Indem der Angreifer wiederholt Splits beantragte, bevor sein Kontostand berichtigt wurde, konnte er The DAO so täuschen, dass es mehr Gelder transferierte, als es der ursprüngliche Kontostand eigentlich zugelassen hätte.«[37] Zum Glück hatte nicht einmal der Eindringling selbst unmittelbaren Zugriff auf sein Diebesgut, The DAO allerdings ebenso wenig.

Der Eindringling brauchte keine Fenster und keine Verriegelung aufzubrechen; der Code selbst wies die von ihm ausgenutzte Lücke auf. Die Ethereum-Gemeinschaft debattierte tagelang, wie sie reagieren sollte. Für einige war dies ein klarer Verstoß, wenn nicht gegen den digitalen Code selbst, so doch zumindest gegen seinen Geist. Sie sprachen sich daher dafür aus, den Code auf den Stand vor diesem Vorfall zurückzusetzen und den Investoren ihren ursprünglichen Beitrag zurückzuzahlen, was in der Konsequenz die Liquidation von The DAO bedeutet hätte. Andere wollten an dem Prinzip »Code ist Recht« – und verbindlich, so wie er geschrieben steht – festhalten. Wenn der Code also Bugs enthielt, die ausgenutzt werden konnten, so war dies ein Fehler, der durch das Schreiben eines besseren Codes in der Zukunft behoben werden sollte; eine rückwirkende Änderung des Codes verstoße jedoch gegen die Grundlagen des digitalen Codes als unveränderlich und drohe, seinen Status als Alternative zur Willkürmacht, die mit Staaten und staatlichem Recht assoziiert wird, zu untergraben.

Die Entscheidungsregeln von The DAO erforderten eine Mehrheitsentscheidung, und die Pragmatiker setzten sich durch; sie änderten den Code, wickelten The DAO ab und gaben das Ether an die Mehrheit der Token-Inhaber zurück. Die Minderheit hielt jedoch am ursprünglichen Code fest, den sie nun als »Ethereum Classic« (ETC) bezeichnete, ein neuer digitaler Vermögenswert, der heute mit dem verwässerten ursprünglichen Ethereum (ETH) konkurriert.[38]

Die Geschichte um The DAO ist eine Warnung vor einem codierten Determinismus in einer unberechenbaren Welt. Sie ist außerdem ein gutes Beispiel dafür, wie sich Codes entwickeln, unabhängig davon, ob sie rechtlich oder digital sind. Die Pragmatiker unter den Inhabern von Tokens von The DAO beschlossen, das letzte Wort über sein Schicksal in den Händen von Menschen zu belassen. Das war klug, wenn man bedenkt, dass der Code selbst von Menschen geschaffen wurde, und wenn man die menschliche Autonomie höher gewichtet als ein abstraktes Prinzip der Unveränderlichkeit. Dennoch gingen die

Pragmatiker mit der Änderung des Codes einen faustischen Handel ein; sie gestanden ein, dass der digitale Code gestaltbar ist und es letztendlich eben doch Raum für menschliche Eingriffe und Entscheidungen gibt. Es bleibt abzuwarten, wie diese Öffnung in Zukunft genutzt werden wird. Ausgehend von der Geschichte des rechtlichen Codes des Kapitals könnten die Sozialutopisten unter den digitalen Codierern gut beraten sein, wenn sie die führenden Codierer im Blick behielten und ihr Verhältnis zu den einfallsreichsten unter den herkömmlichen Investoren beobachteten.

Kryptowährungen

Die Alchemie des Geldes hat die Glücksritter schon seit jeher in ihren Bann geschlagen, und bei den Codierern von Kryptowährungen ist es nicht anders. Bitcoin, eine digitale Kryptowährung, die auf der Blockchain-Technologie basiert, war eine der am höchsten gehandelten Anlageoptionen des Jahres 2017. Als sie 2009 aufgelegt wurde, wurde sie als eine neue Art von Geld ohne Staat angepriesen, und ihre eifrigsten Fürsprecher waren Kryptoanarchisten, die eine andere Welt jenseits von Big Finance und korrupter Staatsmacht schaffen wollten. Doch schon bald setzte der Goldrausch ein und zog Menschen aus allen Bereichen an, darunter Geldwäscher, Spieler, Glücksjäger und sogar die Hochfinanz. Anfang 2017 wurde ein Bitcoin für nur 900 Dollar gehandelt, notierte aber im Dezember desselben Jahres bereits bei 20 000 Dollar. Seitdem war der Trend zunächst rückläufig; im Herbst 2018 lag ihr Kurs bei etwa 6000 Dollar, nachdem sie über zwei Drittel ihres in US-Dollar ausgedrückten Wertes verloren hatte – und auch andere Kryptowährungen hatten nicht viel besser abgeschnitten.[39] (Anfang Mai 2020 lag der Kurs der Bitcoin bei knapp unter 8000 Euro beziehungsweise 10 000 US-Dollar.)

Niemand weiß genau, wer Bitcoin erfunden hat. Satoshi Nakamoto, ihr offizieller Schöpfer, ist ein Pseudonym für einen oder vielleicht auch mehrere digitale Codierer. Einige haben behauptet, dass Nick Szabo, der Kopf hinter Smart Contracts und digitalen Eigentumsrechten, auch der Mann hinter Bitcoin ist, er selbst hat dies aber bestritten. Ein anderer Kandidat ist Craig Wright, ein professioneller Spieler aus Australien, der sich als die Person hinter dem Pseudonym geoutet hat – wovon allerdings nicht jeder überzeugt ist.[40] Doch wie dem auch sei, Bitcoin verkörpert die Hoffnung der Kryptoanarchisten auf eine staatslose Zukunft, aber auch die Befürchtungen der konventionellen Gesetzeshüter, dass sie die Kontrolle über die Finanzströme verlieren könnten, durch die illegale Geschäfte finanziert werden.

Bitcoin wird oft als digitales Geld bezeichnet.[41] Eine angemessenere Charakterisierung wäre allerdings die einer weiteren Form privaten Geldes: ein privat codierter Vermögenswert, der seine Inhaber kurz- bis mittelfristig mit enormen Reichtümern überschütten kann, der aber ohne wirksame staatliche Unterstützung früher oder später abstürzen wird. Einige haben den rückwärtsgewandten Charakter des Bitcoin-Designs gespürt: »Vieles an ›Blockchain Finance‹ ist in Wirklichkeit ein politisches Programm zur Wiedereinführung von *Inhaberpapieren* in kryptographischer Form«, wie ein Finanzanalyst erklärte.[42] Solche Inhabervermögenswerte umfassen die bereits früher in diesem Buch diskutierten Papierzertifikate Anleihen, Schuldscheine und Wechsel. Die Papiere (oder die Kerbhölzer, die früher die Staatsschulden der Krone verzeichneten) dienten nicht nur als Nachweis für das Bestehen der Forderung, sondern verkörperten sie. Die Übertragung des Papiers überträgt daher auch das Recht, das es in sich birgt, und ohne das Papier in der Hand kann man keinen Anspruch auf Zahlung geltend machen. Genau wie Bitcoins wurden Wechsel als Ersatz für echtes Geld, für Gold- und Silbermünzen verwendet, da diese nur schwer und unter Gefahren über weite Strecken zu transportieren waren. Schuldscheine und Wechsel taten aber auch noch etwas anderes: Sie schufen neues Geld in Form von Kredit. Denn wenn ein Käufer einen Schuldschein ausstellt oder einen Wechsel indossiert, dann tut er dies, weil er das Geld gerade nicht zur Hand hat, aber erwartet, es in Zukunft zu haben. Manchmal verfügt ein Schuldner zwar über Vermögenswerte, die aber nicht liquide sind, um leicht in Staatsgeld umgetauscht werden zu können, weshalb er seine Zahlung auf einen späteren Zeitpunkt verschieben muss. Erinnern wir uns an das in Kapitel 4 diskutierte Dilemma des Antonio aus Shakespeares Drama *Der Kaufmann von Venedig*, dessen Schiff noch nicht angelandet war. Schließlich tat es dies aber, und tatsächlich landen ja die meisten Schiffe zumeist auch wieder an.

Es gibt jedoch einen Aspekt, in dem sich Bitcoin von diesen anderen Formen privaten Geldes unterscheidet. Bitcoin ist nämlich als Geld ohne Kredit konzipiert – niemand kann die Währung ohne Eigentumsnachweis ausgeben.[43] Im »Bitcoin Manifesto«, das der ominöse Satoshi Nakamoto veröffentlicht hat, wird erklärt, dass eine Hauptmotivation für die Erschaffung von Bitcoin darin bestand, das »Problem der doppelten Ausgabe [*double-spending*]« zu lösen.[44] Die Fähigkeit, Geld auszugeben, das man nicht hat, ist jedoch – im Guten wie im Schlechten – das eigentliche Wesen des Kapitalismus. Andere Formen privaten Geldes, wie Schuldscheine, Wechsel, forderungsbesicherte Wertpapiere und so weiter, sind Schuldverschreibungen, die allesamt mit der Erwartung übereignet und gehandelt werden, dass sie bei Bedarf in Staatsgeld konvertierbar sind und hoffentlich einen Gewinn abwerfen; ihre Konvertierbarkeit mag dabei zwar nicht garantiert sein, aber das Versprechen auf sie macht diese Vermögenswerte attraktiv und lässt sie ihre Käufer finden.

Das Aufspüren von Gelegenheiten, mit den Hoffnungen anderer Geld zu verdienen, ist das, was Intermediäre tun, die sich in Erwartung künftiger Erträge tief verschulden. Die alten Handelsbanken verdienten damit Geld, dass sie Wechsel mit einem Abschlag akzeptierten, in der Hoffnung, vom ursprünglichen Schuldner oder jeder anderen Person, die den Wechsel indossiert hatte, den vollen Betrag in Sachwerten zurückzuerhalten. Damit gingen sie offensichtlich ein Risiko ein, weshalb sie den Wechsel diskontierten, aber solange sie in den meisten Fällen in der Lage waren, die ausstehenden Schulden vollständig einzutreiben, lohnte sich dieses Geschäft. Die heutigen Dealerbanken nehmen als Intermediäre für alle Arten von Vermögenswerten eine ähnliche Position ein: Sie kaufen in der Erwartung, zu einem höheren Preis verkaufen zu können, und indem sie alle Arten von Vermögenswerten akzeptieren, stellen sie dem Markt Liquidität in Form von harter Währung bereit. Entscheidend ist, dass die privilegiertesten unter den alten Handelsbanken und den heutigen großen Dealerbanken stets Zugang zu staatlichem Geld hatten respektive haben. Ohne diesen Zugang wären sie dem Untergang geweiht (gewesen), sobald die private Nachfrage nach diesen Vermögenswerten einmal versiegt (wäre).

Kryptowährungen versprechen zwar in der Theorie eine höhere Reinheit als staatliches oder privates Geld, sind aber in Wirklichkeit sehr stark von den gleichen Merkmalen durchzogen, die auch die reale Welt des Geldes belasten, nämlich Kredit, Instabilität und Macht. Wie bereits erwähnt, ist der Nachweis ausreichender Mittel erforderlich, bevor eine Bitcoin-Transaktion abgeschlossen und die gesamte Kette der verifizierten Transaktion in einem unveränderlichen digitalen Hauptbuch aufgezeichnet wird. Dennoch hindert niemand Investoren daran, Bitcoins auf Kredit zu kaufen, der mit Staatsgeld zurückgezahlt werden muss, unabhängig davon, wo der Preis für Bitcoins bei Fälligkeit der Schuld stehen wird. Die Unbeflecktheit von Bitcoin wurde im Weiteren auch dadurch beeinträchtigt, dass die Kryptowährung zum Terminhandel an der Chicago Mercantile Exchange zugelassen wurde.[45] Bei einem Termin- oder Future-Handel wetten die Parteien auf die Fähigkeit, zukünftige Preisbewegungen vorherzusagen, müssen aber auch dann liefern, wenn sie verlieren. Der Handel mit Futures ist, kurz gesagt, einfach eine weitere Möglichkeit, Geld auszugeben, das man nicht hat.

Schulden zum Kauf von spekulativen Vermögenswerten zu benutzen ist natürlich eine altbewährte Strategie für die wenigen Glücklichen, die kurzfristig riesige Gewinne erzielen werden, und für alle anderen eine weitere Lektion zum Thema, wie man auf der Strecke bleibt, wenn die Märkte sich drehen und diejenigen zurücklassen, die nicht mehr aussteigen konnten, bevor es zu spät war. Es ist nur eine Frage der Zeit, bis die Inhaber von Bitcoin und ähnlichen Kryptowährungen herausfinden werden, ob sie in diesem Spiel auf der Seite der Gewinner oder der der Verlierer stehen. Die einzige Alternative wäre der völlige Verzicht auf private Kredite, eine Entscheidung, die gleichbedeutend damit wäre, den Kapitalismus über Bord zu werfen. Das würde uns vor die Wahl stellen, entweder die Aufgabe des Investierens weitgehend dem Staat zu überlassen oder alternativ darauf zu bestehen, dass Investitionen nur noch mit Eigenkapital getätigt werden können, also mit Mitteln, die man hat, und nicht mehr mit Fremdkapital.[46] Das ist zwar die radikale Utopie von Bitcoin, doch wir sollten uns bemühen, ihre harte Realität zu begreifen; dies wäre eine Welt mit stark reduzierten Chancen für den Aufbau von Reichtum, sowohl im öffentlichen als auch im privaten Bereich.

Ein weiteres Merkmal der dezentralisierten Utopie von Bitcoin besteht darin, dass es nicht irgendeiner höheren Autorität, sondern den Inhabern dieser Währung selbst obliegt, Transaktionen zu verifizieren, und zwar durch einen Prozess, der als »Mining« bezeichnet wird.[47] Die Miner können zusätzliche Bitcoins verdienen, indem sie Rechenleistung und die Elektrizität zur Verfügung stellen, die für den Ablauf des Algorithmus erforderlich ist. Tatsächlich verbraucht dieser dezentralisierte Miningvorgang ungewöhnlich viel Energie. Das bedeutet allerdings auch, dass, im Gegensatz zur idealisierenden Attitüde der »Cryptos«, nicht alle Miner gleich sind; diejenigen mit leistungsstarken Computern und echtem Geld, das sie für ihre Stromrechnung übrig haben, sind gleicher als andere.[48] Die verfügbaren Daten bestätigen das. Mit Stand vom Dezember 2017 haben nur »vier Mining-Pools über 50 Prozent des Bitcoin-Netzwerks und zwei über 50 Prozent von Ethereum kontrolliert«.[49] Selbst noch die am stärksten dezentralisierte der digitalen Plattformen beugt sich mithin den Triebkräften der Hierarchie.

Schließlich ist, im Gegensatz zum Fiat-Geld, das in unbegrenzter Höhe ausgegeben werden kann, die Anzahl der Bitcoins auf 21 Millionen Stück begrenzt. Die Erzeugung von Knappheit sollte ihren Wert steigern und der Versuchung vorbeugen, die Währung zur Freude mächtiger Akteure aufzublähen. Diese Begrenzung der Geldmenge scheint jedoch ebenfalls in Ansätzen aufgeweicht zu werden. Neue Varianten der ursprünglichen Kryptowährungen können durch eine harte Abspaltung im ursprünglichen Protokoll gemünzt werden; sie sind zwar nicht identisch mit der ursprünglichen Bitcoin, erzeugen aber trotzdem neues Geld. Es ist sogar möglich geworden, Bruchteile von Bitcoins zu kaufen, was die Illusion eines wachsenden Kuchens erzeugt, selbst wenn die einzige Veränderung die Größe jedes einzelnen Stücks betrifft.

Um auf die Frage zurückzukommen, ob Bitcoin Geld ist, so

ist es sicherlich richtig, dass die Kryptowährung gezeigt hat, dass künstliche Knappheit in Verbindung mit einem Mangel an alternativen Vermögenswerten, die (wenn auch nur vorübergehend) höchste Renditen versprechen, eine enorme Nachfrage schaffen kann. Das allein macht sie jedoch noch nicht zu Geld im eigentlichen Sinne des Wortes. Klassische Geldtheorien besagen, dass Geld drei Funktionen erfüllen muss: Es soll ein Wertaufbewahrungsmittel, ein Tauschmittel und eine Recheneinheit sein.[50] Die Bitcoin weist bestenfalls Spuren der ersten beiden Merkmale auf: Ihr Wert wurde zeitweilig zwar in beispiellose Höhen getrieben, aber die hohe Volatilität ihres Preises lässt vermuten, dass sie ein schlechter Wertspeicher ist. Und obwohl viele Banken, Einzelhändler und private Parteien Bitcoins inzwischen als Tauschmittel akzeptieren, bleibt ihr Referenzpreis der US-Dollar, und wie alle Inhaber privater Vermögenswerte erwarten auch die meisten Investoren, dass sie Bitcoins zum Zeitpunkt ihrer Wahl in Dollar (oder eine andere harte Währung) konvertieren können. Die Köpfe hinter Bitcoin, wer auch immer sie sein mögen, hatten die Vision, dass diese neue, private Währung von staatlichem Geld unabhängig würde, ja sogar eine Alternative zu ihm darstellen könnte. Für andere war die Bitcoin hingegen ein Vermögenswert, in den man investieren konnte und der vielleicht sogar zur Spekulation geeignet war, und da sie niemand daran hinderte, Bitcoin mit eigenem oder geliehenem Staatsgeld zu erwerben, taten sie es auch.

Damit sich die Bitcoin zu Geld auf Augenhöhe mit staatlichem Geld entwickeln kann, braucht es einen Sprung in einer anderen Größenordnung und Qualität: Jemand muss bereit und in der Lage sein, ihren Wert zu schützen. Ohne einen solchen Schutzmechanismus letzter Instanz werden Bitcoin und ihre digitalen Geschwister früher oder später abstürzen. Das ist die Logik allen privaten Geldes, der Schuldinstrumente vom Schuldschein über den Wechsel bis hin zu forderungsbesicherten Wertpapieren und deren Derivaten. Und es gibt keinen Grund zu der Annahme, dass dieselbe Logik nicht auch für digitale Währungen gilt. Natürlich können wir auf die Art von Geld verzichten, das den Schutz seines Nominalwertes durch eine mächtige Autorität genießt, aber wir wissen auch aus der Geschichte, was das bedeutet: häufige finanzielle Umbrüche der Art, die die Ära der Bankfreiheit in den USA im 19. Jahrhundert begleitet haben, nur eben in einem viel größeren Maßstab.

Es gibt allerdings einen Silberstreif am Horizont. Denn mithilfe der digitalen Codierungstechnologie lässt sich die Hierarchie des Geldes vielleicht besser kontrollieren. Ich habe im Verlauf dieses Buches immer wieder behauptet, dass nur Staaten Geld effektiv absichern können, weil nur sie die Macht haben, Dritten einseitig Lasten aufzuerlegen. Der digitale Code bietet jedoch eine Alternative an. Die künftigen Kosten einer Finanzkrise könnten nämlich so in den Code eingebaut werden, dass alle, die von dem betreffenden Vermögenswert (etwa der Bitcoin) profitiert haben, sich finanziell beteiligen müssen, wenn sein Überleben auf dem Spiel steht. Kurzum, Verluste würden durch einen kollektiven Unterstützungsmechanismus, der in den unveränderlichen digitalen Code eingelassen ist, vergemeinschaftet werden.

Eine ähnliche Idee hat auch die Coco-Anleihen (*contingent convertible bonds* oder *CoCos*) befeuert, Unternehmensanleihen, die automatisch in Eigenkapital umgewandelt werden, wenn ein bestimmtes Ereignis ausgelöst wird. *CoCos* wurden im Nachgang der Krise von 2008 erfunden und sollen das Finanzsystem in Krisenzeiten dadurch stabilisieren, dass die Gläubiger dazu gezwungen werden, einen Teil der Verluste eines Abschwungs aufzufangen, indem sie bei einem Anzeichen von Schwierigkeiten zu Aktionären gemacht werden.[51] Denn während Gläubiger einem Unternehmen Ressourcen entziehen können, indem sie ihre Rechtsansprüche durchsetzen, werden Aktionäre nur dann ausgezahlt, wenn das Unternehmen profitabel ist. Coco-Anleihen sind in der Regel frei handelbar, und die mit ihnen verbundenen Verpflichtungen können durch ihren Verkauf übertragen werden. Erste Erfahrungen mit diesen neuen Instrumenten deuten darauf hin, dass die Investoren erwartungsgemäß starke Anreize haben, sie wieder loszuwerden, sobald sich für sie die Aussicht auf eine Verlustbeteiligung abzuzeichnen beginnt.[52]

Die Letzten beißen die Hunde, wie das Sprichwort sagt. Es bleibt daher abzuwarten, ob die digitalen Codierer die Schrauben anziehen und *allen* Inhabern digitaler Währung auf wirksame Weise Verluste aufbürden können – vielleicht bereinigt um den Nutzen, den sie aus ihr gezogen haben. Wenn sie damit Erfolg haben, werden sie der Welt eine wirklich innovative Lösung für den Fluch der privaten Fremdfinanzierung an die Hand gegeben haben, der in ihrer Tendenz besteht, in Krisenzeiten die Gewinne einiger weniger zu schützen und es dem Rest zu überlassen, die Verluste unter sich aufzuteilen – nicht durch eine unsichtbare Hand, sondern durch die leitende Hand eines Staates.

Digitaler Code versus Rechtscode

Wir stecken mitten in der Codierung der Welt, dieses Mal jedoch nicht im Recht, sondern in Ziffern. Der digitale Code birgt enorme Versprechen; es ist gut möglich, dass er die Not von Millionen Menschen lindert, die keinen Zugang zu verlässlichen Zahlungssystemen haben, dass er Betrügereien minimieren und die Kosten für den Abschluss und die Durchsetzung von Verträgen verringern wird, und all das zu relativ geringen Kosten. Ebenso möglich ist es aber auch, dass er dazu benutzt wird, die Interessen nur einiger weniger zu zementieren, und die größte Gefahr geht von der Kombination von digitalem und rechtlichem Code zugunsten der »Etablierten« des im Recht codierten Kapitals aus.[53]

Es gibt bereits untrügliche Anzeichen dafür, dass, ebenso wie der Code der Natur zuvor, auch der digitale Code für eine rechtliche Einhegung vorgesehen ist, und das rechtliche Modul der Wahl sind dafür die geistigen Eigentumsrechte. So hat die Zahl der Patentanmeldungen für digitale Währungen in den letzten Jahren dramatisch zugenommen. Im Juli 2016 berichtete Coindesk, eine Website für Kryptowährungen, dass sie sich auf 70 bis 160 pro Jahr beliefen.[54] Ende Juli 2018 waren beim US-Patentamt mehr als 1000 Patente anhängig, die das Wort »Blockchain« enthielten, und dabei sind alle anderen Patente, die andere digitale Fortschritte im Finanzbereich schützen sollen, noch nicht mitberücksichtigt.[55] Während früher Einzelpersonen und kleine Firmen die Anmeldung von Patenten dominierten, beherrschen mittlerweile große, börsennotierte Unternehmen das Feld.[56] Die größten Akteure im Finanzbereich unternehmen aktuell einen massiven Vorstoß, um diese digitale Goldmine rechtlich einzuhegen. So sicherte sich Goldman Sachs beispielsweise 2017 ein Patent auf eine neue Coin, die zur Abwicklung von Wertpapiergeschäften in verschiedenen Währungen genutzt werden kann, Mastercard erhielt im Jahr 2018 ein Patent auf ein schnelleres Krypto-Zahlungssystem, und Barclays reichte gleichzeitig eine Patentanmeldung für Blockchain-basierte Bankdienstleistungen ein.[57]

Darüber hinaus haben die großen etablierten Banken Zusammenschlüsse mit Tech-Firmen gebildet, die die Möglichkeiten des digitalen Codes für ihre Mitglieder ausschöpfen, darunter auch die der Blockchain-Technologie. Sie verwenden digitale Open-Source-Codes, bieten aber nicht unbedingt einen freien Zugang an.[58] Die etablierten »Finanzkapitäne« haben die Macht des digitalen Codes entdeckt und nutzen ihn zur Durchsetzung ihrer Interessen. Außerdem bedienen sie sich des Rechtscodes, um das digitale Werk zu schützen, das ihre angeheuerten Technologen für sie erstellt haben.[59] Wie weit ihre Fortschritte bei der Einhegung der digitalen Allmende gehen werden, wird in hohem Maße von der Zukunft der Patent- und Geschäftsgeheimnisgesetze abhängen. Wie in Kapitel 5 erörtert, war der langfristige Trend bei den geistigen Eigentumsrechten ein expansiver und beugte sich tendenziell dem Interesse der Privatwirtschaft, die Allmende einzuhegen und ihre monetären Früchte abzuernten.

Der Kampf zwischen den beiden Codes, dem digitalen und dem rechtlichen, geht weiter. Jeder von ihnen hat seine eigenen Vorzüge und Nachteile. Der rechtliche Code hat sich als sehr formbar und fähig zur Anpassung an veränderte Umstände erwiesen, allerdings hauptsächlich zum Nutzen derer mit Zugang zu guten Anwälten. Im Gegensatz dazu hat der digitale Code das Potenzial, integrativer zu sein, vorausgesetzt, dass diese nach wie vor neue Technologie genutzt wird, um einen kostengünstigen Zugang sowohl zu Vermögenswerten als auch zu Codierverfahren zu ermöglichen. Und auch wenn wir noch nicht sagen können, welcher von beiden die Oberhand gewinnen wird, so deuten doch alle Anzeichen darauf hin, dass der Schiedsrichter in diesem Kampf die »althergebrachten« Institutionen sein werden: die Gerichte und die Gesetzgeber, die selbst Produkte des Rechts sind. Das scheint ein starker Prädiktor dafür zu sein, welcher der beiden Codes siegreich aus dieser Schlacht hervorgehen wird.

Kapitel 9
Das Kapital regiert durch das Recht

Das Kapital regiert, und es regiert durch das Recht.[1] Seine Fähigkeit, Wohlstand zu erzeugen, verdankt es den Modulen eines von staatlicher Macht gestützten Rechtssystems, und seine Resilienz in Krisenzeiten lässt sich auf eine Kombination aus rechtlichen Vermögensschutzmaßnahmen und der Bereitschaft des Staates zurückführen, dem Kapital seine helfende Hand zu reichen – um nicht nur den Kapitalismus, sondern auch die gesellschaftliche Stabilität und damit den Staat selbst zu erhalten. Kurz, das Kapital ist untrennbar mit dem Recht und der staatlichen Macht verbunden, denn ohne diese würden die rechtlichen Privilegien, die das Kapital genießt, von anderen nicht respektiert werden.

Früher waren Privilegien an den sozialen und politischen Status gebunden, was vom Recht bestätigt wurde. Im Feudalismus genoss der Adel größere Vorrechte als die Bauern; ausländische Kaufleute konnten Handelsprivilegien mit den Obrigkeiten der Städte aushandeln, in denen sie sich zum Besuch von Handelsmessen versammelten, die oft von den örtlichen Kaufleuten beaufsichtigt, wenn nicht sogar kontrolliert wurden; Männer genossen größere Rechte als Frauen, ja sogar Rechte über Frauen, ebenso wie Weiße über People of Color während des Kolonialismus und unter der Sklaverei. Und während Vorurteile auch heute noch auftauchen, unterscheiden die meisten Rechtssysteme nicht mehr so unverhohlen nach Status oder persönlichen Qualitäten. Die meisten verschreiben sich zwar dem Grundsatz, dass vor dem Recht alle gleich sind, aber dennoch begünstigt dieses Recht manche oft mehr als andere.

Niemand hat dies deutlicher gesehen als der Jurist und Soziologe Max Weber, ein scharfsinniger Beobachter von Machtstrukturen. Weber wird oft mit seiner Aussage zitiert, dass der Kapitalismus ein »rationales« und »berechenbares« Rechtssystem benötigt, um zu gedeihen.[2] Die Ersetzung des Faustrechts durch berechenbares Recht ermöglicht es Weber zufolge nämlich Unternehmern, Pläne zu machen und in eine unbekannte Zukunft zu investieren. Aber er merkte auch an, dass bald nachdem die Nationalstaaten allgemeine Gesetze geschmiedet hatten, die auf ihrem gesamten Territorium einheitlich angewandt werden sollten, eine neue, »moderne Rechtspartikularität« geboren wurde.[3] Dieser Ausdruck erinnert an die kleinstaatlichen Rechtsordnungen, die für das Mittelalter charakteristisch waren, als jedes Lehen, jede Zunft oder Stadt ihre eigenen Rechte und Gerichte hatte. Weber hob nun den Handel als die treibende Kraft hinter den modernen Partikularitäten hervor. Dass sie ihre eigenen, partikularen Rechte hatten oder Ausnahmen von den allgemeinen Gesetzen gewährt bekamen, die für den Rest verbindlich waren, war, wie die Vertreter des Handels erklärten, eine Sache der »Zweckrationalität«. Heute dürfte eher der Begriff der »Effizienz« en vogue sein; er signalisiert eine größere theoretische Tiefe, wird aber für ähnliche Ziele eingesetzt. Wenn geschäftliche Interessen also von einer Sonderbehandlung profitieren, dann sollte dies, so ihre Befürworter, ausreichen, um sie ihnen auch zu gewähren. Denn was gut für das Geschäft ist, ist gut für alle; es wird den Kuchen vergrößern, und die unsichtbare Hand wird, so die These, dafür sorgen, dass zumindest einige Krümel mit dem Rest geteilt werden.

Die Inhaber von Vermögenswerten sind aber nicht daran interessiert, ihre Ausbeute zu teilen; sie werden rechtlichen Schutz dort annehmen, wo sie ihn finden, und wenn dies an fremden

Gestaden geschieht, dann haben sie wenig Gründe, in ihre Heimat zurückzukehren, wo sie, worauf Adam Smith hinwies, einen Teil ihrer Gewinne unweigerlich mit ihren Nachbarn teilen müssten. Ja, sie sind nicht einmal an der Rechtsstaatlichkeit als solcher interessiert, sondern nur in dem Maße, wie sie ihren eigenen Interessen dient. Oft werden dieselben Vermögensinhaber, die gerade erst einen Kampf um den vollen gesetzlichen Schutz ihrer privaten Rechte geführt haben, dann Ausnahmen von ebendiesen Regelungen anstreben, wenn sie erkennen, dass diese auch gegen sie verwendet werden könnten.

Beispiele dafür gibt es im Überfluss; erinnern wir uns, dass die englischen Landlords zuerst für Prioritätsrechte gegenüber den Commoners gestritten haben. Nachdem sie diese Konkurrenten effektiv ausgeschaltet hatten, nutzten sie ihren Titel dann zur Einwerbung von Fremdkapital und verpfändeten ihr Land an ihre Gläubiger. Als diese jedoch versuchten, deren Eigentum zu beschlagnahmen, um den Wert ihrer vergebenen Darlehen für sich zu retten, kritisierten dies die Landlords und wandten sich mit der Bitte um Beistand an Anwälte und Gerichte. Die Anwälte halfen ihnen dabei, ihr Familienvermögen hinter dem rechtlichen Schleier des Trusts zu verbergen und es dadurch vor ihren persönlichen Gläubigern zu immunisieren, und die Gerichte erkannten diese neuen Grenzen an, setzten sie durch und hielten damit die Gläubiger in Schach. Auf diese Weise verlängerten sie den Status des Grund und Bodens als wichtigste Reichtumsquelle noch um einige Jahrzehnte.[4] Es bedurfte einer großen wirtschaftlichen Depression, um diese Grenzen rechtlich neu zu ziehen und die Gläubiger in die Lage zu versetzen, die erhaltenen Hypotheken vollständig zu vollstrecken.

Die Gläubiger lernten bald, das gleiche Spiel zu spielen. Sie setzten sich vehement für Konkursregeln ein, die ihre Rechte wahren und gesicherten Gläubigern Prioritätsrechte gegenüber ungesicherten Gläubigern einräumen würden, obwohl sie sich einem erheblichen Druck von Unternehmern ausgesetzt sahen, die das englische Parlament davon überzeugten, dass ihre Zahlungsunfähigkeit nicht unbedingt ein Beleg für ihre Sittenlosigkeit, sondern genauso gut auch einfach nur Pech sein konnte. Tatsächlich erhielten Personen, die sich als »Händler« qualifizierten, im Konkursverfahren eine Sonderbehandlung. Im Gegensatz zu den Armen, die man einsperrte, weil sie ihre Schulden nicht bezahlten, stellte der Konkurs für sie einen Reinigungsprozess dar, durch den sie sich von früheren Verbindlichkeiten befreien konnten.[5]

Die neuesten Protagonisten der Fremdfinanzierung, die Derivatehändler unserer Zeit, verlangten und erhielten in ähnlicher Weise Ausnahmen von den allgemeinen Konkursregeln, um sicherzustellen, dass sie ihr Portfolio jederzeit neu positionieren konnten, auch wenn dies andere Gläubiger in Gefahr brachte. Das Letzte, was irgendein Gläubiger will, ist ein Run auf das Vermögen des Schuldners – es sei denn natürlich, dass er zuerst da ist, und genau darum geht es bei konkursrechtlichen Ausnahmeregelungen. Sie ermöglichen es den Gläubigern privilegierter Vermögenswerte, ihre Forderungen zu saldieren, bevor irgendwelche anderen Gläubiger, inklusive der gesicherten, ihren Anteil erhalten, während alle anderen sich dem Einzelvollstreckungsverbot beugen müssen.[6]

Es ist nicht schwer zu verstehen, warum die Inhaber von Vermögenswerten diese rechtlichen Privilegien haben wollen; schließlich verschaffen sie ihnen bei der Anhäufung und dem Schutz ihres Vermögens einen Vorteil gegenüber ihren Mitbewerbern. Weniger klar ist, warum Staaten auf so etwas hereinfallen und oft zusätzliche Ausnahmeregelungen für die Inhaber von Kapitalvermögen schaffen, die über die Privilegien hinausgehen, die sie bereits kraft der grundlegenden Module des Rechtscodes besitzen. Für manche wird die Antwort auf diese Frage nur allzu offensichtlich erscheinen. Für die Marxisten etwa ist die Frage von Macht und Herrschaft untrennbar mit dem Klassenkampf und der Herrschaft einer Klasse über andere verbunden, und hat die Bourgeoisie erst einmal die Kontrolle über den Staat und seinen Rechtsetzungsapparat erlangt, dann wird sie diese natürlich auch nutzen, um ihre Macht zu festigen. Am anderen Ende des Spektrums finden wir die Rational-Choice-Theoretiker, die die Analyse von den sozialen Klassen auf die Individuen und vom Klassenkampf auf die Verhandlungsebene verlagern. Für sie ist die Knappheit das entscheidende Thema und die Macht nie absolut, weil niemand alles kontrolliert, was nötig wäre, um sie zu behalten. Aus diesem Grund werden, wie sie behaupten, die Mächtigen unweigerlich mit ihresgleichen in Verhandlungen eintreten.[7] Während die Marxisten das Recht also in erster Linie als ein Instrument der Machtausübung betrachten, fungiert es für die Rational-Choice-Theoretiker ebenso als Ausdruck von Macht wie als ihre Begrenzung, und das Gleichgewicht zwischen beiden wird durch Verhandlungen hergestellt.

Beide Lager haben eine Menge Belege zusammengetragen, um ihre jeweiligen Behauptungen zu untermauern. Mein Ziel ist es hier nicht, sie in Zweifel zu ziehen, sondern darauf hinzuweisen, dass beide Theorien unter einem ähnlichen blinden Fleck leiden. Denn sie ignorieren die zentrale Rolle des Rechts bei der Herstellung von Kapital und bei seinem Schutz als privates Vermögen. Durch die analytische Linse betrachtet, die in diesem Buch entwickelt wird, ist es möglich, die politische Ökonomie des Kapitalismus zu erklären, ohne Klassenidentitäten konstruieren zu müssen, wie es Marxisten tun, oder heroische Annahmen über die Rationalität des Menschen zu machen, wie es die Rational-Choice-Theoretiker tun. Der Schlüssel zum Verständnis der Grundlagen der Macht und der aus ihr hervorgehenden Verteilung des Reichtums liegt vielmehr in dem Prozess, ausgewählten Vermögenswerten rechtlichen Schutz zu gewähren, und zwar im Rahmen einer privat – und nicht öffentlich – getroffenen Wahl. Natürlich wird es Zeiten geben, in denen der Staat mit den Reichen verhandelt oder seine Vertreter sich auf Bestechungsgelder einlassen, die die Räder der Bürokratie schmieren sollen und ihnen direkt zugutekommen. Es gibt auch Zeiten, in denen wir beobachten können, wie mächtige Privatinteressen die direkte Kontrolle über den Staat erlangen, aber diese sporadischen Ereignisse lassen sich eher als Epiphänomene beschreiben. Natürlich ist die Wahl der Vermögenswerte nicht zufällig; der Punkt ist vielmehr der, dass mächtige Interessen nicht mit dem Staat feilschen müssen – alles, was sie brauchen, sind gute Anwälte, die den Code des Kapitals beherrschen.

Die Wurzeln der Fähigkeit des Kapitals, durch das Recht zu regieren, liegen tief und gründen im Aufkommen moderner Rechte als Privatrechte, die zwar von der Macht des Staates abhängig waren, sich aber von den gesellschaftlichen Präferenzen der Bürger der Staaten, die diese Rechte schaffen, abgelöst haben. Das Wesen dieser modernen Rechte ist nicht ihr Inhalt, sondern ihre Form als individuelle oder subjektive Rechte, wie der Philosoph Christoph Menke in seinem 2015 erschienenen Werk *Kritik der Rechte* gezeigt hat.[8] Das autonome Recht ist zum »Recht der Rechte« geworden, was immer sein Inhalt sein mag. Das bedeutet nicht, dass keine Versuche unternommen werden, zu begründen, warum bestimmte Interessen in die Autorität des Rechts gekleidet sind, aber andere nicht. In der westlichen Rechtstradition dient hier üblicherweise ein Naturzustand der Welt, der der Rechtsordnung vorauslag, als Begründungsmodell. Der imaginierte Naturzustand wurde verrechtlicht und das, was einmal natürlich war, in ein subjektives Recht verwandelt, das durchsetzbar ist, unabhängig von den sozialen Auswirkungen, die dies haben könnte.

Diese Rechte wurden zum Fundament einer neuen wirtschaftlichen und politischen Ordnung. »Ohne die Form der subjektiven Rechte kein Kapitalismus«, so Menke,[9] und, wie ergänzt werden muss, auch keine politische Ordnung, die den Kapitalismus aufrechterhält – eine Ordnung, in der die subjektiven Rechte in der Verfassung verankert sind und die Staatsmacht darauf ausgerichtet ist, sie zu schützen.

Anders ausgedrückt, die Module des Codes mögen zwar Teil der Privatrechtsordnung sein, aber das Privatrecht wird von einer Verfassungsordnung überlagert, die die subjektiven Privatrechte zu ihren Grundprinzipien erhoben hat.[10] Öffentliches und privates Recht sind miteinander verflochten und bilden zusammen das System, das wir Kapitalismus nennen. Um dies klarer zu sehen, wird im folgenden Abschnitt erörtert, wie sich der Prozess der Codierung und Umcodierung des Kapitals in Privatrecht zu seinen öffentlich-rechtlichen Grundlagen verhält.

Ein privater Code

Recht ist der Stoff, aus dem das Kapital geschneidert ist; es gibt den Inhabern von Kapitalgütern den Anspruch auf ihre exklusive Nutzung und auf die künftigen Erträge ihrer Güter, und es erlaubt dem Kapital, nicht mit Gewalt, sondern durch das Recht zu regieren. Jener Stoff ist ein Geflecht aus Privatrechten – dem Vertrags-, Eigentums-, Trust-, Gesellschafts- und Konkursrecht, mithin den Modulen des Kapitalcodes. Das Kapital verdankt seine Lebendigkeit und seine häufigen Verwandlungen (vom Grund und Boden in Unternehmen, dann in Schulden, Ideen und so weiter) der Tatsache, dass private und nicht staatliche Akteure das Kapital im Recht codieren. Vermögensinhaber auf der Suche nach höheren Renditen und größerem Reichtum waren zwar die Haupttriebkraft für die Anpassung der Module des Codes an immer neue Arten von Gütern, aber sie brauchten Anwälte, um die Dinge im wahrsten Sinne des Wortes zu besiegeln. Die Vermögensinhaber und sie haben den Code weder gestohlen, noch wurde er ihnen auf dem Silbertablett serviert. Sie profitierten vielmehr von der Unbestimmtheit und Formbarkeit des Privatrechts einerseits und von einem First-Mover- (oder Vorreiter-)Vorteil andererseits, der im Verfahrensrecht verankert ist, das die Durchsetzung von Ansprüchen regelt.

Die Ökonomen haben schon lange erkannt, dass Verträge unvollständig sind.[11] Die beteiligten Parteien können einfach gar nicht alle Möglichkeiten vorhersehen, die die Zukunft mit sich bringen mag; der Versuch, jedes mögliche Ereignis zu adressieren und vertraglich zu berücksichtigen, das jemals ihr Verhältnis beeinflussen könnte, wäre viel zu kostspielig und auch aussichtslos, weil die Zukunft zum Zeitpunkt des Vertragsabschlusses eben nicht bekannt sein kann. Wenn die Vertragsparteien aber nicht in der Lage sind, vollständige Verträge zu verfassen, dann kann der Gesetzgeber selbstverständlich auch keine vollständigen Rechte niederschreiben. Die Aufgabe der Legislative dürfte sogar noch schwieriger sein, denn das Recht soll nicht nur für einen einzelnen Fall gelten, sondern für viele ähnlich gelagerte Fälle in der unbestimmten Zukunft. Aus diesem Grund werden gesetzliche Rechte oft bewusst in einer allgemeinen, vage gehaltenen Sprache abgefasst, was sie zwangsläufig höchst unvollständig werden lässt.[12]

Das bedeutet nicht, dass die Rechtsetzung nicht versucht, das Ausmaß der Unbestimmtheit zu begrenzen. Häufig enthält sie Beispiele oder Illustrationen, um gesetzliche Vorschriften zu konkretisieren und »Generalklauseln« (*»standards«*) in spezifische »Regeln« (*»rules«*) zu verwandeln.[13] Beispiele können allerdings immer neue Beispiele hervorbringen, und endliche Listen von Eventualitäten fördern ein weiteres Ausfransen an den Rändern. Wenn A und B verboten sind, kann man eine Transaktion vielleicht als C strukturieren, und wenn nur X und Y ausdrücklich erlaubt sind, dann kann man sicherlich dafür argumentieren, dass Z dem nahe genug kommt, um noch in den vom Recht abgedeckten Bereich zu fallen.[14] Die Differenzierung von Sachverhalten oder Regeln, um neuen Codierungsstrategien Raum zu verschaffen oder, alternativ dazu, durch Analogiebildung die Reichweite einer bestimmten Regel auf einen neuen Sachverhalt auszudehnen, gehört zum üblichen Handwerkszeug, das Richter und Anwälte tagtäglich bei der Auslegung und Anwendung »des Rechts« einsetzen. Daran ist nichts Verwerfliches, denn in einer sich wandelnden Welt wird selbst die am sorgfältigsten ausgearbeitete Gesetzgebung oder Rechtsprechung immer unvollständig bleiben.

Die dem Recht inhärente Unvollständigkeit stellt daher einen fruchtbaren Boden für juristische Kreativität und Fantasie in allen möglichen Hinsichten dar. Sie erlaubt es den Anwälten, die Module des Codes neuen Gütern aufzupfropfen, für die sie nie konzipiert worden sind, oder bestehende Güter umzugestalten, um dafür zu sorgen, dass sie neuen Regulierungsvorschriften aus dem Weg gehen können, mit denen die Auswüchse früherer Codierungsstrategien begrenzt werden sollen. Diese Strategien setzen die Module des Codes ein, um restriktiven Regeln und Vorschriften auszuweichen, ohne dabei die Unterstützung durch das staatliche Recht zu verlieren. Der letzte Punkt ist entscheidend, denn ohne diese Unterstützung würden die rechtlichen Attribute Priorität, Beständigkeit, Universalität und Konvertierbarkeit, die dazu beitragen, ein einfaches Gut in ein Kapitalgut zu verwandeln, sich nicht halten können, womit das ganze Manöver hinfällig wäre.

Die Grenzen der Module des Codes werden zumeist langsam und Schritt für Schritt verschoben. Wenn ein Rechtsmodul wie etwa der Trust zur Abschirmung von Grundbesitz genutzt werden kann, wodurch dieser vor dem Zugriff der Gläubiger geschützt ist, dann kann der Trust vielleicht auch andere Vermögenswerte schützen, zum Beispiel Staatsanleihen oder Unternehmensaktien und schließlich Hypothekenpools oder ihre Derivate, etwa CDOs. So lässt sich die Geschichte des Trustrechts von seinen feudalen Ursprüngen bis zum modernen Schattenbankwesen auf den Punkt bringen. Und wenn Swaps auf Staatsanleihen im Konkursfall Ausnahmeregelungen erhalten können, warum sollte dieses Privileg dann nicht auch auf Swaps und andere Derivate auf privates Vermögen ausgeweitet werden, und zwar nicht nur auf Derivate im engeren Sinne, sondern auch auf Repos? Und warum sollte man das nur in einem Land tun und nicht bei Gesetzgebern rund um den Globus dafür lobbyieren, dass sie die Voraussetzungen für globale Derivatemärkte schaffen, auch wenn dadurch die Ansprüche anderer Gläubiger weiter nach hinten rücken, sodass es weniger wahrscheinlich ist, dass sie ihre Forderungen vollständig beitreiben können? Diese rechtliche Metamorphose fand zwischen 1978 und 2005 statt. Wenn außerdem jede menschengemachte Entdeckung oder Erfindung durch ein Patent geschützt werden kann, warum die Patentbehörden dann nicht dazu drängen, selbst die kleinste Veränderung im Code der Natur als eine solche Innovation anzuerkennen? Sobald der Oberste Gerichtshof der USA im Jahr 1980 festgestellt hatte, dass *Teile* des Codes der Natur patentierbar sein könnten,[15] war der Weg für die Biotech-Unternehmen frei, um mit Patentbehörden und unteren Gerichten über die Grenzen der rechtlichen Codierung dieses Codes nachzuverhandeln. Drei Jahrzehnte später musste der Gerichtshof dann eine Antwort auf die Frage finden, ob der genetische Code der Natur selbst durch den des Rechts eingehegt werden durfte.

Wenn neue Güter als Kapital codiert werden oder etablierte Codierungspraktiken über die bestehenden Grenzen hinaus ausgedehnt werden, dann wird jeder kleine Schritt von den Inhabern dieser Güter und ihren Anwälten, den Herren des Codes, sorgfältig abgewogen. Sie neigen dazu, die gesellschaftlichen Implikationen ihres Handelns nicht wahrzunehmen, solange die von ihnen beanspruchten Rechte nur auf eine Rechtsordnung zurückgeführt werden können, die Inhalt und Form voneinander getrennt hat – nicht die Substanz eines Rechts, sein Zweck, sondern die Form selbst ist das, was zählt, wie auch die rechtlichen Codierungstechniken, die die rechtlichen Attribute des Kapitals auf jedes Gut erstrecken können, der finanzielle Erträge verspricht. Die Autonomie individueller subjektiver Rechte als Grundlage der kapitalistischen Rechtsordnung schafft die Voraussetzungen dafür, die äußersten Grenzen privatrechtlicher Privilegien noch weiter auszudehnen.

Zwei Merkmale des Privatrechts haben ein Entwicklungsmuster massiv begünstigt, das die einen auf Kosten der anderen mit rechtlichen Privilegien ausgestattet hat: seine Unvollständigkeit oder Unbestimmtheit und seine Formbarkeit. Unbestimmtheit macht das Recht manipulierbar, und da das Privatrecht nicht nur unbestimmt, sondern auch in hohem Maße formbar ist, wird die Manipulation in diesem Fall noch einfacher.

Das Vertragsrecht wird oft als *die* Verkörperung der Privatautonomie betrachtet. Es liegt an den an einem Vertrag beteiligten Parteien, ihre eigenen Interessen zu forcieren, und das Recht erzwingt die Einhaltung von Verträgen ohne Ansehen der Unterschiede in der tatsächlichen Verhandlungsmacht. Eigentumsrechte werden im Gegensatz dazu besser durch das staatliche Recht geschützt, da die Staaten sich faktisch von vornherein dazu verpflichten, das Eigentum gegen jeden Angreifer zu verteidigen, und die meisten von ihnen wenden ihr nationales Recht auf die Vermögenswerte an, die sich auf ihrem Hoheitsgebiet befinden. Allerdings haben sie die Kontrolle über diejenigen davon verloren, die keinen Ort haben, wie etwa finanzielle Vermögenswerte – sie haben aber auch am Outsourcing des Rechts mitgewirkt, indem sie ihre Kollisionsnormen geändert haben, um der Privatautonomie Rechnung zu tragen, und private Akteure haben diese Gelegenheit genutzt, um Vermögenswerte in Jurisdiktionen zu produzieren, die ihnen die meisten Möglichkeiten bieten. Es mag zwar nach wie vor so sein, dass einige immaterielle Güter wie Patente einen Akt staatlicher Machtausübung benötigen, doch sorgfältig ausgearbeitete Codierungsstrategien haben die Beschränkungen zurückgedrängt, die das gesetzliche Recht und die Rechtsprechung in der Vergangenheit errichtet haben mögen. Ein Lehrer für geistige Eigentumsrechte erinnert sich an diese Erosion wie folgt:

> Der jährliche Prozess der Aktualisierung meines Lehrplans für einen Grundkurs zum Thema geistiges Eigentum stellt eine schöne Momentaufnahme dessen dar, was vor sich geht. Mit einem nostalgischen Blick schaue ich auf einen fünf Jahre alten Text zurück, mit seiner selbstbewussten Auflistung von Gegenständen, auf die das geistige Eigentumsrecht *keine* Anwendung finden würde, der Privilegien, die bestehende Rechte beschnitten, und den Zeitspannen, ab denen ein Werk gemeinfrei werden würde. In all diesen Fällen sind die Grenzen löchrig geworden.[16]

Die Unvollständigkeit und Formbarkeit des Privatrechts machen die Module des Codes zu hochgradig anpassungsfähigen Werkzeugen, mit denen auf neue rechtliche und regulatorische Herausforderungen sowie auf Veränderungen in der ökonomischen oder gesellschaftlichen Umwelt reagiert werden kann. Diese Neuerungen ereignen sich im Rahmen von Geschäften und Transaktionen, bei denen die Anwälte sichergehen wollen, dass ihre Mandanten ihre Ziele auf *legalem* Wege erreichen können. Sie entwickeln das bestehende Recht weiter, indem sie sich der Macht der juristischen Argumentation bedienen, um entweder die Vergleichbarkeit der neuen Werkzeuge mit dem zu verteidigen, was die Gerichte bereits anerkannt haben, oder um sie von Transaktionen abzusetzen, die für nichtig erklärt worden sind. Das gelingt ihnen nicht immer, aber das muss es auch nicht, damit das grundlegende Argument Bestand hat. Indem sie die bestehenden Grenzen der rechtlichen Vorschriften im Allgemeinen konstant infrage stellen und den Aufgabenbereich der Module des Codes erweitern, um sie auf immer neue Güterarten zuzuschneiden, verwandeln sie die Güter ihrer Mandanten in Kapital. Manchmal verstoßen sie dabei vielleicht gegen den Geist des Rechts, aber seine formale Einhaltung wird in Rechtssystemen, die Freiheit als Achtung subjektiver Rechte und der Privatautonomie verstehen, oft als ausreichend erachtet.

Die Macht des Privatrechts bei der Codierung von Kapital zeigt sich ferner auch in der Art und Weise, wie Verstöße gegen dieses Recht geahndet werden – denn das liegt in den Händen privater Parteien und nicht des Staates. Es gibt keine öffentliche Stelle, die gewöhnliche Vertragsverletzungen oder Verletzung von Eigentums- oder Aktionärsrechten überwacht. Der Staat greift mit seiner Polizei, seinen Staatsanwälten oder Regulierungsbehörden nur dann ein, wenn Verstöße die Schwelle zum Diebstahl, Betrug oder zur Unterschlagung überschreiten – und selbst diese Grenzen werden permanent infrage gestellt. Die Opfer geringerer Übertretungen müssen das Recht selbst in die Hand nehmen und häufig auch die Kosten dafür tragen.[17] Das ist sowohl eine Quelle der Freiheit für kreative Parteien als auch der Grund dafür, dass in wirtschaftlicher und rechtlicher Hinsicht schwächere Parteien ihre Rechte an sie abtreten müssen.

In diesem Buch haben wir Beispiele dafür gesehen, wie ein besserer Zugang zur rechtlichen Codierung die Ansprüche einiger gegenüber denen anderer begünstigt. Nachdem die Landlords das ehemals kollektiv genutzte Land eingefriedet hatten, wehrten sich die Commoners zunächst direkt vor Ort, indem sie Hecken zerstörten und die Felder umpflügten, die nun für große Schafherden oder Anbaufrüchte reserviert waren. Bald erkannten sie aber, dass sie ihren Kampf auf lange Sicht nur im Gerichtssaal gewinnen konnten, und reichten Klagen ein, von denen sie viele am Ende verloren. In ähnlicher Weise führten die Kläger, die Myriads Anspruch auf exklusive Eigentumsrechte am Brustkrebsgen BRCA (vgl. Kapitel 5) anfochten, einen harten Kampf, um den Code der Natur als »Allmende« zu schützen, zu der jedermann Zugang hat. Sie mussten sich bis zum Obersten Gerichtshof der USA durchkämpfen, um ihr Anliegen zu verteidigen, und gewannen am Schluss auch – doch das bedeutet nicht, dass die Angelegenheit auch für ähnliche Patente bereits entschieden wäre. Wer diese anderen Patente anfechten will, wird ähnliche Schlachten schlagen müssen, Patent für Patent.

Klageführer in spe stehen vor zusätzlichen Hürden. Aus gutem Grund gewährt das Recht nicht jedermann Zugang zu den Gerichten. Generell gilt die Regel, dass nur derjenige vor Gericht das »Standing« eines Klägers hat, der eine von einer Vertragsverletzung betroffene Partei, Eigentümer eines beschädigten Besitzgegenstands oder das Opfer einer schädlichen unerlaubten Handlung ist. Wäre dies nicht der Fall, so könnte jeder mit einer Beschwerde Klage einreichen, anderen damit Kosten auferlegen und das Gerichtssystem blockieren. Für die legitimen Kläger übersteigen die Kosten privater Überwachung jedoch oft ihren Nutzen, und viele Opfer werden einen Verlust erst dann feststellen, wenn es schon zu spät ist, auf seiner Grundlage eine Klage zu erheben und auf irgendeine Weise entschädigt zu werden. So können sie zum Beispiel aufgrund von Verjährungsfristen formell an der Klageerhebung gehindert sein oder auf Schwierigkeiten dabei stoßen, die für ihre Argumentation erforderlichen Beweismittel beizubringen. Zusammengenommen verschaffen diese Hürden den Codierern des Kapitals einen First-

Mover-Vorteil. Eine Praxis, die bei ihrer Einführung möglicherweise als Verletzung der Rechte anderer galt, kann sich daher ausbreiten und zu einem neuen Verhaltensstandard entwickeln, bevor sie rechtlich angefochten wird; schließlich kann es wohl kaum falsch sein, wenn jeder es so macht. Und die Gerichte könnten diesen neuen Standard sogar offiziell als solchen billigen.

Der First-Mover-Vorteil, der die Kläger strukturell benachteiligt, kann zumindest theoretisch dadurch überwunden werden, dass man den potenziellen Kandidaten für eine Klageerhebung mächtige Werkzeuge wie zum Beispiel Sammelklagen an die Hand gibt, ihnen ein Vielfaches des erlittenen Schadens zuspricht oder die Beweislast auf den Beklagten verlagert – alles bekannte Strategien, um die juristischen Kräfteverhältnisse zwischen privaten Gegenparteien wieder ins Gleichgewicht zu bringen. Es mag allerdings nicht überraschend sein, dass Kapitalinhaber sich gegen solche Arten des Ausgleichs zur Wehr gesetzt haben; vielmehr haben sie stattdessen dafür geworben, dass Sammelklagen in Ländern, in denen sie einst gang und gäbe waren, abgeschafft und dort, wo sie nicht üblich waren, verhindert wurden.[18] Sie haben ihre Verhandlungsmacht dazu genutzt, ihre Vertragspartner, einschließlich der Verbraucher, dazu zu zwingen, die außergerichtliche Streitschlichtung anstelle des ordentlichen Gerichtsverfahrens zu akzeptieren und Sammelklagen im Rahmen von Schiedsverfahren auszuschließen. In den meisten Fällen sind sie damit auch durchgekommen, weil die Gerichte nach Antworten in Rechtsordnungen suchen, die die Privatautonomie begünstigen, selbst wenn ihre Inanspruchnahme Kosten für alle anderen verursacht,[19] und weil sich die Gesetzgeber ein Bein ausreißen, um die Reichweite der Privatautonomie zu vergrößern, in der Hoffnung, damit die Wirtschaft am Laufen zu halten. Die Volksvertreter sehen nicht oder wollen nicht sehen, dass die zusätzlichen Vorteile, mit denen sie das

Kapital überschütten, in erster Linie seinen individuellen Inhabern und nicht der Gesellschaft insgesamt dienlich sind.

Die Überwachung der Grenzen des Privatrechts ist ein ständiger und kostspieliger Kampf. Die Akteure mit dem besten Zugang zu den Herren des Codes entwickeln seine Module immer weiter, um immer neue Ansprüche auf Wissen mit beständigen Prioritätsrechten zu versehen, die gegen den Rest der Welt abgesichert sind. Sie setzen darauf, dass sie nicht infrage gestellt werden, oder zumindest nicht allzu bald. Und die Zeit arbeitet zu ihren Gunsten, denn selbst wenn es ihnen nicht gelingt, in der Zukunft ein Gericht davon zu überzeugen, dass ihre spezifische Codierungsstrategie bestehen bleiben sollte, so haben sie in der Zwischenzeit doch wahrscheinlich eine Menge Reichtum eingefahren. Ein First Mover kann einen Anspruch abstecken und einfach abwarten, was passiert. Etwas anders verhält es sich, wenn die Schaffung eines Rechtsanspruchs ein explizites staatliches Handeln erfordert, wie etwa bei Patenten oder Warenzeichen. Hier hat der Vermögensinhaber nicht den Luxus des Abwartens; stattdessen muss er seinen Fall zuerst mit dem Patentamt und, falls ihm das Rechtsprivileg verweigert wird, mit den Gerichten verhandeln. Sobald das Privileg aber gewährt ist, ruht die Last, dieses neue Eigentumsrecht infrage zu stellen, auf den Schultern seines Herausforderers.

Zusammenfassend lässt sich sagen, dass der Code des Kapitals von der Unbestimmtheit des Rechts, von der Privatautonomie, die die Module des Codes in den Händen cleverer Anwälte so formbar macht, und von der Tatsache profitiert, dass aggressive Codierer in die Offensive gehen und First-Mover-Vorteile ausnutzen können. Unter diesen Bedingungen gibt es für die Inhaber von Vermögenswerten kaum einen Grund, mit dem Staat zu verhandeln, wie es den Rational-Choice-Theoretikern vorschwebt; alles, was sie brauchen, ist ein guter Anwalt, der die Fähigkeit beherrscht, ihre Güter als Kapital zu codieren. Und im Gegensatz zu den Marxisten brauchen sie auch nicht die Bastille zu stürmen, um Macht auszuüben; sie müssen nur ihre Rechtsanwälte an den großen Kreuzungen der Hauptstadt der Nation platzieren, damit sie die Ampeln steuern und auf einer grünen Welle surfen können.

Privater Code und öffentliche Gewalt

Öffentliche Gewalt ist unverzichtbar, um zu gewährleisten, dass die Attribute des Codes respektiert und durchgesetzt werden. Zwei Parteien können einen Vertrag miteinander schließen und sich an seine Bedingungen halten, aber wenn sie verhindern wollen, dass andere sich in ihre Vereinbarung einmischen, brauchen sie noch mehr. Jeder kann materielle Güter physisch kontrollieren und behaupten, dass sie schon immer sein Eigentum gewesen seien; allerdings braucht es Wachsamkeit und Ressourcen, um Vermögenswerte auf diese Art und Weise zu schützen. Wenn diese Aufwendungen nun aber sozialisiert werden können, indem der Schutz von Rechtsansprüchen an einen Staat delegiert wird, dann sparen die Vermögensinhaber enorme Kosten. Noch wichtiger ist, dass sie ihr Vermögen in diesem Fall auf Arten und Weisen nutzen können, die ansonsten einfach gar nicht verfügbar wären: Sie können Vermögenswerte besitzen, *ganz ohne* physische Kontrolle über sie auszuüben, und sogar immaterielle Güter besitzen – Vermögenswerte also, die nicht anfassbar sind und nur im Rechtscode existieren –, sie können Vermögenswerte juristischen Personen übereignen, wo sie vor ihren eigenen Gläubigern geschützt sind, und sie können sie verpfänden und sogar weiterverpfänden, ohne mehr als ein wenig Papierkram zu hinterlassen. All dies können sie nur mithilfe eines Rechts tun, das von der Macht des Staates abgesichert ist.

Private Macht und öffentliche Gewalt werden oft als Gegensätze betrachtet und so dargestellt, als feilschten sie ständig miteinander um ihre Vorrechte; das ist zumindest das Bild, das man sich in den Rational-Choice-Theorien über das Verhältnis von öffentlich und privat sowie von Staaten und Märkten macht.[20] Für die Marxisten ergibt diese Trennung zwischen öffentlich und privat dagegen wenig Sinn, weil sie der Ansicht sind, dass die herrschende Klasse den Staat und sein Recht für ihre eigenen Zwecke einspannt – sie besitzt den Staat und muss daher nicht mit ihm verhandeln. Doch beide Perspektiven erklären das in diesem Buch präsentierte Material nicht vollständig. Explizite Verhandlungen zwischen öffentlicher und privater Gewalt sind eher die Ausnahme als die Regel. Die Codierung des Kapitals erfolgt vielmehr zumeist in kleinen, einzelnen Schritten, im Rahmen privater Transaktionen und Geschäfte oder durch regulatorische Nachsicht und nur gelegentlich auch in Gerichtsverfahren. Es besteht eine spürbare Tendenz, Codierungsentscheidungen außerhalb der Öffentlichkeit zu treffen und sie privaten Anwälten (und nicht öffentlichen Gesetzgebern) und privaten Schiedsrichtern (und nicht staatlichen Gerichten) zu überlassen und auch nur dann für eine explizite Änderung des Rechts zu werben, wenn es keine andere Möglichkeit gibt, eine neue Codierungsstrategie voranzutreiben oder sie auf eine neue Art von Vermögensgegenstand auszudehnen.

Der Staat und seine Agenten, die Gerichte und Regulierungsbehörden, spielen oft eine passive Rolle. Es kommt durchaus vor, dass sie aktiv Hindernisse für neue Codierungsstrategien beseitigen oder zusätzliche rechtliche Hilfen auch auf Kapitalinhaber ausweiten – typischerweise in Gestalt von Ausnahmeregelungen für bestehende Vorschriften oder von Steuervorteilen. Meistens muss der Staat jedoch kaum mehr tun, als die Rechte anzuerkennen und durchzusetzen, die von privaten Parteien codiert wurden, um die Interessen der Kapitalinhaber zu schützen und sogar noch auszuweiten. Das bedeutet nicht, dass der Staat immer auf der Seite des Kapitals steht; in der Vergangenheit wurden Bemühungen unternommen, um ein Gleichgewicht zwischen mächtigen privaten Eigentumsrechten und öffentlichen Interessen herzustellen, was zum Beispiel in Form einer Beschlagnahme von Privateigentum geschehen kann, wenn auch nur gegen eine angemessene Entschädigung. Mehrere Rechtssysteme haben mächtige Arbeitsrechte geschaffen oder »neue Eigentumsrechte« in Form von Ansprüchen an den Staat, unter anderem auf sozialen Schutz, an Bürgerinnen und Bürger verliehen, die in einem System am kürzeren Hebel sitzen, das dazu neigt, für einige einen enormen Reichtum zu schaffen und den Rest sich selbst zu überlassen.[21] Nicht nur das Kapital ist im Recht codiert, sondern auch andere Anrechte; es ist eine Frage der gesellschaftlichen Entscheidung, wem das letzte Wort darüber überlassen wird, welche Vermögenswerte einen besonderen rechtlichen Status verdienen. Unter dem Strich hat sich das privat codierte Kapital immer wieder durchgesetzt, wenn auch nicht ohne periodische Erschütterungen, die die Gesetzgeber dazu gezwungen haben, das Spielfeld wieder ins Gleichgewicht zu bringen oder zumindest die Verluste abzumildern, denen weniger gut geschützte Personen ausgesetzt sind.

Tatsächlich vertritt Menke die Auffassung, dass der Konflikt zwischen einer liberalen Rechtsordnung einerseits, die konsequent auf den Schutz privater Rechte ausgerichtet ist, und dem Einsatz des Rechts zur Förderung gesellschaftlicher Ziele andererseits in das Gefüge der kapitalistischen Rechtsordnung selbst eingelassen ist. Eine Rechtsordnung, die die soziale Sphäre entpolitisiert hat, indem sie private Rechte ohne Rücksicht auf die Auswirkungen stärkt, die ihre Ausübung auf andere haben könnte, ist jedoch krisenanfällig. Sie führt zu »radikal asymmetrischen Machtpositionen«, die das System von innen heraus gefährden.[22] Daher bleibt dem Staat zumindest in Krisenzeiten nichts anderes übrig, als den Auswüchsen der im Recht codierten Privatrechte entgegenzuwirken.

Das wirft die Frage auf, wie es zu diesem spezifischen Verhältnis zwischen privater Macht und öffentlicher Gewalt, zwischen Privatrecht und öffentlichem Recht gekommen ist. Zweifellos manifestierte es sich von Zeit zu Zeit in revolutionären Momenten, vor allem während der Französischen Revolution und ihres (scheinbar) radikalen Umschwungs vom feudalen Privileg hin zum Privateigentum. Das Eigentum wurde zu einem Privatrecht, das nicht nur durch den Staat, sondern auch vor dem Staat Schutz genoss. Es markiert die Trennung der öffentlichen von der privaten Sphäre – so heißt es zumindest.[23] Und es ist sicherlich richtig, dass im Nachgang der Französischen Revolution viele alte Eigentumsformen formell abgeschafft worden sind.[24] Allerdings schlichen sich auch viele Privilegien der Vergangenheit in die neue Rechtsordnung ein. Die neuen Gesetzgeber leiteten zwar eine massive Reform der Eigentumsrechte ein, nahmen sich jedoch das Vorrecht heraus, Vermögensgegenstände in solche zu unterscheiden, denen die rechtliche Anerkennung zu entziehen war, und in andere, die noch zulässig waren und daher von den neuen Eliten erworben werden konnten. Die Art und Weise, wie sie diese verschiedenen Vermögenswerte klassifizierten, ließ dabei ein ausgeprägtes Bewusstsein für ihr jeweiliges wirtschaftliches Potenzial erkennen.[25] Des revolutionären Augenblicks ungeachtet, verlief die Transformation der Eigentumsrechte in Frankreich also eher schrittweise und wies mehr Kontinuitäten auf, als es die plakativen politischen Proklamationen der Revolutionäre erahnen ließen.

Ähnliche Dynamiken haben wir auch in England aus nächster Nähe gesehen, wo das absolute Anrecht des Königs auf den gesamten Grund und Boden des Landes mit den zunehmenden Ansprüchen auf absolute Eigentumsrechte seitens privater Parteien kollidierte, ein Kampf, der sich über Jahrhunderte hinweg in der Rechtsprechung und in juristischen Abhandlungen abspielte. Es war unmöglich, dass sowohl der König als auch die Privateigentümer absolute Rechte besitzen konnten; im Fall des Grundeigentums setzten sich schließlich die Privateigentümer durch, aber nur, weil sie die übergeordneten Rechte des Königs in einem Verfahren nach dem anderen abtrugen. Die neue verfassungsmäßige Ordnung, die allmählich aus den Kämpfen vor Ort und in den Gerichtssälen hervorging, war dann auch nicht mehr von Ad-hoc-Privilegien bestimmt, die die Krone ihren Untertanen gewährte, sondern vom Recht.[26] Doch wie inzwischen klar sein sollte, gibt es viele Möglichkeiten, ein Privileg im Recht zu verankern, wenn man die Kontrolle über den Prozess der rechtlichen Codierung erlangen kann.

Die nationalen Rechtsordnungen, die im späten 18. Jahrhundert entstanden, bekräftigten die Unantastbarkeit der Privatautonomie, des Vertrags- und des Eigentumsrechts und stellten diese individuellen Rechte über andere – über die der Commoners, die vom Land vertrieben wurden, der verschuldeten *Paupers*, die bis weit ins 19. Jahrhundert hinein ins Gefängnis mussten, wenn sie ihre Schulden nicht beglichen (obwohl die bessergestellten Kaufleute dem gleichen Schicksal entgingen), und über die Rechte der Arbeiter, deren Versuche, sich zu organisieren, um ihre Verhandlungsposition zu stärken, zum Beispiel in den USA dadurch zunichtegemacht wurden, dass man den Gewerkschaften mit dem Kartellrecht zu Leibe rückte.

Staatliche Maßnahmen zur Stärkung der Rechte der Unterprivilegierten wurden stets mit Argwohn betrachtet und als potenzielle Verletzung privater Rechte dargestellt; als Privilegien, aber nicht als Rechte. Letztere galten nicht nur als überlegen, sondern auch als qualitativ andersartig, weil sie von Gott oder der Natur stammten oder durch Effizienzbehauptungen rationalisiert werden konnten. Die Globalisierung hat die Macht des Kapitals weiter gestärkt, das mittlerweile über die Möglichkeit verfügt, aus einem Menü von Rechtssystemen dasjenige auszuwählen, das seinen Interessen am besten dient; es hat wenig Grund, nach Hause zurückzukehren, und sieht deshalb auch keinen Anlass, ein Gleichgewicht zwischen seinen eigenen Forderungen nach rechtlichem Beistand und ähnlichen Ansprüchen anderer zu suchen. Sind die Forderungen von Kapitalinhabern erst einmal im Recht gegründet, dann sorgen sie für einen Trickle-up- und vielleicht auch einen Trickle-round-Effekt, nämlich zugunsten anderer ambitionierter Vermögensinhaber rund um den Globus, allerdings ohne Garantie für irgendein Trickling-down.

Vagabundierendes Kapital

Es ist ziemlich in Mode gekommen, Herrscher und Staaten mit Banditen zu vergleichen. Charles Tilly verglich den Prozess der Staatenbildung im frühneuzeitlichen Europa mit dem organisierten Verbrechen:[27] Zuerst kämpften die Gangster um Territorien, bis sich ein Sieger herauskristallisierte, der die Grenze des eroberten Gebietes gegen äußere Feinde sicherte. Um seine Herrschaft zu stabilisieren, musste er auch den Frieden im Inneren sichern, und zu diesem Zweck baute er Koalitionen auf, bezahlte die Anhänger seiner Mitstreiter und zog mit ihrer Hilfe Ressourcen von Dritten ein, um externe und interne friedenserhaltende Maßnahmen zu finanzieren. Auf ähnliche Weise hat Mancur Olson alternative politische Systeme als Herrschaft entweder vagabundierender oder sesshafter Banditen geschildert.[28] Vagabundierende Banditen verfolgen eine Strategie der verbrannten Erde; sie ziehen von Ort zu Ort, nehmen sich aus jedem so viel, wie sie brauchen, und sobald sie die Ressourcen des einen erschöpft haben, ziehen sie weiter, um den nächsten

Ort zu plündern. Sesshafte Banditen hingegen lernen, den Menschen, die sie unterjocht haben, genug übrig zu lassen, damit sie ihnen Ressourcen auf lange Sicht entziehen können. Sie nehmen den gesamten Rahm und auch den Großteil der Milch an sich, lassen aber genug zurück, damit sich die Ressourcen wieder erholen, auf die sie angewiesen sind. Die sesshaften Herrscher sind ebenfalls Banditen, aber zum Behufe wirtschaftlichen Wachstums und Fortschritts freundlicher gesinnt als ihre umherziehenden Brüder.

Übertragen wir Olsons Metaphorik von den Staaten auf das Kapital, dann könnten wir sagen, dass zu der Zeit, als Adam Smith das Bild von der unsichtbaren Hand entwarf, das Kapital zumeist sesshaft war. Es wagte sich zwar an fremde Gestade, kehrte aber immer wieder nach Hause zurück, um die Institutionen vor Ort zu seinem Vorteil zu nutzen, wobei die Vermögensinhaber in diesem Zuge zwangsläufig einen Teil ihrer Gewinne mit ihren Nachbarn in der Heimat teilen mussten. Im Gegensatz dazu ist das heutige Kapital von der vagabundierenden Art; es hat und braucht kein (physisches) Zuhause und zieht stattdessen auf der Suche nach neuen Gelegenheiten von Ort zu Ort. Da es auf das Recht angewiesen ist, um zu gedeihen, kann es nicht vollkommen bindungslos werden; es braucht immer die helfende Hand eines Staates, aber, und das ist entscheidend, nicht unbedingt seines Heimatstaats. Jeder Staat genügt, der die rechtliche Codierung des Kapitals anerkennt und durchsetzt.

Staaten haben sich aktiv an der Umwandlung von sesshaftem in umherstreifendes Kapital beteiligt, indem sie rechtliche Barrieren abgebaut und die Privatautonomie seiner Inhaber gestärkt haben. Sie haben es privaten Akteuren gestattet, sich das Recht auszusuchen, dem ihr Vermögen unterliegen soll, ohne dass diese damit den Zugang zur zwangsweisen Rechtsdurchsetzung ihrerseits eingebüßt hätten, sie haben dem ausländischen

Kapital ihr eigenes Recht für seine Geschäfte im In- und Ausland zur Verfügung gestellt und außerdem mit anderen Staaten vereinbart, die Deals, die jeder von ihnen dem Kapital innerhalb seiner eigenen Grenzen anbietet, gegenseitig anzuerkennen. Polanyi behauptete in den 1940er Jahren, als er versuchte, dem Zusammenbruch der Rechts- und Gesellschaftsordnungen im Herzen Europas einen Sinn abzugewinnen, dass der Fernhandel die Gesellschaften dem Marktprinzip unterwarf, und zwar mit der Hilfe des Staats; heute könnte man noch ergänzen, dass die Globalisierung diesen Prozess vervollkommnet hat. Deren Befürworter haben seine Warnung in den Wind geschlagen, dass diese radikale Transformation eine der Hauptursachen für den Aufstieg von Kommunismus und Faschismus zu Beginn des 20. Jahrhunderts war.[29]

Tatsächlich ist die Globalisierung das Produkt stark erweiterter Wahlmöglichkeiten für die Codierer des Kapitals. Wettbewerb, auch der rechtliche und regulatorische, kann Innovation und Wandel fördern und sollte daher begrüßt werden.[30] Das Vorhandensein einer Vielzahl von Rechtsordnungen, aus denen im Mittelalter zumindest einige Akteure wählen konnten, wurde beispielsweise als ein entscheidender Faktor für die Förderung der Rechtsstaatlichkeit angeführt, weil der Rechtswettbewerb zur Begrenzung der Macht des Staates eingesetzt wurde.[31] Er verschaffte Personen, die rechtlichen Schutz begehrten, die Möglichkeit, zwischen mehreren Rechts- oder Gerichtssystemen zu wählen, und trug so dazu bei, offene Korruption und Vereinnahmung zu bekämpfen. Der Rechtswettbewerb unterscheidet sich allerdings von dem um Güter und Dienstleistungen, denn sein Ziel ist das Recht, also das Mittel, durch das Gesellschaften regiert werden oder sich selbst regieren.

Hinzu kommt noch, dass der Rechts- und der Regulierungswettbewerb nicht für alle gleichermaßen verfügbar sind. Albert Hirschman hat die Machtdynamik in Organisationen – einem

Unternehmen, einem Verband oder einem Staat – dadurch erhellt, dass er behauptet hat, jedes Mitglied einer solchen Organisation habe im Wesentlichen drei Optionen: Ausstieg (*exit*), Widerspruch (*voice*) und Loyalität (*loyalty*).[32] Ihre Angehörigen können mit ihren Händen oder mit ihren Füßen abstimmen; wenn beides nicht funktioniert, haben sie keine andere Wahl, als loyal zu sein. In großen Organisationen mit vielen Angehörigen haben nur wenige eine wirksame Widerspruchsmöglichkeit; deshalb ist es so wichtig, über eine Ausstiegsoption zu verfügen. Nicht alle haben jedoch die gleichen Ausstiegsmöglichkeiten. Es braucht Ressourcen, um sich physisch, und es braucht das Recht und gute Anwälte, um sich legal bewegen zu können. Darüber hinaus erlaubt es die gegenwärtige rechtlich konstruierte Weltordnung den Vermögensinhabern, die Vorzüge des Rechts- und Regulierungswettbewerbs voll auszuschöpfen, während sie natürliche Personen auf das Land ihrer Staatsangehörigkeit restringiert. Juristische Personen können einfach um den Globus ziehen und ihre Eigentümer bereichern und die Kapitalinhaber sich die Rechtsordnung suchen, die ihnen den besten Schutz bietet. Im Gegensatz dazu werden natürliche Personen an den Grenzen aufgehalten und können diese, wenn überhaupt, nur mit einem Visum überqueren. Solange aber einige eine gangbare Ausstiegsmöglichkeit haben, können sie diese zu einem Druckmittel, ja sogar zu einer Geschäftsstrategie machen: Bekommen sie von einem Staat nicht das, was sie wollen, drohen sie mit ihrem Fortgang, entweder physisch oder, noch billiger, indem sie das Recht eines anderen Landes für ihre Codierungszwecke nutzen. Denn für das umherstreifende Kapital ist das Recht eines bestimmten Staates nur eine Option, an dem sich seine Inhaber und deren Meistercodierer nur dann orientieren werden, wenn es größeren Reichtum verspricht als das eines anderen Staates.

Den Code beherrschen

Jede Gesellschaft steht vor der grundlegenden Frage, wie sie sich selbst regieren soll. Dabei geht es nicht nur um die Wahl zwischen Demokratie und Autokratie, parlamentarischem und präsidentiellem System oder um verfassungsmäßige Befugnisse oder das Wahlsystem; es geht auch um die Entscheidung über die Erzeugung und Verteilung von Reichtum, und dazu gehören auch die rechtlichen Instrumente zur Codierung von Kapital.

Wenn die Fähigkeit, privaten Reichtum zu schaffen oder abzusichern, im Recht codiert ist, wie ich in diesem Buch immer wieder behauptet habe, dann ist die Macht, die Codierung von Kapital zu kontrollieren, ausschlaggebend für die Verteilung des Reichtums in der Gesellschaft. Es ist leicht, sich darauf zu einigen, dass der Staat Eigentumsrechte schützen und Verträge durchsetzen sollte. Wichtiger, obgleich weniger häufig gestellt, ist allerdings die Frage, wer bestimmt, welche Güter oder Ansprüche es verdienen, als Eigentum codiert zu werden oder einen den Eigentumsrechten gleichwertigen Rechtsschutz zu erhalten. Dies ist weitgehend zu einer Sache der privaten Entscheidung geworden, die in den meisten Fällen von den gegenwärtigen oder künftigen Kapitalinhabern selbst getroffen wird.

An einer privaten Entscheidung ist nichts verkehrt – solange sie nicht anderen Personen Lasten aufbürdet oder sie ihnen, sich dabei auf die Macht des Staates stützend, aufzwingt, denn das riecht nach *Moral Hazard* und Unwirtschaftlichkeit.[33] Dennoch ist die Praxis der Kapitalcodierung weitgehend ausgenommen von der intensiven Kontrolle, die über andere vom Staat gewährte Arten von Privilegien oder Subventionen ausgeübt wird. Das Recht wird als gegeben angenommen, als etwas den Vermögenswerten Äußerliches, die die Vorboten des Reichtums sind, und die Aussage, dass die eigenen Handlungen »rechtmäßig« seien, dass sie auf Rechten basieren, stößt auf große Achtung. Die Aura von Autorität immunisiert die rechtliche Produktion von Reichtum in der Gesellschaft dagegen, politisch hinterfragt zu werden. Die Verrechtlichung von Privatinteressen hat wesentliche Fragen der Selbstregierung damit entpolitisiert.

Subventionen und andere »Privilegien« werden typischerweise mit großem Misstrauen beäugt, weil sie als marktverzerrend angesehen werden und zu Unwirtschaftlichkeit und sogar Korruption führen. Die rechtlichen Schutzmaßnahmen, die das Kapital genießt, dürften allerdings wohl die Mutter aller Subventionen sein. Denn ohne die Module des Codes und die Möglichkeit, sie nach eigenem Belieben auszugestalten, gäbe es weder Kapital noch Kapitalismus. Die Module des Codes sind zwar gebrauchsfertig erhältlich, aber ihre Macht hängt dennoch von der weithin geteilten Erwartung ab, dass sie, wenn nötig, von der Staatsmacht durchgesetzt werden. Die Herren des Codes wissen, wie man Kapital codiert, ohne dabei die Garantie auf Durchsetzbarkeit zu verlieren. Sie brauchen vorab nicht den Segen des Staates und können sich für ein privates Schiedsverfahren entscheiden oder Vergleiche aushandeln, um ihre privaten Codierungsstrategien vor den Gerichten als den Hütern des Rechts – und nicht nur vor den privaten Ansprüchen der Gegenpartei – abzuschirmen. Dennoch ist das Kapital in mehr als einer Hinsicht auf den Staat und seine Macht angewiesen. Seine Inhaber brauchen diese Macht nämlich in Krisenzeiten, wenn nur eine staatliche Intervention den Zusammenbruch des Wertes ihrer Vermögensgegenstände verhindern kann, eine Intervention aus der Angst heraus, dass ansonsten das gesamte System kollabieren könnte. Bei diesen Ad-hoc-Rettungsaktionen regiert das »feudale Kalkül« ganz unverhohlen;[34] es ist allerdings in jeder Ausnahmeregelung und jeder Sonderbehandlung, die das Kapital und seine Inhaber genießen, ebenso präsent.[35]

Das feudale Kalkül steht in einem direkten Spannungsverhältnis zum Anspruch demokratischer Gemeinwesen, für die das Recht das wichtigste Instrument der kollektiven Selbstregierung ist. In der gegenwärtigen Konfiguration von privatem und öffentlichem Recht dient dieses Instrument eher dem Kapital. Wachsende Ungleichheit ist die logische Folge einer Rechtsordnung, die systematisch die Vermögenswerte einiger Vermögensinhaber privilegiert und die anderer nicht. Das gilt besonders in einer globalisierten Welt, in der staatliche Interventionen zum Nutzen der weniger Begünstigten so leicht dadurch bestraft werden können, dass das Kapital dem Ausgang zustrebt. Die natürliche Folge eines solchen Systems ist dann zunehmende Ungleichheit und die Entrechtung der demokratischen Wählerschaft, »Wir, das Volk«, wie es in der Präambel der US-Verfassung heißt, bei der Entscheidung darüber, ob und wie das Recht zum Schutze einiger auf Kosten anderer eingesetzt werden sollte.

Sogar die *Financial Times*, sozialistischer Tendenzen kaum verdächtig, hat kürzlich einen neuen Gesellschaftsvertrag zwischen Kapital und Gesellschaft gefordert.[36] Dieser Vorschlag setzt allerdings voraus, dass es immer noch eine wohlgeordnete Gesellschaft gibt, die dem Kapital eventuell die Stirn bieten könnte, und außerdem, dass das vagabundierende Kapital überhaupt ein Interesse daran hat, einen Deal mit der Gesellschaft abzuschließen, aus der es sich mithilfe des Rechts doch gerade in Sicherheit gebracht hat. Die Wahrheit ist, dass in einer Welt, in der gut codiertes wanderndes Kapital einer diffusen und unorganisierten Öffentlichkeit gegenübersteht, die auch noch über diverse Gemeinwesen verstreut ist, ein Gesellschaftsvertrag unerreichbar ist, selbst dann, wenn das Kapital selbst ihn um seines eigenen Überlebens willen gerne hätte.

Als Reaktion darauf haben sich frustrierte Wähler gegen ihre eigenen Führer gewandt und sie gezwungen, diejenigen ernst zu nehmen, die durch eine jahrzehntelange Politik auf der Strecke geblieben sind, die die meisten Schutzmaßnahmen für Arbeitsplätze abgebaut und die Erwartungen der einfachen Menschen ohne Vermögen oder Vermögenswerte, die besonderen rechtlichen Schutz genießen, hat sinken lassen. Diese Wähler spüren, dass sie die Kontrolle über die Gestaltung ihres eigenen Schicksals durch das Werkzeug verloren haben, das sie immer für selbstverständlich gehalten haben: das Recht, das ihre Legislative beschließt, und die Verfahren, über die ihre Gerichte urteilen. Die Schuld daran anderen Staaten, supranationalen Organisationen wie der Europäischen Union oder, was am bequemsten ist, natürlichen Personen ohne oder mit nur einem ausländischen Pass zuzuschieben, dürfte kaum eine Lösung sein, wenn sich die wahren Gewinner in Wirklichkeit vor aller Augen und mitten unter ihnen verbergen und das Recht benutzen, um ihr Kapital zu fertigen.

Damit die Demokratie in kapitalistischen Systemen die Oberhand behalten kann, müssen die Gemeinwesen die Kontrolle über das Recht zurückgewinnen, das einzige Instrument, mit dem sie sich selbst regieren können, und das muss auch die Module des Codes des Kapitals beinhalten; zum allermindesten müssen sie die vielen rechtlichen Privilegien zurücknehmen, die das Kapital noch über diese Module hinaus genießt. Ohne eine weitere massive Finanzkrise und ihre unabsehbaren Folgen mag eine grundlegende Umstrukturierung der Rechtssysteme, die den Kapitalismus aufrechterhalten, unmöglich sein. Es steht zu viel auf dem Spiel, und die Begründung »aber es ist rechtmäßig« ist mächtig und potenziell teuer; die Inhaber von Vermögenswerten, die gegenwärtig den Status von Eigentumsrechten oder ähnlichen Vorrechten genießen, werden schließlich eine Entschädigung für ihre Enteignung verlangen, sollte der Umfang ihrer gesetzlichen Rechte beschnitten werden. Und angesichts der Menge an Vermögen, das im Eigentums-, Kreditsicherungs-, Trust- und Gesellschaftsrecht eingebunden ist, dürfte eine friedliche oder finanziell tragbare Neugestaltung des Rechts durchaus nicht in greifbarer Nähe sein.

Trotzdem verschafft die Tatsache, dass das Kapital von staatlichem Recht und der staatlichen Durchsetzung privater Verträge und Verpflichtungen abhängt, Gesetzgebern und Gesetzgebungen, Gerichten und Regulierungsbehörden Handlungsoptionen. Wenn sie sich von der geistigen (und in einigen Fällen auch finanziellen) Einflussnahme des Kapitals befreien können, können sie daran mitwirken, das Projekt der demokratischen Selbstverwaltung voranzutreiben. Die grundlegende Aufgabe bestünde darin, die Kontrolle der derzeitigen Vermögensinhaber und ihrer Anwälte über den Code des Kapitals zurückzudrängen, indem man die den Letzteren zur Verfügung stehenden Wahlmöglichkeiten bei der Kapitalcodierung begrenzt, aber auch, indem Vermögenswerten (und ihren Inhabern), die in der Vergangenheit vernachlässigt wurden, ein besonderer rechtlicher Schutz gewährt wird.

Ein erster Schritt in diese Richtung wäre eine unmissverständliche Anordnung, damit aufzuhören, dem Kapital über die grundlegenden Module des Codes hinaus noch weitere rechtliche Privilegien anzubieten. Die Standardantwort auf Fragen nach weiteren Ausnahmen, Sonderregelungen oder steuerlichen Vorzugsbehandlungen sollte ganz einfach »nein« lauten. Behauptungen, dass dadurch einigen Akteuren die Möglichkeit vorenthalten würde, den Kuchen zum Wohle aller zu vergrößern, sollten mit Argwohn betrachtet werden, da die Erfahrungen der Vergangenheit zeigen, dass selbst große Kuchen für gewöhnlich allein oder ausschließlich zusammen mit geladenen Gästen verspeist werden. Wer immer behauptet, dass sich individuelle private Gewinne in einer Verbesserung des gesellschaftlichen Wohlergehens niederschlagen werden, sollte die Beweislast dafür übernehmen, die Mechanismen aufzuzeigen, mit denen dieses Kunststück vollbracht wird. Genug Gewinke mit der unsichtbaren Hand – wie dieses Buch gezeigt hat, ist die rechtliche Infrastruktur dafür, dass versierte Vermögensinhaber die vollen Erträge ihres egoistischen Handelns einfahren können, schon längst installiert worden. Wir brauchen echte Argumente und Beweise und keine Märchenerzählungen, um zu zeigen, dass die Gesellschaften, die den Rechtscode bereitstellen, auch ihren Anteil bekommen.

Als Nächstes sollte die Wahl der Rechtsordnung, die für die eigenen Interessen am günstigsten ist, erschwert werden. Einige mögen diese Maßnahme als Protektionismus anprangern; tatsächlich ergibt sie sich aber aus den Grundprinzipien der demokratischen Selbstregierung. Demokratische Gemeinwesen regieren sich selbst durch das Recht, und je mehr Schlupflöcher es für manche gibt, durch die sie sich dem Zugriff dieses Rechts entziehen können, desto weniger effektiv wird diese Selbstregierung sein. Es sollte zwar Raum für eine wechselseitige Anerkennung unter den Staaten zur Vermeidung doppelter Regulierungsmaßnahmen und -belastungen geben, aber viel weniger Möglichkeiten für Vermögensinhaber, sich auf eine Shoppingtour auf der Suche nach der für sie vorteilhaftesten Rechtsordnung zu begeben. Um dieses Ziel zu erreichen, wäre ein koordiniertes Vorgehen der Staaten wünschenswert, ist aber nicht unbedingt erforderlich. Denn die Kollisionsnormen, die die rechtliche Mobilität des Kapitals erleichtern, sind Teil innerstaatlicher Rechtsordnungen und größtenteils nicht im internationalen Vertragsrecht verankert. Deshalb können sie auch von einem Staat nach dem anderen wieder zurückgenommen werden.[37] Eine solche Vorgehensweise mag zwar den Zorn ausländischer Investoren erregen, und inländische Kapitalinhaber können mit ihrem Abgang drohen, doch die Umsetzung dieser Drohung würde für viele ziemlich kostspielig werden. Und auch wenn sie durchaus real sind, so sollten die wirtschaftlichen Folgen, die der Ausstieg einiger von ihnen haben könnte, gegen den gesellschaftlichen und politischen Nutzen abgewogen werden, den die Aufrechterhaltung der Möglichkeit zur Selbstregierung bedeutet. Übrigens könnte die Einschränkung der Wahl des Gründungsorts für ein Unternehmen eine wirksamere Waffe gegen die Steuerflucht darstellen als das Blacklisting von Ländern, die wettbewerbsfähige Steuersätze anbieten. Wenn eine Kapitalgesellschaft nur als juristische Person allein zum Zweck der Steuervermeidung oder zur Ausnutzung einer Regulierungsarbitrage existiert, warum sollte man sie dann überhaupt als juristische Person anerkennen?[38]

Drittens kann die Schiedsgerichtsbarkeit oder der private Vergleich eine gute Möglichkeit sein, Streitigkeiten zwischen Parteien mit ungefähr gleicher Verhandlungsmacht und in Angelegenheiten, die andere nicht betreffen, beizulegen. Es ist eine Sache, wenn private Schiedsrichter einen Vertragsstreit lösen; ganz anders verhält es sich, wenn sie über Fragen von gesellschaftlichem Interesse befinden sollen, wie dies bei Streitigkeiten zwischen Investoren und Staaten der Fall ist, wenn sie in wichtige politische Fragen wie das Kartellrecht oder in andere Regulierungsbereiche eingreifen oder wenn sie Fälle zwischen Parteien mit höchst ungleicher Verhandlungsmacht entscheiden, zum Beispiel Streitigkeiten zwischen Unternehmen und Verbrauchern.

Viertens bürdet das Kapital anderen oft kostspielige Externalitäten auf, besonders dann, wenn Vermögensbesitzer die Rechtssicherheit, die ihnen wohlkonzipierte Codierungsstrategien verschaffen, mit garantierten zukünftigen Profiten verwechseln. Den Aufbau des eigenen Vermögens auf solche falschen Voranname zu gründen endet in der Regel nicht nur mit Tränen, sondern in einer Krise, die vielen anderen Kosten auferlegt, nicht nur den privilegierten Vermögensinhabern. Wie jede negative Externalität muss auch diese proaktiv bekämpft werden. Nichts deutet darauf hin, dass die Vermögensinhaber jemals die sozialen Kosten vollständig internalisieren werden, die mit der Auslotung auch wirklich jeder Gesetzeslücke oder Unklarheit zwecks Vermeidung von Regulierungskosten ohne den gleichzeitigen Verlust des erforderlichen Rechtsschutzes verbunden sind. Vielmehr werden sie alles nehmen, was sie bekommen können, und, wenn sich eine Krise abzeichnet, auf den Ausgang zusteuern oder alternativ den Staaten eine Put-Option zu ihrem Schutz anbieten, da sie andernfalls die Implosion des gesamten Systems riskieren – ein Angebot, das die Staaten normalerweise nur schwer ablehnen können. Zu warten, bis die Krise zuschlägt, anstatt ihr vorzubeugen, ist daher eine Einladung für Rettungsaktionen, denn Staaten werden immer »alles tun, was nötig ist«, um Stabilität zu gewährleisten, da ihre eigene Herrschaft davon abhängt.

Fünftens werden die Rechte und Bestimmungen, die die Möglichkeit beschneiden, die für die Umwandlung einfacher Güter in Kapitalgüter notwendigen Rechtsmodule frei zu wählen, genauso wie sämtliche weiteren regulatorischen Einschränkungen, die die Externalitäten begrenzen sollen, die die Kapitalinhaber allen anderen auferlegen, natürlich sofort in dem Moment unter Beschuss geraten, in dem das Kapital vom Rand des Abgrunds weggezogen worden ist – typischerweise mit Unterstützung eines Staates, wenn auch nicht unbedingt seines Heimatstaates. Um dann der Tendenz des Kapitals entgegenzuwirken, seinen Einfluss auf Gesetzgeber und Regulierungsbehörden wiederzuerlangen, sind neue Mechanismen erforderlich, die denjenigen eine Stimme geben, die in einer Krise am meisten zu verlieren haben. Dazu kann es gehören, die betroffenen Parteien zu ermächtigen, im Nachhinein Schadenersatz zu fordern, und zwar in finanziellen Größenordnungen, die eine effektive abschreckende Wirkung entfalten können.[39] Hierbei muss das Rad nicht neu erfunden werden, da ein Strafschadenersatz in dreifacher Höhe, Sammelklagen oder einstweilige

Verfügungen schon lange Teil des juristischen Instrumentariums sind, das Gesetzgeber und Gerichte entwickelt haben, um für ausgeglichene Wettbewerbsbedingungen zu sorgen. Nicht jeder Mechanismus wird aber für jedes Rechtssystem geeignet sein, weshalb es eine genaue Anpassung brauchen wird, aber es liegt auf der Hand, dass es nicht ausreicht, die Beobachtung und Kontrolle des Kapitals staatlichen Regulierungsbehörden zu überlassen. Die Geschichte des Kapitals deutet darauf hin, dass die Vermögensinhaber selbst, genauso wie ihre Anwälte, dazu neigen, zu spät zu wenig zu tun und die Kosten ihrer bisherigen Codierungsstrategien auf den Rest der Gesellschaft abzuwälzen.

Sechstens sollten uralte Limitierungen der Kapitalcodierung, die im Laufe der Zeit abgebaut wurden, wiederbelebt werden. Ein guter Anfang wäre der Grundsatz, dass rein spekulative Verträge, die man auch Wetten nennen könnte, nicht vor einem Gericht durchsetzbar sind. Die Abschaffung dieser altbewährten Doktrin mit dem Argument, dass es nicht mehr möglich sein dürfe, zwischen gutem Kapital und schlechter Spekulation zu unterscheiden, spricht Bände. Andere haben darauf hingewiesen, dass der amerikanische Commodities Futures Modernization Act aus dem Jahr 2000 wesentlich zum Siegeszug der Derivate, von denen viele ausschließlich zu Spekulationszwecken eingesetzt wurden, beigetragen hat.[40] Es mag zwar möglich sein, Kreditderivate stattdessen auch zu Absicherungszwecken zu verwenden, aber die Beweislast dafür sollte bei ihren Verwendern und nicht bei der breiten Öffentlichkeit liegen, und es gibt wenig Grund, solchen Vermögenswerten zusätzliche Privilegien zu gewähren, indem man ihnen zum Beispiel konkursrechtliche Ausnahmeregelungen gewährt. Das folgt bereits aus dem ersten Grundsatz: Keine zusätzlichen rechtlichen Privilegien für Vermögenswerte, die bereits die Privilegien des Rechtscodes genießen.[41]

Siebtens spricht vieles dafür, dass die Demokratien ihre Kräfte bündeln und diese Strategien gemeinsam verfolgen sollten, um sich nicht in einen Regulierungswettlauf zu begeben. Dies erfordert nicht unbedingt einen konzertierten Akt der Rechtsharmonisierung, der zu langsam und zu sehr von Partikularinteressen beeinflusst wäre. Solange eine bedeutende Anzahl von Ländern einige Änderungen in die oben vorgeschlagene Richtung vornimmt, würden sich die Dinge schon verbessern. Im Idealfall sollten diejenigen Gemeinwesen, die die Rechtssysteme im Zentrum der globalen Finanzwelt unterhalten, nämlich die USA (oder erst einmal der Staat New York) und Großbritannien, die Führung übernehmen. Das ist im Augenblick jedoch noch nicht sehr wahrscheinlich, trotz der heftigen politischen Gegenreaktionen, mit denen sich beide Länder derzeit im Inneren befassen müssen. So haben die britischen Wähler ihre Regierung gezwungen, sich von Europa zu verabschieden – in der irrigen Annahme, dass Brüssel und nicht »die City« die Ursache für ihre missliche Lage sei. Und in den Vereinigten Staaten hat Präsident Trump zwar die Stimmung eines Teils der Wählerschaft erspürt, die das Gefühl hat, die Kontrolle über ihre Zukunft verloren zu haben, nutzt aber leider die Unterstützung seiner Basis nicht, um Falsches wieder geradezurücken, sondern, um Kämpfe mit allen Institutionen im In- und Ausland vom Zaun zu brechen, die seiner Vision von einem starken Amerika im Wege stehen. In der besten aller möglichen Welten werden die internen Auseinandersetzungen dieser beiden Länder eine neue Öffnung ermöglichen, bei der sogar das umherziehende Kapital einräumt, dass es ohne einen zuverlässigeren Staat im Zentrum des globalen kapitalistischen Systems ebenfalls verlieren könnte, und damit den Weg für eine neue Austarierung der Interessen des Kapitals mit anderen gesellschaftlichen Zielen frei machen. Die Hoffnung ist, dass dies ohne eine Krise von dem Ausmaß geschehen wird, wie es Polanyi befürchtete, was ihn dazu veranlasst hat, vor der Zersetzung der Gesellschaft durch das Marktprinzip zu warnen, gegen das die Gesellschaft am Ende rebellieren wird.

Und schließlich sind da noch die Anwälte, die Herren des Codes des Kapitals. Nicht alle von ihnen sind auf diesem Gebiet tätig, und selbst diejenigen, die es sind, haben nur selten mit diesem Ziel vor Augen die juristische Fakultät besucht. Doch der Markt für junge Anwälte, die Vergütungsstruktur in den Anwaltskanzleien und der unerbittliche Zwang, Mandanten zu rekrutieren, um es bis zum Partner zu bringen, stellen kaum Anreize für sie dar, ihre Fähigkeiten auf kreative Weise für andere Zwecke einzusetzen als für die des Kapitals. Zudem haben viele angesichts der hohen Kosten, die ihnen gerade in den Vereinigten Staaten für ihr Studium entstehen, und der Schulden, die sie dabei anhäufen, gar keine realistische Alternative dazu, zumindest den ersten Abschnitt ihrer Karriere in seinen Dienst zu stellen. Einige Rechtsfakultäten verzichten rückwirkend auf die Studiengebühren bestimmter Absolventen, die nach Abschluss des Studiums in unterbezahlten Jobs etwa bei Nichtregierungs- oder Menschenrechtsorganisationen tätig sind. Allerdings ist klar, dass nur wenige dieser Fakultäten überleben würden, wenn die Mehrheit ihrer Studierenden diesen Karriereweg einschlagen würde.[42] Wenn die Anwälte wirklich unabhängig werden wollen vom Kapital, dann müssen wir noch einmal gründlich darüber nachdenken, wie die juristische Ausbildung finanziert werden kann und wie man die Entlohnung in führenden Kanzleien strukturiert. Ohne diese strukturellen Veränderungen sind Vorschläge, den Rechtsanwälten mehr Unterricht im Fach Ethik angedeihen zu lassen, wahrscheinlich ziemlich fruchtlos.

Diese Roll-back-Strategien sind vielleicht weniger, als sich manche Leserinnen und Leser erhofft haben. Dennoch besteht eine der wichtigsten Lektionen der Kapitalcodierung darin, dass ein beharrlicher Inkrementalismus die Interessen der Kapitalinhaber gefördert hat, und der gleiche beharrliche Inkrementalismus kann, so meine ich, auch eine tragfähige Strategie sein, um zurückzuschlagen und dafür zu sorgen, dass demokratische Gemeinwesen sich selbst durch das Recht regieren können.

Recht ohne Kapital?

Es gibt kein Kapital ohne Recht, denn nur das Recht kann Vermögenswerte mit Priorität, Beständigkeit, Konvertibilität und Universalität ausstatten und damit seine Inhaber privilegieren. Der Kapitalismus existiert, weil moderne Rechtssysteme auf und um individuelle subjektive Rechte aufgebaut sind und den Staat in den Dienst des Schutzes dieser Rechte stellen. Und obwohl sie als negative Rechte gegenüber dem Staat formuliert sind, wurden sie verkehrt in einen Anspruch auf positiven Schutz durch den Staat gegen die Einmischung anderer, einschließlich der eigenen Mitbürger.[43] Als negative Rechte werden sie effektiv dazu benutzt, den Staat daran zu hindern, einen ähnlichen Rechtsschutz auch für andere Interessen zu schaffen und nicht nur für die Vermögenswerte, die die Kapitalinhaber selbst auswählen. In Rechtssystemen, die auf diese Weise eingerichtet sind, wird das Kapital auch weiterhin herrschen und das Recht sein wichtigstes Werkzeug bleiben. Eine Rücknahme der rechtlichen Privilegien für bestimmte Vermögenswerte, wie sie oben vorgeschlagen worden ist, wird das Spiel daher nicht verändern; sie wird nur die einseitige Ermächtigung des Kapitals ausgleichen und den Kapitalismus dadurch nachhaltiger machen.

Die Tatsache, dass das Kapital nicht ohne das Recht regieren kann, impliziert nicht auch den umgekehrten Fall, nämlich dass das Recht nicht zum Schutz anderer, dem Kapital ebenbürtiger Interessen eingesetzt werden könnte. Man könnte zum Beispiel den Code und seine Module dazu nutzen, um andere zu ermächtigen, die das Imperium des Rechts zumeist von unten erlebt haben: als Verlierer der Kämpfe um die Einhegung von Land, Wissen oder Natur, als meist unfreiwillige Träger der Risiken eines Finanzsystems, das in erster Linie dem einen Prozent an der Spitze zugutekommt, oder als Beschäftigte in Unternehmen, denen der Schutz vorenthalten wird, der den Erwartungen der Aktionäre auf künftige Gewinne bereitwillig zugestanden wurde.

Wir haben bereits mehrere Beispiele für eine solche Strategie diskutiert. Erinnern wir uns etwa an das Bestreben der Maya in Belize, ihre indigenen Nutzungsrechte nach der Verfassung ihres Landes als Eigentumsrechte anerkannt zu bekommen, an die Fähigkeit von Interessengruppen von Wissenschaftlern und Patienten, sich erfolgreich gegen die Patentierung von Genen zu wehren, oder an die Bewegungen zum Schutz von Open Source in der digitalen Welt.[44] Oftmals sind diese kreativen Strategien zum Einsatz der Macht des Rechtscodes zu unterschiedlichen Zwecken nur von zeitweiligem Erfolg gekrönt. Im Fall der Maya, der in Kapitel 2 dieses Buches erörtert wird, erkannte das höchste Gericht von Belize jahrhundertealte Nutzungspraktiken als Eigentum an, während es die Regierung selbst vorzog, sich auf die Seite des Kapitals zu schlagen. Es gibt keinen besseren Beweis dafür, dass Eigentumsrechte ohne staatliche Rückendeckung nicht viel wert sind, und wenn sie keine Rendite und also auch keine Steuereinnahmen für den Staat versprechen, haben sie offenbar auch nur geringere Chancen, von ihm Unterstützung zu erhalten.

Allgemeiner ausgedrückt: Neue Ansprüche dadurch aufwerten zu wollen, dass man ihnen einen Rechtsschutz der Art zukommen lässt, wie ihn das Kapital seit Jahrhunderten genießt, verändert das System nicht; es reproduziert es. In Ermangelung besserer Lösungen ist dies vielleicht kein schlechtes Ergebnis. Aber es kann sich trotzdem lohnen, darüber nachzudenken, wie eine wirklich andere Lösung aussehen könnte. Derzeit liegen zwei radikal unterschiedliche Optionen auf dem Tisch. Die eine besteht darin, die rechtlichen Privilegien des Kapitals abzuschaffen und unser wirtschaftliches und politisches System in »radikale Märkte« zu verwandeln.[45] Den Autoren Posner und Weyl zufolge sollen diese die Politik restlos beseitigen, indem sie alle Entscheidungen und, wie man hinzufügen könnte, auch alle Werte dem Preismechanismus unterordnen. Die beiden Autoren behaupten nämlich, dass die effiziente Allokation von Ressourcen auf der Grundlage eines vollkommenen Wettbewerbsmarktes der Weg zu einer »gerechten Gesellschaft sei,[46] und daraus folgt, dass Eigentumsrechte durch kontingente Nutzungsrechte ersetzt werden sollten.

Anstelle der Anhäufung von Reichtümern über die Zeit und ihrer Abschirmung gegen miteinander wetteifernde Herausforderungen schützt das Recht in dieser neuen Welt nur vorübergehende Nutzungsrechte. Diese können von jedem angefochten werden, der einen Preis bietet, der über den Wert hinausgeht, den wir diesen Vermögenswerten zugewiesen haben. Unsere eigenen Vermögensbewertungen werden dabei in ein öffentliches Register eingetragen und dienen auch als Basis für die Besteuerung unseres Reichtums. Versuche, das eigene Vermögen durch eine Erhöhung seines Werts zu schützen, werden daher durch die Steuer bestraft, und das Gegenteil zu tun, also eine Unterbewertung der eigenen Vermögenswerte, um Steuern zu vermeiden, wird aller Wahrscheinlichkeit nach zu Kaufangeboten Dritter führen, die sie zu diesem niedrigeren Preis erwerben wollen. Der Clou daran ist nun der, dass im krassen Gegensatz zum bestehenden Recht, das die Zustimmung beider Vertragsparteien zu einem Geschäft verlangt, in diesem Modell bereits einseitige Angebote verbindlich sind. Die Willensübereinstimmung wird also ausgemerzt und durch eine soziale Regel ersetzt, wonach der Preis alles andere übertrumpft. Die Ablehnung eines Angebots für einen Vermögensgegenstand wird als Diebstahl bestraft, was im Einklang mit der Prämisse *radikaler* Märkte steht, denn wenn das Recht nur temporäre Nutzungsrechte schützt, dann ist die Weigerung, die Kontrolle abzugeben, nachdem ein Kaufangebot deren Laufzeit faktisch, da preislich ein Ende setzt, ein Rechtsverstoß. Die Umsetzung dieses radikalen Vorschlags dürfte eine heftige Gegenwehr auslösen, sobald Einzelpersonen und Entitäten mit enormen Ressourcen losgelassen werden, um jeden Vermögenswert für sich zu beanspruchen, für den sie einen höheren Preis zahlen können – es sei denn, dass diesen Reformen eine massive Umverteilung der Ressourcen vorausgeht. Dazu schweigen sich die beiden Autoren allerdings aus.

Die Einrichtung radikaler Märkte mag zwar radikal klingen, ist aber nur die logische Konsequenz aus den Versuchen, die politische Deliberation aus dem Wirtschaftsleben zu eliminieren und die Führung der Gesellschaft in den Händen der erfinderischsten Menschen zu privatisieren. Oder wie Menke es ausdrückt: »Das Subjekt der bürgerlichen Rechte zahlt für seine politische Ermächtigung den Preis der Entmächtigung der Politik.«[47]

Die Alternative zur Vermarktlichung der Gesellschaft ist die Repolitisierung des gesellschaftlichen und wirtschaftlichen Lebens durch eine Transformation der Rechte, dieses Mal allerdings nicht in Form von dauerhaften Privilegien für die wenigen sich selbst erwählenden Auserwählten, sondern als vorübergehende Ermächtigung zur Veränderung. Christoph Menke entwirft in seiner *Kritik der Rechte* die Vision eines Systems, in dem es zwar immer noch Recht und Gesetz geben wird, beides aber nicht in erster Linie zur Verteidigung des Status quo zur Verfügung steht. Sein Ausgangspunkt ist eine grundlegende Kritik der philosophischen Fundamente unseres auf Individualrechten basierenden Rechtssystems. Dessen naturrechtliches Fundament sei nämlich nicht nur ein Mythos, sondern eine Lüge. Dieses moderne System, das Gott und andere außerrechtliche Mächte offiziell verworfen hat, zeichnet manche Ansprüche nämlich nach wie vor aufgrund von Prinzipien als rechtlich schützenswert aus, die außerhalb des Rechtssystems selbst liegen. Diese Verrechtlichung außerrechtlicher Befugnisse untergräbt aber den Anspruch, dass unser System ein System von Rechten ist, eines der Herrschaft des Rechts und nicht des Menschen. Denn letztlich sind es Menschen, die Ansprüche als Rechte bestimmen und sie durch rechtlichen Schutz stärken.

Menke münzt diese Kritik in die Vision einer neuen Rechtsordnung um und formuliert die These, dass kein bürgerliches Recht für immer unantastbar sein sollte; vielmehr sollten alle Rechte und alle Ansprüche auf Rechte nach ihrem Verhältnis zu den Rechten anderer bewertet werden – sie müssen mithin reflexiv sein.[48] Die Zwangsbefugnis des Staates, die Recht und Gesetz schützt, sollte nicht länger zum Schutz des Status quo eingesetzt werden, sondern zur Stärkung der Zukunft. Genau wie in Posners und Weyls Darstellung werden Rechte hierbei zwar vergänglicher und flüchtiger, als sie es gegenwärtig sind, aber dennoch bestehen wichtige Unterschiede zwischen beiden Konzeptionen. Denn während das Modell radikaler Märkte prophezeit, dass der Wandel in der Summe aller Transaktionen liegen wird, die die Einzelnen durch ihr einseitiges Handeln auslösen werden, resultiert er in Menkes Entwurf einer neuen Ordnung aus einem offenen politischen Prozess, an dem alle teilnehmen können, aber niemand teilnehmen muss. In dieser neuen Ordnung werden Rechte gezielt hergestellt, um Veränderungen zu erreichen, und verlieren zumindest einen Teil ihrer Macht, sobald ein bestimmter Zweck erfüllt ist, um Platz für neue Rechte und neue Zwecke zu machen.

Welche dieser Alternativen man bevorzugt, wird weitgehend davon abhängen, ob man den Menschen als eigennütziges, gewinnmaximierendes Individuum oder als soziales Wesen betrachtet, das zur Selbstreflexion und zur kollektiven Selbstregierung fähig ist. Außerdem hängt es davon ab, welcher Idee von Freiheit man anhängt – der einer wirtschaftlichen Freiheit, der es um eine einzige Sache geht, nämlich die effiziente Ressourcenallokation mithilfe des Preismechanismus, oder der Idee, dass diese wirtschaftliche Freiheit nur ein Mittel zu einem Zweck ist, nämlich der individuellen Freiheit im Rahmen einer gerechten Gesellschaft.[49] Diese großen philosophischen Streitfragen können an dieser Stelle nicht geklärt werden, aber die Gegenüberstellung dieser beiden Modelle hilft, zwei Kernbotschaften dieses Buches zu erläutern.

Erstens ist das Recht zentral für die Organisation der modernen Gesellschaft und auch für die der Märkte und der Vermögenswerte, die für sie hergestellt und auf ihnen gehandelt werden. Das Recht schafft die Voraussetzungen für die Verwirklichung unserer individuellen und gesellschaftlichen Ziele – entweder als auf Präferenzaggregation ausgerichtete Maschinen in einem System, in dem die Effizienz vergöttert wird, oder als autonome Individuen in einem deliberativen Gemeinwesen, in dem die Vernunft und nicht einfach das Geld regiert. Durch das Recht verpflichten sich Gesellschaften dazu, formale Rechte zu bewahren, sie vor politischer Anfechtung zu schützen oder sie dem Markt unterzuordnen; sie können aber auch transitorische Rechte zu Instrumenten des Wandels machen.

Zweitens ist das Recht ohne Macht bestenfalls flüchtig und schlimmstenfalls wirkungslos. Denn so unterschiedlich die beiden Visionen von Posner und Weyl auf der einen und Menke auf der anderen Seite auch sind, beide müssten implementiert werden, und dazu wären beide zumindest auf die Androhung von Zwang angewiesen. Stellen wir uns nur einmal vor, wie viele Ressourcen dafür aufgewendet werden müssten, widerspenstige Hausbesitzer aus ihren Häusern zu vertreiben, und zwar nicht, weil sie mit ihren Zahlungen im Rückstand wären, sondern, weil jemand anderes entlang des Weges kommt und ihnen einen Preis anbietet, der höher liegt als ihre Selbsteinschätzung und für dessen Überbietung ihre eigenen Mittel nicht reichen. Im 16. Jahrhundert waren die Commoners, die von ihrem Land vertrieben wurden, mit der Todesstrafe bedroht; und auch wenn sie nicht so weit gehen, müssten sich radikale Märkte doch auf ein gleichermaßen radikales staatliches Recht stützen können.

In ähnlicher Weise werden Versuche, unser derzeitiges System subjektiver Rechte im Sinne Menkes zu verändern, zweifellos massive Entschädigungsforderungen nach sich ziehen, denn die Abänderung bestehender Rechte wird sehr wahrscheinlich als Enteignung betrachtet werden, die einer angemessene Kompensation bedarf, um nicht als verfassungswidrig eingestuft zu werden.

Die Situation, vor der wir stehen, ist wie der Witz über die zwei irischen Bauern, von denen der eine den anderen irgendwo in den Hügeln von Donegal nach dem besten Weg nach Dublin fragt und zur Antwort erhält: »Na ja, von hier aus würde ich nicht starten.«[50] Das lässt vermuten, dass es möglicherweise keine gangbare Alternative zu dem im vorigen Abschnitt skizzierten pragmatischen, schrittweisen Ansatz gibt, die rechtlichen Privilegien abzubauen, die dem Kapital einen Vorteil gegenüber konkurrierenden Ansprüchen verschaffen, aber auch andere Interessengruppen als die der Kapitalinhaber nach und nach rechtlich zu stärken. Wenn dies mit der gleichen Sorgfalt und Hartnäckigkeit geschieht, mit der das Kapital im Laufe der Jahrhunderte codiert worden ist, dann kann seine Macht und die seiner Inhaber über unser Recht geschwächt werden. Schließlich sind die Attribute des Kapitals, seine Priorität, Beständigkeit, Konvertibilität und Universalität, relative und nicht absolute Rechte. Sie privilegieren bestimmte Vermögenswerte oder deren Inhaber gegenüber anderen Personen, die keinen Zugang zu ihnen oder den Herren des Codes haben, und das bedeutet auch, dass der relative Wert des Kapitals abnehmen wird, wenn mehr Vermögenswerte eine vergleichbare Behandlung genießen.

Die Codierung neuer Rechte könnte ein weiterer Ausweg aus dem Dilemma sein, dem wir uns gegenwärtig gegenübersehen – eingeklemmt zwischen Kapitalinhabern auf der einen Seite, die das Recht für sich selbst beanspruchen, und einer demokratischen Öffentlichkeit auf der anderen, die verzweifelt versucht, die Kontrolle über ihr eigenes Schicksal wiederzuerlangen, indem sie jedem ihre Stimme gibt, der verspricht, sich darum zu kümmern. Sie wird die entscheidende Rolle des Rechts bei der Festlegung des Werts eines Vermögensgegenstands sichtbar machen, aber auch aufzeigen, dass die Macht, über die Inhalte des Rechts zu bestimmen, letztlich beim Volk als dem Souverän demokratischer, rechtsstaatlicher Systeme liegt[51] und nicht bei den Vermögensinhabern oder bei ihren Anwälten, den Meistercodierern. Nur aus einer solchen bewussten Anstrengung heraus kann eine echte Transformation – und nicht eine Eliminierung – von Recht und Gesetz hervorgehen. Das schließt die Möglichkeit nicht aus, bestimmte Codierungstätigkeiten an private Akteure zu delegieren, würde sie aber einer genaueren Prüfung unterziehen, um sicherzustellen, dass sie mit den gesellschaftlichen Zielen übereinstimmen, die sich die Gesellschaften durch das Recht selbst setzen.

Die einzigen anderen Entwicklungsrichtungen wären entweder die hin zu einer gewaltsamen Disruption der bestehenden Ordnung, also einer echten Revolution, oder kurzum die weitere Erosion der Legitimität des Rechts als eines Mittels zur Herstellung sozialer Ordnung. Das erste Ergebnis kann zwar nicht völlig ausgeschlossen werden, aber Revolutionen zur Überwindung des Kapitalismus kamen bisher weitaus seltener vor, als

Marx und seine Anhänger vorhergesagt haben. Die zweite Entwicklung könnte leider bereits im Gange sein, wie die zügellosen Angriffe auf die unabhängige Justiz und die freie Presse zeigen, und zwar nicht nur in relativ jungen Demokratien wie Polen oder Ungarn, sondern auch in Ländern mit einer langen Tradition von Demokratie und Rechtsstaatlichkeit wie Großbritannien und den USA. Wenn sich diese Tendenzen fortsetzen, wird die reine Macht wieder die Herrschaft über die Rechtsordnung innehaben, so wie sie es über den größten Teil der Menschheitsgeschichte hinweg auch schon tat – und damit wird es uns allen schlechter gehen.

Anmerkungen

Kapitel I

1 Vgl. Facundo Alvaredo u. a., *World Equality Report 2018* (Creative-Commons-Lizenz 4.0-CC-BY-NC-SA 4.0, World Inequality Lab 2017), S. 13, Abb. E4. Die Daten messen die Summe des gesamten Volkseinkommens auf globaler Ebene, wobei das Volkseinkommen öffentliche und private Einkommen ebenso wie Einkommen aus bestehenden Ressourcen und Arbeit sowie den erwarteten Wert künftiger Gewinne umfasst.

2 Man beachte, dass sie, was das globale Einkommen angeht, immer noch genau im Zentrum der Einkommenskurve angesiedelt sind und den Bereich zwischen dem 50. und dem 90. Perzentil besetzen.

3 Fukuyamas provokante These vom »Ende der Geschichte« wurde zu einem Sinnbild für diese Zeit. Vgl. Francis Fukuyama, *Das Ende der Geschichte*, München 1992.

4 Vgl. zum Beispiel Ellen Meiksins Wood, *The Origins of Capitalism. A Longer View*, London, New York 1999.

5 Vgl. Joseph E. Stiglitz, *Die Schatten der Globalisierung*, Berlin 2002, oder Dani Rodrik, *The Globalization Paradox*, New York 2011.

6 Vgl. Thomas Piketty, *Das Kapitel im 21. Jahrhundert*, München 2014.

7 Dies ist, Padgett zufolge, die Kernfrage in der Entwicklungsgeschichte der Institutionen. Vgl. die Einleitung in John F. Padgett, W.W. Powell (Hg.), *The Emergency of Organizations and Markets*, Princeton 2010.

8 Vgl. Morgan Ricks, *The Money Problem*, Chicago 2016.

9 Piketty, *Das Kapital im 21. Jahrhundert*, schlägt eine globale Kapitalsteuer vor, also eine Erhebung auf die von Einzelpersonen

besessenen Vermögen, um damit das Problem der Ungleichheit anzugehen, das er in seinem Buch dokumentiert hat. Die Koordination einer solchen Steuer auf globaler Ebene könnte sich allerdings aus politischen Gründen als unmöglich erweisen und ist für viele Länder vielleicht sogar nicht einmal wünschenswert, wie Tsilly Dagan in ihrem jüngsten Buch gezeigt hat. Vgl. Tsilly Dagan, *International Tax Policy. Between Competition and Cooperation*, Cambridge 2018.

10 Zu einem heroischen Versuch, das Wachstum des Bruttoinlandsprodukts der meisten Länder über die Jahrhunderte hinweg zu quantifizieren, vgl. Angus Maddison, *The World Economy – Historical Statistics*, Paris 2003.

11 Vgl. Douglass C. North, Barry R. Weingast, »Constitutions and Commitment. The Evolution of Institutions Governing Public Choice in Seventeenth-Century England«, in: *Journal of Economic History* 49/4 (1989), S. 803-832, sowie David S. Landes, *The Wealth and Poverty of Nations*, New York, London 1998.

12 Vgl. auch Jonathan Nitzan, Shimshon Bichler, »New Imperialism or New Capitalism?«, in: *Review (Fernand Braudel Center)* 29/1 (2006), S. 1-86, bes. S. 26.

13 Vgl. Piketty, *Das Kapital im 21. Jahrhundert*.

14 Der Titel des 3. Kapitels seines Buchs.

15 Bernard Rudden, »Things as Things and Things as Wealth«, in: *Oxford Journal of Legal Studies* 14/1 (1994), S. 81-97, hier S. 82f.

16 Adam Smith, *Untersuchung über Wesen und Ursachen des Reichtums der Völker*, Tübingen 2005, Buch IV, Kap. 2, S. 467.

17 Ebd., S. 465.

18 Ebd. (Hervorhebung von mir, K.P.) Die zweite Kraft hinter der unsichtbaren Hand ist uns vertrauter. Individuen, die ihrem Eigeninteresse nachgehen, werden, wie Smith behauptet, sich aus vielen Vorhaben dasjenige mit dem größten Ertrag an »Geld oder andere[n] Güter[n]« heraussuchen und dies effektiver tun als ein König, eine Ratsversammlung oder ein Senator.

19 Zu den Einzelheiten dazu vgl. Kapitel 7 des vorliegenden Buchs.

20 Vgl. den Eintrag »*empire*« in William Darity Jr. (Hg.), *International Encyclopedia of the Social Sciences*, Bd. 2, Detroit [2]2008, wo

dieser Begriff definiert wird als »eine große politische Körperschaft, die über Gebiete außerhalb ihrer ursprünglichen Grenzen herrscht«.

21 Die Präambel der Verfassung der Vereinigten Staaten von Amerika beginnt mit diesen berühmten Worten: »*Wir, das Volk* der Vereinigten Staaten, von der Absicht geleitet, unseren Bund zu vervollkommnen, die Gerechtigkeit zu verwirklichen, die Ruhe im Innern zu sichern, für die Landesverteidigung zu sorgen, das allgemeine Wohl zu fördern und das Glück der Freiheit uns selbst und unseren Nachkommen zu bewahren, setzen und begründen diese Verfassung für die Vereinigten Staaten von Amerika.« (Hervorhebung von mir, K. P.). Der englischsprachige Text ist online verfügbar unter ⟨http:/constitutionus.com/⟩, letzter Zugriff 28.11.2019.

22 Dies wird ausführlich dargelegt in Kapitel 6 des vorliegenden Buchs.

23 Vgl. auch Avi J. Cohen, G. C. Harcourt, »Whatever Happened to the Cambridge Capital Theory Controversies?«, in: *Journal of Economic Perspectives* 17/1 (2003), S. 199-214, wo die Bedeutung des Ausdrucks »Kapital« als einer der »ungeklärten Streitfälle über tiefgreifende Probleme« (ebd., S. 200) bezeichnet wird.

24 Vgl. Karl Marx, *Das Kapital*, Bd. 1, Berlin 1965.

25 Vgl. Fernand Braudel, *Sozialgeschichte des 15.-18. Jahrhunderts. Der Handel*, München 1991, S. 248.

26 Vorschriften gegen den Wucher waren im Westen bis weit ins 19. Jahrhundert hinein üblich; zuerst waren sie nur auf Geschäfte unter Angehörigen desselben Glaubens beschränkt und wurden im Laufe der Zeit eher zahnlos, als die Anwälte herausfanden, wie man um sie herum handeln konnte. Für eine prägnante geschichtliche Schilderung der religiösen Ursprünge der Wucherregeln vgl. Mark Koyama, »Evading the ›Taint of Usury‹. The Usury Prohibition as a Barrier to Entry«, in: *Explorations in Economic History* 47/4 (2010), S. 420-442.

27 Vgl. Geoffrey M. Hodgson, *Conceptualizing Capitalism. Institutions, Evolution, Future*, Chicago 2015, Kap. 7, auf S. 173.

28 Wie es ebd., S. 176, mit Bezug auf Adam Smith' Auffassung vom Kapital heißt.

29 Vgl. Jonathan Haskel, Stian Westlake, *Capitalism without Capital. The Rise of the Intangible Economy*, Princeton 2018.

30 Vgl. allein Stiglitz, in einer Besprechung von Pikettys Buch; Joseph Stiglitz, »New Theoretical Perspectives on the Distribution of Income and Wealth Among Individuals«, in: *NBER Working Papers* (2015), online verfügbar unter ⟨https://www.nber.org/papers/w21189⟩, letzter Zugriff 28.11.2019.

31 Vgl. Eric Hobsbawm, *Die Blütezeit des Kapitals. Eine Kulturgeschichte der Jahre 1848-1875*, Frankfurt/M. 1980, sowie Meiksins Wood, *Origin of Capitalism*, Robert Brenner, *Merchants and Revolution. Commercial Change, Political Conflict, and London's Oversea Traders, 1550-1653*, Princeton 1993.

32 Vgl. David Harvey, *The Enigma of Capital and the Crisis of Capitalism*, Oxford 2010, S. 40.

33 Karl Polanyi, *The Great Transformation. Politische und ökonomische Ursprünge von Gesellschaften und Wirtschaftssystemen*, Frankfurt/M. 1990, S. 183.

34 Vgl. jedoch Bruce Carruthers, »Financialization and the Institutional Foundations of the New Capitalism«, in: *Socio-Economic Review* 13/2 (2015), S. 379-398, der Waren mit Kapital und Märkte mit Kapitalismus gleichzusetzen scheint.

35 Vgl. für eine gute Zusammenfassung der Theorie und der Annahmen, die in diese Gleichung eingehen, Cohen/Harcourt, »Whatever Happened«, S. 201. Zu Definitionen, die Humanressourcen aus dem Kapital exkludieren, vgl. Piketty, *Das Kapital im 21. Jahrhundert*, S. 46, und Hodgson, *Conceptualizing Capitalism*, S. 186, wo behauptet wird, dass Menschen sich nicht selbst besichern können.

36 Vgl. Ludovic Hunter-Tilney, »Ludo Ltd: what I've learnt as a oneman corporation«, in: *Financial Times*, 7. April 2017, online verfügbar unter ⟨https://www.ft.com/content/979c6af4-185c-11e7-9c35-0dd2cb31823a⟩, letzter Zugriff 29.11.2019.

37 Vgl. Hodgson, *Conceptualizing Capitalism*, S. 188, wo betont wird, dass sich die Lohnarbeit nicht selbst besichern kann.

38 Priest vermutet, dass das Vermögen in den Südstaaten des kolonialen Amerikas zu ungefähr 35,6 Prozent aus Sklaven und zu ungefähr 48,6 Prozent aus Landbesitz bestand. Vgl. Claire Priest,

»Creating an American Property Law. Alienability and Its Limits in American History«, in: *Harvard Law Review* 120/2 (2006), S. 385-459.

39 Vgl. Stephanie McCurry, »The Plunder of Black Life«, in: *Times Literary Supplement*, 17. Mai 2017.

40 Vgl. Katherine Franke, *Repair. Redeeming the Promise of Abolition*, Chicago 2019. Zu den finanziellen und kommerziellen Verwicklungen der amerikanischen Nordstaaten mit den sklavenhaltenden Staaten des Südens vgl. Maeve Glass, »Citizens of the State«, in: *University of Chicago Law Review* 85/4 (2018), S. 865-934, hier S. 865.

41 Vgl. Geoffrey M. Hodgson, *How Economics Forgot History. The Problem of Historical Specificity in Social Science*, London, New York 2001. Hodgson hat einen Gutteil ihrer Arbeiten am Leben erhalten. Zu einer exzellenten Zusammenfassung ihrer Beiträge zum Begriff des Kapitals vgl. Kap. 7 in Hodgson, *Conceptualizing Capital*.

42 Thorstein Veblen, »On the Nature of Capital«, in: *Quarterly Journal of Economics* 22/4 (1908), S. 517-542.

43 John R. Commons, *Legal Foundations of Capitalism*, New York 1924, S. 28.

44 Commons stützte sich bei dieser Analyse auf die berühmten »Slaughterhouse Cases«; vgl. ebd., S. 13 und 21, wo er behauptet, dass die »Substanz« des Kapitalismus »die Produktion für den Gebrauch durch andere und der Erwerb für den Gebrauch durch einen selbst ist, so dass sich die Bedeutung von Eigentum und Freiheit vom erwarteten Gebrauch von Produktion und Konsumtion auf die erwarteten Transaktionen auf den Märkten ausdehnt«.

45 Jonathan Levy, »Capital as Process and the History of Capitalism«, in: *Business History Review* 91 (Herbst 2017), S. 483-510, hier S. 487.

46 Zum »neuen Kapitalismus« vgl. Nitzan/Bichler, »New Imperialism or New Capitalism?«, und Carruthers, »Financialization«.

47 Der Ausdruck »Finanzialisierung« wird gemeinhin Greta A. Krippner zugeschrieben (»The Financialization of the American Economy«, in: *Socio-Economic Review* 3/2 [2005], S. 173-208; vgl. auch dies., *Capitalizing on Crisis*, Cambridge, MA, 2011).

48 Die traditionellen Zivilgesetzbücher umfassen das Vertrags-, Eigentums-, Familien- und Erbrecht, während die Handelsgesetzbücher Verträge unter Kaufleuten, einschließlich Vertretungsverhältnissen, sowie das Gesellschaftsrecht regeln. Der französische »Code civil« wurde 1804 eingeführt, gefolgt vom Handelsgesetzbuch im Jahre 1807. Das deutsche Bürgerliche Gesetzbuch folgte erst im Jahr 1900, fast drei Jahrzehnte nach der Einigung Deutschlands 1871.

49 Man beachte, dass die Ausdrücke »Pfand« [*»collateral«*], »Sicherheit« [*»security«*] und »Kreditsicherheit« [*»secured interest«*] oft synonym verwendet werden. Zu einer Analyse der Rechtstechniken und -praktiken der Kreditsicherung auf den globalen Kapitalmärkten vgl. Annelise Riles, *Collateral Knowledge. Legal Reasoning in the Global Financial Markets*, Chicago 2011.

50 Vgl. auch Hernando de Soto, *Freiheit für das Kapital! Warum der Kapitalismus nicht weltweit funktioniert*, Berlin 2002, S. 50, wo proklamiert wird, dass Eigentumsrechte »totes« Land in »lebendiges« Kapital verwandeln können.

51 Diese Eigenschaft der juristischen Person ist als »Vermögensschutz« [*»asset shielding«*] oder »Vermögensaufteilung« [*»asset partitioning«*] [nämlich die Abgrenzung des Privatvermögens der Gesellschafter vom Vermögen der Gesellschaft; Anm. d. Übers.] bezeichnet worden. Vgl. Henry Hansmann, Reinier Kraakman, »The Essential Role of Organizational Law«, in: *Yale Law Journal* 110/3 (2000), S. 387-475, sowie Henry Hansmann u. a., »Law and the Rise of the Firm«, in: *Harvard Law Review* 119/5 (2006), S. 1333-1403. Zu den Einzelheiten vgl. Kapitel 3 des vorliegenden Buchs.

52 Die Fähigkeit, seinen Nominalwert beizubehalten, unterscheidet Staatsgeld von Privatgeld. Vgl. Ricks, *The Money Problem*, und die Diskussion in Kapitel 4 des vorliegenden Buchs.

53 Der Begriff des Privatgelds wird in Kapitel 4 des vorliegenden Buchs näher erläutert; zu einer Diskussion von Kryptowährungen vgl. Kapitel 8.

54 Vgl. zum Beispiel Bernard S. Black, »Is Corporate Law Trivial? A Political and Economic Analysis«, in: *Northwestern University Law Review* 84 (1990), S. 542-597. Black beschränkt seine These

zwar auf das Gesellschaftsrecht, doch ihr Kernpunkt, nämlich die Macht der Märkte – und nicht des Rechts – zur Disziplinierung und Belohnung der Marktteilnehmer, ist auch auf andere Aspekte des Wirtschaftslebens übertragen worden. Tatsächlich wurde mit einer ganzen Armada von wissenschaftlichen Artikeln versucht, die Irrelevanz des Rechts für die Ökonomie nachzuweisen. Man vergleiche dazu nur Robert C. Ellickson, *Order Without Law – How Neighbours Settle Disputes*, Cambridge, MA, 1991, und Lisa Bernstein, »Opting Out of the Legal System. Extalegal Contractual Relations in the Diamond Industry«, in: *Journal of Legal Studies* 21/1 (1992), S. 115-157. Die Argumente dieser Autorinnen und Autoren haben einen stark Hayek'schen Beigeschmack. Dieser hat bekanntlich die These vertreten, dass das Recht älter ist als die Staaten und dass Gesellschaften fähig sind, sich in einem von unten nach oben verlaufenden Prozess selbst zu regieren. Vgl. Friedrich A. Hayek, *Recht, Gesetz und Freiheit*, Tübingen 2003.

55 Vgl. zu einer funktionalen Auffassung des Konkursrechts (mit Fokus auf die USA) Douglas G. Baird, *The Elements of Bankruptcy*, New York 1993.

56 Arruñada bezeichnet diese Rechte als »sequentiellen Tausch« und behauptet, dass sie auf einem Eigentumsregime basiert, das von unparteiischen Stellen durchgesetzt wird. Vgl. Benito Arruñada, »Property as Sequential Exchange. The Forgotten Limits of Private Contract«, in: *Journal of Institutional Economics* 13/4 (2017), S. 753-783. Zu einer qualifizierten Unterstützung dieser These vgl. Henry Smith, »Property as Complex Interaction«, in: ebd., S. 809-814.

57 Vgl. Avner Greif, *Institutions and the Path to the Modern Economy. Lessons from Medieval Trade (Political Economy of Institutions and Decisions)*, Cambridge 2006, der die Erfahrung der maghrebinischen Händler mit dem Aufstieg Genuas zu einem mächtigen Handelszentrum und dem Recht, das diesen Aufstieg bestimmt hat, kontrastiert.

58 Vgl. Dan Berkowitz u. a., »Economic Development, Legality, and the Transplant Effect«, in: *European Economic Review* 47/1 (2003), S. 165-195.

59 Es gibt empirische Hinweise darauf, dass in Ländern mit schwachen Rechtsinstitutionen nur relativ wenige Menschen ihr Geld auf den Banken deponieren. Vgl. Christopher Clague u. a., »Property and Contract Rights in Autocracies and Democracies«, in: *Journal of Economic Growth* 1/2 (1996), S. 243-276.

60 Zu einem guten Überblick über konkurrierende Theorien in den Sozialwissenschaften sowie zu einer schlagkräftigen Argumentation für die These, dass die Zwangsbefugnisse des Staates von entscheidender Bedeutung sind, vgl. Geoffrey M. Hodgson, »On the Institutional Foundations of Law. The Insufficiency of Custom and Private Ordering«, in: *Journal of Economic Issues* 43/1 (2009), S. 143-166. Im Gegensatz dazu vertreten Hadfield und Weingast eine verhaltensbezogene Auffassung der dezentralisierten Durchsetzung von Normen, die durch eine Autorität verkündet werden. Vgl. Gillian Hadfield, Barry R. Weingast, »What Is Law? A Coordination Model of the Characteristics of Legal Order«, in: *Journal of Legal Analysis* 4/2 (2012), S. 471-515.

61 Vgl. Max Weber, *Wirtschaft und Gesellschaft*, Tübingen 1922, S. 370, und auch Hodgson, »On the Institutional Foundations of Law«.

62 Der entscheidende Mechanismus ist Abschreckung, wie es erklärt wird in Gary S. Becker, »Crime and Punishment. An Economic Approach«, in: *Journal of Political Economy* 76/2 (1968), S. 169-217.

63 Vgl. Hayek, *Recht, Gesetz und Freiheit*, ebenso wie Hadfield/Weingast, »What Is Law?«.

64 Diese Wendung wurde von Giscard d'Estaing in Bezug auf den Status des US-Dollars als globaler Leitwährung geprägt und wurde danach als Titel eines Buchs von Barry Eichengreen verwendet, scheint in diesem Kontext allerdings auch recht treffend zu sein.

65 Das ist die Annahme der Markteffizienzhypothese. Vgl. Eugen Fama, »Efficient Capital Markets. A Review of Theory and Empirical Work«, in: *Journal of Finance* 25/2 (1970), S. 383-417.

66 Vgl. Ronald Gilson, Reinier Kraakman, »The Mechanisms of Market Efficiency«, in: *Virginia Law Review* 70/4 (1984), S. 549-644.

67 Vgl. Polanyi, *The Great Transformation*, bes. Kap. 7 und 8.

68 Adam Smith erkannte dies in Bezug auf Eigentumsrechte. Vgl. Smith, *Untersuchung*, S. 688, wo er behauptet, dass »[d]er Erwerb wertvollen und ausgedehnten Besitzes [...] notwendigerweise die Einrichtung eines Privatrechte sichernden Staates [verlangt]«.

69 Zum Anstieg der Ungleichheit auf individueller Ebene vgl. Alvaredo u. a., *World Inequality Report 2018*.

70 Zu einer stichhaltigen These über den Zusammenhang von Recht und Ungleichheit vgl. auch Robert Hale, *Freedom Through Law. Public Control of Private Governing Power*, New York 1952, bes. Kap. 2, »The Legal Bases of Economic Inequality«, S. 13, wo der Autor speziell auf die Rolle von Eigentumsrechten als einer Quelle der Ungleichheit eingeht.

Kapitel 2

1 Vgl. Konsolidierte Klagen Nr. 171 und 172, *Aurelio Cal et al. v. the Attorney General of Belize and the Minister of Natural Resources and Environment*, 8. Oktober 2007, online verfügbar unter ⟨https://www.elaw.org/content/belize-aurelio-cal-et-al-v-attorney-general-belize-supreme-court-belize-claims-no-171-and-17⟩, letzter Zugriff 16.12.2019 (im Folgenden *Maya v. Belize*).

2 Zur Bedeutung des Staates und seiner Macht zur universellen Durchsetzung von Eigentumsrechten vgl. auch Benito Arruñada, »Property as sequential exchange. The forgotten limits of private contract«, in: *Journal of Institutional Economics* 13/4 (2017), S. 753-783.

3 Vgl. Olivier De Schutter, »The Green Rush. The Global Race for Farmland and the Rights of Land Users«, in: *Harvard International Law Journal* 52/2 (2011), S. 504-559.

4 Vgl. Thomas Piketty, *Das Kapital im 21. Jahrhundert*, München 2014, wo dies in Kap. 3., S. 153, als »Metamorphosen des Kapitals« bezeichnet wird.

5 Andro Linklater, *Owning the Earth. The Transforming History of Land Ownership*, New York, London 2013, legt eine umfassende Darstellung der menschlichen Beziehungen zum Land vor.

6 In den USA betreiben viele juristische Fakultäten sogenannte »clinics«, wo Jurastudierende grundlegende Fertigkeiten der Rechtsvertretung und des Rechtsverfahrens erlernen, indem sie Fälle von Klienten übernehmen, die sich üblicherweise keinen Anwalt leisten können. In diesem Fall erfolgte die Rechtsberatung durch das »Indigenous Law and Policy Program« des James E. Rogers College of Law an der University of Arizona. Vgl. ⟨https://law.arizona.edu/indigenous-peoples-law-policy-program⟩, letzter Zugriff 16.12.2019.

7 Artikel 3(d) der Verfassung von Belize (1981), online verfügbar unter ⟨www.constitution.org/cons/belize.htm⟩, letzter Zugriff 16.12.2019.

8 Vgl. ebd., Artikel 17(1)a und b(ii).

9 Fünfter Zusatzartikel zur Verfassung der Vereinigten Staaten, 1791 als Teil der Bill of Rights ratifiziert. Der Wortlaut der Verfassung und ihrer Zusatzartikel ist auf Englisch online verfügbar unter ⟨http://constitutionus.com⟩ und auf Deutsch unter ⟨https://usa.usembassy.de/etexts/gov/gov-constitutiond.pdf⟩, letzter Zugriff 18.12.2019.

10 Eine teilweise Ausnahme bildet jene Bestimmung in der US-Verfassung, die es dem Kongress erlaubt, Gesetze über geistiges Eigentum zu verabschieden, wie in Kapitel 5 noch eingehender diskutiert werden wird. Man beachte auch, dass das deutsche Grundgesetz dem Gesetzgeber die Befugnis erteilt, »Inhalt und Schranken« der Eigentumsrechte festzulegen. Vgl. Artikel 14 des Grundgesetzes, online verfügbar unter ⟨https://www.gesetze-im-internet.de/gg/BJNR000010949.html⟩, letzter Zugriff 18.12.2019.

11 Vgl. *Maya vs. Belize*, Randnummer 28.

12 Vgl. ebd., Randnummer 69ff., bes. 71.

13 Zu einer jüngeren Darstellung der Geschichte und der politischen Ökonomie des internationalen Rechts mit einem Schwerpunkt auf Investitionsrecht und transnationalen Eigentumsrechten vgl. Kate Miles, *The Origins of International Investment Law. Empire, Environment and the Safeguarding of Capital*, Cambridge 2013, sowie ferner Lorenzo Cotula, »Land, Property and Sovereignty in International Law«, in: *Cardozo Journal of International & Comparative Law* 25/2 (2017), S. 219-286.

14 Zu einer erhellenden Kontrastierung dieser beiden Begriffe und ihrer historischen Vorgeschichte vgl. Morris R. Cohen, »Property and Sovereignty«, in: *Cornell Law Quarterly* 13/1 (1927), S. 8-30. Eine neuerliche Untersuchung dieser Begriffe jüngeren Datums findet sich in der Sonderausgabe des *Journal on Theoretical Inquiries in Law* 18/2 (2017), online verfügbar unter ⟨http://www7.tau.ac.il/ojs/index.php/til/issue/view/106⟩, letzter Zugriff 18.12.2019.

15 *Amodu Tijani v. Secretary of the Southern Provinces*, The Judicial Council of his Majesty's Privy Council, 11. Juli 1921, online verfügbar unter ⟨http://www.nigeria-law.org/Amodu%20Tijani%20%20V%20%20The%20Secretary,%20Southern%20Provinces.htm⟩, letzter Zugriff 18.12.2019.

16 *Maya v. Belize*, Randnummer 67.

17 Paragraf 2 des Belize Law of Property Act (2000), zit. nach ebd., Randnummer 9 (Hervorhebung von mir, K.P.).

18 Dieses Argument ist mit außerordentlicher Klarheit von Hanoch Dogan vertreten worden; vgl. ders., »Lawmaking for Legal Realists«, in: *Theory and Practice of Legislation* 1/1 (2013), S. 187-204.

19 Die Literatur ist umfangreich; vgl. zu einer realistischen Perspektive Felix Cohen, »The Problem of a Functional Jurisprudence«, in: *Modern Law Review* 1/1 (1937), S. 5-26, sowie zu einer kritisch-rechtswissenschaftlichen Perspektive Duncan Kennedy, »Form and Substance in Private Law Adjudication«, in: *Harvard Law Review* 89/8 (1976), S. 1685-1778.

20 Die UN-Erklärung über eingeborene und in Stämmen lebende Völker ist online verfügbar unter ⟨https://www.ilo.org/wcmsp5/groups/public/---ed_norm/---normes/documents/publication/wcms_100900.pdf⟩, letzter Zugriff 02.01.2020.

21 Vgl. C. Ford Runge, Edi Defrancesco, »Exclusion, Inclusion, and Enclosure. Historical Commons and Modern Intellectual Property«, in: *World Development* 34/10 (2006), S. 1713-1727.

22 Das entspricht fast genau der Landfläche (22 Prozent), die von den später im Parlament verabschiedeten Enclosure Acts umgewandelt wurde. Vgl. Gregory Clark, Anthony Clark, »Common Rights to Land in England, 1475-1839«, in: *Journal of Economic History* 61/4 (2002), S. 1009-1036.

23 Vgl. J. Stuart Anderson, »Changing the Nature of Real Property Law«, in: William Cornish u. a. (Hg.), *The Oxford History of the Laws of England*, Bd. 12, *1820-1914 Private Law*, Oxford 2010, S. 86, und Claire Priest, »Creating an American Poverty Law. Alienability and Its Limits in American History«, in: *Harvard Law Review* 120/2 (2006), S. 385-459, hier S. 402.

24 Vgl. David J. Seipp, »The Concept of Property in Early Common Law«, in: *Law and History Review* 12/1 (1994), S. 29-60, hier S. 36.

25 Ebd., S. 84 (Hervorhebung von mir, K. P.).

26 Vgl. Briony McDonagh, »Making and Breaking Property. Negotiating Enclosure and Common Rights in Sixteenth-Century England«, in: *History Workshop Journal* 76/1 (2013), S. 32-56, hier S. 36.

27 Vgl. Anderson, »Changing Nature«, S. 208 und 213. Auf dem Kontinent führte Preußen im Jahr 1783 ein öffentliches Grundbuch für Landbesitz zur Verifizierung von Eigentumsrechten ein, gefolgt vom Frankreich unter Napoleon Bonaparte. Dieses baute auf früheren Verzeichnissen auf, die auf das römische Recht zurückgeführt werden können und die hauptsächlich für steuerliche Zwecke genutzt wurden. Zu einem kurzen (deutschsprachigen) Überblick dazu vgl. Walter Böhringer, »Geschichte des Grundbuchs«, in: Georg Meikel, Horst Bestelmeyer (Hg.), *Grundbuchrecht*, Köln, München 2004.

28 Vgl. McDonagh, »Making and Breaking Property«, S. 38.

29 Vgl. Lawrence Stone, »Social Mobility in England, 1500-1700«, in: *Past and Present* 33/1 (1966), S. 16-55, wo berichtet wird, dass drei Viertel der Anwälte, die an den Inns of Court ausgebildet wurden, dem Adel oder dem Klerus entstammten.

30 Vgl. ebd., S. 33.

31 Vgl. Gerald E. Aylmer, »The Meaning and Definition of ›Property‹ in Seventeenth-Century England«, in: *Past and Present* 86/1 (1980), S. 87-97.

32 Ebd., S. 95, zit. nach John Lilly, der sich auf Fälle bezog, die bis ins Jahr 1641 zurückreichten.

33 Zu einer exzellenten und höchst kritischen Analyse der eigentumsrechtlichen Position der Weltbank vgl. Jeremy Waldron, *The Rule of Law and the Measure of Property*, Cambridge 2012.

34 Vgl. John C. Weaver, »Frontiers into Assets. The Social Construction of Property in New Zealand, 1840-65«, in: *Journal of Imperial and Commonwealth History* 27/3 (1999), S. 17-54.

35 Vgl. Lindsay G. Robertson, *Conquest by Law. How the Discovery of America Dispossessed Indigenous People of Their Lands*, Oxford 2005.

36 Vgl. John C. Weaver, »Concepts of Economic Improvement and the Social Construction of Property Rights. Highlights from the English-Speaking World«, in: John McLaren u. a. (Hg.), *Despotic Dominion*, Vancouver 2003, Kap. 4. Diese Argumente waren möglicherweise von John Lockes berühmter These inspiriert, dass Eigentumsrechte aus naturrechtlichen Gründen denjenigen verliehen werden sollten, die für die Aufwertung des betreffenden Gegenstands gearbeitet haben. Zu einer Kritik des Locke'schen Ansatzes vgl. Jeremy Waldron, *The Right to Private Property*, Oxford 1988.

37 *US S.Ct. Johnson v. M'Intosh*, 21 U.S. (8 Wheat.) 543 (1823), S. 111f.

38 Vgl. »A bill to provide for an exchange of lands with the Indians residing in any of the states or territories, and for their removal west of the river Mississippi«, 21. US-Kongress, 1. Sitzungsperiode, Kap. 148 (1830), S. 411, online verfügbar unter ⟨https://memory.loc.gov/cgi-bin/ampage?collId=llsb&fileName=011/llsb011.db&recNum=223⟩, letzter Zugriff 03.01.2020.

39 Vgl. Robertson, *Conquest by Law*, Kap. 5.

40 Hannah Arendt hat bekanntlich darauf hingewiesen, dass nur die Bürger eines Staates ein »Recht auf Rechte« besitzen; die Staatenlosen haben dies nicht, was sie in die denkbar ungünstigste Lage versetzt. Vgl. Hannah Arendt, *Elemente und Ursprünge totaler Herrschaft*, München, Zürich 1986.

41 Zu einer knappen Darstellung dieser Eigentumstheorie vgl. Harold Demsetz, »Toward a Theory of Property Rights«, in: *The American Economic Review* 57/2 (1967), S. 347-359.

42 Der sogenannte Black Act (9 Geo. 1, c. 22) war von Beschwerden darüber motiviert, dass bestimmte »ungezogene und gesetzlose Personen«, die sich »seit Kurzem unter der Bezeichnung der Schwarzen zusammengetan haben«, gewalttätiges Verhalten im

großen Stil an den Tag legten, um Zugang zu dem Land zu erhalten, das einst auch ihnen gehört hatte.

43 Die Bezugnahme auf »die Rechte« (im Plural) in der Bezeichnung »Doktor der Rechte« verweist auf eine Ausbildung in den beiden wichtigsten Rechtstraditionen, dem englischen Common Law und dem römischen Recht. Bis heute verleihen die juristischen Fakultäten in England und den USA den Titel »Master of Laws« oder »LLM«, auch wenn das römische Recht kaum mehr gelehrt wird.

44 William Shakespeare, *Der Kaufmann von Venedig*, in: ders., *Ein Sommernachtstraum/Der Kaufmann von Venedig/Viel Lärm um nichts/Wie es euch gefällt/Die lustigen Weiber von Windsor*, übers. v. August Wilhelm von Schlegel, Zürich 2010, IV. Aufzug, 1. Szene.

45 Ebd.

46 Eileen Spring, »Landowners, Lawyers, and Land Law Reform in Nineteenth-Century England«, in: *American Journal of Legal History* 21/1 (1977), S. 40-59, hier S. 41.

47 Vgl. Bruce L. Anderson, »Law, Finance and Economic Growth in England. Some Long-Term Influences«, in: Barrie M. Ratcliffe (Hg.), *Great Britain and Her World 1750-1914. Essays in Honour of W. O. Henderson*, Manchester 1975, S. 101.

48 *The Economist*, 7. Juli 1866, zit. nach Spring, »Landowners, Lawyers«, S. 42.

49 Vgl. J. Stuart Anderson, »Property Rights in Land. Reforming the Heritage«, in: Cornish u. a. (Hg.), *The Oxford History of the Laws of England*, S. 47.

50 Vgl. Anderson, »Changing the Nature of Real Property Law«, S. 32.

51 Vgl. ebd., S. 49.

52 Paragraf 10, Abschnitt 2 des Settled Land Act von 1890 besagte, dass »[u]ngeachtet der Bestimmungen des Land Act von 1882 das Haupthaus (falls vorhanden) auf einem besiedelten Grund und Boden sowie die Park- und Grünanlagen sowie weitere Ländereien (falls vorhanden), die gewöhnlich zusammen mit diesem bewohnt werden, vom auf Lebenszeit Nutzungsberechtigten nicht ohne die Zustimmung der Treuhänder der Liegenschaft oder eine

Anordnung des Gerichts verkauft, getauscht oder verpachtet werden dürfen«.

53 Vgl. Spring, »Landowners, Lawyers«, sowie Michael R. Chesterman, »Family Settlements on Trust. Landowners and the Rising Bourgeoisie«, in: Gerry R. Rubin, David Sugarman (Hg.), *Law, Economy and Society, 1750-1914. Essays in the History of English Law*, Oxford 1984, S. 124-167.

54 Vgl. H.L.(E.), in: *Lord Henry Bruce et al. V. The Marquess of Ailesbury et al.* [1892] 1, Kap. 506.

55 Vgl. Spring, »Landowners, Lawyers«, S. 40.

56 Vgl. Priest, »Creating an American Property Law«, S. 421.

57 Vgl. ebd., S. 431.

58 Vgl. zu einer detaillierten Geschichte der vielen seit den 1820er Jahren gescheiterten Bemühungen darum, das Bodenrecht in England zu reformieren, Anderson, »Property Rights in Land«.

59 Joshua Getzler, »Transplantation and Mutation in Anglo-American Trust Law«, in: *Theoretical Inquiries in Law* 10/2 (2009), S. 355-387, hier S. 359.

60 Vgl. Piketty, *Das Kapital im 21. Jahrhundert*, S. 385f.

61 Vgl. Lee J. Alston, »Farm Foreclosure Moratorium Legislation. A Lesson from the Past«, in: *American Economic Review* 74/3 (1984), S. 445-457, sowie Murray Newton Rothbard, *The Panic of 1819*, New York 1962.

62 Vgl. Patrick Bolton, Howard Rosenthal, »Political Intervention in Debt Contracts«, in: *Journal of Political Economy* 110/5 (2002), S. 1103-1134.

63 Zu einer Übersicht darüber, wie die Gerichte diese »Vetragsbeeinträchtigungsklausel« [*»contract impairment clause«*] interpretiert haben, vgl. David Crump, »The Economic Purpose of the Contract Clause«, in: *SMU Law Review* 66/4 (2013), S. 687-709.

64 Einen knappen Überblick über diese Reformen und ihre ökonomischen und politischen Folgen bietet Rachel Kranton, Anand V. Swamy, »The Hazards of Piecemeal Reform. British Civil Courts and the Credit Market in Colonial India«, in: *Journal of Development Economics* 58 (1999), S. 1-24. Zu einer Analyse der langfristigen Auswirkungen der von den britischen Kolonisatoren vorgenommenen Landreformen auf die Produktivität des

Bodens vgl. auch Abhijit Banerjee, Lakshmi Iyer, »History, Institutions, and Economic Performance. The Legacy of Colonial Land Tenure Systems in India«, in: *American Economic Review* 95/4 (2005), S. 1190-1213, wo gezeigt wird, dass an Landlords vergebener Boden auch noch im Indien nach der Unabhängigkeit weiterhin eine geringere Produktivität besaß.

65 Vgl. Daron Acemoglu u. a., »The Colonial Origins of Comparative Development. An Empirical Investigation«, in: *American Economic Review* 91/5 (2001), S. 1369-1401.

66 Vgl. Luis Angeles, »Income Inequality and Colonialism«, in: *European Economic Review* 51 (2007), S. 1155-1176.

67 Manche Rechtssysteme haben juristische Konstrukte entwickelt, die dem Trust ähnlich sind; andere führten den Trust auf dem Wege internationaler Abkommen ein. Zu einer neueren Darstellung der Verbreitung von Trusts vgl. Lionel Smith, »Stateless Trusts«, in: ders. (Hg.), *The World of the Trust*, Cambridge 2013, und weitere Beiträge in diesem Band.

68 Vgl. Henry Hansmann, Ugo Mattei, »The Functions of Trust Law. A Comparative Legal and Economic Analysis«, in: *New York University Law Review* 73/2 (1998), S. 434-479.

69 Zu einer detaillierten Darlegung der historischen Entwicklung des Trusts vgl. J. Stuart Anderson, »Trusts and Trustees«, in: Cornish u. a. (Hg.), *The Oxford History*, Bd. 12, S. 232-295.

70 William Fratcher, »Uses of Uses«, in: *Missouri Law Review* 34/1 (1969), S. 39-68, hier S. 39.

71 Vgl. 1 Rich. 3 cl (23. Januar 1483/1484). Zu den Einzelheiten vgl. Fratcher, »Uses of Uses«, S. 55.

72 Vgl. A. W. B. Simpson, *An Introduction to the History of the Land Law*, Oxford 1961, S. 179.

73 Vgl. Anderson, »Trusts and Trustees«, S. 234.

74 Vgl. John Morley, »The Common Law Corporation. The Power of the Trust in Anglo-American Business History«, in: *Columbia Law Review* 116/8 (2015), S. 2145-2197.

75 Vgl. Douglass C. North, *Structure and Change in Economic History*, New York 1981, der die Rolle der Allokation von Eigentumsrechten im amerikanischen Wilden Westen betont, sowie Robert Cooter, Hans-Bernd Schäfer, *Solomon's Knot. How Law Can End*

the Poverty of Nations, Princeton 2011, wo die These vertreten wird, dass Eigentumsrechte zur Lösung des »Double-Trust-Problems« (das darin besteht, dass keine der beiden Vertragsparteien willens ist, eine Leistung zu erbringen, ohne dass die andere in Vorleistung geht) beitragen, da sie rechtlichen Schutz für die am meisten unter diesem Problem leidenden Partei gewähren.

76 Vgl. Ronald H. Coase, »The Problem of Social Cost«, in: *Journal of Law and Economics* 3 (1960), S. 1-44.

77 Adam Smith, *Vorlesungen über Rechts-, Polizei-, Steuer- und Heereswesen*, Halberstadt 1928, S. 7.

78 William Blackstone, »Of the Absolute Rights of Individuals«, in: ders., *Commentaries on the Laws of England*, Oxford 1765, Faksimile, Bd. 1, Kap. 1 (Hervorhebung von mir, K. P.), online verfügbar unter ⟨https://lonang.com/library/reference/blackstone-commentaries-law-england/bla-101⟩, letzter Zugriff 15.01.2020.

79 Zu der parallelen Vorstellung, dass die »Herrschaft des Rechts« ein wesentlich umstrittener Begriff ist, vgl. Jeremy Waldron, »Is the Rule of Law Essentially a Contested Concept (in Florida)?«, in: *Law and Philosophy* 21 (2002), S. 137-164.

Kapitel 3

1 Vgl. Michael J. Jensen, William H. Meckling, »Theory of the Firm. Managerial Behavior, Agency Costs and Ownership Structure«, in: *Journal of Financial Economics* 3/4 (1976), S. 305-360.

2 Vgl. Henry Hansmann, Reinier Kraakman, »The Essential Role of Organizational Law«, in: *Yale Law Review* 110/3 (2000), S. 387-475.

3 Zur institutionellen Autopsie als einer Methode zur vergleichenden institutionellen und rechtlichen Analyse vgl. Curtis J. Milhaupt, Katharina Pistor, *Law and Capitalism. What Corporate Crises Reveal about Legal Systems and Economic Development Around the World*, Chicago 2008, S. 45.

4 Die Geschichte der ersten 100 Jahre von Lehman Brothers wird in einer vom Unternehmen im Eigenverlag erschienenen Broschüre dokumentiert: Lehman Brothers, *Lehman Brothers, 1850-*

1890, New York 1950. Die im Folgenden vorgelegte Zusammenfassung dieser Geschichte orientiert sich an dieser Broschüre.

5 Die jüngere Forschung hat die Verbindungslinien zwischen Sklaverei, Baumwolle und dem amerikanischen Kapitalismus der frühen Jahre herausgearbeitet. Vgl. dazu Kathryn Boodry, »August Belmont and the World the Slaves Made«, in: Sven Beckert, Seth Rockman (Hg.), *Slavery's Capitalism. A New History of American Economic Development*, Philadelphia 2016, S. 163-178, hier S. 163.

6 Zu einer genauen Autopsie der Lehman-Pleite vgl. Michael J. Fleming, Asani Sarkar, »The Failure Resolution of Lehman Brothers«, in: *FRBNY Economic Policy Review* 20/2 (2014), S. 175-206.

7 Eine detaillierte Aufstellung aller Holdings ist in einem Registrierungsformular nachzulesen, das entsprechend der EU-Prospektrichtlinie (2003/71/EC) bei der deutschen Finanzaufsichtsbehörde BAFIN am 28. August 2008 eingereicht wurde; vgl. »Registrierungsformular Lehman Holdings Inc. 28.08.2008«, online verfügbar unter ⟨https://www.bafin.de/SharedDocs/Downloads/DE/Liste/Lehman/Lehman_Holding/Registrierungsformulare/dl_Formular28082008.pdf?__blob=publicationFile&v=1⟩, letzter Zugriff 15.01.2020.

8 Vgl. Harold J. Berman, *Law and Revolution*, Cambridge, MA, 1983, S. 215, sowie Harold J. Laski, »The Early History of the Corporation in England«, in: *Harvard Law Review* 30/6 (1917), S. 561-588.

9 Vgl. Jensen/Meckling, »Theory of the Firm«.

10 Zu einer Diskussion von Sitztheorie versus Gründungstheorie [*incorporation theory*] vgl. Yitzhak Hadari, »The Choice of National Law Applicable to the Multinational Enterprise and the Nationality of Such Enterprises«, in: *Duke Law Journal* 1974/1 (1974), S. 1-57; zu den Spezifika des EU-Rechts vgl. Eva-Maria Kieninger, »The Law Applicable to Corporations in the EC«, in: *Rabels Zeitschrift für ausländisches und internationales Privatrecht/The Rabel Journal of Comparative and International Private Law* 73/3 (2009), S. 607-628.

11 Vgl. »Registrierungsformular Lehman Holdings Inc. 28.08.2008«, S. 4.

12 Vgl. Barbara Abatino u. a., »Depersonalization of Business in Ancient Rome«, in: *Oxford Journal of Legal Studies* 31/2 (2011), S. 365-389.

13 Ein Aktionär kann die Gesellschaft nicht zwingen, seine Aktie in Bargeld umzuwandeln, es sei denn, die Aktie ist »rückzahlbar«. Eine Aktiengesellschaft kann jedoch Aktien von ihren Aktionären zurückkaufen, etwa um ihren eigenen Aktienkurs zu stützen.

14 Zu den Verdiensten eines vertragsmäßigen Verständnisses des Gesellschaftsrechts vgl. Roberta Romano, »Answering the Wrong Question. The Tenuous Case for Mandatory Corporate Law«, in: *Columbia Law Review* 89/7 (1989), S. 1599-1617; zu einer etwas nuancierteren Betrachtung vgl. John C. Coffee, Jr., »The Mandatory/Enabling Balance in Corporate Law. An Essay on the Judicial Role«, in: ebd., S. 1618-1691.

15 Im Jahr 2017 waren über 66 Prozent aller Fortune-500-Unternehmen in Delaware inkorporiert, und über 80 Prozent aller Börsengänge wurden von dort ansässigen Firmen unternommen. Vgl. ⟨https://delawareinc.com/blog/new-delaware-companies-2017/⟩, letzter Zugriff 16. 12. 2019.

16 Hansmann und Kraakman haben den Ausdruck »*asset partitioning*« in ihrem Beitrag »The Essential Role of Organizational Law« geprägt und später die Ausdrücke »*entity shiedling*« und »*owner shielding*« verwendet, wobei Ersterer die Nutzung des Unternehmensschleiers für den Schutz der Firma vor ihren Eigentümern und deren persönlichen Gläubigern bezeichnet und der Letztere den Schutz der Anteilseigner vor den Gläubigern des Unternehmens.

17 Dazu zählten Ford, General Motors und Chrysler. Es dürfte kaum ein Zufall sein, dass alle diese Unternehmen Tochtergesellschaften im Finanzdienstleistungssektor hatten, die die produzierenden Teile ihrer Unternehmensgruppe in Zeiten positiver Marktentwicklung quersubventioniert hatten, in Zeiten negativer Marktentwicklung aber eine Gefahr für ihr Überleben darstellten. Eine Zusammenfassung der Nettokosten für die Rettung dieser Unternehmen ist online verfügbar unter ⟨https://www.treasury.gov/initiatives/financial-stability/TARP-Pro

grams/automotive-programs/pages/default.aspx⟩, letzter Zugriff 16.12.2019.

18 Vgl. die ausführliche Untersuchung zur Entstehung des Systems der Personengesellschaften in John F. Padgett, Paul D. McLean, »Organizational Invention and Elite Transformation. The Birth of Partnership Systems in Renaissance Florence«, in: *American Journal of Sociology* 112/5 (2006), S. 1463-1568.

19 Vgl. dies., »Economic Credit in Renaissance Florence«, in: *Journal of Modern History* 83/1 (2011), S. 1-47, hier S. 10.

20 Vgl. auch Anthony J. Casey, »The New Corporate Web. Tailored Enity Partitions and Creditors' Selective Enforcement«, in: *Yale Law Review* 124/8 (2015), S. 2680-3203, wo gezeigt wird, wie Methoden zum Vermögensschutz heute in großen Kapitalgesellschaften großflächig zur Ausweitung des Zugangs zu Krediten eingesetzt werden.

21 Die Herrschaft der Medici wurde mehrfach unterbrochen. Zu einer detaillierten Geschichte ihrer geschäftlichen Unternehmungen und ihrer politischen Herrschaft vgl. Nicolai Rubinstein, *The Government of Florence under the Medici (1434 to 1494)*, Oxford 1997, und Raymond De Roover, *The Rise and Decline of the Medici Bank, 1397-1494*, New York 1966.

22 Vgl. Raymond De Roover, »The Medici Bank Organization and Management«, in: *Journal of Economic History* 6/1 (1946), S. 24-52.

23 Ebd., S. 31.

24 Man beachte, dass dies der »*jingle rule*« ähnelt, die Gerichte in Großbritannien und den USA für ihr jeweiliges Personengesellschaftsrecht entwickelt haben. Sie besagt, dass die Gläubiger der Partnerschaft und der Partner zunächst gegen die Vermögenswerte ihrer Vertragspartner vollstrecken müssen, bevor die Gläubiger der Gesellschaft das Vermögen der Partner oder die Gläubiger der Partner das Vermögen der Gesellschaft pfänden können.

25 Vgl. Henry Hansmann u. a., »Law and the Rise of the Firm«, in: *Harvard Law Review* 119/5 (2006), S. 1333-1403, hier S. 1371.

26 Diejenigen, die kurz vor dem Höhepunkt der Spekulationsblase Eigentum erworben haben, zum Beispiel im Jahr 2006, sahen einen Wertverlust ihrer Häuser von durchschnittlich bis zu 36 Pro-

zent. Vgl. Edward Glaeser, »A Nation of Gamblers. Real Estate Speculation and American History«, in: *American Economic Review* 103/3 (2013), S. 1-42, der eine langfristige historische Darstellung der Immobilienspekulation in den Vereinigten Staaten vorlegt.

27 Vgl. Abatino u. a., »Depersonalization«.

28 Vgl. Katharina Pistor u. a., »The Evolution of Corporate Law. A Cross-Country Comparison«, in: *University of Pennsylvania Journal of International Economic Law* 23/4 (2002), S. 791-871.

29 Zu einer aufschlussreichen Darstellung der Ausbreitung verschiedener Formen von Unternehmensorganisationen in Großbritannien im Laufe des 18. und 19. Jahrhunderts vgl. Ron Harris, *Industrializing English Law. Entrepreneurship and Business Organization, 1720-1844*, Cambridge 2000, und auch Joshua Getzler, Mike Macnair, »The Firm as an Entity Before the Company Act«, in: Paul Brand u. a. (Hg.), *Adventures of the Law. Proceedings of the Sixteenth British Legal History Conference*, Dublin 2006.

30 Zu Einzelheiten über die Entstehung zentraler Merkmale des Gesellschaftsrechts in den bedeutendsten Jurisdiktionen seit dem frühen 19. Jahrhundert vgl. Pistor u. a., »The Evolution of Corporate Law«.

31 Vgl. Viral V. Acharya u. a., »Dividends and Bank Capital in the Financial Crisis of 2007-2009«, in: *NBER Working Paper Series* 16896 (2011), Tabellen 4a und 4b.

32 Dies war ein Teil des Capital Purchase Program [zu Deutsch etwa: »Kapitalankaufprogramm«; Anm. d. Übers.], das im Rahmen des vom amerikanischen Finanzministerium durchgeführten Troubled Asset Relief Program (TARP) stattfand. Die Citigroup, JPMorgan Chase und Wells Fargo erhielten jeweils 25 Milliarden Dollar aus diesem Programm. Die Einzelheiten dazu stehen im Bericht zu TARP, den der US-amerikanische Bundesrechnungshof (Government Accountability Office) veröffentlicht hat; dieser ist online verfügbar unter ⟨http://www.gao.gov/new.items/d09161.pdf⟩, letzter Zugriff 20.01.2020.

33 Der Kursverlauf der Lehman-Aktie über die letzten 12 Monate des Bestehens des Unternehmens hinweg ist online verfügbar un-

ter ⟨http://www.ino.com/blog/2008/09/looking-back-3-key-signs-to-sell-lehman/⟩, letzter Zugriff 20. 01. 2020.

34 Vgl. Nicholas Kristof, »Need a Job? $ 17,000 an Hour. No Success Required«, in: *New York Times*, 18. September 2008, online verfügbar unter ⟨http://www.nytimes.com/2008/09/18/opinion/18kristof.html⟩, letzter Zugriff 20. 01. 2020.

35 Vgl. Fleming/Sarkar, »The Failure Resolution«, S. 178.

36 Vgl. »Registrierungsformular Lehman Holdings Inc. 28. 08. 2008«.

37 Vgl. Steven M. Davidoff, David Daring, »Regulation by Deal. The Government's Response to the Financial Crisis«, in: *Administrative Law Review* 61/3 (2009), S. 463-541, hier S. 476.

38 Die Details der Krise und die Überlegungen, die hinter den Rettungsaktionen der Regierungen standen, sind an anderer Stelle im Einzelnen dargelegt worden. Zu einer maßgeblichen Schilderung des früheren Präsidenten des Federal Reserve Board of Governors vgl. Ben S. Bernanke, *The Courage to Act. A Memoir of a Crisis and Its Aftermath*, New York 2015.

39 Bei Goldman Sachs, ebenso wie bei anderen Investmentbanken vor ihrer Umwandlung in Kapitalgesellschaften, bestand die Strategie der Wahl in der Erneuerung der Partnerschaft. Vgl. Lisa Endlich, *Goldman Sachs. The Culture of Success*, New York 1999.

40 Vgl. Margaret M. Blair, »Locking in Capital. What Corporate Law Achieved for Business Organizers in the Nineteenth Century«, in: *UCLA Law Review* 51/2 (2003), S. 387-455, sowie Giuseppe Dari-Matiacci u. a., »The Emergence of the Corporate Form«, in: *Journal of Law, Economics and Organization* 33/2 (2016), S. 193-236.

41 Vgl. Dari-Matiacci u. a., »The Emergency of the Corporate Form«, S. 211.

42 Hirschman hat bekanntlich behauptet, dass die Angehörigen von Organisationen drei Möglichkeiten haben: Abwanderung [*exit*], Widerspruch [*voice*] und Loyalität [*loyalty*], wobei die Loyalität einem Festsitzen entspricht. Vgl. Albert O. Hirschman, *Abwanderung und Widerspruch. Reaktionen auf Leistungsabfall bei Unternehmungen, Organisationen und Staaten*, Tübingen 1974.

43 Vgl. Dari-Matiacci u. a., »The Emergence of the Corporate Form«, S. 221 mit den Abbildungen 10 und 11, sowie S. 223.

44 Modigliani und Miller haben diese Frage in einem bahnbrechenden Aufsatz aus dem Jahr 1958 behandelt; vgl. Franco Modigliani, Merton H. Miller, »The Cost of Capital, Corporation Finance and the Theory of Investment«, in: *American Economic Review* 48/3 (1958), S. 261-297.

45 Vgl. Oliver Williamson, »Transaction-Cost Economics. The Governance of Contractual Relations«, in: *Journal of Law and Economics* 22/2 (1979), S. 233-261, sowie Sanford J. Grossman, Oliver D. Hart, »The Costs and Benefits of Ownership. A Theory of Vertical and Lateral Integration«, in: *Journal of Political Economy* 94/4 (1986), S. 691-719.

46 Ökonomen haben die Relevanz des Steuerrechts schon lange erkannt. Modigliani und Miller gingen sogar so weit, ihr Theorem über die Kapitalkosten im Lichte des Steuerrechts neu zu formulieren. Sie haben zudem Differenzen in der Qualität des Aktionärsschutzes erkannt. Dagegen haben Rafael La Porta u.a., »Law and Finance«, in: *Journal of Political Economy* 106/6 (1998), S. 1113-1155, wenig über Steuern oder andere rechtliche Aspekte zu sagen, die den Ort der Kapitalgesellschaft oder die Anzahl von Rechtspersonen bestimmen könnten, die ein einzelnes Unternehmen unterhalten kann.

47 *Bank of Augusto v. Earle,* 38 US 519 (1839) (Hervorhebung von mir, K.P.).

48 Der letztere Ausdruck ist der Fachbegriff, der in den meisten Ländern des römisch-germanischen Rechtskreises (Civil Law) verwendet wird. Ich werde im Verlauf des Buchs hingegen durchgängig den Begriff »Kollisionsnormen« verwenden.

49 Das Fallrecht dazu datiert auf das 19. Jahrhundert. Eine Neuformulierung des Prinzips jüngeren Datums findet sich in *CTS Corp. v. Dynamics Corp. of America*, 481 U.S. 69, No. 89 (Urteil vom 21. April 1987).

50 Zu einem Überblick über diese Fälle vgl. Eddy Wymeersch, »Centros. A Landmark Decision in European Company Law«, in: Theodor Baums u.a. (Hg.), *Corporations, Capital Markets and Business in the Law*, London u.a. 2000, S. 629-654, sowie Kieninger, »The Law Applicable to Corporations in the EC«.

51 Die freie Bewegung von Gütern, Dienstleistungen und Personen

(natürlichen wie juristischen Personen) wurde in den Römischen Verträgen festgeschrieben, die einen europäischen Gemeinsamen Markt ins Leben riefen, aus dem sich später die Europäischen Gemeinschaften entwickelten. 1992 schuf der Vertrag von Maastricht die Europäische Union und dehnten die Bewegungsfreiheit auch auf das Kapital aus.

52 Vgl. Rafael La Porta u. a., »Corporate Ownership Around the World«, in: *Journal of Finance* 54/2 (1999), S. 471-517.

53 Vgl. auch die Diskussion zur Kapitalgesellschaft Kleros I, die auf den Kaimaninseln gegründet wurde.

54 Vgl. Michael Graetz, »Taxing International Income. Inadequate Principles, Outdated Concepts, and Unsatisfactory Policies«, in: ders. (Hg.), *Follow the Money*, New Haven 2016, S. 83-154.

55 Vgl. ⟨https://ec.europa.eu/taxation_customs/business/economic-analysis-taxation/taxation-trends-eu-union_en⟩, letzter Zugriff 22.01.2020.

56 Zu den Einzelheiten dazu vgl. den Beschluss der EU-Kommission vom 30. August 2016, »On State Aid SA.38373« (201 m/NN) (ex 201 m/CP), online verfügbar unter ⟨https://eur-lex.europa.eu/legal-content/EN/TXT/PDF/?uri=OJ:L:2017:187:FULL&from=EN⟩.

57 Dem Magazin *OECD Observer* zufolge ist Irland mit Blick auf das BIP zwar auf Platz 5 vorgerückt, auf einer anderen Skala, die das Bruttonationaleinkommen (BNE) misst, allerdings auf Platz 17 abgerutscht. Die Befunde deuten darauf hin, dass »die Abflüsse von Gewinnen und Einkommen, die von weltweit tätigen Unternehmensgiganten generiert werden, die dort ihren Sitz haben, die in das Land fließenden Einkommensströme häufig übersteigen«. Vgl. *OECD Observer* 246/247 (Dezember 2004–Januar 2005).

58 Diese Länder versuchen, ihre eigene Steuerbasis zu schützen, haben aber wenig Interesse daran, die Interessen von Staaten mit niedrigerem Einkommensniveau zu schützen, die Kapitalgesellschaften ins Land locken wollen. Zu dieser Schieflage in den Bemühungen um eine Harmonisierung des Steuerrechts vgl. Tsilly Dagan, *International Tax Policy. Between Competition and Cooperation*, Cambridge 2018.

59 LBIE war eine mittelbare Tochter der LBHI; zwischen beiden stand eine in Großbritannien inkorporierte Holdinggesellschaft namens Lehman Brothers Holdings Plc.

60 Vgl. das Gerichtsurteil *In the Matter of Lehman Brothers, [2010] EWHC 2914 (Ch)*, online verfügbar unter ⟨https://www.trusts.it/admincp/UploadedPDF/201102091349110.jEngPearson2010.pdf⟩, letzter Zugriff 22.01.2020, Randnummer 215; im Folgenden »*In the Matter of Lehman*«.

61 Vgl. ⟨https://www.merriam-webster.com/dictionary/rascal⟩, letzter Zugriff 22.01.2020.

62 Die Richtlinie trat erst 1996 in Kraft, wurde aber vorab bereits weithin angewendet. Man beachte zudem, dass LBF und LBIE im selben Jahr miteinander eine Rahmenvereinbarung geschlossen haben, die das RASCALS-Komplott zwischen diesen beiden Unternehmen ins Werk setzte. Vgl. *In the Matter of Lehman*, Randnummer 113ff.

63 Anat Admati und Martin Hellwig, *The Banker's New Clothes*, Princeton 2013, argumentieren dafür, die Eigenkapitalanforderung auf 30 Prozent zu erhöhen, um eine größere Resilienz der Banken in Krisenzeiten zu gewährleisten. Ricks behauptet dagegen, dass Geldforderungen einen »instrumentellen Wert« für ihre Inhaber besitzen, der sich von ihrem »intrinsischen« Wert unterscheidet, nämlich ihren »außerordentlich geringen finanziellen Ertrag«, eine Qualität, die dem Eigenkapital fehlt. Und dies übersetzt sich, wie er sagt, in beträchtliche Unterschiede bei den Finanzierungskosten. Vgl. Morgan Ricks, *The Money Problem*, Chicago 2016, Kindle-Version, Pos. 1914.

64 Vgl. *Pearson & Ors. v. Lehman Brothers Finance S.A.* [2011] EWCA Civ 1544, Urteil vom 21. Dezember 2011, online verfügbar unter ⟨https://www.casemine.com/judgement/uk/5a8ff6fd60d03e7f57ea557e⟩, letzter Zugriff 22.01.2020.

65 Vgl. *In the Matter of Lehman*, Randnummer 295ff., bes. 307, und zur LBF im Besonderen ebd., Randnummern 320ff.

66 Ebd., Randnummer 35.

67 Vgl. *Laws of the State of New York, Passed at the Thirty-Fourth Session of the Legislature*, Albany 1811, Bd. 1, S. 114-121, bes. Artikel II, III und V, S. 351, online verfügbar unter ⟨https://archive.org/

stream/newyorkannualreg1836newy#page/350/mode/2up⟩, letzter Zugriff 22.01.2020.

Kapitel 4

1 Vgl. zu diesem Punkt Morgan Ricks, *The Money Problem*, Chicago 2016, sowie Kapitel 1 des vorliegenden Buchs.

2 Zur Hierarchie des Geldes vgl. Perry Mehrling, »The Inherent Hierarchy of Money«, in: Thomas Michl u.a. (Hg.), *Social Fairness and Economics. Economic Essays in the Spirit of Duncan Foley*, New York, London 2013, S. 394-404.

3 Vgl. FCIC, *The Financial Crisis Inquiry Report*, Washington, DC, 2011, bes. Kap. 7 und 8.

4 Diese Dokumente, darunter der Prospekt von NC2 (im Folgenden »NC2-Prospekt«), sind online verfügbar unter ⟨http://fcic.law.stanford.edu/⟩, letzter Zugriff 01.02.2020.

5 Der Hedgefonds-Manager Michael Burry in Michael Lewis' Buch *The Big Short* von 2010 (und dem gleichnamigen Film aus dem Jahr 2016) hat die Schuldverträge bekanntlich alle gelesen. Vgl. Michael Lewis, *The Big Short. Wie eine Handvoll Trader die Welt verzockte*, Frankfurt/M., New York 2010.

6 Man beachte, dass Rating-Agenturen zwar private Unternehmen sind, die US-Regierung aber dennoch eine ganze Reihe von ihnen offiziell anerkannt hat und in ihren Finanzmarktregulierungen unterstellt, dass deren Kreditrisikoratings für regulatorische Maßnahmen von entscheidender Bedeutung seien. Zur Geschichte und Funktion von Rating-Agenturen vgl. John Coffee, Jr., *Gatekeepers. The Professions and Corporate Governance*, Oxford 2006, sowie Frank Partnoy, »How and Why Credit Rating Agencies Are Not Like Other Gatekeepers«, in: *Legal Studies Research Paper Series. Research Paper No. 07-46* (2006), S. 59-102.

7 Vgl. Kap. 2 des vorliegenden Buchs.

8 NC2-Prospekt, S. S-60.

9 Vgl. NC2-Prospekt, S. S-11.

10 Vgl. FCIC, *The Financial Crisis Inquiry Report*, Kap. 7, S. 105.

11 Zur zentralen Rolle, die Geldmarktfonds für die Verbriefungsin-

dustrie gespielt haben, vgl. Zoltan Pozsar u. a., »Shadow Banking«, in: *Federal Reserve Bank of New York Staff Reports* 458 (Juli 2010), online verfügbar unter ⟨https://www.newyorkfed.org/medialibrary/media/research/staff_reports/sr458_July_2010_version.pdf⟩, letzter Zugriff 02.02.2020.

12 Man bedenke, dass die Ausdrücke »*special purpose vehicle*« [SPV] oder »*special investment vehicle*« [SIV] [beides zu Deutsch: »Zweckgesellschaft«; Anm. d. Übers.] in der Finanzsprache allgegenwärtig sind; rechtlich gesehen sind sie hingegen so aufgebaut wie der gute alte Trust, dem wir bereits in Kapitel 2 begegnet sind.

13 Im Jahr 2003 belief sich die Gesamtsumme verbriefter Wohnhypotheken auf 2,98 Milliarden Dollar, von denen nur zehn Prozent Subprime-Darlehen waren. 2004 hatte sich das Gesamtvolumen auf 7,2 Milliarden Dollar erhöht, von denen 34 Prozent auf den Subprime-Bereich entfielen, und 2005 betrug es 18,4 Milliarden Dollar, mit einem Anteil von Hypotheken in der Subprime-Kategorie von 45 Prozent.

14 Vgl. Adam J. Levitin, Susan M. Wachter, »Explaining the Housing Bubble«, in: *Georgetown Law Journal* 100/4 (2012), S. 1177-1258, hier S. 1192.

15 Zur Rolle der Staatsfonds bei der Stabilisierung des globalen Finanzsystems im Herbst 2007 vgl. Katharina Pistor, »Global Network Finance. Institutional Innovation in the Global Financial Market Place«, in: *Journal of Comparative Economics* 37/4 (2009), S. 552-567.

16 Vgl. FCIC, *The Financial Crisis Report*, S. 116, und die auf der Webseite der Kommission verfügbaren Dokumente.

17 Vgl. Sudip Kar-Gupta, Yann Le Guernigou, »BNP freezes $ 2.2 bln of funds over subprime«, reuters.com, 9. August 2007, online verfügbar unter ⟨https://www.reuters.com/article/us-bnpparibas-subprime-funds-idUSWEB612920070809⟩, letzter Zugriff 02.02.2020.

18 NC2-Prospekt, S. S-9.

19 Die sichersten, mit AAA bewerteten Anlagen im NC2-Pool machten 78 Prozent des gesamten Vermögensbestands aus, die risikoreichste Tranche am untersten Rand des Spektrums dagegen weniger als zwei Prozent. Vgl. NC2-Prospekt.

20 Ebd., S. S-75.

21 Vgl. Marilyn Blumberg Cane u. a., »Below Investment Grade and Above the Law. A Past, Present and Future Look at the Accountability of Credit Rating Agencies«, in: *Fordham Journal of Corporate & Financial Law* 17/4 (2012), S. 1063-1126, hier S. 1112ff., sowie Caleb Deats, »Talk that Isn't Cheap. Does the First Amendment Protect Credit Rating Agencies' Fauly Methodology from Regulation?«, in: *Columbia Law Review* 110 (2010), S. 1818-1864.

22 In der ersten Hälfte des 19. Jahrhunderts war nur Grund und Boden zulässig; erst nach und nach kamen Staatsanleihen und Unternehmensaktien hinzu. Vgl. dazu Kap. 2 des vorliegenden Buchs und zu diesem Punkt außerdem Kenneth C. Kettering, »Securitization and Its Discontents. The Dynamics of Financial Product Development«, in: *Cardozo Law Review* 29 (2008), S. 1553-1726.

23 Vgl. Hyman P. Minsky, *Stabilizing an Unstable Economy*, New Haven 1986, S. 279, der den Kreditprozess als einen endogenen Destabilisator charakterisiert.

24 Das ist die Quintessenz der von den Juristen so genannten »*holder in due course doctrine*« [zu Deutsch in etwa: des »Grundsatzes vom Inhaber im guten Glauben«; Anm. d. Übers.]. Vgl. dazu James Steven Rogers, *The Early History of the Law of Bills and Notes. A Study of the Origins of Anglo-American Commercial Law*, Cambridge 1995, S. 2f. und 126.

25 Ebd., S. 218 (Hervorhebung von mir, K. P.).

26 Perry Mehrling behauptet im Anschluss an Minsky, dass jeder Kredit (die Kehrseite der Schulden) Geld ist, und nennt diesen Ansatz »die Geld-Perspektive« (»*the money view*«). Vgl. Perry Mehrling, *The New Lombard Street. How the Fed Became the Dealer of Last Resort*, Princeton 2011.

27 Zu einer Geschichte der Anti-Wucher-Gesetze vgl. Mark Koyama, »Evading the ›Taint of Usury‹. The Usury Prohibition as a Barrier to Entry«, in: *Explorations in Economic History* 47/4 (2010), S. 420-442, und Elaine S. Tan, »An Empty Shell? Rethinking the Usury Laws in Medieval Europe«, in: *Journal of Legal History* 23/3 (2002), S. 177-196.

28 Vgl. Rogers, *The Early History of the Law of Bills and Notes*, S. 73.

29 Vgl. Lynn A. Stout, »Derivatives and the Legal Origin of the 2008 Credit Crisis«, in: *Harvard Business Law Review* 1/1 (2011), S. 1-38, wo gezeigt wird, wie rechtliche Beschränkungen von Finanzwetten und anderen Spekulationsgeschäften im Fallrecht, aber, wichtiger noch, auch von einer geänderten Gesetzgebung unterlaufen wurden.

30 Vgl. Emily Kadens, »The Myth of the Customary Law Merchant«, in: *Texas Law Review* 90 (2011), S. 1153-1206, und Albrecht Cordes, »Lex Mercatoria«, in: ders. u. a. (Hg.), *Handwörterbuch der deutschen Rechtsgeschichte*, Berlin 2015.

31 Stadt um Stadt erließ besondere Gesetzesbestimmungen für Wechsel, darunter Rotterdam (1635), Antwerpen (1667), Leipzig (1682), Hamburg (1711), Bremen (1712), Braunschweig (1715), Augsburg (1716), Frankfurt am Main (1739) und viele andere. In den Stadträten führender Handelszentren waren Kaufleute gut vertreten, was die Verabschiedung dieser Bestimmungen begünstigt hat. In Frankreich schuf die Handelsrechtsordonnanz im Jahr 1673 Regeln für Wechsel, die später, nämlich im Jahr 1807, Eingang in das französische Handelsgesetzbuch finden sollten. In England formten die Gerichte solche Regeln im Fallrecht; vgl. die Diskussion dazu in Rogers, *The Early History of the Law of Bills and Notes.*

32 Vgl. das Genfer Übereinkommen über Bestimmungen auf dem Gebiet des internationalen Wechselprivatrechts (Völkerbund, Genf 1930), in englischer Sprache online verfügbar unter ⟨https://www.jus.uio.no/lm/bills.of.exchange.and.promissory.notes.convention.1930/doc.html#1⟩, letzter Zugriff 05. 02. 2020.

33 Vgl. Ronald J. Mann, »Searching for Negotiability in Payment and Credit Systems«, in: *UCLA Law Review* 44/4 (1997), S. 951-1008.

34 Zur Frühgeschichte des Bankenwesens vgl. Richard Tilly, »Universal Banking in Historical Perspective«, in: *Journal of Institutional and Theoretical Economics* 154/1 (1998), S. 7-32, sowie Richard Sylla u. a., »Banks and State Publick Finance in the New Republic. The United States, 1790-1860«, in: *Journal of Economic History* 47/2 (1987), S. 391-403, und zu den langfristigen Folgen früher richtungsweisender Entscheidungen beim Aufbau des

Bankensektors Charles W. Calomiris, Stephen H. Haber, *Fragile by Design. The Political Origins of Banking Crises and Scarce Credit*, Princeton 2014.

35 Der vollständige Plan ist in englischer Übersetzung nachzulesen in Ditlew M. Frederiksen, »Mortgage Banking in Germany«, in: *Quarterly Journal of Economics* 9/1 (1894), S. 47-76; das Original von 1767 findet sich als Diederich Ernst Bühring, »Plan, auf was Art und Weise dem Lande Überfluß von Gelde und Credit zu verschaffen, und wie es auf die solideste Art anzufangen, dem in Verfall gekommenen Adel wieder aufzuhelfen«, in: Eduard Wegener, *Diederich Ernst Bühring und sein Plan einer Ge-nerallandschaftskasse. Ein Beitrag zur Vorgeschichte der preußischen Landschaften*, Berlin 1918, S. 58-63.

36 Vgl. ebd., S. 51.

37 Wie Bühring es in seinem Plan vor dem König formuliert hat; zit. nach ebd., S. 48.

38 Vgl. ebd., S. 57.

39 Die Federal Housing Finance Agency (FHFA) stellte die beiden GSEs am 6. September 2008 unter staatliche Aufsicht. Vgl. zu den Einzelheiten ⟨https://fhfa.gov./conservatorship⟩, letzter Zugriff 05.02.2020.

40 Vgl. Urban Institute, *Housing Finance at a Glance* (Februar 2018), S. 10.

41 REMIC ist keine Sache, ja nicht einmal eine juristische Person; vielmehr handelt es sich dabei um eine flexible rechtliche Konstruktion, die verschiedene Gestalten annehmen kann, etwa die eines Trusts oder einer Kapitalgesellschaft, die aber auch nur aus einem Bündel von Vermögenswerten bestehen kann. Nur bestimmte Vermögenswerte, wie zum Beispiel verbriefte Hypotheken, eignen sich für ein REMIC-Verfahren; zudem bestehen weitere Einschränkungen, zum Beispiel die Voraussetzung, dass die Vermögenswerte am Auflagetag auf diese Zweckgesellschaft übertragen werden und dass diese die Zusammensetzung der Hypothekenanleihen nicht verändern darf. Für den Erwerb des REMIC-Status ist keine vorab zu erteilende Genehmigung erforderlich; das Recht gestattet es den Sponsoren von REMICs vielmehr, sich selbst in sie hineinzuwählen, vorausgesetzt, dass sie die ent-

sprechenden Anforderungen erfüllen, und erhebt eine 100-prozentige Steuer auf verbotene Vermögenswerte und Transaktionen. Vgl. zu den Einzelheiten hierzu 26 U.S. Code § 860D(a), F(a) und G(a).

42 Vgl. *U.S. Bank National Ass'n v. Ibanez*, 458 Mass. 637 sowie bei 941 N.E.2d 40 (Mass. 2011) (im Folgenden *Bank v. Ibanez*).

43 Ebd., Randnummer 641.

44 Die Justiz noch mit einzubeziehen ist in diesem Stadium nicht erforderlich: Wer eine ordnungsgemäß übertragene Hypothek besitzt, kann die Zwangsvollstreckung ohne das Erfordernis einer gerichtlichen Genehmigung durchführen.

45 Vgl. *Bank v. Ibanez*, Randnummer 640.

46 Vgl. ebd.

47 Vgl. Annelise Riles, *Collateral Knowledge. Legal Reasoning in the Global Financial Markets*, Chicago 2011, S. 62f., Vincent Antonin Lepinay, *Codes of Finance. Engineering Derivatives in a Global Bank*, Princeton 2011, Kap. 4, »The Memory of Banking«, S. 119-152.

48 Vgl. Adam J. Levitin, »The Paper Chase. Securitization, Foreclosure, and the Uncertainty of Mortgage Title«, in: *Duke Law Journal* 63 (2013), S. 637-734.

49 Führende Banken riefen eine Holdinggesellschaft ins Leben, die ihrerseits eine Gesellschaft mit beschränkter Haftung (LLC) namens MERS gründete. Diese ähnelte der »Depository Trust Company«, die der Kongress per Gesetz als formale Inhaberin von Anteilen börsennotierter Unternehmen im Jahr 1973 geschaffen hatte. MERS war dagegen eine private Einrichtung; Finanzintermediäre mussten sich explizit daran beteiligen und sich auf privatrechtliche Bestimmungen wie etwa das Vertretungsrecht stützen, damit das System funktionieren konnte. Zu den Einzelheiten dazu vgl. ebd., S. 677.

50 Vgl. Miguel Segoviano u.a., »Securitization. Lessons Learned and the Road Ahead«, in: *IMF Working Paper* 13/255 (2013), S. 38.

51 Vgl. Levitin, »The Paper Chase«, S. 705.

52 Nicht zu vergessen ist allerdings, dass sich ein naher Verwandter, die Collateral Loan Obligations oder CLOs, auf dem Vormarsch befindet, und zwar so sehr, dass einige Beobachter voraussagen,

dass diese Papiere eher früher als später die nächste Krise verursachen werden. Vgl. Matt Phillips, »Wall Street Loves These Risky Loans. The Rest of Us Should Be Wary«, in: *New York Times*, 19. Oktober 2018, online verfügbar unter ⟨https://www.nytimes.com/2018/10/19/business/economy/clo-corporate-loans.html⟩, letzter Zugriff 05.02.2020.

53 Vgl. FCIC, *The Financial Crisis Inquiry Report*, S. 129. Im Jahr 2004 war etwa die Hälfte der CDOs durch Hypotheken besichert; vgl. ebd., S. 130.

54 Vgl. ebd., S. 131.

55 England stellt eine wichtige Ausnahme von dieser Praxis dar. Die Landeliten widersetzten sich der Verdünnung, da sie ihren Pachtzins in Gold erhielten. Vgl. Christine Desan, »Beyond Commodification. Contract and the Credit-Based World of Modern Capitalism«, in: Daniel W. Hamilton, Alfred L. Brophy (Hg.), *Transformations in American Legal History. Laws, Ideology, and Methods. Essays in Honor of Morton J. Horwitz*, Cambridge, MA, 2010, S. 111-142.

56 Vgl. Reuters, »IMF projects Venezuela inflation will hit 1,000,000 percent in 2018«, Reuters Business News, 24. Juli 2018, online verfügbar unter ⟨https://www.reuters.com/article/us-venezuela-economy/imf-projects-venezuela-inflation-will-hit-1000000-percent-in-2018-idUSKBN1KD2L9⟩, letzter Zugriff 05.02.2020. Tatsächlich lag sie in dem betreffenden Jahr bei etwa 80 000 Prozent.

57 Vgl. Kim Oosterlinck, »Sovereign Debt Defaults. Insights from History«, in: *Oxford Review of Economic Policy* 29/4 (2013), S. 697-714, sowie Carmen Reinhart, Kenneth S. Rogoff, *This Time Is Different. Eight Centuries of Financial Folly*, Princeton 2009.

58 Vgl. Maurice Aycard, *Histoire du Crédit Mobilier. 1852-1867*, Brüssel u.a. 1867.

59 So Merton, zit. nach McKinsey Global Institute, *Mapping Global Capital Markets. Fourth Annual Report*, McKinsey & Co., New York 2008, S. 136.

60 Die Struktur ist ein Beispiel für das, was Minsky später als »*Ponzi scheme*« bezeichnete – unter Rekurs auf Mr. Ponzi, der in den

1920er Jahren eines der dreistesten Schneeballsysteme aller Zeiten orchestriert hatte. Vgl. Minsky, *Stabilizing an Unstable Economy*, S. 230-232, wo der Autor Sicherungsgeschäfte (Finanz-Hedging), Finanzspekulation und »*Ponzi finance*« miteinander vergleicht.

61 Vgl. Johann Plenge, *Gründung und Geschichte des Crédit Mobilier*, Tübingen 1903; dieses Buch enthält auch die Gründungsstatuten der Bank.

62 Zu einer kurzen Definition und Beschreibung des ursprünglichen Ponzi-Systems vgl. ⟨https://www.investopedia.com/terms/p/ponzischeme.asp⟩, letzter Zugriff 10.02.2020.

63 Vgl. Robert Lenzner, »Bernie Madoff's $ 50 Billion Ponzi Scheme«, Forbes.com, 12. Dezember 2008, online verfügbar unter ⟨https://www.forbes.com/2008/12/12/madoff-ponzi-hedge-pf-ii-in_rl_1212croesus_inl.html#77ad9340650b⟩, letzter Zugriff 10.02.2020.

64 Karl Marx, »Der französische Crédit mobilier [Dritter Artikel]«, in: *New York Daily Tribune* 4751 (11. Juli 1856), online verfügbar unter ⟨http://www.mlwerke.de/me/me12/me12_031.htm⟩, letzter Zugriff 10.02.2020.

65 Ebd.

66 Griechenland und Portugal könnten hier ebenfalls noch genannt werden. Deren Probleme entsprangen allerdings zumindest teilweise einer exzessiven Staatsverschuldung. Zu einer neuen und erhellenden Darstellung der Eurokrise im Kontext der Weltfinanzkrise vgl. Adam Tooze, *Crashed. Wie zehn Jahre Finanzkrise die Welt verändert haben*, München 2018, Teil III.

67 Eine detaillierte Geschichte der Optionspreistheorie findet sich in Donald MacKenzie, *An Engine, Not a Camera. How Financial Models Shape Markets*, Cambridge, MA, 2006.

68 Vgl. Franklin R. Edwards, »Hedge-Funds and the Collapse of Long Term Capital Management«, in: *Journal of Economic Perspectives* 13/2 (1999), S. 189-210, hier S. 199.

69 Vgl. Perry Mehrling, »Minsky and Modern Finance. The Case of Long-Term Capital Management«, in: *Journal of Portfolio Management* 26/2 (Winter 2000), S. 81-88.

70 Die an der Rettung von LTCM beteiligten Gläubiger waren

Goldman Sachs, Merrill Lynch, JP Morgan, Morgan Stanley, Dean Witter, die Travelers Group, Union Bank of Switzerland, Barclays, Bankers Trust, Chase Manhattan, Credit Suisse First Boston, Deutsche Bank, Lehman Brothers, Paribas und die Societé Générale. Vgl. Edwards, »Hedge-Funds«, S. 200.

71 Die neuen Daten deuten auf eine Zunahme der Privatinsolvenzen bei Rentnern in den USA hin, was auf die Kosten der medizinischen Behandlung zurückgeführt wird. Vgl. Tara Siegel Bernard, »Too Little Too Late. Bankruptcy Booms Among Older Americans«, in: *New York Times*, 5. August 2018, online verfügbar unter ⟨https://www.nytimes.com/2018/08/05/business/bankruptcy-older-americans.html⟩, letzter Zugriff 11.02.2020.

72 Einige Zentralbanken, darunter die Fed, operieren unter dem doppelten Mandat von Preisstabilität und Vollbeschäftigung. Vgl. Paragraf 2A des Federal Reserve Act, online verfügbar unter ⟨https://www.federalreserve.gov/aboutthefed/section2a.htm⟩, letzter Zugriff 11.02.2020.

73 Zu einem hilfreichen Überblick über die Bandbreite der regulatorischen Reformen in den Vereinigten Staaten vgl. Viral V. Acharya u.a., *Regulating Wall Street. The Dodd-Frank Act and the New Architecture of Global Finance*, Hoboken 2011. Eine Kritik, die vornehmlich auf den Ermessensspielraum der Regulierer abzielt, findet sich in David A. Skeel, *The New Financial Deal*, Hoboken 2011. Zu den Defiziten des Dodd-Frank Act mit Blick auf die Umstrukturierung des Finanzsystems vgl. Arthur E. Wilmarth, Jr., »Turning a Blind Eye. Why Washington Keeps Giving in to Wall Street«, in: *University of Cincinnati Law Review* 81/4 (2013), S. 1283-1446.

Kapitel 5

1 Vgl. James Watson, Francis Crick, »A Structure for Desoxyribose Nucleic Acid«, in: *Nature* 171 (1953), S. 737f.

2 ⟨https://www.genome.gov/human-genome-project/Timeline-of-Events⟩, letzter Zugriff 11.02.2020.

3 Die Entstehungsgeschichte des 1952 revidierten Patent Act ist zu-

sammengefasst im Urteil *Diamond v. Chakrabarty*, Oberster Gerichtshof der USA, 17. März 1980, 447 U.S. 303.

4 *Int'l News Serv. v. Associated Press*, 248 U.S. 215, 250 (1918) (Brandeis, J., *dissenting* [vom Mehrheitsvotum der Richter am Obersten Gerichtshof über den vorliegenden Fall abweichende Auffassung; Anm. d. Übers.]), S. 248ff.

5 Vgl. James Boyle, »The Second Enclosure Movement and the Construction of the Public Domain«, in: *Law and Contemporary Problems* 66 (2003), S. 33-74.

6 Vgl. *Diamond v. Chakrabarty*, S. 313.

7 *Association for Molecular Pathology v. Myriad Genetics, Inc.*, 569 U.S. 576 (im Folgenden *Molecular Pathology v. Myriad*).

8 35 U.S.C. § 101.

9 *Molecular Pathology v. Myriad*, S. 590.

10 Zit. nach ebd., S. 595.

11 Ebd., S. 596.

12 Vgl. Angelina Jolie, »My Medical Choice«, in: *New York Times*, 14. Mai 2013, online verfügbar unter ⟨https://www.nytimes.com/2013/05/14/opinion/my-medical-choice.html⟩, letzter Zugriff 15.02.2020.

13 Vgl. Jacob S. Sherkow, Christopher Scott, »CASE STUDY: Myriad Stands Alone«, in: *Nature Biotechnology* 32/7 (2014), S. 620.

14 Eine Reihe von Autorinnen und Autoren hat auf die offensichtliche Parallele zwischen der ersten und dieser »zweiten« Einhegungsbewegung aufmerksam gemacht. Vgl. Boyle, »Second Enclosure Movement«, sowie Ford C. Runge, Edi Defrancesco, »Exclusion, Inclusion, and Enclosure. Historical Commons and Modern Intellectual Property«, in: *World Development* 34/10 (2006), S. 1713-1727.

15 Die in der folgenden Zusammenfassung dargelegten Fakten sind nachzulesen im Urteil des New Yorker Bezirksgerichts, *Association of Molecular Pathology v. United States Patent and Trademark Office*, 702 F. Supp. 2d 181, online verfügbar unter ⟨https://www.courtlistener.com/opinion/2252138/assn-for-molecular-pathology-v-uspto/⟩, letzter Zugriff 15.02.2020.

16 Gegründet wurde das Unternehmen in Delaware. Zur Möglich-

keit von Unternehmen, sich ihren Gründungsort auszusuchen, vgl. Kapitel 4 des vorliegenden Buchs.

17 Vgl. Jeff M. Hall u. a., »Lineage of Early-Onset Familial Breast Cancer to Chromosome 17q21«, in: *Science* 250/4988 (1990), S. 1684-1689.

18 Paragraf 282 des US Patent Act legt die Rechtsvermutung fest, dass Patente gültig sind, sobald sie erteilt wurden, und besagt, dass die Beweislast bei der Partei liegt, die ihre Ungültigkeit behauptet.

19 Vgl. Philippe Aghion u. a., »The Public and Private Sectors in the Process of Innovation. Theory and Evidence from the Mouse Genetics Revolution«, in: *American Economic Review* 100/2 (2010), S. 153-158.

20 Sherkow/Scott, »Myriad Stands Alone«, S. 620.

21 Myriad Genetics Corporation, »Annual Report for the Financial Year Ending in June 2017«, online verfügbar unter ⟨https://investor.myriad.com/archived-annual-reports⟩, letzter Zugriff 15. 02. 2020.

22 Verfassung der Vereinigten Staaten von Amerika, Artikel 1, Abschnitt 8, online verfügbar unter ⟨https://usa.usembassy.de/etexts/gov/gov-constitutiond.pdf⟩, letzter Zugriff 15. 02. 2020.

23 Dies zeigt sich nirgendwo deutlicher als an der Entstehungsgeschichte des Urheberrechts in den USA. Zu einer sorgfältigen Darlegung dieser Geschichte vgl. Jessica Litman, »Copyright Legislation and Technological Change«, in: *Oregon Law Review* 68/2 (1989), S. 275-362. Litman vertritt die These, dass das Urheberrecht »ein Netz aus interdependenten bilateralen und trilateralen Vereinbarungen« der Industrien mit den Konsumenten, aber auch mit den ursprünglichen Autoren ist, die bei den Verhandlungen zumeist abwesend sind; vgl. ebd., S. 361.

24 Vgl. die Patentstatistiken des US-Patentamts, online verfügbar unter ⟨https://www.uspto.gov/learning-and-resources/electronic-data-products/patent-assignment-dataset⟩ (Datensätze in der Rubrik »*assignees*«), letzter Zugriff 15. 02. 2020.

25 Vgl. Jonathan Haskel, Stian Westlake, *Capitalism without Capital. The Rise of the Intangible Economy*, Princeton 2018.

26 Vgl. ebd., Tab. 3.1, S. 44.

27 *Molecular Pathology v. Myriad*, S. 596.
28 Vgl. die Diskussion in Kapitel 1 des vorliegenden Buchs.
29 Vgl. allerdings Ugo Pagano, »The Crisis of Intellectual Monopoly Capitalism«, in: *Cambridge Journal of Economics* 38/6 (2014), S. 1409-1429, der die entscheidende Bedeutung rechtlich zulässiger Monopole im Falle der Vermögensklasse Wissen hervorhebt.
30 Zit. nach Carol Corrado u. a., »Intangible Capital and U. S. Economic Growth«, in: *The Review of Income and Wealth* 55/3 (2009), S. 661-686, hier S. 661.
31 Dieses Sprichwort wird, in geringfügig voneinander abweichenden Varianten, verschiedenen Urhebern zugeschrieben, darunter Peter Drucker (einem Ökonomen), Peason (einem mathematischen Statistiker) und Thomas Monson (dem 2018 verstorbenen Präsidenten der Mormonen).
32 Vgl. Corrado u. a., »Intangible Capital«, S. 683, sowie Leonard I. Nakamura, »Intangible Assets and National Income Accounting«, in: *Review of Income and Wealth* 56/S 1 (2010), S. S 135-S 155.
33 Vgl. Haskel/Westlake, *Capitalism without Capital*, Abb. 2.1 und 2.2, S. 24f.
34 Vgl. ebd., Kap. 5, S. 91.
35 Pagano, »The Crisis of Intellectual Monopoly Capitalism«, S. 1419. Zur säkularen Stagnation vgl. auch Lawrence H. Summers, »U. S. Economic Prospects. Secular Stagnation, Hysteresis, and the Zero Lower Bound«, in: *Business Economics* 49/2 (2014), S. 65-73.
36 Pagano, »The Crisis of Intellectual Monopoly Capitalism«, S. 1420.
37 Vgl. Joseph A. Schumpeter, *Kapitalismus, Sozialismus und Demokratie*, Stuttgart 2005, S. 138.
38 Vgl. Pasquale J. Frederico, »Origin and Early History of Patents«, in: *Journal of the Patent Office Society* 11 (1929), S. 292-305.
39 Vgl. ebd., S. 293.
40 Vgl. Jeremy Phillips, »The English Patent as a Reward for Invention. The Importation of an Idea«, in: *Journal of Legal History* 3/1 (1982), S. 71-79, in dem eine englische Übersetzung des venezianischen Dekrets enthalten ist (S. 75f.).
41 Die Zitate stammen aus ebd., S. 75f.

42 Vgl. Daron Acemoglu, James A. Robinson, *Why Nations Fail*, Kap. 7, S. 182, wo die Autoren das Ersuchen des Erfinders einer automatischen Strickmaschine um ein Patent beschreiben, das von Elisabeth I. und ihrem Nachfolger abgelehnt wurde.

43 Der Text des »Statute of Monopolies 1623«, das erst 1624 in Kraft getreten ist, ist online verfügbar unter ⟨http://www.legislation.gov.uk/aep/Ja1/21/3⟩, letzter Zugriff 20. 02. 2020.

44 Vgl. Susan K. Sell, Christopher May, »Moments in Law. Contestation and Settlement in the History of Intellectual Property«, in: *Review of International Political Economy* 8/3 (2001), S. 467-500, hier S. 484.

45 Vgl. ebd.

46 Vgl. Susan K. Sell, *Private Power, Public Law. The Globalization of Intellectual Property Rights*, Cambridge 2003, Kap. 4, zu den »nationalen Ursprüngen einer handelsbasierten Auffassung geistigen Eigentums«, S. 75.

47 Vgl. Trade Act of 1974, 19 USC, Kap. 12, § 301, online verfügbar unter ⟨https://www.govinfo.gov/app/details/USCODE-2011-title19/USCODE-2011-title19-chap12&collectionCode=USCODE⟩, letzter Zugriff 01. 03. 2020.

48 Die gegenwärtigen Mitglieder des umbenannten Advisory Committee for Trade Policies and Negotiations sind online einsehbar unter ⟨https://ustr.gov/about-us/advisory-committees/advisory-committee-trade-policy-and-negotiations-actpn⟩, letzter Zugriff 01. 03. 2020. Das einzige Mitglied, das weder CEO noch Firmeneigentümer ist, ist der Präsident eines kleinen Unternehmensverbands.

49 Vgl. John Braithwaite, Peter Drahos, *Global Business Regulation*, Cambridge 2000, S. 467.

50 Vgl. ebd. sowie Michael A. Heller, Rebecca S. Eisenberg, »Can Patents Deter Innovation? The Anticommons in Biomedical Research«, in: *Science* 280/5364 (1998), S. 698-701.

51 Vgl. Amy Kapczynski, »Harmonization and Its Discontents. A Case Study of TRIPS Implementation in India's Pharmaceutical Sector«, in: *California Law Review* 97 (2009), S. 1571.

52 Vgl. zu einer Diskussion dieser internationalen Handelsinstrumente Kapitel 6 des vorliegenden Buchs.

53 Vgl. Tim Büthe, Walter Mattli, *The New Global Rulers. The Privatization of Regulation in the World Economy*, Princeton 2011.

54 Vgl. Braithwaite/Drahos, *Global Business Regulation*, S. 96.

55 Vgl. Peter Drahos, »Global Property Rights in Information. The Story of TRIPS and the GATT«, in: *Prometheus* 13/1 (1995), S. 6-13, hier S. 12.

56 Zit. nach Sell, *Private Power, Public Law*, S. 94.

57 Vgl. Joseph Stiglitz, *Die Chancen der Globalisierung*, München 2008, sowie Dani Rodrik, »The Global Governance of Trade. As If Development Really Mattered«, Hintergrundpapier zum *United Nations Development Programme (UNDP)* (2001), online verfügbar unter ⟨http://www.giszpenc.com/globalciv/rodrik1.pdf⟩, letzter Zugriff 02.03.2020.

58 Vgl. Drahos, »Global Property Rights«.

59 Zu einem Überblick über das Verfahren vgl. ⟨https://www.wto.org/english/tratop_e/dispu_e/disp_settlement_cbt_e/c6s1p1_e.htm⟩, letzter Zugriff 02.03.2020.

60 Vgl. Sell, *Private Power, Public Law*, S. 114.

61 Die Geschichte des Geschäftsgeheimnisses kann bis ins frühe 17. Jahrhundert zurückverfolgt werden und bildete ein Kernelement der Regularien für die Zünfte und ihres Bestrebens, handwerkliche Fähigkeiten zu monopolisieren. Vgl. Sean Bottomley, »The Origins of Trade Secrecy Law in England, 1600-1851«, in: *Journal of Legal History* 38/3 (2017), S. 254-281.

62 Vgl. Brenda M. Simon, Ted Sichelman, »Data-Generating Patents«, in: *Northwestern University Law Review* 111/2 (2017), S. 377-439.

63 Vgl. ebd.

64 Diese Hintergrundgeschichte wird im Urteil des New Yorker Bezirksgerichts zu diesem Fall berichtet; vgl. *Ass'n for Molecular Pathology v. Uspto*, S. 201.

65 Vgl. Simon/Sichelman, »Data-Generating Patents«, S. 377.

66 Ebd.

67 Vgl. Bottomley, »The Origins of Trade Secrecy Law«.

68 Vgl. Kapitel 2 des vorliegenden Buchs.

69 Vgl. Bottomley, »The Origins of Trade Secrecy Law«, S. 261.

70 Befunde über Unternehmensorganisationen, die, ähnlich wie

Zünfte, als Vereine organisiert sind, legen nahe, dass sie diese Mechanismen recht effektiv nutzen können. Vgl. Lisa Bernstein, »Opting Out of the Legal System. Extralegal Contractual Relations in the Diamond Industry«, in: *Journal of Legal Studies* 21/1 (1992), S. 115-157.

71 Karl Polanyi, *The Great Transformation. Politische und ökonomische Ursprünge von Gesellschaften und Wirtschaftssystemen*, Frankfurt/M. 1990, S. 99.

72 Vgl. ebd., Kap. 19.

73 Vgl. Catherine F. Fisk, »Working Knowledge. Trade Secrets, Restrictive Covenants in Employment and the Rise of Corporate Intellectual Property, 1800-1920«, in: *Hastings Law Journal* 52/2 (2001), S. 451-535, hier S. 451.

74 Zu einer detaillierten Darstellung von DuPonts Praktiken zu jener Zeit vgl. ebd., S. 468-483.

75 John Duffy, »The Death of Google's Patents?«, in: *Patently-o Pat. Law Journal* 2 (2008), S. 3-7, online verfügbar unter ⟨https://patentlyo.com/media/docs/2008/07/googlepatents101.pdf⟩, letzter Zugriff 03.03.2020.

76 Vgl. Christine MacLeod, *Inventing the Industrial Revolution. The English Patent System, 1660-1800*, Cambridge 1988.

77 Das ist zumindest das Ergebnis der jüngsten Entwicklungen im Fallrecht; vgl. *Mayo v. Prometheus*, 566 U.S. 66 (2012) sowie neuerdings *Alice Corp v. CLS Bank Int'l*, 573 U.S. 134 (2014).

78 Vgl. AnnaLee Saxenian, *Regional Advantage. Culture and Competition in Silicon Valley and Route 128*, Cambridge, MA, 1994.

79 Diese Klage, *Waymo LLC v. Uber Techs, Inc.*, wurde 2017 eingereicht, aber bereits nach wenigen Verhandlungstagen im Februar 2018 durch einen Vergleich beigelegt. Uber zahlte an Waymo 0,34 Prozent seiner Aktien im Wert von 245 Millionen Dollar und versprach, keine Waymo-Technologie für selbstfahrende Autos einzusetzen. Vgl. Daisuke Wakabayashi, »Uber and Waymo Settle Trade Secrets Suit Over Driverless Car«, in: *New York Times*, 9. Februar 2018, online verfügbar unter ⟨https://www.nytimes.com/2018/02/09/technology/uber-waymo-lawsuit-driverless.html⟩, letzter Zugriff 03.03.2020.

80 Vgl. Charles Duhigg, »Stop, Thief«, in: *The New Yorker*, 22. Ok-

tober 2018, S. 50-61, hier S. 61, der einen Unternehmenssprecher der Google-Tochter Waymo mit den Worten zitiert: »Wir kommen Anfragen der Strafverfolgungsbehörden nach, wenn es ein ordnungsgemäßes gerichtliches Verfahren gibt, und dieser Fall ist keine Ausnahme.«

81 Ein Beispiel ist der US-amerikanische Defend Trade Secrets Act von 2016, online verfügbar unter ⟨https://www.congress.gov/114/plaws/publ153/PLAW-114publ153.pdf⟩, letzter Zugriff 03.03.2020.

Kapitel 6

1 Mary Beard, *SPQR*, New York 2015, S. 465.

2 Ein Überblick über die Verbreitungsmuster westlicher Rechtsordnungen findet sich in Dan Berkowitz u. a., »Economic Development, Legality, and the Transplant Effect«, in: *European Economic Review* 47/1 (2003), S. 165-195.

3 Zu einem kurzen Abriss der Geschichte des japanischen Rechts vgl. Hiroshi Oda, *Japanese Law*, London u. a. [2]1999; vgl. zudem John Haley, *Authority without Power. Law and the Japanese Paradox*, Oxford 1994, zu einer kritischen Untersuchung der Frage, wie westliche Rechtstransplantate in sehr andersgearteten Kulturen funktionieren. Nach dem Zweiten Weltkrieg besetzten die USA Japan und transplantierten – mit wechselndem Erfolg – einige ihrer eigenen Rechte dorthin.

4 Vgl. Alan Watson, *Legal Transplants. An Approach to Comparative Law*, Edinburgh, London 1974.

5 Vgl. Katharina Pistor u. a., »Legal Evolution and the Transplant Effect«, in: *World Bank Research Observer* 18/1 (2003), S. 89-112.

6 Der Text des Übereinkommens ist online verfügbar unter ⟨https://eur-lex.europa.eu/legal-content/DE/TXT/PDF/?uri=CELEX:52006IP0608&from=FR⟩, letzter Zugriff 04.03.2020.

7 Vgl. Bradley Crawford, »The Hague ›Prima‹ Convention. Choice of Law to Govern Recognition of Dispositions of Book-Based Securities in Cross Border Transactions«, in: *Canadian Business Law Journal* 38/2 (2003), S. 157-206.

8 Nach dem US Uniform Commercial Code (UCC) kann das anwendbare Recht für Finanzinstrumente von der Jurisdiktion des Emittenten, aber auch durch eine Vereinbarung zwischen einem Anspruchsinhaber und einem Finanzintermediär, der das Konto verwaltet, bestimmt werden. Vgl. UCC, § 8-110.e, online verfügbar unter ⟨https://www.law.cornell.edu/ucc/8/8-110⟩, letzter Zugriff 04.03.2020.

9 Vgl. Julian Arato, »Corporations as Lawmakers«, in: *Harvard Journal of International Law* 56/2 (2015), S. 229-295, sowie Lise Johnson, »A Fundamental Shift in Power. Permitting International Investors to Convert Their Economic Expectations into Rights«, in: *UCLA Law Review Discourse* 65 (2018), S. 106-123.

10 Vgl. Lucian Arye Bebchuk, »Ex Ante Costs of Violating Absolute Priority in Bankruptcy«, in: *Journal of Finance* 57 (2002), S. 445-460.

11 Vgl. Christoph Kaserer, »Der Fall der Herstatt-Bank 25 Jahre danach. Überlegungen zur Rationalität regulierungspolitischer Reaktionen unter besonderer Berücksichtigung der Einlagensicherung«, in: *VSWG. Vierteljahrschrift für Sozial- und Wirtschaftsgeschichte* 87/2 (2000), S. 166-192.

12 Anfang 2018 wurde ein neuer Einheitlicher Abwicklungsausschuss für die Bankenunion – bestehend aus jenen EU-Mitgliedsstaaten, die sich zur Teilnahme an der Eurozone entschieden haben und deren größere Banken mittlerweile von der Europäischen Zentralbank beaufsichtigt werden – ins Leben gerufen. Zu den Einzelheiten dazu vgl. ⟨https://europa.eu/european-union/about-eu/agencies/srb_de⟩, letzter Zugriff 04.03.2020.

13 Es sei denn, sie unterstellen sich freiwillig diesen Mechanismen. Man beachte aber, dass die EU über ein einheitliches Bankenabwicklungsrecht verfügt; vgl. die »Abwicklungsrichtlinie« 2014/59/EU der Europäischen Union zur Festlegung eines Rahmens für die Sanierung und Abwicklung von Kreditinstituten und Wertpapierfirmen vom 15. Mai 2014, online verfügbar unter ⟨https://eur-lex.europa.eu/legal-content/EN/TXT/?uri=celex:32014L0059⟩, letzter Zugriff 05.03.2020. Zudem wurde ein neuer Abwicklungsmechanismus für in Frage kommende Banken aus Mitgliedsstaaten aufgelegt, die der Eurozone angehören; vgl. die EU-Ver-

ordnung Nr. 806/2014 zur Festlegung einheitlicher Vorschriften und eines einheitlichen Verfahrens für die Abwicklung von Kreditinstituten und bestimmten Wertpapierfirmen vom 15. Juli 2014, online verfügbar unter ⟨https://eur-lex.europa.eu/legal-content/DE/TXT/?uri=CELEX%3A32014R0806⟩, letzter Zugriff 05.03.2020.

14 Vgl. Morris R. Cohen, »Property and Sovereignty«, in: *Cornell Law Quarterly* 13/1 (1927), S. 8-30, hier S. 8.

15 Ebd., S. 29.

16 Vgl. Cynthia M. Ho, »Sovereignty under Siege. Corporate Challenges to Domestic Intellectual Property Decisions«, in: *Berkeley Technology Law Journal* 30/1 (2015), S. 215-304.

17 *Eli Lilly & Co. v. Government of Canada*, Case No. UNCT/14/2, 16. März 2017, online verfügbar unter ⟨https://www.italaw.com/sites/default/files/case-documents/italaw8546.pdf⟩, letzter Zugriff 05.03.2020.

18 Das Gericht lehnte ein »*certiorari*« ab – einen Erlass in einem Berufungsverfahren, der festlegt, ob das Oberste Gericht einen Fall hört oder nicht.

19 Die Einzelheiten des Verfahrens und seiner Geschichte finden sich *Eli Lilly & Co. v. Government of Canada*.

20 Eine Einführung ins NAFTA-Abkommen und dessen Text findet sich auf der Homepage des NAFTA-Sekretariats, online verfügbar unter ⟨https://www.nafta-sec-alena.org/Home/Welcome⟩. Das neue Abkommen USMCA ist ebenfalls online nachzulesen unter ⟨https://ustr.gov/trade-agreements/free-trade-agreements/united-states-mexico-canada-agreement/agreement-between⟩, letzter Zugriff jeweils 06.03.2020.

21 Alle internationalen Menschenrechtsgerichtshöfe verlangen die Ausschöpfung der innerstaatlichen Rechtsmittel, bevor bei ihnen eine Klage eingereicht werden kann. Man beachte, dass die Maya eine Anhörung vor der Interamerikanischen Kommission für Menschenrechte (IACHR) erwirken konnten, ohne sich an diesen Instanzenweg zu befolgen, weil die inländischen Gerichte ihnen überhaupt keine Anhörung gewährten und die IACHR dies als Rechtsverweigerung ansah. Das Urteil der Kommission über die von den Maya gegen den Bezirk Toledo in Belize angestrengte

Klage ist online verfügbar unter ⟨http://www.cidh.oas.org/annualrep/2004eng/Belize.12053eng.htm⟩, letzter Zugriff 06.03.2020.

22 Zu den neuesten Statistiken zu Investor-Staat-Streitbeilegungen (ISDS) vgl. UNCTAD, »Special Update on Investor-State Dispute Settlement. Facts and Figures«, November 2017, online verfügbar unter ⟨https://unctad.org/en/PublicationsLibrary/diaepcb2017d7_en.pdf⟩, letzter Zugriff 06.03.2020.

23 Vgl. Artikel 27 sowie 60 des kanadischen Patentgesetzes, online verfügbar unter ⟨https://laws-lois.justice.gc.ca/eng/acts/P-4/page-15.html#h-413134⟩, letzter Zugriff 06.03.2020.

24 Vgl. *Metalclad Corporation v. The United Mexican States*, ICSID CASE No. ARB(AF)/97/1, 30. August 2000, online verfügbar unter ⟨https://www.italaw.com/cases/671⟩, letzter Zugriff 07.03.2020.

25 Vgl. *Eli Lilly v. Canada*, Randnummer 223.

26 Vgl. ebd., Randnummer 25.

27 Vgl. ebd., Randnummer 331. Die Kosten des Schiedsverfahrens beliefen sich, inklusive Gebühren und Ausgaben, auf insgesamt 750000 US-Dollar; die Anwaltshonorare für beide Seiten betrugen in der Summe 5,3 Millionen US-Dollar; vgl. ebd., S. 143.

28 Vgl. Bankruptcy Act of 1705 (4&5 Anne c 17), online verfügbar unter ⟨http://statutes.org.uk/site/the-statutes/eighteenth-century/1705-4-anne-c-17-frauds-frequently-committed-by-bankrupts/⟩, letzter Zugriff 07.03.2020.

29 Vgl. Markham V. Lester, *Victorian Insolvency*, Oxford 1995.

30 Zu einem Überblick über die Entwicklungen im britischen Konkursrecht zwischen 1820 und 1914 vgl. Michael Lobban, »Bankruptcy and Insolvency«, in: William Cornish u. a. (Hg.), *The Oxford History of the Laws of England*, Bd. 12, *1820-1914 Private Law*, Oxford 2010, S. 779-83.

31 Informationen über die ISDA sind online auf der Homepage der Organisation verfügbar (⟨www.isda.org⟩, letzter Zugriff 08.03.2020). Ein kurzer Überblick über ihre Geschichte findet sich in Glenn Morgan, »Market formation and governance in international financial markets. The case of OTC derivatives«, in: *Human Relations* 61/5 (2008), S. 637-660.

32 Weitere Organisationen sind unter anderem die International Capital Market Association, die vor allem Dokumentationen für transnational ausgegebene Anleihen bereitstellt, und die Loan Market Association (LMA), die das Gleiche für international übertragene Darlehen tut. Anders als bei Derivaten und Anleiheemissionen wird in der Dokumentation von Verträgen durch die LMA ausgiebig auf das französische und das deutsche Recht zurückgegriffen. Vgl. Agasha Mugasha, »International Financial Law. Is the Law Really ›International‹ and Is It ›Law‹ Anyway?«, in: *Banking and Financial Law Review* 26/3 (2011), S. 381-450.

33 Zum Zusammenhang von Standardisierung und Liquidität vgl. Bruce Carruthers, Arthur L. Stinchcombe, »The Social Structure of Liquidity. Flexibility, Markets, and States«, in: *Theory and Society* 28/3 (1999), S. 353-382.

34 Vgl. ⟨https://www.isda.org/membership/⟩, letzter Zugriff 07.03.2020.

35 Vgl. Joanne Braithwaite, »Standard Form Contracts as Transnational Law. Evidence from the Derivatives Markets«, in: *Modern Law Review* 75/5 (2012), S. 779-805, sowie Bruce Carruthers, »Diverging Derivatives. Law, Governance, and Modern Financial Markets«, in: *Journal of Comparative Economics* 41/2 (2013), S. 386-400.

36 Vgl. die jüngsten Statistiken über globale OTC-Derivate, die von der Bank für Internationalen Zahlungsausgleich zusammengestellt wurden, online verfügbar unter ⟨https://www.bis.org/list/otc_deriv_stats/index.htm⟩, letzter Zugriff 07.03.2020. Allerdings konnten nicht alle Derivate ein Comeback feiern.

37 Vgl. jedoch Jeffrey Golden, »Interpreting ISDA Terms. When Market Practice Is Relevant, as of When It Is Relevant?«, in: *Capital Markets Law Journal* 9/3 (2014), S. 299-307, wo das ISDA-MA als »unvollständiger Vertrag« bezeichnet wird.

38 Vgl. Joanne P. Braithwaite, »OTC derivatives, the courts and regulatory reform«, in: *Capital Markets Law Journal* 7/4 (2012), S. 364-385, wo gezeigt wird, dass es in den Jahren vor der Finanzkrise weniger als 100 Verfahren gab.

39 Die Internetpräsenz des Panels findet sich unter ⟨www.primefinancedisputes.org⟩, letzter Zugriff 08.03.2020.

40 Vgl. Paragraf 6 des Rahmenvertrags von 2002.

41 Die für Insolvenzverfahren geltenden Regeln unterscheiden sich zwischen den Jurisdiktionen erheblich. Das englische Recht erlaubt es beispielsweise den Gläubigern eines zahlungsunfähigen Schuldners, Gegenforderungen aufzurechnen, ohne den automatischen Aufschub berücksichtigen zu müssen (*set-off*). Das »*Close-out netting*« oder Aufrechnen erweitert dieses Recht und ermöglicht es einem Gläubiger mit einer Vielzahl von Ansprüchen gegenüber einem Schuldner, der wiederum eine Vielzahl von Ansprüchen gegen den Gläubiger hat (was bei Derivativgeschäften häufig ist), diese alle gegeneinander aufzurechnen. Zu einem kurzen Überblick über die Unterschiede zwischen *Set-off* und *Netting* im Insolvenzfall vgl. Matthias Haentjens, Bob Wessels, *Research Handbook on Crisis Management in the Banking Sector*, Cheltenham 2015, S. 331.

42 Zu einer kritischen Betrachtung von Konflikten mit dem US-amerikanischen Konkursrecht vgl. Edward R. Morrison, Joerg Riegel, »Financial Contracts and the New Bankruptcy Code. Insulating Markets from Bankrupt Debtors and Bankruptcy Judges«, in: *American Bankruptcy Institute Law Review* 13/2 (2005), S. 641-664.

43 Vgl. Morgan, »Market formation and governance«, S. 650.

44 Vgl. Morrison/Riegel, »Financial Contracts«, zu einer Untersuchung der Entwicklungsgeschichte konkursrechtlicher Ausnahmeregelungen in den USA.

45 Technisch betrachtet übertragen Repos das Eigentum an einem Vermögenswert von einer Partei auf eine andere und wieder zurück auf die erste. Dies legt den Gedanken nahe, dass der Inhaber des Eigentumsrechts seinen Vermögenswert aus der Konkursmasse herausziehen kann, wenn die andere Partei zahlungsunfähig wird; allerdings haben Gerichte in mehreren Ländern Repos als funktional äquivalent mit Pfandrechten behandelt, so dass ihr Inhaber nur einen Anspruch auf Vollstreckung gegen den Vermögenswert hat, nicht aber das Recht, den Vermögenswert selbst zu beanspruchen. In der Praxis wurden Repos zudem häufig wiederverwendet, wodurch die Parteien dem Risiko der Position eines ungesicherten Gläubigers ausgesetzt waren. Zu Einzelhei-

ten dazu vgl. Edward R. Morrison u. a., »Rolling Back the Repo Safe Harbors«, in: *Business Law Journal* 69 (2014), S. 1016-1047.

46 Vgl. die Definitionen in U.S. Code, 11. Title, Paragraf 101, Abs. 53B (A) (ii), online verfügbar unter ⟨https://www.law.cornell.edu/uscode/text/11/101⟩, letzter Zugriff 09. 03. 2020.

47 Vgl. ISDA, »Collateral Arrangements in the European Financial Markets, The Need for National Law Reform«, London 2000, online verfügbar unter ⟨https://www.isda.org/book/collateral-arrangements-in-the-european-financial-markets/⟩, letzter Zugriff 09. 03. 2020.

48 Vgl. »Richtlinie 2002/47/EG des Europäischen Parlaments und des Rates vom 6. Juni 2002 über Finanzsicherheiten«, in: *Amtsblatt der Europäischen Union* 168 (27. Juni 2002), S. 0043-0050. Man beachte, dass nach dem Recht des EU-Vertrags der Europäische Rat befugt ist, Sekundärrecht zu verabschieden, das für die Mitgliedsstaaten bindende Wirkung hat. Zu einer kritischen Untersuchung der Auswirkungen dieser Richtlinie auf das englische Kreditsicherheitenrecht vgl. Louise Gullifer, »What Should We Do about Financial Collateral?«, in: *Current Legal Problems* (2012), S. 1-34.

49 Viele Studien haben einen starken Zusammenhang zwischen der Ausweitung von Ausnahmebestimmungen für Derivate und dem Aufstieg dieser Märkte dokumentiert. Vgl. zum Beispiel Franklin R. Edwards, Edward R. Morrison, »Derivatives and the Bankruptcy Code. Why the Special Treatment?«, in: *Yale Journal on Regulation* 22/1 (2005), S. 91-122.

50 Vgl. Braithwaite, »Standard Form Contracts«, S. 789.

51 Vgl. CPSS, »OTC Derivatives. Settlement Procedures and Counterparty Risk Management«, BIZ, Basel 1998, online verfügbar unter ⟨https://www.bis.org/cpmi/publ/d27.pdf⟩, letzter Zugriff 09. 03. 2020.

52 Eine kurze Geschichte des Finanzstabilitätsrats findet sich online unter ⟨https://www.fsb.org/history-of-the-fsb/⟩, letzter Zugriff 09. 03. 2020.

53 Vgl. David Geen u. a., »A Step Closer to Ending Too-Big-to-Fail. The ISDA Resolution-Stay Protocol and Contractual Recogni-

tion of Cross-Border Resolution«, in: *Futures and Derivatives Law Report* 35/3 (2015), S. 1-17, hier S. 7.

54 Das ursprüngliche Protokoll vom November 2014 wurde im November 2015 neu aufgelegt. Der Wortlaut der letzten Fassung findet sich online verfügbar unter ⟨http://assets.isda.org/media/ac6b533f-3/5a7c32f8-pdf/⟩, letzter Zugriff 09.03.2020.

55 Details dazu finden sich in 12 CFR Parts 217, 249 und 252, Federal Register Vol. 82 No. 175, 12 September 2017, online verfügbar unter ⟨https://www.govinfo.gov/content/pkg/FR-2017-09-12/pdf/2017-19053.pdf⟩, letzter Zugriff 09.03.2020.

56 Cardozo fasste den Gehalt von Treuepflichten wie folgt auf: »Nicht Ehrlichkeit allein, sondern die Korrektheit einer äußerst empfindlichen Ehre bildet dann der Maßstab des Verhaltens. In dieser Hinsicht hat sich eine Tradition entwickelt, die unbeugsam und tief verwurzelt ist« (*Meinhard v. Salmon*, 249 NY 458, S. 464). Die seither in Delaware und anderswo erfolgte Rechtsprechung hat diesen Maßstab allerdings aufgeweicht.

57 Vgl. zum Beispiel den Korruptionswahrnehmungsindex von Transparency International, auf dem Kanada im Jahr 2018 unter 180 Ländern Rang 9 belegt (online verfügbar unter ⟨https://www.-transparency.de/cpi/cpi-2018/cpi-ranking-2018/⟩), oder die von der Weltbank veröffentlichten *Worldwide Governance Indicators*, nach denen Kanada ebenfalls zu den Spitzenländern zählt (online verfügbar unter ⟨https://info.worldbank.org/governance/wgi/⟩, letzter Zugriff jeweils 09.03.2020).

58 Es gibt eine umfangreiche Literatur zur Erfolgsgeschichte der »privaten Regulierung«, die zeigt, dass private Akteure oft regulatorische Funktionen gegenüber anderen privaten Akteuren übernehmen. Vgl. dazu nur Fabrizio Cafaggi, »New Foundations of Transnational Private Regulation«, in: *Journal of Law and Society* 38/1 (2011), S. 20-49.

59 Der vollständige Name des Abkommens lautet »New Yorker Übereinkommen über die Anerkennung und Vollstreckung ausländischer Schiedssprüche« und ist im Wortlaut online verfügbar unter ⟨http://www.newyorkconvention.org/11165/web/files/original/1/5/15457.pdf⟩, letzter Zugriff 10.03.2020.

60 Vgl. Choudhury Barnali, »Recapturing Public Power. Is Invest-

ment Arbitration's Engagement of the Public Interest Contributing to the Democratic Deficit?«, in: *Vanderbilt Journal of Transnational Law* 41/3 (2008), S. 775-832.

61 Vgl. ⟨https://icsid.worldbank.org/en/⟩, letzter Zugriff 10.03.2020.

62 Vgl. Artikel 50-52 der ICSID-Konvention, in deutscher Übersetzung online verfügbar unter ⟨https://www.admin.ch/opc/de/classified-compilation/19650042/index.html⟩, letzter Zugriff 10.03.2020.

63 Die vollständige Liste der Mitgliedsstaaten findet sich online verfügbar unter ⟨https://icsid.worldbank.org/en/Pages/about/Database-of-Member-States.aspx⟩, letzter Zugriff 10.03.2020.

64 In deutscher Übersetzung online verfügbar unter ⟨https://www.admin.ch/opc/de/classified-compilation/19690099/index.html⟩, letzter Zugriff 10.03.2020.

65 Man beachte, dass die USA die Wiener Übereinkunft nie ratifiziert haben, sich aber dennoch in weiten Teilen den darin dargelegten Prinzipien verschreiben, da sie als *ius commune*, als internationales Common Law der Staaten, akzeptiert sind.

66 Vgl. Anthea Roberts, »Clash of Paradigms. Actors and Analogies Shaping the Investment Treaty System«, in: *American Journal of International Law* 107/1 (2013), S. 45-94.

67 Die EU hat hart dafür gearbeitet, um sicherzustellen, dass die Mitgliedsstaaten ihre eigenen BITs zugunsten EU-rechtlicher Vorgaben für Angelegenheiten zwischen EU-Mitgliedsstaaten und für Verträge, die die EU mit anderen Parteien eingeht, aufgeben. Sie hat eine spezielle Verordnung verabschiedet, die die Mitgliedsstaaten verpflichtet, die Kommission zu benachrichtigen und mit ihr zusammenzuarbeiten, wenn sie Verhandlungen über solche Verträge aufnehmen. Vgl. die EU-Verordnung des Europäischen Parlaments und des Rates vom 12. Dezember 2012 zur Einführung einer Übergangsregelung für bilaterale Investitionsschutzabkommen zwischen den Mitgliedsstaaten und Drittländern, online verfügbar unter ⟨https://eur-lex.europa.eu/legal-content/DE/TXT/?uri=celex:32012R1219⟩, letzter Zugriff 10.03.2020.

68 Einige der in diesem Buch vertretenen Thesen können zwar so verstanden werden, dass sie der demokratischen Selbstbestimmung den Vorzug gegenüber dem Privatinteresse geben, reden

dabei aber keineswegs irgendeiner Art von Rückfall in den Nationalismus das Wort.

69 Rat der Europäischen Union, »Gemeinsames Auslegungsinstrument zum Umfassenden Wirtschafts- und Handelsabkommen (CETA) zwischen Kanada und der Europäischen Union und ihren Mitgliedstaaten«, 27. Oktober 2016, S. 5, online verfügbar unter ⟨http://data.consilium.europa.eu/doc/document/ST-13541-2016-INIT/de/pdf⟩, letzter Zugriff 10.03.2020. Am 21. September 2017 trat CETA vorläufig in Kraft.

70 Vgl. Artikel 8.27 des CETA-Abkommens, online verfügbar unter ⟨https://ec.europa.eu/trade/policy/in-focus/ceta/ceta-chapter-by-chapter/index_de.htm⟩, letzter Zugriff 10.03.2020. Das Abkommen legt näher fest, dass das Gericht eine gemischte Zusammensetzung aufweisen muss, wobei eine gleiche Zahl von Angehörigen des Gremiums aus Kanada, der EU und aus Drittstaaten stammen muss und dass diese eine Amtszeit von fünf Jahren absolvieren werden.

Kapitel 7

1 Zit. nach Eileen Spring, »Landowners, Lawyers, and Land Law Reform in Nineteenth-Century England«, in: *American Journal of Legal History* 21/1 (1977), S. 40-59, hier S. 58.

2 Vgl. Thomas Merrill, Henry Smith, »Optimal Standardization in the Law of Property. The Numerus Clausus Principle«, in: *Yale Law Review* 110 (2000), S. 1-70.

3 Das *Wall Street Journal* berichtete im Jahr 2016, dass der Stundensatz von 1500 Dollar geknackt wurde. Vgl. Sara Randazzo, Jacqueline Palank, »Legal Fees Cross New Mark: $ 1,500 an Hour«, in: *Wall Street Journal*, 9. Februar 2016, online verfügbar unter ⟨https://www.wsj.com/articles/legal-fees-reach-new-pinnacle-1-500-an-hour-1454960708⟩, sowie James Fontanella-Khan u. a., »The dawn of the superstar lawyer«, in: *Financial Times*, 8. April 2018, online verfügbar unter ⟨https://www.ft.com/content/b9c96d04-376c-11e8-8eee-e06bde01c544⟩, letzter Zugriff jeweils 10.03.2020.

4 Zu einer sehr kritischen Analyse dieser Praktiken vgl. allein den Urteilsspruch des US-Bezirksgerichts für den Südbezirk von New York gegen die Nomura Holding America Inc., *FHFA v. Nomura*, 18. Dezember 2014, 11cv6201-DLC.

5 Die Kanzlei Milberg & Weiss wurde zum Beispiel 2006 angeklagt, Schmiergelder an die Klageparteien in Sammelklagen gezahlt zu haben. Vgl. Julie Creswell, »Milberg Weiss Is Charged With Bribery and Fraud«, in: *New York Times*, 18. Mai 2006, online verfügbar unter ⟨https://www.nytimes.com/2006/05/18/us/18cnd-legal.html⟩, letzter Zugriff 11.03.2020. Die Klage gegen die Kanzlei wurde letztlich verworfen.

6 Rande W. Kostal, *Law and English Railway Capitalism*, Oxford 1994, S. 46.

7 Der Literaturbestand über die interne Organisation amerikanischer Anwaltskanzleien ist reichhaltig; vgl. bes. Marc Galanter, William Henderson, »The Elastic Tournament. A Second Transformation of the Big Law Firm«, in: *Stanford Law Review* 60/6 (2008), S. 1867-1929. Zum Anwaltsberuf weltweit und seinen englischen Ursprüngen vgl. auch Marc Galanter, Simon Roberts, »From Kinship to Magic Circle. The London Commercial Law Firm in the Twentieth Century«, in: *International Journal of the Legal Profession* 15/3 (2009), S. 143-178.

8 Vgl. Maureen Cain, »The Symbol Traders«, in: dies., Christine B. Harrington (Hg.), *Lawyers in a Postmodern World*, New York 1994, S. 15-48, mit Bezügen auf Weber und andere, die das Verhältnis von Recht und Kapital untersucht haben.

9 Zum Aufstieg der großen US-Kanzleien vgl. auch Anthony T. Kronman, *The Lost Lawyer. Failing Ideals of the Legal Profession*, Cambridge, MA, London 1993.

10 Vgl. William D. Henderson, Arthur S. Alderson, »The Changing Economic Geography of Large U.S. Law Firms«, in: *The Journal of Economic Geography* 16/6 (2016), S. 1235-1257, hier Tab. 2, S. 1242.

11 Vgl. Staci Zaretsky, »The Largest Law Firm In The United States«, in: *Above the Law*, 16. April 2018, online verfügbar unter ⟨https://abovethelaw.com/2018/04/the-largest-law-firm-in-the-united-states/⟩, letzter Zugriff 11.03.2020.

12 Vgl. ebd.

13 Vgl. Ronald J. Gilson, »The Lawyer as Transaction Cost Engineer«, in: Peter Newman (Hg.), *Palgrave Enyclopedia of Law and Economics*, New York 1998, S. 508-514.

14 Vgl. ders., »Value Creation by Business Lawyers. Legal Skills and Asset Pricing«, in: *Yale Law Journal* 94/2 (1984), S. 239-313, hier S. 297.

15 Dieses Werkzeug kam erst in den 1980er Jahren auf. Zu einer Geschichte der Giftpille und den Einzelheiten ihrer rechtlichen Struktur vgl. Marcel Kahan, Edward B. Rock, »How I Learned to Stop Worrying and Love the Pill. Adaptive Responses to Takeover Law«, in: *University of Chicago Law Review* 69/3 (2002), S. 871-915.

16 Lipton ist Seniorpartner der Kanzlei Wachtell, Lipton, Rosen & Katz in New York; vgl. ⟨http://www.wlrk.com⟩, letzter Zugriff 11.03.2020.

17 Anfang der 2000er Jahre hielten über 60 Prozent der börsennotierten Unternehmen in den USA Giftpillen bereit. Diese Zahl ist in den Fortune 500 seither auf unter zehn Prozent zurückgegangen. Vgl. die jährlichen Aktualisierungen der aktivistischen Datenbank »SharkRepellents«, online verfügbar unter ⟨https://open.factset.com/products/factset-corporate-governance/en-us⟩, letzter Zugriff 30.04.2020.

18 Elisabeth de Fontenay, »Law Firm Selection and the Value of Transactional Lawyering«, in: *Journal of Corporation Law* 41/2 (2015), S. 394-430, hier S. 397.

19 Vgl. Stephen P. Magee, »How Many Lawyers Ruin an Economy?«, in: *Wall Street Journal*, 24. September 1992, »Op-ed«-Seite.

20 Vgl. Charles Epp, »Do Lawyers Impair Economic Growth?«, in: *Law and Social Inquiry* 17/4 (1992), S. 585-622, gefolgt von Stephen P. Magee, »The Optimal Number of Lawyers. A Reply to Epp«, in: *Law and Social Inquiry* 17/4 (1992), S. 667-693, woran sich eine erneute Replik von Epp anschloss.

21 Vgl. Thomas Piketty, *Das Kapital im 21. Jahrhundert*, München 2014, bes. Kap. 5, sowie Facundo Alvaredo u. a., *World Equality Report 2018* (Creative-Commons-Lizenz 4.0-CC-BY-NC-SA 4.0, World Inequality Lab 2017).

22 Vgl. ebd., S. 19 und 69; vgl. auch Abb. 2.3.2a, »Top 1 % vs. Bottom 50 % National Income Shares in the United States and Western Europe, 1980-2016«, auf S. 70 des Berichts.

23 Vgl. Carol Silver, »States Side Story. Career Paths of International LLM Students, or I Like to Be in America«, in: *Fordham Law Review* 80 (2012), S. 2383-2437; wie Silver erklärt, ist es schwierig, an Daten heranzukommen, doch Statistiken des Institute of International Education deuten darauf hin, dass die Zahl der Studierenden, die Jura im Ausland studieren, von 3500 im Jahr 1985 auf fast 9000 im Jahr 2009 gestiegen ist (ebd., S. 2423). Silver berichtet zudem, dass fast 30 Prozent aller Personen, die an der juristischen Staatsprüfung des Staates New York teilnehmen, eine ausländische juristische Ausbildung haben (ebd., S. 2422).

24 Die Bezugnahme auf die »alten vergleichenden Wirtschaftswissenschaften« verweist auf den Vergleich von Kapitalismus und Sozialismus. Nach dem Niedergang des Letzteren scheint es nun an der Zeit zu sein, verschiedene kapitalistische Systeme miteinander zu vergleichen, allerdings mit einem Schwerpunkt auf dem Recht und den rechtlichen Institutionen. Vgl. Simeon Djankov u. a., »The New Comparative Economics«, in: *Journal of Comparative Economics* 31/4 (2003), S. 595-619.

25 Vgl. Rafael La Porta u. a., »Law and Finance«, in: *Journal of Political Economy* 106/6 (1998), S. 1113-1155.

26 In ihrem Aufsatz zum zehnten Jahrestag der Veröffentlichung ihres grundlegenden Artikels betonen die Autoren, dass es in ihren Befunden nicht um Wachstum, sondern um die Entwicklung der Finanzmärkte geht; anders ausgedrückt, sie zeigen zwar einen höheren Wert des privaten Vermögens, aber nicht notwendigerweise eine Steigerung des wirtschaftlichen Wohlstands in allen Bereichen an. Vgl. Rafael La Porta u. a., »The Economic Consequences of Legal Origin«, in: *Journal of Economic Literature* 46/2 (2008), S. 285-332.

27 Vgl. Holger Spamann, »The ›Antidirector Rights Index‹ Revisited«, in: *Review of Financial Studies* 23/2 (2010), S. 467-486, sowie, mit einem Fokus auf historischen Daten zur Entwicklung der Finanzmärkte, Raghuram G. Rajan, Luigi Zingales, »The Great Reversals. The Politics of Financial Development in the 20th

Century«, in: *Journal of Financial Economics* 69/1 (2003), S. 5-50.

28 Zit. nach Benjamin R. Twiss, *Lawyers and the Constitution. How Laissez Faire Came to the Supreme Court*, Princeton 1942.

29 Paul A. Brand, »The Origins of the English Legal Profession«, in: *Law and History Review* 5/1 (1987), S. 31-50, bes. S. 35.

30 Vgl. Harry Cohen, »The Divided Legal Profession in England and Wales – Can Barristers and Solicitors Ever Be Fused?«, in: *Journal of the Legal Profession* 12 (1987), S. 7-27.

31 Vgl. ebd., S. 11.

32 Es gibt einige Auseinandersetzungen um das exakte Datum und den genauen Ort des Funds, was uns hier aber nicht weiter beschäftigen muss.

33 Vgl. Peter Stein, *Roman Law in European History*, Cambridge 1999.

34 Lucien Karpik, *French Lawyers. A Study in Collective Action 1274-1991*, Oxford 1999, S. 16. Vgl. außerdem David Bell, »Barristers, Politics and the Failure of Civil Society in the Old Regime«, in: Terence C. Halliday, Lucien Karpik (Hg.), *Lawyers and the Rise of Western Political Liberalism*, Oxford 1997, S. 65-100.

35 Vgl. Karpik, *French Lawyers*, S. 33.

36 Vgl. ebd., S. 59, wo der Verfasser den klassischen Anwaltstypus, der im 18. Jahrhundert entstand, als »einen dem freiheitlichen Handeln verpflichteten juristischen und politischen Akteur« beschreibt. Vgl. allerdings auch Bell, »Barristers, Politics«, der die These vertritt, dass sich die Anwälte nicht einfach nur der Politik zugewandt haben, sondern vielmehr »Anwälte und Politik sich einander zuwandten« (S. 100), wodurch eine lange Tradition von Anwälten in den Diensten des Staates erneut belebt wurde. Vgl. auch ebd., S. 86.

37 Die offizielle (englische) Übersetzung dieses Artikels lautet auf Deutsch: »In den ihnen übertragenen Verfahren ist es den Richtern untersagt, Urteile auf dem Wege allgemeiner und behördlicher Anordnungen zu fällen.« Der englischsprachige Text ist online verfügbar unter ⟨https://www.legifrance.gouv.fr/Media/Traductions/English-en/code_civil_20130701_EN⟩, letzter Zugriff 12.03.2020.

38 Deutschland wurde erst 1871 zu einem einheitlichen Staat. Zur relativen ökonomischen Rückständigkeit des Landes vgl. Alexander Gerschenkron, *Economic Backwardness in Historical Perspective*, Cambridge, MA, 1962.

39 Vgl. Dietrich Rueschemeyer, »State, Capitalism, and the Organization of Legal Counsel. Examining an Extreme Case – the Prussian Bar, 1700-1914«, in: Halliday/Karpik (Hg.), *Lawyers and the Rise of Western Political Liberalism*, S. 207-228.

40 Ebd., S. 208; das zweite Zitat wird dem Anwalt und Notar Adolf Weißler zugeschrieben.

41 Vgl. Kenneth F. Ledforth, »Lawyers and the Limits of Liberalism. The German Bar in the Weimar Republic«, in: Halliday/Karpik (Hg.), *Lawyers and the Rise of Western Political Liberalism*, S. 229-264, hier s. 243.

42 Das Deutsche Richtergesetz (DRIG) schreibt vor, dass das Studium der Rechtswissenschaften an einer Universität, gefolgt von zwei Staatsexamina, die Grundvoraussetzungen für eine Ernennung zum Richter darstellt (vgl. § 5 DRIG), und gemäß Paragraf 4 der Bundesrechtsanwaltsordnung (BRAO), des Gesetzes, das den Anwaltsberuf reguliert, ist der Zugang zu diesem davon abhängig, die Befähigung zum Richteramt erworben zu haben.

43 Vgl. Robert W. Gordon, »The American Legal Profession, 1870-2000«, Kap. 3, in: Michael Grossberg, Christopher Tomlins (Hg.), *The Cambridge History of Law in America*, Cambridge 2008, S. 73-126, hier S. 76. Man beachte, dass ein paar Jahre später, nämlich 1874, die American Bar Association die Zahl der Rechtsanwälte mit 64000 angab. Das ist der Zeitpunkt, ab dem die formale Rechtsausbildung an Fahrt aufnahm und die Anzahl der praktizierenden Anwälte aufgezeichnet wurde.

44 Justin Simard, »The Birth of a Legal Economy. Lawyers and the Development of American Commerce«, in: *Buffalo Law Review* 64 (2016), S. 1059-1134. Historische Daten über die Größe der US-Bevölkerung finden sich online verfügbar unter ⟨https://www.census.gov/history/www/through_the_decades/fast_facts/1870_fast_facts.html⟩, letzter Zugriff 12.03.2020.

45 Vgl. Edward J. Balleisen, »Vulture Capitalism in Antebellum America. The 1841 Federal Bankruptcy Act and the Exploitation

of Financial Distress«, in: *Business History Review* 70/4 (1996), S. 473-516.

46 Vgl. Andrew Abbott, *The System of Professions. An Essay on the Division of Expert Labor*, Chicago, London 1988.

47 Die erste staatlich zugelassene Anwältin in den USA war 1869 Belle Babb Mansfield; vgl. »American Women. Resources from the Law Library«, online verfügbar unter ⟨https://guides.loc.gov/american-women-law⟩, letzter Zugriff 12.03.2020. Die Harvard Law School nahm bis ins Jahr 1950 keine Frauen auf; vgl. Gordon, *The American Legal Profession*, S. 80.

48 Vgl. Kronman, *The Lost Lawyer*, S. 2-4 sowie Kap. 3, »The Good Lawyer«, S. 109-163, u. Kap. 5, »Law Firms«, S. 271-314.

49 Vgl. Gordon, *The American Legal Profession*, S. 74.

50 Vgl. ebd., S. 99.

51 Diese Angaben basieren auf einem historischen Datensatz, den das *Wall Street Journal* zusammengestellt und auf dem Blog »The Faculty Lounge« veröffentlicht hat; vgl. ⟨http://thefacultylounge.org/2013/02/historical-data-total-number-of-law-students-1964-2012.html⟩, letzter Zugriff 12.03.2020.

52 Diese Statistiken sind auf der Website der American Bar Association öffentlich einsehbar, vgl. ⟨https://www.americanbar.org/about_the_aba/profession_statistics/⟩, letzter Zugriff 12.03.2020.

53 Vgl. Lincoln Caplan, *Skadden. Power, Money, and the Rise of a Legal Empire*, New York 1993, S. 126.

54 Heute sind zwar 36 Prozent aller praktizierenden Anwälte weiblich, doch der Anteil ethnischer Minderheiten, darunter Afroamerikaner und Hispanics, verharrt auf dem sehr niedrigen Stand von nur fünf Prozent. Vgl. dazu die Statistik der American Bar Association, online verfügbar unter ⟨https://www.americanbar.org/about_the_aba/profession_statistics/⟩, letzter Zugriff 12.03.2020.

55 Eine Historie dieser Kanzleien neuen Stils spiegelt sich sehr anschaulich in der Geschichte des Aufstiegs der New Yorker Wirtschaftskanzlei Skadden wider; vgl. Caplan, *Skadden*. Zum beharrlichen Fortbestehen des WASP-Klischees in Bezug auf die führenden Anwaltskanzleien vgl. Eli Wald, »Biglaw Identity Capital. Pink and Blue, Black and White«, in: *Fordham Law Review* 83/5 (2015), S. 2509-2555.

56 Vgl. Caplan, *Skadden*, S. 63 und 207.

57 Vgl. J. Stuart Anderson, »Changing the Nature of Real Property Law«, in: William Cornish u. a. (Hg.), *The Oxford History of the Laws of England*, Bd. 12, *1820-1914 Private Law*, Oxford 2010, S. 179-232.

58 Das Konkursrecht bildet hier teilweise eine Ausnahme, weil es sowohl auf einzelstaatlicher als auch auf Bundesebene existiert.

59 Zu den politischen Entscheidungen, die die Geschichte des Bankwesens in den Vereinigten Staaten geprägt haben, vgl. Charles W. Calomiris, Stephen H. Haber, *Fragile by Design. The Political Origins of Banking Crises and Scarce Credit*, Princeton 2014.

60 Zu einer kritischen Untersuchung der Konkurrenz um das Gesellschaftsrecht in den USA vgl. Mark Roe, »Delaware's Competition«, in: *Harvard Law Review* 117 (2002), S. 588-624. Der Autor behauptet, dass die Konkurrenz zwischen dem Staat Delaware und dem Bund mindestens ebenso bedeutsam war wie die zwischen Delaware und anderen Bundesstaaten.

61 Vgl. »The Global 100. Firms Ranked by Headcount«, in: *American Lawyer* (25. September 2017), online verfügbar unter ⟨https://www.law.com/americanlawyer/almID/1202798544204/⟩, letzter Zugriff 14.03.2020.

62 Mit Stand September 2017 gehörte dazu Freshfields Bruckhaus Deringer (Platz 14, gemessen am Bruttoumsatz); vgl. »Global 100. Firms Ranked by Most Revenue«, law.com, online verfügbar unter ⟨https://www.law.com/americanlawyer/almID/1202798543572/⟩, letzter Zugriff 14.03.2020.

63 Die Bruttowertschöpfung misst den Wert aller von einer Wirtschaftseinheit produzierten Güter und Dienstleistungen abzüglich der Vorleistungen. Vgl. hierzu zum Beispiel die Erläuterungen des Statistischen Bundesamtes, online verfügbar unter ⟨https://www.destatis.de/DE/Themen/Wirtschaft/Volkswirtschaftliche-Gesamtrechnungen-Inlandsprodukt/Methoden/bip.html⟩, letzter Zugriff 03.05.2020.

64 Zum Anteil des Rechtsdienstleistungssektors an der britischen Wirtschaft vgl. The CityUK, »Legal Services« (2016), online verfügbar unter ⟨https://www.thecityuk.com/assets/2016/Reports-PDF/618d27dbbd/UK-Legal-services-2016.pdf⟩, letzter Zugriff

14. 03. 2020. Daten zum Anteil des Finanzsektors an der Gesamtwirtschaft sind verfügbar in einem Informationspapier der House of Commons Library, »Financial Services, Contribution to the UK Economy«, Nr. 6193 (März 2017), S. 5. Diesen Angaben zufolge erreichte dieser Anteil im Jahr 2009 mit 9,1 Prozent der BWS einen Spitzenwert.

65 Vgl. ebd., S. 10.

66 Andere in London ansässige ausländische Kanzleien stammen hauptsächlich aus Kontinentaleuropa und Australien; vgl. The CityUK, »Legal Services«, S. 8, Abb 2.

67 Vgl. ebd., S. 19, Abb. 14.

68 Vgl. Daniel Sokol, »Globalization of Law Firms. A Survey of the Literature and a Research Agenda for Further Study«, in: *Indiana Journal of Global Legal Studies* 24/1 (2007), S. 5-28, bes. S. 10, Abb. 1 und den dazugehörigen Text, dem die folgenden Daten entnommen sind.

69 Vgl. ebd.

70 Vgl. dazu auch die Diskussion in Kapitel 6 des vorliegenden Buchs.

71 Zum Wandel des Rechtsanwaltsberufs speziell in Amerika nicht so sehr aufgrund der Globalisierung, sondern des Wachstums und der internen Umstrukturierung jener Kanzleien wegen, vgl. auch Marc Galanter, Thomas Palay, *Tournament of Lawyers. The Transformation of the Big Law Firm*, Chicago, London 1991.

72 Zu einem ähnlichen Punkt vgl. Steven Shavell, »The Fundamental Divergence of Social and Private Benefits of Litigation«, in: *Journal of Legal Studies* 26/S 2 (1997), S. 575-612.

73 Vgl. Florian Griesel, »Competition and Cooperation in International Commercial Arbitration. The Birth of a Transnational Legal Profession«, in: *Law and Society Review* 51/4 (2017), S. 790-824.

74 Vgl. ebd., S. 791.

75 Vgl. zum Beispiel das UNCITRAL-Modellgesetz zur internationalen Handelsschiedsgerichtsbarkeit, das erstmals 1985 verabschiedet und zuletzt 2006 novelliert wurde, online verfügbar unter ⟨https://www.uncitral.org/pdf/english/texts/arbitration/ml-arb/07-86998_Ebook.pdf⟩, letzter Zugriff 15. 03. 2020.

76 Zu Details dazu vgl. ⟨https://www.consumerfinance.gov/arbitration-rule/⟩, letzter Zugriff 15.03.2020.

Kapitel 8

1 Lawrence Lessig, *Code 2.0*, New York 2006 (Erstveröffentlichung 1999).

2 Eine gute Einführung in die Funktionsweise von Blockchains findet sich in Primavera De Filippi, Aaron Wright, *Blockchain and the Law. The Rule of Code*, Cambridge, MA, London 2018, bes. das einleitende Kapitel.

3 Die sowjetischen Rechtstheoretiker hatten mit dieser Idee zu kämpfen, da sie mit der Realität eines komplexen Wirtschaftssystems konfrontiert waren, das zumindest einer gewissen Führung oder Governance, wie wir heute sagen würden, bedurfte. So erklärte der sowjetische Jurist Jewgeni Paschukanis das Paradox, die alte Ordnung zu zerschmettern und zugleich in der darauffolgenden Periode der »Neuen Ökonomischen Politik« ein Zivilgesetzbuch in Kraft treten zu lassen, zum notwendigen Schritt in der Weiterentwicklung des Sozialismus zum Kommunismus. Vgl. seine Schrift *The Marxist Theory of Law and the Construction of Socialism* (1927), in englischer Übersetzung online verfügbar unter ⟨https://www.marxists.org/archive/pashukanis/1927/xx/theory.htm⟩, letzter Zugriff 16.03.2020.

4 Diese Zusammenfassung der Ansichten der digitalen Codierer stützt sich auf meinen persönlichen Austausch mit ihnen im Rahmen von Workshops und Konferenzen, darunter einem Workshop zu Kryptowährungen, den ich im September 2017 an der Columbia Law School organisiert habe.

5 Vgl. De Filippi/Wright, *Blockchain and the Law*.

6 Vgl. Oliver Hart, John Moore, »Foundations of Incomplete Contracts«, in: *Review of Economic Studies* 66/1 (1999), S. 115-138, sowie Robert Cooter, Hans-Bernd Schäfer, *Solomon's Knot. How Law Can End the Poverty of Nations*, Princeton 2011, die behaupten, dass im Zentrum der Armut vieler Länder die Unfähigkeit stehe, feste Verpflichtungen einzugehen.

7 Kieron O'Hara, »Authority Printed Upon Emptiness«, in: *IEEE Internet Computing* 19/6 (2015), S. 72-76.

8 Vgl. Nick Szabo, »Formalizing and Securing Relationships on Public Networks«, in: *First Monday*, 1. September 1997, online verfügbar unter ⟨https://firstmonday.org/article/view/548⟩, letzter Zugriff 16.03.2020.

9 Vgl. Hart/Moore, »Foundations«, sowie Eric Maskin, Jean A.F. Tirole, »Unforeseen Contingencies and Incomplete Contracts«, in: *Review of Economic Studies* 66/1 (1999), S. 83-114. Zu einer detaillierten Untersuchung des unvollständigen Rechts vgl. auch Kapitel 9 des vorliegenden Buchs.

10 Der Ökonom Frank Knight hat den Ausdruck »fundamentale Ungewissheit« geprägt, auch als »Knight'sche Unsicherheit« bekannt; vgl. Frank H. Knight, *Risk, Uncertainty and Profit*, Boston 1921, S. 232 und Kap. 8, S. 233-263.

11 Vgl. Ronald J. Gilson u.a., »Contracting for Innovation. Vertical Disintegration and Interfirm Collaboration«, in: *Columbia Law Review* 109/3 (2009), S. 413-502. Die Autoren vertreten die These, dass die Ausgestaltung von Verträgen für eine Zusammenarbeit von Unternehmen mehr Lücken offen lässt, um Raum für zwischenzeitliche Anpassungen zu schaffen, auf die sich die Beteiligten geeinigt haben.

12 Zu Einzelheiten vgl. De Filippi/Wright, *Blockchain and the Law*, Kap. 4, »Smart Contracts as Legal Contracts«, S. 72-88.

13 Dazu gehört die Doktrin der »*frustration of contract*« im Common Law, die im deutschen BGB »Störung der Geschäftsgrundlage« heißt; vgl. J.P. Dawson, »Judicial Revision of Frustrated Contracts: Germany«, in: *Boston University Law Review* 63 (1983), S. 1039-1098, sowie ders., »Judicial Revision of Frustrated Contracts: The United States«, in: *Boston University Law Review* 64 (1984), S. 1-38.

14 Vgl. Philip Ashton, Brett Christophers, »On Arbitration, Arbitrage and Arbitrariness in Financial Markets and Their Governance. Unpacking LIBOR and the LIBOR Scandal«, in: *Economy and Society* 44/2 (2015), S. 188-217.

15 Vgl. Katie Martin, »Scrapping LIBOR leaves $ 500bn of bond Contracts in Limbo«, in: *Financial Times*, 10. Oktober 2018, on-

line verfügbar unter ⟨https://www.ft.com/content/ee5dd89c-cbd8-11e8-b276-b9069bde0956⟩, und zur ablehnenden Haltung dem neuen Vergleichsmaßstab gegenüber vgl. Alex Harris, »LIBOR Refuses to Die, Setting Up $ 370 Trillion Benchmark Battle«, Bloomberg, 7. Mai 2017, online verfügbar unter ⟨https://www.bloomberg.com/news/articles/2018-05-06/libor-refuses-to-die-setting-up-battle-for-benchmark-supremacy⟩, letzter Zugriff jeweils 17.03.2020.

16 Vgl. De Filippi/Wright, *Blockchain and the Law*, Kap. 2, »Characteristics of Blockchains«, S. 33-58.

17 Dies ist ein kurioses Geschäftsmodell, denn nach den allgemeinen Versicherungsvorschriften ist es verboten, einen Vermögenswert zu versichern, der einem nicht gehört. Bei den CDS-Verträgen wurde jedoch der Trick angewandt, sie von der Regulierungsaufsicht zu befreien; die Logik geht anscheinend so, dass ein Versicherungsvertrag, der illegal ist, unmöglich als ein solcher gelten kann. Bemerkenswerterweise scheinen die Aufsichtsbehörden für das Versicherungswesen dieses Argument so gekauft zu haben.

18 Die meisten CDS-Verträge und ihre Kreditpläne wurden durch Vorlagen geregelt, die die International Swaps and Derivatives Association (ISDA) standardisiert hat; zu Details vgl. Kapitel 6 des vorliegenden Buchs.

19 Den von der Financial Crisis Inquiry Commission (FCIC) gesammelten Materialien zufolge wurde AIG Financial Products, der beherrschende Akteur auf dem Markt, von Goldman Sachs zur Zahlung von 1,8 Milliarden US-Dollar von einem Tag auf den nächsten aufgefordert, nachdem er zuvor niemals wertberichtigende Zahlungen auf Sicherheiten für einen einzigen CDS zahlen musste; vgl. ⟨https://fcic-static.law.stanford.edu/cdn_media/fcic-docs/2007-07-27_Goldman_Sachs_Collateral_Invoice_to_AIG.pdf⟩, letzter Zugriff 17.03.2020.

20 Zu Einzelheiten vgl. Kapitel 4 des vorliegenden Buchs.

21 Vgl. Nick Szabo, *Secure Property Titles with Owner Authority* (1998), Veröffentlichungen des Satoshi Nakomoto Institute, online verfügbar unter ⟨https://nakamotoinstitute.org/secure-property-titles/⟩, letzter Zugriff 17.03.2020.

22 Vgl. Ronald H. Coase, »The Problem of Social Cost«, in: *Journal of Law and Economics* 3 (1960), S. 1-44.

23 Szabo, *Secure Property.*

24 Vgl. ebd., S. 3.

25 Ebd.

26 Ebd., S. 7.

27 Hernando de Soto, *Freiheit für das Kapital! Warum der Kapitalismus nicht weltweit funktioniert,* Berlin 2002, S. 205-208. Die Metapher des »den Hunden beim Bellen Zuhörens« meint, dass am Geräusch des Bellens von Wachhunden sowohl ihre Größe als auch die des Territoriums ihres Herren abzuschätzen ist.

28 Zu einer Erhebung über die Auswirkungen der Formalisierung von Eigentumsrechten in den letzten Jahren in den Entwicklungsländern vgl. Klaus Deininger, *Land policies for growth and poverty reduction*, Washington, DC, 2003, online verfügbar unter ⟨http://documents.worldbank.org/curated/en/485171468309336484/Land-policies-for-growth-and-poverty-reduction⟩, letzter Zugriff 18.03.2020.

29 Das Konzept der dezentralisierten autonomen Organisation (DAO) wird auf der Website von Investopedia erläutert; vgl. ⟨https://www.investopedia.com/tech/what-dao/⟩. Zu einer nützlichen Übersicht über die kurze Geschichte von The DAO vgl. Muhammed Izhar Mehar u. a., »Understanding a Revolutionary and Flawed Grand Experiment in Blockchain. The DAO Attack«, in: *Journal of Cases on Information Technology* 21/1 (2017), S. 19-32, online verfügbar unter ⟨https://papers.ssrn.com/sol3/papers.cfm?abstract_id=3014782⟩, letzter Zugriff jeweils 18.03.2020.

30 Vgl. die Presserklärung der SEC vom 25. Juli 2017 über ihren investigativen Bericht, der zu der Schlussfolgerung kam, dass ICOs jener Art, die The DAO ausgab, als Wertpapiere galten und damit Regulierungen sowie der Kontrolle durch die Börsenaufsicht unterlagen; online verfügbar unter ⟨https://www.sec.gov/news/press-release/2017-131⟩, letzter Zugriff 18.03.2020.

31 Das ist das fundamentale Problem der »Trennung von Eigentum und Kontrolle«, das Berle und Means beschreiben; vgl. Adolf Augustus Berle, Gardiner Means, *The Modern Corporation and Private Property*, New York 1932.

32 Die Theorie des Unternehmens als Nexus von Verträgen wird, wie bereits erwähnt, mit Jensen und Mackling in Verbindung gebracht; vgl. Michael J. Jensen, William H. Meckling, »Theory of the Firm. Managerial Behavior, Agency Costs and Ownership Structure«, in: *Journal of Financial Economics* 3/4 (1976), S. 305-360, aber auch Frank H. Easterbrook, Daniel R. Fischel, *The Economic Structure of Corporate Law*, Cambridge, MA, 1991.

33 Vgl. Mehar u.a., »Understanding a Revolutionary and Flawed Grand Experiment«, Abschnitt 3, »The Organization of The DOA«, wo die Autoren diese Regelung wie folgt beschreiben: »The DAO kann sich dergestalt aufspalten, dass Minderheitennutzer, die mit einem Vorschlag nicht einverstanden sind, ihren Ether-Anteil an jener Investition vor der Bildung einer neuen DAO erhalten können, wo die Nutzer, die dem Vorschlag zustimmen, ihr Ether anlegen können.«

34 Zu einer detaillierten Diskussion vgl. Kapitel 3 des vorliegenden Buchs.

35 Vgl. zum Beispiel Nathaniel Popper, »A Venture Fund with Plenty of Virtual Capital, but No Capitalist«, in: *New York Times*, 21. Mai 2016, online verfügbar unter ⟨https://www.nytimes.com/2016/05/22/business/dealbook/crypto-ether-bitcoin-currency.html⟩, sowie »The DAO of Accrue«, in: *The Economist*, 19. Mai 2016, online verfügbar unter ⟨https://www.economist.com/finance-and-economics/2016/05/19/the-dao-of-accrue⟩, letzter Zugriff jeweils 19.03.2020.

36 Vgl. etwa Emin Gun Sirer, »Thoughts on The DAO Hack«, in: *Hacking, Distributed*, 17. Juni 2016, online verfügbar unter ⟨https://hackingdistributed.com/2016/06/17/thoughts-on-the-dao-hack/⟩, letzter Zugriff 19.03.2020.

37 Mehar u.a., »Understanding a Revolutionary and Flawed Grand Experiment«, Abschnitt 4, »Attack on The DAO«.

38 Vgl. ebd.

39 Vgl. Stan Higgins, »From $ 900 to $ 20,000. Bitcoin's Historic 2017 Price Run Revisited«, online verfügbar unter ⟨https://www.coindesk.com/900-20000-bitcoins-historic-2017-price-run-revisited⟩, sowie Hannah Murphy, »The rise and fall of Ethereum«, in: *Financial Times*, 19. Oktober 2018, online verfügbar unter

⟨https://www.ft.com/content/a8d2c280-d2b6-11e8-a9f2-7574db66bcd5⟩, letzter Zugriff 19.03.2020.

40 Vgl. »Craig Stephen Wright claims to be Satoshi Nakamoto. Is he?«, in: *The Economist*, 2. Mai 2016, online verfügbar unter ⟨https://www.economist.com/briefing/2016/05/02/craig-steven-wright-claims-to-be-satoshi-nakamoto-is-he⟩, letzter Zugriff 19.03.2020.

41 Eine Zeit lang tobte eine Debatte um die Ursprünge des Geldes. Carl Menger und andere Vertreter der »Österreichischen Schule« vertraten die These, dass Geld spontan und »von unten« entstand, um den Warentausch zu begünstigen, während andere, die auch als »Chartalisten« bezeichnet werden, behauptet haben, dass echtes Geld das Geschöpf von Staaten ist. Eine gute Übersicht über diese alternativen Geldtheorien findet sich in Geoffrey Ingham, *The Nature of Money*, Cambridge 2004, sowie in Christine Desan, *Making Money. Coin, Currency, and the Coming of Capitalism*, Oxford 2015. Vgl. darüber hinaus auch Roy Kreitner, »Legal History of Money«, in: *Annual Review of Law and Social Science* 8/1 (2012), S. 415-431.

42 Robert Sams, »Blockchain Finance«, PowerPoint-Präsentation, März 2015, online verfügbar unter ⟨https://de.slideshare.net/rmsams/blockchain-finance⟩, letzter Zugriff 19.03.2020.

43 Zu einer Kritik von Kryptowährungscodierern an diesem Punkt vgl. Perry Mehrlings Blogeintrag »Cryptos Fear Credit«, online verfügbar unter ⟨http://sites.bu.edu/perry/2017/09/29/cryptos-fear-credit/⟩, letzter Zugriff 19.03.2020.

44 Satoshi Nakamoto, *Bitcoin Manifesto. One CPU One Vote*, »Heterodoxa«-Sammlung, hg. von Stefano Tombolini, o.O. (2014), S. 5.

45 Die Zulassung erfolgte im Oktober 2017. Vgl. die Pressemitteilung der CME, online verfügbar unter ⟨https://www.cmegroup.com/media-room/press-releases/2017/10/31/cme_group_announceslaunchofbitcoinfutures.html⟩, letzter Zugriff 19.03.2020. Der Handel mit Futures hat derweil zugelegt; die CME vermeldete im Sommer 2018, dass sein Volumen um 93 Prozent gestiegen ist.

46 Minsky sprach sich nicht für die Verstaatlichung aller Banken aus, sondern plädierte für strenge Eigenkapitalanforderungen und für

eine starke Rolle des Staates in der Wirtschaft, um Stabilität zu gewährleisten. Vgl. die politischen Grundsätze und die Reformagenda, die in den Kapiteln 12 und 13 seines Buchs *Stabilizing an Unstable Economy* dargelegt sind; vgl. Hyman P. Minsky, *Stabilizing an Unstable Economy*, New Haven 1986. Zu einer ausgezeichneten Zusammenfassung von Minskys Überlegungen zur Stabilisierung eines inhärent instabilen Finanzsystems vgl. Perry Mehrling, »Minsky and Modern Finance. The Case of Long-Term Capital Management«, in: *Journal of Portfolio Management* 26/2 (Winter 2000), S. 81-88.

47 Beschrieben in De Filippi/Wright, *Blockchain and the Law*, Kap. 1, »Blockchains. Bitcoin, and Decentralized Computing Platforms«, S. 13-22.

48 Vgl. David Gerard, *Attack of the 50 Foot Blockchain. Bitcoin, Blockchain, Ethereum & Smart Contract*, o. O. (2017).

49 De Filippi/Wright, *Blockchain and the Law*, Kap. 2, »Characteristics of Blockchains«, S. 33-58.

50 Vgl. auch Desan, *Making Money*, wo behauptet wird, dass das Geld im Verfassungsrecht gegründet ist.

51 Vgl. Mark J. Flannery, »Contingent Capital Instruments for Large Financial Institutions«, in: *Annual Review of Financial Economies* 6 (2014), S. 225-240.

52 Zur Frage, wie sich Coco-Anleihen unter Stress verhalten könnten, vgl. Thomas Hale, Dan McCrum, »Why coco bonds are worrying investors«, in: *Financial Times*, 9. Februar 2016, online verfügbar unter ⟨https://www.ft.com/content/b75b285c-cf07-11e5-92a1-c5e23ef99c77⟩, letzter Zugriff 19. 03. 2020.

53 Charles Tilly behauptet, dass der Schutz der eigenen Freunde und deren Anhänger ein Hauptmerkmal werdender Staaten ist. Vgl. Charles Tilly, »War Making and State Making as Organized Crime«, in: Peter Evans u. a. (Hg.), *Bringing the State Back In*, Cambridge 1985, S. 169-191, und auch die Diskussion in Kapitel 9 des vorliegenden Buchs.

54 Vgl. Chuan Tian, »The Rate of Blockchain Patent Applications Has Nearly Doubled in 2017«, Coindesk, 27. Juli 2017, online verfügbar unter ⟨https://www.coindesk.com/rate-blockchain-patent-applications-nearly-doubled-2017⟩, letzter Zugriff 19. 03. 2020.

55 Vgl. ⟨http://appft.uspto.gov/netahtml/PTO/search-bool.html⟩, letzter Zugriff 19.03.2020.

56 Vgl. Mark A. Chen u. a., »How Valuable Is FinTech Innovation?«, in: *The Review of Financial Studies* 32/5 (Mai 2019), S. 2062-2106, bes. Tab. 4 und 5B.

57 Vgl. Chuan Tian, »Goldman Sachs Granted ›SETLcoin‹ Cryptocurrency Patent«, Coindesk, 13. Juli 2017, online verfügbar unter ⟨https://www.coindesk.com/goldman-sachs-granted-setlcoin-cryptocurrency-patent⟩, sowie Christine Kim, »Barclays Seeks Twin Blockchain Patents for Banking Services«, ebd., 19. Juli 2018, online verfügbar unter ⟨https://www.coindesk.com/barclays-seeks-twin-blockchain-patents-for-banking-services⟩, und dies., »Mastercard Wins Patent for Speeding Up Crypto Payments«, ebd., 17. Juli 2018, online verfügbar unter ⟨https://www.coindesk.com/mastercard-wins-patent-for-speeding-up-crypto-payments⟩, letzter Zugriff jeweils 19.03.2020.

58 Zu Einzelheiten vgl. ⟨https://www.r3.com/about/⟩, letzter Zugriff 19.03.2020.

59 Morris R. Cohen, »Property and Sovereignty«, in: *Cornell Law Quarterly* 13/1 (1927), S. 8-30, bezeichnet private Unternehmer als Industrie- und Finanzkapitäne; vgl. ebd., S. 13.

Kapitel 9

1 Der Titel dieses Kapitels ist entliehen von Rawi Abdelal, *Capital Rules*, Cambridge, MA, 2007, wobei sich dieser auf die Eigenkapitalvorschriften im Rahmen der Bankenaufsicht bezieht, darunter auch auf den Basler Akkord.

2 Vgl. Max Weber, *Wirtschaftsgeschichte. Abriß der universalen Sozial- und Wirtschaftsgeschichte*, München, Leipzig 1923, S. 290-293.

3 Max Weber, *Wirtschaft und Gesellschaft. Grundriß der verstehenden Soziologie*, Tübingen 1980, Bd. II, Kap. 7, § 8, S. 503.

4 Vgl. Adam S. Hofri-Winogradow, »Protection of Family Property from Creditors in the Enlightenment-Era Court of Chancery«, in: *SSRN Electronic Journal* (März 2008), online verfügbar unter

⟨https://papers.ssrn.com/sol3/papers.cfm?abstract_id=1104385⟩, letzter Zugriff 20.03.2020.

5 Vgl. Michael Lobban, »Bankruptcy and Insolvency«, in: William Cornish u.a. (Hg.), *The Oxford History of the Laws of England*, Bd. 12, *1820-1914 Private Law*, Oxford 2010, S. 779-833.

6 Zu Einzelheiten hierzu vgl. Kapitel 4 des vorliegenden Buchs.

7 Vgl. Margaret Levi, »The Predatory Theory of Rule«, in: *Policy and Society* 10/4 (1981), S. 431-465.

8 Christoph Menke, *Kritik der Rechte*, Berlin 2015, bes. Kap. 5.

9 Ebd., S. 311.

10 Das ist in Großbritannien und den USA der Fall. In anderen Ländern, zum Beispiel in Deutschland, wurden konkurrierende Prinzipien, etwa das des Sozialstaats, als Gegengewicht zur Macht der subjektiven Rechte genutzt. Mit der Zeit hat sich der Schwerpunkt allerdings auf die Letzteren verlagert.

11 Vgl. Sanford J. Grossman, Oliver D. Hart, »The Costs and Benefits of Ownership. A Theory of Vertical and Lateral Integration«, in: *Journal of Political Economy* 94/4 (1986), S. 691-719, sowie Oliver D. Hart, John Moore, »Property Rights and the Nature of the Firm«, in: *Journal of Political Economy* 98/6 (1990), S. 1119-1158.

12 Vgl. Katharina Pistor, Chenggang Xu, »Incomplete Law«, in: *Journal of International Law and Politics* 35/4 (2003), S. 931-1013.

13 Zur *rules-vs.-standards*-Debatte vgl. Louis Kaplow, »Rules versus Standards. An Economic Analysis«, in: *Duke Law Journal* 42 (1992), S. 557-629.

14 Eine umfassende Darlegung der verschiedenen Quellen unvollständigen Rechts findet sich in Pistor/Xu, »Incomplete Law«.

15 Im Verfahren *Diamond v. Chakrabarty*, 447 U.S. 303; vgl. dazu auch Kapitel 5 des vorliegenden Buchs.

16 James Boyle, »The Second Enclosure Movement and the Construction of the Public Domain«, in: *Law and Contemporary Problems* 66 (2003), S. 33-74.

17 Es besteht über verschiedene Länder und Rechtsgebiete hinweg eine große Spannbreite in den Vorschriften darüber, wer die Kosten eines gerichtlichen Verfahrens trägt. Doch selbst wenn der Unterlegene alle Kosten zu tragen hat, ist die Klägerin mit der

durchaus realistischen Möglichkeit konfrontiert, dass sie es sein wird, die zur Kasse gebeten werden wird.

18 Zu den ersten Maßnahmen des Kongresses gegen Sammelklagen vgl. Stephen B. Burbank, »The Class Action Fairness Act of 2005 in Historical Context. A Preliminary View«, in: *University of Pennsylvania Law Review* 156 (2008), S. 1439-1551, und zu den veränderten Wahrnehmungen von Opfern und Vulnerabilitäten Christine P. Bartholomew, »Redefining Prey and Predator in Class Actions«, in: *Brooklyn Law Review* 80 (2015), S. 743-806.

19 Ökonomisch ausgedrückt handelt es sich dabei um eine typische Externalität; im Verfassungsrecht geht es aber nicht um die Kontrolle von Externalitäten, sondern darum, das Richtige und das Falsche im Blick zu haben.

20 Vgl. Levi, »The Predatory Theory of Rule«, aber auch Douglass C. North u. a., *Violence and Social Orders. A Conceptual Framework for Interpreting Recorded Human History*, Cambridge 2009, wo behauptet wird, dass rechtlich gebundene öffentliche Ordnungen zu »*open-access*«-Ordnungen geworden sind: Die öffentliche Ordnung legt die Regeln des Spiels fest, das privaten Parteien die Verfolgung ihrer Interessen ermöglicht, wundersamerweise allerdings ohne den offenen Zugang zu beeinträchtigen.

21 Zu den »Neuen Eigentumsrechten« vgl. Charles A. Reich, »The New Property«, in: *Yale Law Journal* 73/5 (1964), S. 733-787, und zu einer normativen Forderung danach, das Konzept »neuer Neuer Eigentumsrechte« auszuweisen und speziell auf die verletzlichsten Mitglieder der Gesellschaft zuzuschneiden, vgl. David A. Super, »A New New Property«, in: *Columbia Law Review* 113/7 (2013), S. 1773-1896.

22 Menke, *Kritik der Rechte*, S. 321.

23 Vgl. zum Beispiel Rafe Blaufarb, *The Great Demarcation. The French Revolution and the Invention of Modern Property*, Oxford 2016.

24 Bei einer Zusammenkunft am 4. August 1789, weniger als einen Monat nach dem Sturm auf die Bastille, schaffte die Nationalversammlung alle feudalen Eigentumsformen ab und gab eine neue Eigentumsordnung auf der Grundlage individueller Rechte be-

kannt; vgl. Blaufarb, »The Great Demarcation«, S. 19 sowie 48.

25 Dies erfolgte im Rahmen jener Rechte, die die kühnen politischen Proklamationen der Abschaffung der alten Prärogative umsetzten. Eine aufschlussreiche Darstellung dazu findet sich in Horst Welkoborsky, »Die Herausbildung des bürgerlichen Eigentumsbegriffs«, in: Wolfgang Däubler (Hg.), *Eigentum und Recht. Die Entwicklung des Eigentumsbegriffs im Kapitalismus*, Darmstadt, Neuwied 1976, S. 11-74.

26 Vgl. Michael P. Fitzsimmons, »Privilege and the Polity in France, 1786-1791«, in: *American Historical Review* 92/2 (1987), S. 269-295, hier S. 290.

27 Vgl. Charles Tilly, »War Making and State Making as Organized Crime«, in: Peter Evans u. a. (Hg.), *Bringing the State Back In*, Cambridge 1985, S. 169-191.

28 Vgl. Mancur Olson, »Dictatorship, Democracy, and Development«, in: *American Political Science Review* 87/3 (1993), S. 567-576.

29 Das letzte Kapitel von Polanyis *Great Transformation* (vgl. auch Kapitel 1 des vorliegenden Buchs) schlägt eine neue große Transformation vor, die für eine neue Nachkriegsordnung das Primat der Gesellschaft über den Markt vorsieht.

30 Wie bereits angemerkt, hat Schumpeter behauptet, dass der Wettbewerb der Motor für sozialen und ökonomischen Wandel ist; vgl. Joseph A. Schumpeter, *Capitalism, Socialism and Democrcy*, Abingdon 2010, Chapter 7, The Process of Creative Destruction, hier S. 73.

31 Vgl. Harold J. Berman, *Law and Revolution*, Cambridge, MA, 1983.

32 Vgl. Albert O. Hirschman, *Abwanderung und Widerspruch. Reaktionen auf Leistungsabfall bei Unternehmungen, Organisationen und Staaten*, Tübingen 1974.

33 Vgl. Harold Demsetz, »Toward a Theory of Property Rights«, in: *The American Economic Review* 57/2 (1967), S. 347-359.

34 Vgl. das Zitat von Rudden in Kapitel 1 des vorliegenden Buchs.

35 Zu einer scharfen Kritik am Aufstieg des Finanzkapitals und seines Verhältnisses zur Realwirtschaft vgl. Rana Foroohar, *Makers*

and Takers. How Wall Street Destroyed Main Street, New York 2016.

36 Vgl. »A better deal between business and society«, Leitartikel der *Financial Times*, 2. Januar 2018, online verfügbar unter ⟨https://www.ft.com/content/94b1eec0-e70c-11e7-8b99-0191e45377ec⟩, letzter Zugriff 21.03.2020.

37 Einige Ausnahmen gelten in der EU, wo Kollisionsregeln für das Vertrags- und das Schadenersatzrecht harmonisiert worden sind. Zudem haben diverse internationale Abkommen die Standardisierung des Rechts vorangetrieben.

38 Dies wäre auch mit Tsilly Dagans These kompatibel, dass eher mehr als weniger Steuerwettbewerb angezeigt sein mag; vgl. Tsilly Dagan, *International Tax Policy. Between Competition and Cooperation*, Cambridge 2018.

39 Vgl. Gary S. Becker, »Crime and Punishment. An Economic Approach«, in: *Journal of Political Economy* 76/2 (1968), S. 169-217.

40 Vgl. Lynn A. Stout, »Derivatives and the Legal Origin of the 2008 Credit Crisis«, in: *Harvard Business Law Review* 1/1 (2011), S. 1-38, sowie Glenn Morgan, »Reforming OTC Markets. The Politics and Economics of Technical Fixes«, in: *European Business Organization Law Review* 13/3 (2012), S. 391-412, und Frank Partnoy, »ISDA, NASD, CFMA and SDNY. The Four Horsemen of Derivatives Regulation«, in: *Brookings-Wharton Papers on Financial Services* (2002), S. 213-252.

41 Vgl. Edward R. Morrison u. a., »Rolling Back the Repo Safe Harbors«, in: *Business Law Journal* 69 (2014), S. 1016-1047.

42 Man bedenke aber, dass einige medizinische Fakultäten ihre Studiengebühren abgeschafft haben, um ihre Absolventen dazu anzuspornen, nicht nur die lukrativsten Karrierewege einzuschlagen, sondern auch eine Tätigkeit als Hausarzt oder auf anderen verhältnismäßig schlecht bezahlten Teilgebieten der medizinischen Profession in Erwägung zu ziehen. Vgl. dazu David W. Chen, »Surprise Gift: Free Tuition for All N.Y.U. Medical Students«, in: *New York Times*, 16. August 2018, online verfügbar unter ⟨https://www.nytimes.com/2018/08/16/nyregion/nyu-free-tuition-medical-school.html⟩, letzter Zugriff 22.03.2020.

43 Zu einem ähnlichen Punkt vgl. Robert L. Hale, *Freedom Through*

Law. Public Control of Private Governing Power, New York 1952, bes. Kap. 1 (»Economic Liberty and the State«) und 2 (»The Legal Basis for Economic Inequality«).

44 Die offizielle Repräsentanz der Open-Source-Gemeinschaft feierte im Jahr 2018 ihr 20-jähriges Bestehen; vgl. ⟨https://opensource.org/node/914⟩, letzter Zugriff 22.03.2020.

45 Vgl. Eric A. Posner, E. Glen Weyl, *Wir sind der Markt! Radikale Utopien für das digitale Zeitalter*, Darmstadt 2019.

46 Der Untertitel der englischsprachigen Originalausgabe ihres Buchs (*Radical Markets*, Princeton, Oxford 2018) lautet »*Uprooting Capitalism and Democracy for a Just Society*«, zu Deutsch also etwa »Kapitalismus und Demokratie ausmerzen zugunsten einer gerechten Gesellschaft«.

47 Menke, *Kritik der Rechte*, S. 265.

48 Vgl. dazu auch Hanoch Dagans vorzügliche Kritik an *Radical Markets*: Hanoch Dagan, »Why Markets? Welfare, Autonomy, and the Just Society«, in: *Michigan Law Review* 117/6 (2019), online verfügbar unter ⟨http://michiganlawreview.org/wp-content/uploads/2019/04/117MichLRev1289_Dagan.pdf⟩, letzter Zugriff 23.03.2020.

49 Die letztere Position ist die, die Amartya Sen vertritt; vgl. Amartya Sen, *Ökonomie für den Menschen. Wege zu Gerechtigkeit und Solidarität in der Marktwirtschaft*, München 2000.

50 Dieser Witz war in den früheren sozialistischen Ländern weit verbreitet, als sie danach strebten, ihre alte durch eine neue Ordnung zu ersetzen.

51 Vgl. zu einer erfrischenden Neubestimmung von Souveränität im Zeitalter der Globalisierung Jean L. Cohen, *Globalization and Sovereignty. Rethinking Legality, Legitimacy and Constitutionalism*, Cambridge 2012.

Namenregister

NF 124/1/8.12

Stanley Fish. Das Recht möchte formal sein. Essays. Herausgegeben und eingeleitet von Heinz Bude und Michael Dellwing. Aus dem Amerikanischen von Klaus Binder. stw 2008. 279 Seiten

Günter Frankenberg
- Autorität und Integration. Zur Grammatik von Recht und Verfassung. stw 1622. 418 Seiten
- Die Verfassung der Republik. Autorität und Solidarität in der Zivilgesellschaft. stw 1331. 264 Seiten

Johan Galtung. Menschenrechte – anders gesehen. stw 1084. 235 Seiten

Ute Gerhard/Jutta Limbach (Hg.). Rechtsalltag von Frauen. es 1423. 251 Seiten

Oliver Gerstenberg. Bürgerrechte und deliberative Demokratie. Elemente einer pluralistischen Verfassungstheorie. stw 1298. 143 Seiten

Stefan Gosepath/Georg Lohmann (Hg.). Philosophie der Menschenrechte. stw 1338. 417 Seiten

Dieter Grimm.
- Die Zukunft der Verfassung. stw 968. 447 Seiten
- Die Zukunft der Verfassung II. Auswirkungen von Europäisierung und Globalisierung. stw 2027. 400 Seiten

Jürgen Habermas. Faktizität und Geltung. Beiträge zur Diskurstheorie des Rechts und des demokratischen Rechtsstaats. stw 1361. 704 Seiten

NF 124/2/8.12

H. L. A. Hart. Der Begriff des Rechts. Mit dem Postskriptum von 1994 und einem Nachwort von Christoph Möllers. Aus dem Englischen von Alexander von Baeyer. stw 2009. 395 Seiten

Georg Wilhelm Friedrich Hegel. Die Philosophie des Rechts. Vorlesung von 1821/22. Herausgegeben von Hansgeorg Hoppe. stw 1721. 237 Seiten

Materialien zu Hegels Rechtsphilosophie. Herausgegeben von Manfred Riedel. Band 1: stw 88. 437 Seiten

Otfried Höffe
- Gibt es ein interkulturelles Strafrecht? Ein philosophischer Versuch. stw 1396. 180 Seiten
- Kategorische Rechtsprinzipien. Ein Kontrapunkt der Moderne. stw 1170 und kartoniert. 431 Seiten
- Strategien der Humanität. Zur Ethik öffentlicher Entscheidungsprozesse. Mit einem neuen Nachwort. stw 540. 373 Seiten
- Vernunft und Recht. Bausteine zu einem interkulturellen Rechtsdiskurs. stw 1270. 296 Seiten

Herbert Jäger. Verbrechen unter totalitärer Herrschaft. Studien zur nationalsozialistischen Gewaltkriminalität. Mit einem Nachwort zur Neuauflage von Adalbert Rückerl. stw 388. 410 Seiten

Hans Joas. Die Sakralität der Person. Eine neue Genealogie der Menschenrechte. 303 Seiten. Gebunden

Wolfgang Kersting (Hg.). Gerechtigkeit als Tausch? Auseinandersetzungen mit der politischen Philosophie Otfried Höffes. stw 1297. 375 Seiten

NF 124/3/8.12

Klaus Lüderssen

- Abschaffen des Strafens? es 1914. 427 Seiten
- Erfahrung als Rechtsquelle. Abduktion und Falsifikation von Hypothesen im juristischen Entscheidungsprozeß. Eine Fallstudie aus dem Kartellstrafrecht. 259 Seiten. Gebunden
- Genesis und Geltung in der Jurisprudenz. es 1962. 365 Seiten
- Kriminalpolitik auf verschlungenen Wegen. Aufsätze zur Vermittlung von Theorie und Praxis. stw 347. 483 Seiten
- Rechtsfreie Räume? stw 2042. 694 Seiten

Klaus Lüderssen/Fritz Sack (Hg.)

- Seminar: Abweichendes Verhalten
  Band 1: Die selektiven Normen der Gesellschaft.
  stw 84. 508 Seiten
  Band 2: Die gesellschaftliche Reaktion auf Kriminalität.
  Band 1. Strafgesetzgebung und Strafrechtsdogmatik.
  stw 85. 387 Seiten

Niklas Luhmann

- Ausdifferenzierung des Rechts. Beiträge zur Rechtssoziologie und Rechtstheorie. stw 1418. 459 Seiten
- Das Recht der Gesellschaft. stw 1183. 598 Seiten

Christoph Menke/Francesca Raimondi (Hg.). Die Revolution der Menschenrechte. Grundlegende Texte zu einem neuen Begriff des Politischen. stw 1988. 498 Seiten

Bernhard Peters. Rationalität, Recht und Gesellschaft. 366 Seiten. Gebunden

Ulrich K. Preuß. Die Internalisierung des Subjekts. Zur Kritik der Funktionsweise des subjektiven Rechts. 356 Seiten. Kartoniert

NF 124/4/8.12

John Rawls

- Gerechtigkeit als Fairneß. Ein Neuentwurf. Herausgegeben von Erin Kelly. Übersetzt von Joachim Schultze. 316 Seiten. Gebunden
- Eine Theorie der Gerechtigkeit. Übersetzt von Hermann Vetter. stw 271. 674 Seiten

Karl F. Schumann. Der Handel mit Gerechtigkeit. Funktionsprobleme der Strafjustiz und ihre Lösungen – am Beispiel des amerikanischen plea bargaining. stw 214. 264 Seiten

Alexander Somek. Rechtliches Wissen. stw 1802. 240 Seiten

Rudolf Steinberg. Der ökologische Verfassungsstaat. 480 Seiten. Gebunden

Michael Stolleis. Recht im Unrecht. stw 1155. 342 Seiten

Gunther Teubner. Verfassungsfragmente. Gesellschaftlicher Konstitutionalismus in der Globalisierung. stw 2028. 291 Seiten

Rainer Wahl. Verfassungsstaat, Europäisierung, Internationalisierung. stw 1623. 442 Seiten

Uwe Wesel

- Juristische Weltkunde. Eine Einführung in das Recht. stw 467. 213 Seiten
- Der Mythos vom Matriarchat. Über Bachofens Mutterrecht und die Stellung von Frauen in frühen Gesellschaften vor der Entstehung staatlicher Herrschaft. stw 333. 168 Seiten

NF 124/5/8.12